COMPTES
DES
RECEPTES ET DESPENCES
FAITES EN LA
CHASTELLENIE DE CHENONCEAU
PAR
DIANE DE POITIERS

PARIS. — IMPRIMERIE DE CH. LAHURE
Rue de Fleurus, 9

ARCHIVES ROYALES DE CHENONCEAU

COMPTES
DES
RECEPTES ET DESPENCES
FAITES EN LA
CHASTELLENIE DE CHENONCEAU
PAR
DIANE DE POITIERS
DUCHESSE DE VALENTINOIS
DAME DE CHENONCEAU ET AUTRES LIEUX

PUBLIÉS POUR LA PREMIÈRE FOIS D'APRÈS LES ORIGINAUX
PAR M. L'ABBÉ C. CHEVALIER

PARIS

J. TECHENER, LIBRAIRE

RUE DE L'ARBRE-SEC, 52
PRÈS LA COLONNADE DU LOUVRE

M DCCC LXIIII

INTRODUCTION.

> Le chastel de Chenonceau est une belle place et maison assise sur la rivière de Cher en beau et plaisant pays.
> FRANÇOIS Ier.

I

DESCRIPTION DU CHATEAU DE CHENONCEAU.

LA Touraine, si renommée par la grâce de ses paysages, n'offre guère de sites plus riants que la vallée du Cher à Chenonceau. De belles prairies arrosées par une rivière charmante, des ombrages magnifiques, partout un sol fécond et une végétation luxuriante, des pentes douces couronnées de bois ou de riches vignobles, des vallons légèrement accidentés, de frais ruisseaux, des perspectives fuyantes à demi masquées par des lignes de grands arbres, et, pour clore l'horizon, la forêt d'Amboise qui étend au loin un épais rideau de verdure et d'ombre, tout se réunit pour former un cadre en parfaite harmonie avec le château. Rien de dur ou de sévère ne s'y montre, et la nature égaye d'un sourire perpétuel cette splendide merveille de la Renaissance. Aussi ces bords charmants ont-ils été préférés par nos rois, célébrés par les voyageurs, et chantés par les poëtes. Louis XI, à qui l'on ne soupçonne guère de goûts poétiques, les appelle un *plaisant et fertile pays* [1]. François Ier, dans une lettre patente relative à la construction du pont de Chenonceau, déclare que ce château est bâti en un beau et plaisant pays, où il va souvent chasser et prendre ses passe-temps. Enfin Henry III nous atteste que *à la décoration et embellissement de ce lieu sa mère s'est plus que à nul autre affectée et délectée*. Ces témoignages nous disent assez toute la prédilection de la Cour au seizième siècle pour cette gracieuse résidence.

L'artiste qui veut jouir de Chenonceau au point de vue pittoresque, ne doit point l'aborder de front, mais avant d'entrer dans la cour du donjon, il doit détourner à droite et s'engager sous des ombrages qu'une main savante a plantés pour ménager la surprise du premier coup d'œil : tout à coup le château se découvre à lui dans tout son ensemble. L'œil erre avec ravissement sur ce pavillon carré qui s'élève audacieusement du milieu du Cher, cantonné de quatre tourelles en cul-de-lampe, semé d'arabesques et de fleurons, ceint d'une corniche élégante et couronné de hautes lucarnes historiées et de cheminées sculptées, — et sur la vaste façade de la galerie qui couvre le pont : l'édifice se rattache aux rivages, d'une part par trois arcades en pierre, de l'autre

---

[1]. Lettre de Louis XI, donnée à Amboise le 1er novembre 1481, portant échange et réunion au domaine de la couronne de la seigneurie de Montrichard en Touraine. — *Ordonnances des rois de France*, t. XV.

par un pont-levis. Dans le cadre des arcades qui soutiennent cette construction originale, on aperçoit des bouquets de verdure qui se reflètent dans les eaux. Tout contribue à donner au château une légèreté aérienne, et je ne sais quoi de fantastique et de féerique qui séduit l'imagination.

La façade du levant, considérée du parterre de Diane [1], a beaucoup perdu de sa grâce primitive : dans l'origine, elle offroit deux avant-corps (la chapelle et la librairie), reliés par une terrasse. Catherine de Médicis, en couvrant cette terrasse d'une construction massive où les sculptures ne sont pas même ébauchées, a détruit tout le relief de cette partie de l'édifice.

Tel qu'il existe aujourd'hui, le château appartient à des âges et à des styles divers. On y distingue : la partie principale ou pavillon carré, œuvre de Thomas Bohier et de sa femme Catherine Briçonnet ; — les appartements de la terrasse ; le pont et la galerie, construits par Diane de Poitiers et par Catherine de Médicis ; — le donjon, élevé par Jean Marques en 1433 et restauré par Bohier ; — et les servitudes de l'avant-cour, bâties par Catherine. Nous allons procéder à la description de ces différents membres.

La partie capitale de Chenonceau est sans contredit celle qui fut élevée par Bohier, de 1512 à 1517, sous l'inspiration d'un architecte inconnu. C'est une des œuvres les plus finies et les plus originales de la Renaissance française, qui compte tant de gracieux chefs-d'œuvre. Le plan général présente un pavillon quadrangulaire, cantonné de tourelles cylindriques à toit conique, en encorbellement, avec deux avant-corps à

---

[1]. C'est de ce point que MM. Séchan et Desplechin ont dessiné la vue dite *des Huguenots*, qui sert de décoration dans l'opéra de Meyerbeer : ils ont eu le bon goût de restituer la terrasse, qui, d'ailleurs, existoit encore en 1872.

l'est : ce pavillon, de trente mètres environ de face, est appuyé sur deux massifs puissants, reliés par une arche où tournoit la roue du moulin primitif. La distribution intérieure est fort simple et se compose essentiellement de quatre grandes pièces, séparées par un large vestibule.

La façade d'entrée est au nord : elle s'ouvre par une vaste porte à deux vantaux, de la date de la construction du château, richement sculptée, et surmontée d'un balcon qui s'appuie sur deux trompes élégantes. Dans le plan primitif, cette façade n'étoit percée que de quatre fenêtres : Catherine de Médicis en fit ajouter quatre autres, et les orna de cariatides assez grossièrement sculptées, représentant Hercule, Apollon, Cybèle et Pallas.

Le vestibule est voûté, et la retombée des voûtes s'appuie sur des chapiteaux en cul-de-lampe finement sculptés. Il s'ouvroit autrefois au midi par un balcon en saillie flanqué de deux tourelles que la construction de la galerie a fait disparoître. On voit au fond une antique *horloge dans sa huche de bois*, mentionnée dans l'inventaire de 1547. Deux niches charmantes, placées au-dessus des portes, sont sculptées avec beaucoup de délicatesse. La porte de l'escalier est surmontée d'une salamandre, emblème de François I[er][1], entourée d'une banderole flottante finement exécutée.

1. On sait que la salamandre étoit la devise adoptée par François Ier. Claude Paradin, dans ses *Devises héroïques*, nous en fournit l'explication : « La salamandre, dit-il, avec des flammes de feu, estoit la devise du feu noble et magnifique roy François, et aussi auparavant de Charles, comte d'Angoulesme, son père. Pline dit que tel bestion, par sa froidure, esteint le feu comme glace ; autres disent qu'il veut vivre en iceluy ; et la commune voix qu'il s'en paist. Tant y a qu'il me souvient avoir veu une médaille en bronze dudit feu roy, peint en jeune adolescent, au revers de laquelle estoit ceste devise de la salamandre enflammée, avec ce mot italien : *Nudrisco il buono, e spengo il reo*. » (Je nourris le bon et j'éteins le méchant.)

M. Ch. Lenormant a publié un dessin de cette médaille dans le *Trésor*

A gauche s'ouvre la salle à manger, autrefois la salle des gardes. On voit sur la porte les images de saint Thomas et de sainte Catherine, patrons des fondateurs du château, avec la devise de Bohier. Le plafond, formé de poutres saillantes, a conservé sa décoration primitive : les poutres sont encadrées de bordures dorées, divisées par caissons et peintes d'élégantes arabesques sur fond rouge. Cette pièce s'ouvroit autrefois au levant sur une terrasse d'où l'on découvroit tout le cours du Cher au milieu d'un ravissant paysage, mais lorsque Catherine de Médicis eut fait bâtir un appartement sur cette terrasse, la salle des gardes devint un peu sombre, et il fallut doubler les ouvertures du nord et remanier presque entièrement la façade d'entrée. On déchiffre dans les embrasures des fenêtres les noms allemands *Kuntschaffer*, *Von Bremgarten*, *J. Hans* (ce sont probablement des noms de reitres ou de lansquenets), avec les dates 1588 et 1595. La cheminée n'a rien de remarquable : elle est surmontée d'un buste de François Ier, moulé sur celui du château de Sansac, à Loches [1].

De la salle des gardes on entre dans la chapelle par une porte sur laquelle se voit figurée l'apparition de Jésus-Christ

---

de glyptique et de numismatique, médailles françoises, 1re part., pl. VI, n° 4. En voici la description :

Franç0is · DVG · DE · Valois · Comte · D'Angoulesme · AV · X · AN · D · S · EA · (au X° an de son âge). Buste, à droite, du comte d'Angoulême, depuis François Ier.

℞. NOTRISCO · ALBVONG · STINGO · ELREO · M · CCCCCIIII. Une salamandre au milieu des flammes. — Ar. et Br.

La légende de la devise de la salamandre enflammée seroit donc en vieil italien et non en latin.

Cependant la salamandre se retrouve sur la façade du château d'Azay-le-Rideau avec cette devise : *Nutrisco et extingo*.

1. Ce buste, ou plutôt ce médaillon en haut-relief, d'une physionomie toute vivante et d'une exécution très-naïve, porte la date 1520. C'est le plus authentique que nous possédions.

à saint Thomas après sa résurrection ; on y lit ces deux inscriptions :

· INFER · DIGITV · TVM · HVC ·
· DNS · MEVS · ET · DEVS · MES ·

L'autel n'est qu'une simple table de pierre, soutenue aux angles par deux groupes de colonnettes extrêmement élégantes, cantonnées autour d'un pilier carré à volutes ioniques. Au-dessus, dans la fenêtre médiane, un beau groupe en marbre blanc, de style italien, représente la Vierge mère avec l'enfant Jésus et saint Jean. Les voûtes sont parfaitement appareillées en petites pierres. Les fenêtres, de forme ogivale, sont ornées de vitraux peints de la Renaissance, représentant : le Sauveur du monde, tenant le globe en main ; — saint Jehan-Baptiste, patron de la paroisse de Chenonceau ; — saint Michaël terrassant le dragon ; — saint Pierre, saint Thomas et saint Gacien. Deux de ces fenêtres ont été condamnées par les constructions plus récentes de la terrasse. Entre les fenêtres sont huit niches, aujourd'hui veuves des statues qui les occupoient, et dont les dais sont traités avec une grâce, une variété et une perfection étonnantes : le sculpteur y a déployé toutes les ressources de son génie inventif. La niche de la crédence, finement exécutée, nous offre la devise de Thomas Bohier, devise qui se trouve reproduite en plusieurs endroits du château [1] :

SIL · VIENT · A · POINT · IL · ME · SOVVEDRA.

---

[1]. On a souvent répété que Thomas Bohier, calculant avec effroi les sommes immenses qui s'engloutissoient dans la construction de son château, avoit imaginé cette devise pour faire allusion à la ruine dont il se sentoit menacé. C'est une erreur : on trouve déjà cette même devise en 1503, neuf ans avant la fondation de Chenonceau, sur les jetons que Bohier fit frapper comme général des finances. — *Mémoire sur les monuments numismatiques de l'expédition de Charles VIII en Italie*, par M. E. Cartier, publié dans la *Revue numismatique* de 1848.

A côté de la crédence on remarque une étroite ouverture qui communiquoit, à travers la sacristie, avec la chambre de la reine Louise, et qui permettoit à cette pieuse princesse d'entendre la messe dans son lit lorsqu'elle étoit malade. Un retable de bois, divisé en trois panneaux, s'appuie sur le mur latéral de la chapelle : l'un de ces panneaux formoit la porte de communication avec la sacristie ; un autre s'ouvroit en portillon et servoit de guichet de confessionnal ; on y a peint, probablement à l'époque de la reine Louise, les attributs de la Passion. Les quatre montants qui soutiennent les trois panneaux présentent une foule de motifs traités avec un fini remarquable, disposés en guirlandes. Ces motifs représentent les attributs de la Passion, de la Messe, de la Guerre et de la Mort.

Une tribune en bois est établie à la hauteur du premier étage. Nous y relevons les inscriptions suivantes :

FRANCISCVS * DEI * GRACIA * FRANCORVM * REX *
CLAVDIA * FRANCORVM * REGINA *
LAVDETVR * DEVS.

et la devise des Briçonnet :

DITAT * SERVATA * FIDES.

ainsi traduite par Guy Bretonneau, leur historiographe : *Je ne doibs ma grandeur qu'à ma fidélité.*

Sur les murs, on lit quelques sentences en vieil écossois, des signatures avec les dates 1543, 1546 et 1548, et cette inscription : *Lavigne a faict grant déshonneur au roy auprès de Rostan bassa et du grant seigneur, estant à Constantinople resident son ambassadeur.* 1559.

La chapelle fut consacrée par le cardinal Antoine Bohier, archevêque de Bourges, frère de Thomas.

La sacristie, aujourd'hui transformée en office, s'adossoit en appentis, d'une part à la chapelle dont elle masquoit une fenêtre à moitié, d'autre part à une des deux tourelles qui encadroient la terrasse. On y voit encore l'ouverture circulaire qui donnoit jour sur la chapelle, et la porte qui communiquoit avec la chambre de la reine Louise.

Le salon d'hiver, autrefois le salon de Médicis, n'offre rien de remarquable. Le plafond est en bois, à caissons carrés, avec les lettres H et C entrelacées, initiales des noms de Catherine et de Henry II. La cheminée, rétrécie au xviiie siècle, offre deux charmantes petites peintures dans le genre de Boucher.

Du salon de Médicis, on passe dans une petite chambre désignée, dans les anciens titres, sous le nom de *cabinet vert*, parce que tout l'ameublement étoit de velours vert, frangé de blanc et de noir. Ce cabinet est entièrement boisé en panneaux triangulaires d'un effet peu agréable.

Le plafond en chêne sculpté qui orne la librairie est, au contraire, extrêmement remarquable pour la conception des dessins, la perfection de la sculpture et l'élégance de ses arabesques. Il se compose de caissons de forme et de dessins différents, agencés avec un goût parfait, et de manière à remplir avec beaucoup d'harmonie un espace fort irrégulier. C'est un des plus remarquables morceaux de sculpture qu'on puisse voir. On y lit les initiales T, B, K, mais les armes de Thomas Bohier et de Katherine Briçonnet en ont été arrachées.

Montons au premier étage. Les portes de l'escalier représentent l'Ancienne Loi sous la figure d'une femme aux yeux bandés, tenant un livre d'une main et de l'autre le bâton du voyageur ; — et la Loi Nouvelle, sous la figure d'une femme non voilée, qui tient un calice et une palme. L'escalier, un peu étroit et un peu roide, est voûté, et la voûte est divisée en caissons où nous remarquons des têtes humaines, des fleurs, des dessins divers.

Dans le vestibule se trouvent, encastrés dans la muraille, plusieurs médaillons de marbre blanc, représentant Galba, Claude, Germanicus, Vitellius et Néron, et deux bustes de marbre au-dessus du balcon. C'est là tout ce qui reste à Chenonceau des innombrables objets d'art que Catherine de Médicis avoit fait venir à grands frais d'Italie.

La seule pièce remarquable du premier étage est la chambre de Médicis. Le plafond est en bois, à caissons carrés, peints et dorés. Outre les initiales C et H entrelacées et couronnées, on y remarque encore les lettres F, C, H, A et E, pour rappeler les noms des quatre enfants de Catherine, François II, Charles IX, Henry III, le duc d'Alençon, et sans doute celui de la reine Elisabeth d'Autriche, femme de Charles IX. Si cette dernière interprétation est exacte, ce plafond auroit donc été peint entre les années 1571 et 1574. Dans le petit cabinet attenant à cette chambre, au-dessus du *cabinet vert*, on remarque des croissants entrelacés, souvenir de Diane de Poitiers et de Henry II [1].

Si nous montons dans les combles, nous trouverons encore, à l'angle nord-est, une pièce intéressante qui servit d'appartement aux pages, ou aux filles d'honneur de la reine [2]. Dans la tourelle nous avons relevé les inscriptions suivantes, dont les dates indiquent le séjour de la Cour à Chenonceau : *L'on s'en va demain le 24 octobre ;* — *W* (Vive)

---

1. On sait que le croissant avec la légende : *Donec totum impleat orbem*, étoit la devise officielle du roi, mais ce symbole n'en rappeloit pas moins, par une allusion mystérieuse, le nom de Diane.

2. La tradition veut que les pages aient été installés non dans le château, mais dans le bourg de Chenonceau, dans une maison achetée et rebâtie par Bohier en 1515, et qui subsiste encore aujourd'hui sous le nom de *Maison des Pages*.

Berlet, 1586 ; — W. C. O. de Vilquier, 1577 ; — W. Charlote Caterine de Vilquier, le 30 de mars 1577 ; — W. Nemours ; — W. Charles de Savoye, 1586.

Cet appartement des pages fut plus tard transformé en couvent, lorsque la duchesse de Mercœur, pour exécuter les dernières volontés de sa belle-sœur la reine Louise, eut fait venir des capucines dans l'intention de les établir à Tours. En attendant qu'on pût vaincre les résistances du corps-de-ville, il fallut installer ces religieuses à Chenonceau, et on disposa à leur usage un petit oratoire au-dessus de la voûte de la chapelle, des cellules, un dortoir, un réfectoire, etc., le tout strictement clos, suivant la règle, et ne communiquant avec le reste du château que par un pont à bascule situé dans les combles supérieurs. La plupart de ces dispositions subsistent encore, sauf le pont-levis qui fut détruit en 1734, à la prise de possession de M. Dupin.

Les soubassements du château, établis dans les deux piles, sont divisés en deux parties, et renferment quatre grandes pièces voûtées et plusieurs cabinets. On y trouve une vaste cuisine, des offices, des caves et des fourières. La plaque de la cheminée porte les armes de Vendôme, avec l'ancre de grand amiral et la date 1633. L'arche centrale offre encore des traces circulaires de la roue du moulin.

La chambre établie au rez-de-chaussée sur la terrasse fut occupée par la reine Louise. De la décoration funèbre qu'elle y avoit fait peindre, et qui subsista jusqu'en 1734, il ne reste plus aujourd'hui que l'inscription :

SEVI MONVMENTA DOLORIS.

Cependant un petit oratoire attenant à cette pièce a conservé ses tentures de velours noir à bandes d'argent, avec un écran peint et décoré dans le même goût.

Le pont a été construit sous la direction de Philibert de l'Orme, par Diane de Poitiers. Catherine de Médicis le fit recouvrir d'une double galerie, longue de soixante mètres dans œuvre [1], large de cinq mètres, quatre-vingt-cinq centimètres, éclairée par dix-huit fenêtres. Les avant-becs des piles du pont s'élèvent en forme de tourelle jusqu'au premier étage, où ils se terminent en balcons, et à l'intérieur du rez-de-chaussée ils s'évasent en salons semi-circulaires de deux mètres de profondeur. Deux vastes cheminées s'élèvent aux deux bouts de cette galerie. Catherine de Médicis avoit eu le projet de terminer le pont au midi par un vaste salon ovale, mais ce plan, attesté encore aujourd'hui par des pierres d'attente, et par un puissant massif de maçonnerie, n'a jamais reçu d'exécution. Mme Dupin fit distribuer en appartements la galerie du premier étage, et établit au fond le théâtre sur lequel on essaya les opéras de Jean-Jacques Rousseau.

La tour appartient, par sa date, à la première moitié du quinzième siècle. C'est un donjon puissant, où la force remplaçoit la grâce. Bohier, pour le mettre en harmonie avec le château et en dissimuler l'aspect un peu menaçant, supprima les mâchicoulis devenus inutiles, et orna la porte d'entrée de charmantes sculptures et d'arabesques d'une rare perfection. Sur la porte on retrouve les initiales T, B, K, au milieu d'entrelacs élégants.

---

[1]. Loret, avec l'exagération naturelle aux poëtes, — et aux plats rimeurs, — a ainsi décrit Chenonceau dans le *Voyage de la Cour à Chambord* :

> Basti si magnifiquement,
> Il est debout comme un géant
> Dedans le lit de la rivière,
> C'est-à-dire dessus un pont
> Qui porte cent toises de long.
> La reine y faisoit sa prière,
> Et le baillif de Chenonceaulx
> Estoit monsieur de Villarceaulx.

Les communs du château, bâtis dans l'avant-cour par Catherine de Médicis sur les dessins de Philibert de l'Orme, rappellent le plan des Tuileries. C'est une longue aile, ornée d'un pavillon central, et flanquée de deux autres pavillons aux extrémités. Sa charpente *à la Philibert*, qui lui avoit fait donner le nom de *Dômes*, a été détruite dans le siècle dernier. C'est là que logeoient les officiers de la Cour.

Le château de Chenonceau est accompagné de trois vastes parcs d'une superficie totale de quatre-vingt-dix hectares, qui portent le nom des trois paroisses voisines, Civray, Chisseau et Francueil. Ces parcs, aujourd'hui plantés dans le goût anglois, n'ont rien gardé de leur décoration et de leur distribution primitives, inspirées par le goût italien du XVIᵉ siècle. Dans le parc de Civray, s'élevoit une délicieuse chapelle de la Renaissance, dédiée par Bohier à saint Thomas : on la détruisit au siècle dernier pour bâtir une orangerie. Catherine de Médicis avoit planté dans un coin du même parc un *jardin vert*, et l'avoit entouré d'une clôture spéciale : ce petit jardin subsiste encore aujourd'hui, et les arbres verts dont il est rempli lui ont conservé quelque chose de sa physionomie première. Près de là étoient la volière et la ménagerie de la reine mère. Le parc de Civray étoit encore remarquable par sa belle cascade du Rocher, près de laquelle Catherine donna un splendide banquet après la prise de la Charité-sur-Loire. Le parc de Chisseau renfermoit le parterre de Diane de Poitiers, arrosé par les fontaines de la Dagrenière, et le reste du bois étoit distribué en dédales et en labyrinthes. Quant au parc de Francueil, il n'offroit à la curiosité que la belle fontaine de Henry III, dont l'eau étoit réservée pour l'usage de la table royale.

Sans être fortifié, le château présentoit cependant un certain système de défenses. Les deux parcs de la rive droite étoient entourés de douves larges et profondes, que Catherine de Médicis fit creuser en 1585. Le parc de Francueil étoit limité par un mur élevé, qui porte encore le nom de *Mur à la Reine*. Une seconde enceinte de douves défendoit l'avant-cour, et un troisième fossé séparoit celle-ci de la cour du donjon. En outre, le château ne communiquoit aux rives du Cher que par deux ponts-levis.

Dans le bourg de Chenonceau on voit deux maisons, d'ailleurs peu remarquables, qui furent bâties par Bohier en 1515 : c'étoient le palais ou auditoire de la châtellenie, et la halle, depuis transformée en *Maison des Pages*.

L'église paroissiale est de deux époques : le chœur et l'abside sont du XIe siècle ; la nef, qui a été reconstruite au commencement du XVIe, ne présente rien d'intéressant au point de vue artistique, mais on doit vivement regretter la disparition des sept statues qui en ornoient autrefois le pignon. Chalmel [1], d'accord en ce point avec la tradition locale, prétend que cette église se trouvant au milieu des allées projetées du château, Thomas Bohier la fit incendier et rebâtir à ses frais au lieu où elle est aujourd'hui. C'est là une fable démentie par l'examen des faits : il est certain qu'une partie considérable de l'édifice remonte au XIe siècle, et que la nef actuelle a été bâtie sur l'emplacement de la nef primitive, assez loin d'ailleurs des avenues. Nous préférons le sentiment de Maan [2], qui affirme que l'ancienne église étoit tombée de vétusté. Quoi qu'il en soit, l'église restaurée fut consacrée en 1515 par Denis Briçonnet, beau-frère de Bohier et évêque de Saint-Malo. A l'occasion de cette cérémonie, Léon X accorda par une bulle les plus riches faveurs spirituelles.

1. *Histoire de Touraine*, III, 71.
2. *Sancta et metropolitana ecclesia Turonensis*, Tours, 1667, in-f°.

On remarque dans l'église de Chenonceau des fonts baptismaux pédiculés en style de la Renaissance : ils consistent en une coupe de pierre à huit pans, portée par un pied arrondi, et surmontée d'une flèche octogone en bois à panneaux sculptés, avec les armes, aujourd'hui détruites, de Catherine de Médicis. L'ensemble de ce petit monument est assez élégant, et nous le signalons avec d'autant plus de plaisir à l'attention des archéologues, que les anciens fonts ont été remplacés presque partout par des cuves baptismales sans goût et sans caractère.

Nous ne voulons pas terminer ce chapitre sans dire un mot des matériaux qui entrent dans la construction du château de Chenonceau, car ce point se lie intimement à l'histoire de l'art. La Touraine abonde en excellentes pierres, et il ne faut pas douter que le développement si remarquable de l'architecture et de la sculpture dans cette province ne doive être attribué en partie à la qualité des matériaux, à la finesse de leur grain et à la facilité de la taille.

Presque tout le château de Chenonceau est bâti en pierres de Bourré [1]. Cette carrière, située sur le Cher au-dessus de Montrichard, à trois lieues de Chenonceau, a fourni de

---

[1] Nous ne connoissons pas le prix des pierres de Bourré au XVIe siècle, mais André Félibien nous donne ce renseignement pour l'année 1681. D'après ses Mémoires, « le cent des menus blocs ou quartiers, qui sont de 2 pieds de long sur 10 à 11 pouces en quarré, se vendent sur le port 13^{tt} le cent ; — ceux qu'ils appellent *le tierce*, qui ont 2 pieds de long, 13 pouces de large et 10 pouces de hault, 26^{tt} le cent ; — le demy-bloc, de 2 pieds de long sur 17 pouces de large et un pied de hault, 26^{tt} le cent ; — les blocs, qui ont 3 pieds de long sur 17 pouces de large et un pied de hault, 52^{tt} le cent ; — le parpain broché, de 3 pieds de long et un pied en quarré, 26^{tt} le cent ; — ce qu'on appelle la douelle a 2 pieds de long, 7 pouces de hault et 9 à 10 pouces de large, et vault le cent 10^{tt} 8 sous. — En 1526, la taille des quartiers de pierre de Bourré, pour la construction du château de Chambord, coûtoit 39 sols 7 deniers du cent. »

temps immémorial des amas immenses de matériaux pour toutes les constructions du voisinage, à Blois, à Chambord, à Chaumont, à Tours, etc., etc.; la pierre qu'elle donne est fort tendre, très-facile à travailler, et conserve une grande blancheur. Toutes les sculptures sont en pierres de la carrière de Lie, près de Saint-Aignan; les soubassements et les piles du pont, en pierres dures du voisinage. Ces différents matériaux, placés là depuis trois siècles, ont peu souffert de l'injure des ans, et les sculptures ont conservé toute leur finesse primitive.

II

ANCIENNES DESCRIPTIONS DE CHENONCEAU.

La plus ancienne en date est celle de Le Plessis, qui a décrit *les Triomphes faictz à l'entrée de François II et de Marye Stuart au chasteau de Chenonceau le dimanche dernier jour de mars MDLIX* (1560, nouveau style) [1]. Elle est précieuse en ce qu'elle nous fait connoître l'état de cette belle résidence au moment où elle sortoit des mains de Diane de Poitiers pour entrer dans celles de Catherine de Médicis.

« La terre de Chenonceau est située entre la ville de Bleray et de Montrichart, sur la rivière de Cher, de sorte que le chasteau, qui est des-ja acomply dessus la rive par laquelle on vient d'Amboyse audict lieu, se joint a ung semblable de l'autre part [2], avecques ung grand pont, si large qu'il peult

---

[1]. A Tours, par Guillaume Bourgeat, 1559. — Plaquette réimprimée par les soins de M. le prince Augustin Galitzin, d'après l'exemplaire rarissime de M. J. Taschereau. *Paris, Techener*, 1857.

[2]. Ce second château n'a jamais existé que dans l'imagination du chroniqueur et dans les plans de Catherine de Médicis.

servir de salle ou proumenoir, encores qu'il soit enfermé par chascung costé de galleries bordées d'acoudoirs de balustres de bronze dorée qui servent de commun passage à tout le monde. Soubz les arches de ce pont, qui sont huit grandes et fort belles, les plus grans batteaux qui puissent naviguer sur la rivière dudict Cher y peuvent aisement fretter, et les aucuns tous mastez. Le chasteau contient plusieurs belles salles, anti-garderobes, garderobes, cabinetz, chapelle, cuyzines et chambres bien fenestrées et orientées, et toute fois le tout se porte sur une arche, par soubz laquelle flue le courant dudict fleuve, roide, cler, sablonneux et abondant de grans et bons poissons : tellement qu'il est tout en l'eau, et que pour y entrer il fault passer par dessus ung pont levis soubz lequel coule pareillement ladicte rivière.

« La principale avenue audict Chenonceau est d'ung grand chemin dressé comme une belle allée, sablonné, et ung qui est large de trente pas ou environ et long de deux mille, duquel les orées sont closes de ormeaux, chesnes vers et autres beaux arbres : en quoy il fault considérer qu'il est si bien aplany et si droit que si les portes du chasteau et du grant pont-salle sont ouvertes, on voit de part en part droit jusques à l'autre rive l'autre chasteau pareil et semblable à celuy-cy [1]. Au deffault de ce grand chemin et arrivée, l'on rencontre une grande court longue de six cents pas sur trois cens cinquante de large fort belle et bien unie.

« A cinquante pas de l'entrée de ladicte court, se regardoient deux fontaines composées de deux termes plus grans que le naturel assis sur deux bases rustiques jettans l'eau au-

---

[1]. Voilà encore un trait d'imagination du chroniqueur. La porte du vestibule s'ouvre obliquement sur le pont-galerie, et il est impossible de voir l'autre rive du Cher.

dessus du nombril par une gargoulle d'or façonnée en meufle de lyon, dont l'eau vivement s'épanchoit en une concque de pierre eslevée sur deux pillastres au front de laquelle estoit gravé :

COMMODITATI PUBLICÆ.

qui signifie en françois :

A la commodité publique.

« Et pardessus lesdictes gargoulles dans ung entablement qui comme une gayne renfermoit le corps desdicts termes estoit escript en lettres noires d'autant que les entablemens representoient ung marbre blanc et poly :

> Au saint bal des dryades,
> A Phœbus ce grand dieu,
> Aux humides naiades,
> J'ay consacré ce lieu.
>
> De Medici la race,
> L'honneur et l'ornement,
> Pour plus heurer la place
> S'y proumene souvent.
>
> Ne troublez point cet' eau,
> O passans, car c'est l'onde
> Qui vient à Chenonceau
> Pour servir tout le monde.

« Qui estoit parce que deux autres fonteines estoient es jardins belles et magnifiques, reservées pour le service des seigneurs, chose tres necessaire en ung si grand lieu, auquel tant de gens abondent quant la court y est : principalement si lesdicts lieux sont hors des villes et separez des gros villages.

« Sa Majesté (Françoys II) rencontra ung pont dormant,

par sous lequel couloit ung grand canal d'eau vive revestu d'escarpe et contrescarpe de pierre. Au travers lequel murmuroient argentines, deux clères fonteines qui sourdoient du contrescarpe mesme, parmy le courant desquelles infinis grans brochets, luz, et grosses carpes, lamproies, bresmes et autres grans poissons amusoient les passans accoudez sur le pont.

« Par ce pont il entra dans la terrace, qui peult avoir troys cent pas de travers, sur deux cents de long : et qui est si haute au regard de la grande et premiere court, qu'elle semble comme cavallier commander à tout le reste : de sorte que sans difficulté en s'y proumenant, on en voit toutes les avenues, les jardins et parterres, voire jusques au profond du parc : et on va l'on a pié plein jusques aux premieres marches par sur lesquelles on gangne le pont levis et l'entrée du chasteau.

« En ceste terrace, sur le coing du costé du dehors a main gauche, estoit sur ung grand pié d'estal gris, ecaillé, et martellé a la rustique, tout semé de flammes rougeastres, ung pillastre attique, carré, percé a jour selon les oves et ouvrages dont il estoit comparty : dans lequel quatre grosses lampes alumées donnoient la nuyt une grande clairté au travers lesdicts trous dond il estoit foré : de façon qu'iceux pour n'estre remparez par le dedans que de verre de couleur, rendoient des clairtez par le dehors si variables et differentes, que les estoiles sembloient à l'entour dudict pillastre estinceler de toutes pars. Sur l'une des plynthes du pié d'estal de ce pilastre estoit gravé :

LYCNOPHORE

c'est a dire *porte melche* ou *porte lampe*. Duquel usoient les anciens dans leurs phares et austres lieux magnifiques pour eclairer. Dans le millieu dudict pié d'estal estoit escript en lettres grecques :

PYR ASBESTON

c'est a dire *feu inestingible.*

« Sur les quatre pointes dudict lychnophore ou illastre, ainsi par le dedans allumé de lampes, pendoient des flambeaux de feux artificiels flamboyans si fort que toute la terrace en estoit non seulement éclarée, ains la court basse, le chasteau, et presques le profond de la grande allée.

« Chenonceau qui est sur le Cher estant ce jourd'huy la maison d'une si divine et illustre princesse et royne, estoit comme une autel et logis d'une deesse : et veritablement ledict logis est de si bonne grace et si decemment acoustré et orné par la diligence de son controlleur le sieur de Odeau que peu d'autres maisons se voyent si bien accomodées..... Encores qu'il soit grand et magnifique par art, il est natturellement enrichy de toutes les particulieres beautés que l'on sçaroit desirer a une terre pour la combler de toute gayetté et gentillesse. »

Écoutons maintenant l'architecte Jacques Androuet du Cerceau[1], dont le témoignage ne sauroit être suspect de fantaisie, comme celui de Le Plessis. Il nous apprend, dans la préface du second volume dédié « à très-illustre et très-« vertueuse princesse Catherine de Médicis, » qu'il s'étoit transporté sur les lieux pour prendre les plans et dessins des châteaux avec leurs mesures. Voici ce qu'il dit de Chenonceau en 1579 :

---

1. *Les plus excellents Bastiments de France, second volume auquel sont designez les plans de quinze Bastiments et de leur contenu : ensemble les elevations et singularitez d'un chascun.* Paris, M. DLXXIX. — Le premier volume a été publié en 1576.

« Ce bastiment est situé au pays de Touraine, sur un pont qui est sur la riviere de Cherff, mesmes sur l'un des bouts d'iceluy : et n'est qu'une masse sans court, couvert toutefois de diverses séparations de pavillons. La Royne mere du Roy trouvant la situation du lieu fort a son gré, l'acheta, et l'a depuis amplifié de certains bastimens, avec deliberation de le faire poursuivre selon le dessin que je vous en ai figuré par un plan. Or ce lieu est fort bien basty : car d'une terrace qui est sur le devant, on entre dans le logis a une allée faisant separation du corps du bastiment en deux, dont chacun costé est bien et suffisamment fourny de membres necessaires pour un tel lieu : et d'icelle allée l'on vient au pont. Plusieurs voyans la maniere de ce bastiment, comme il a esté la-dessus pratiqué, s'en sont esbahis, cognoissant le lieu donner un tel contentement.

« Il est oultre plus accommodé de jardins, avec un parc de belle grandeur, garny d'allées de plusieurs sortes. A main dextre de l'entrée y a une fontaine dedans un roc, de plusieurs gettons d'eaue, et a l'entour d'iceluy, une cuve de quelque trois toises de diamètre, toujours pleine d'eaue. A l'entour d'icelle cuve, une allée a fleur de terre en maniere de terrace : et plus hault une autre terrace tout à l'entour, de huit a dix pieds de hault, couverte de treilles, soutenue et fermée d'un mur enrichy de niches, colonnes, figures et sieges. Il y a deux jardins en ce lieu, l'un dela le pont, lequel est fort grand : l'autre plus petit est deça la riviere a main gauche en entrant au bastiment, au centre et milieu duquel jardin est un petit caillou d'un demi pied ou environ, avec un trou de poulce et demy de diametre, et fermé d'une cheville de bois, laquelle ostée il sort un ject d'eaue de la hauteur de trois toises de hault, qui est une belle et plaisante invention. Ce lieu est accompagné d'une forest assez grande, laquelle va dud. lieu de Chenonceau jusques auprès d'Amboise, qui est a trois lieues dud. Chenonceau; et joignant un des costés du parc, y a un pré grand et beau. Vous pourrez veoir le surplus par les plans et eslevations que vous en ay desseigné[1]. »

Mlle de Montpensier, qui visita deux fois Chenonceau en l'année 1637, nous peint les décorations intérieures qu'y fit exécuter la reine Louise pendant son veuvage. Ce spectacle lugubre paroît avoir produit sur l'imagination de la jeune princesse (elle n'avoit alors que dix ans) une vive impression :

« Je retournai ensuite à Tours, dit-elle dans ses *Mémoires*, dans le temps que je crus que Monsieur[2] y devoit revenir, et après l'avoir attendu deux jours entiers, j'appris qu'il viendroit à Blois et m'y en allai. Je passai par Chenonceau, ancienne maison de la plus extraordinaire figure que l'on puisse voir. C'est une grande et grosse masse de bâtiment sur le bord de la rivière du Cher, auquel tient un grand corps de logis de deux étages, bâti sur un pont de pierre qui traverse la rivière. Tout ce corps de logis ne compose que deux galeries, qui sont par ce moyen dans un aspect fort agréable. Il ne manque à cette maison qu'un maître qui voulût y faire la dépense de la peinture et de la dorure que mériteroient ces deux pièces : les appartements de la maison, quoique d'un antique dessin, sont néanmoins assez beaux.

---

1. Du Cerceau donne quatre dessins de Chenonceau en 1579 : 1º plan des augmentations délibérées faire par la reyne mère du roy; 2º plan du rez-de-chaussée (on n'y voit pas la chambre élevée par Catherine entre la chapelle et la librairie); 3º élévation du côté d'aval (le pont n'est pas encore couvert de la galerie); 4º élévation du côté d'amont (avec la vue de la terrasse qui subsistoit entre la chapelle et la librairie).

2. Gaston, duc d'Orléans, son père.

Pour les jardinages, il n'y manque que ce que l'on n'y veut pas faire ; les eaux, les bois et toute la disposition naturelle qu'on peut souhaiter, s'y trouvent le plus heureusement qu'il est possible.

« Ce lieu appartient à M. de Vendôme, et lui est venu de la maison de Lorraine par la reine Louise, sœur de M. de Mercœur, qui depuis la mort de Henry III y avoit toujours fait sa demeure ; l'on y voit encore sa chambre et son cabinet, qu'elle avoit fait peindre de noir semé de larmes, d'os de morts et de tombeaux, avec quantité de devises lugubres. L'ameublement est de même : il n'y a pour tout ornement dans cet appartement qu'un portrait en pied de Henry III sur la cheminée du cabinet. De là je fus à Blois[1]. »

Nous empruntons à André Félibien, historiographe des bâtiments du roi et secrétaire de l'Académie d'architecture, la description suivante de Chenonceau en 1681[2], pour compléter celle que donnoit Androüet du Cerceau un siècle auparavant :

« Le chasteau de Chenonceau est construit avec autant de solidité, de beauté et de soin qu'aucun autre qui ait esté fait en ce temps-là. Il est scitué dans la Touraine, sur la rivière du Cher, à trois lieues d'Amboise.

« C'est une masse de plusieurs pavillons eslevez sur des pilles de pierre dure fondées dans le lict mesme de la rivière.

« La face du chasteau regarde le nord ; l'on y arrive du

---

1. *Mémoires de Mlle de Montpensier.*
2. *Mémoires pour servir à l'histoire des maisons royales et bastimens de France*, par A. Félibien. 1681. Ms. de la Biblioth. Imp., fonds Baluze, 8427². — Cet ouvrage se trouve aussi dans la bibliothèque du château de Cheverny, avec les dessins originaux de Félibien. In-fol.

costé du bourg par une avenue de plus de trois cents pas qui conduit jusque dans l'avant-cour, et qui devoit estre bordée de part et d'autre de larges canaux d'eau vive revestus de pierre de taille.

« Du costé droit de l'avant-cour, il y a des logements particuliers, et du costé gauche sont des jardins et des parterres qui bordent la rivière; la cour du chasteau n'est séparée de l'avant-cour que par une balustrade de pierre.

« D'une terrasse qui est au-devant de la maison, on entre dans une allée qui sépare les appartements à droite et à gauche. Le principal appartement est du costé gauche. On trouve une salle qui communique à plusieurs chambres, à des cabinets, à des garde-robes, et à d'autres dégagements. Il y a deux chambres toutes lambrissées avec des plafonds de menuiserie par compartiments. Dans l'une ils sont ornez des armes de la reyne Catherine de Médicis, et dans l'autre, qui est peinte de noir, ils sont parsemez de larmes d'argent qui sortent de certains cornets aussy d'argent.

« Il y a un petit cabinet à costé qui est peint et orné de la mesme sorte. C'estoit le lieu où logeoit la reyne Louise après la mort de Henry III, son mari.

« De la mesme salle, on entre dans la chapelle, qui est fort bien bastie de pierre très-blanche. La voûte est à croisées d'ogives, et dans les clefs sont les armes du général Bohyer, celles de sa femme et de son frère le Cardinal. Il y a quelques endroits où sous les armes du général Bohyer est escrit : *S'il vient à poinct, il m'en souviendra.*

« De l'autre costé de l'allée est un autre appartement composé de plusieurs pièces, et de l'escalier qui conduit aux appartements d'en haut, composez d'un pareil nombre de chambres, de cabinets et de garde-robes que l'estage d'en bas.

« C'est dans les piles qui portent tout le bastiment que sont les cuisines et les offices, très-commodes et fort bien pratiquées.

« De tous les grands desseins que la reyne Catherine avoit projettés pour en faire une maison délicieuse et très-magnifique, elle n'acheva que la gallerie qui est attachée au chasteau et qui traverse toute la rivière. L'on y entre par le vestibule qui est au bout de l'allée. Les appartements bas ont aussy des portes pour y pouvoir aller sans passer par le vestibule. Elle a trente thoises ou environ de longueur sur trois thoises de large. Elle n'est point voultée non plus que tous les autres appartemens du chasteau qui n'ont pour plafond que des pouterelles. Elle est ouverte par cinq grandes croisées de chaque costé qui respondent au milieu des cinq arches sous lesquelles la rivière passe, et sur les avant-corps des pilles, il y a des espèces de niches qui sortent hors-œuvre en forme de petites tours, qui sont aussy ouvertes par des fenestres en arcades. Au dessus de cette gallerie, il y en a encore une pareille d'où l'on entre de plain pied dans les appartements hauts. Elle est ouverte de part et d'autre, mais différemment de celle de dessoubs. Car au lieu des niches qui sont à la gallerie basse, au-dessus des piles, ce sont de grandes croisées quarrées pareilles à toutes les autres qui sont sur le milieu des arches, hormis qu'elles s'ouvrent jusques au niveau du plancher, et servent de portes pour entrer sur autant de petites terrasses, environnées de balcons, d'où l'on voit du costé du levant et du costé du couchant, le cours de la rivière, bordée de prés, de bois et de collines.

« Dans les galleries, il y a des niches entre les fenestres et dans chaque niche un buste de marbre. Le bout de ces galleries du costé du parc n'est point achevé. La reyne

Catherine y vouloit faire joindre un autre corps de logis. Cette maison est accompagnée de jardins, d'un parc et de tout ce qui peut rendre un lieu très-accompli. Le chasteau est de pierre dure dans les premières assises, et jusques au-dessus des arches, et le reste de pierre de Bouré et de Lie très-blanche et bien conservée. Tous les ornements tant dedans que dehors, sont à la manière de ce temps-là, c'est-à-dire délicatement taillez. La beauté de ces ouvrages paroist d'abord dans la face du chasteau où les pilastres et les termes qui sont entre les fenestres des deux estages sont travaillez avec beaucoup de soin, comme aussy les deux trompes qui font partie du balcon qui est au-dessus de la porte, la corniche de l'entablement, les fenestres en lucarnes qui sont dans les combles, et les tuyaux mesmes des cheminées.

« Dans la cour du chasteau, et assez proche du pont, il y a une ancienne tour : on y entre par un grand perron de plusieurs marches. La porte et les fenestres de cette tour sont ornées de sculptures, comme aussy les rampes et le devant du perron, où il y a divers trophées taillez dans la pierre. Cette tour parroist plus ancienne que le chasteau. »

Quelques années avant le passage de Félibien, Chenonceau avoit été visité par un sieur du Buisson, qui nous en a laissé, à la date de 1659, la description suivante [1]. Nous la reproduisons sans prendre la peine de rectifier ici les erreurs historiques qui s'y sont glissées :

« Chenonceau est un village bien ramassé, ou bourg, comme ils parlent, où il y a une cure de petit revenu et de peu de paroissiens aussi; ce sont vignerons et officiers privilégiés. Il y a une fontaine conduite et jaillissante d'une

---

[1]. *Voyage en France*, par le sieur du Buisson. Biblioth. Mazarine, Ms. n° 2694.

pile de pierre au quarrefour ou quarroi, comme ils parlent, vis-à-vis d'une hôtellerie, qui est l'unique. Il est éloigné de plus d'une mousquetade de la rive droite de la rivière de Cher, dont pourtant pourroit luy estre venu le nom de Chenonceau, quasy Chernonceau, ou Cheronceau, pour diminutif [1]. C'est une maison unique en France ainsi bastie, car elle est dessus le fond de la rivière, et tout de son travers, ainsi qu'un pont ou qu'une galerie couverte. Comme vous arrivez du costé du bourg, vous trouvez le pont, qui est de deux belles arcades, dont l'une est pour le pont-levis, qui couvre encore une troisième petite arcade joignant le bastiment, à travers et par dessouls lesquelles trois arcades coule le Cher. Du pont vous entrez dans le logis sans court. Ce logis est fait en pavillon bizarre, sans aucun ordre d'architecture, orné d'atlantes et caryatides faits à l'advanture ; il est quarré, de pierre blanche de Bourray, couvert d'ardoises comme le reste des bastimens cy après. Ce corps de logis, fait en pavillon, est soutenu de deux piles percées en arcades, c'est-à-dire sur une arche grande et belle, souls lesquelles coule le Cher, et y a chambres et salles basses et autres, avec balcons et sorties à deux étages, et encore le couvent, qu'ils appelent, qui sont chambres du galtas, ou *celles* séparées comme en dortoir de religion de femmes, avec la chapelle et réfectoire, ainsi qu'au chasteau de Saint-Aignan, six lieues plus haut sur le Cher, et ailleurs en diverses maisons de France, les dames dévotes ont chez elles pour se retirer certains jours du commerce de leur famille et vaquer aux prières et exercices de piété,

---

[1]. Nous n'avons pas besoin de faire ressortir le peu de vraisemblance de cette étymologie, démentie par le nom latin, *Chenoncellum*, donné à Chenonceau dans les plus anciens titres.

selon l'instruction et usage de quelque religion qu'elles aiment. Ce couvent de Chenonceau est selon les filles de la Visitation du Bienheureux François de Sales.

« Il y a au-dessouls du logement et à fleur d'eau, voire au dessouls et plus bas que le cours de la rivière, les offices de la maison, des fenêtres desquelles à fleur d'eau vous voyez, quand l'eau est claire, comment le bastiment en cet endroit est fondé sur le banc, comme ils parlent, c'est-à-dire le roc plat et dur sans autre fondement [1]. Ce corps de logis fut fait par Boyer, financier, sur lequel il fut, pour crime de péculat, confisqué. La reine Catherine de Médicis l'eust à douaire, et il y a une chambre d'elle avec son pourtrait entre celui de Henry III et de sa femme Louise de Lorraine, avec un petit vers : *Vivite felices quibus est fortuna peracta.* A costé de cette chambre est une autre comme un grand cabinet lambrissé haut et bas, peint de noir avec des trousses et carquois blancs, remplis et environnés de larmes. Sur le devant de la cheminée le tableau entier du roy Henry III, et au dessous, sur le propre manteau de la cheminée, un tableau peint de blanc avec ce mot : *Sacri monumenta doloris;* car après la mort de la royne Catherine, la royne Louise eust cette maison et y demeura; et je crois que c'est comment elle est venue à la maison de Mercœur et à Monsieur le duc de Vendosme, qui en a espousé l'héritière; ils y étoient en l'an 1634.

« De ce corps de logis, vous passez en une galerie bastie de mesme, et traversant toute la rivière, et au bout de laquelle il y a attente pour bastir un autre semblable corps

---

[1]. Le fond du Cher, à une médiocre profondeur, est entièrement composé d'un roc très-résistant. Il a suffi de le creuser un peu pour y encastrer les piles en toute sécurité.

de logis, pour la symétrie et commodité de logement, qui, au reste, est petit; car la galerie n'est que pour la promenade et bizarrerie, afin de traverser la rivière; il y a déjà trois piles pour deux arches au bout d'icelle galerie. Elle fust bastie par la susdite royne Catherine, soutenue de trois arcades fort belles, pour laisser couler la rivière et passer les bateaux. Elle est large pour dedans de 10 à 12 pas communs, et longue de 60 ou 80. Elle est à double estage, c'est-à-dire haute et basse galerie; en la basse, ce sont niches entre les croisées, remplies de statues demies, de bustes d'Empereurs romains, qui sont en marbre blanc, modernes toutes, excepté un buste de marbre noir ou de touche, qui est de Scipion l'Africain [1]: et un ou deux autres bustes, de marbre blanc, du Bas-Empire; à chaque croisée, il y a une sorte de balcon en rond. La galerie d'en haut est toute unie. Par celle d'en bas, on sort par un pont couvrant les piles du bout par le futur corps de logis de ce bout-là, et on entre dans un parc où il y a diversité d'allées et bois et parterre et promenoires, montans sur le coteau qui avoisine et qui suit la rive gauche du Cher, mais pour revenir vers le coteau de la rive droite et au bourg, sortant du chasteau et corps de logis premier basti et ci-dessus désigné, vous avez une petite court ou terrasse, sur le côté occidental de laquelle est une tour ronde, logeable, bastie par Boyer.

« Hors ladite court, et derrière ladite tour, est une portion du parc, plantée en bois, dans lequel est un grand bassin de fontaine avec des rochers, et ensuite un parc, mais parallèlement à la rivière; puis, le logis du concierge, officiers, basse-court, escurie, tout cela de pierre blanche couverte

---

1. Le P. Martin Marteau, *Paradis délicieux de la Touraine*, 1er parterre, ch. XI.

d'ardoise, de bonne grâce, avec piquerie et jeu de longue paulme; et plus, outre autre portion du parc en bois, à l'opposite et vers l'orient, est un grand parterre, au bout duquel sont allées en bois, et plus outre, un bois entier en desdales; le tout ensemble faisant l'autre moitié du parc : lequel de l'un de ses costés vers midy aboutit sur la rive droite du Cher; des costés de l'orient et occident, regarde les champs; et du septentrion avoisine le bourg, ayant de trois costés une large et profonde tranchée revestue anciennement de pierres de taille, et remplie en hyver de l'eau du Cher, qui borne le parc de quatriesme costé, et qui donne en deux endroits en ladite tranchée, au-dessus et au-dessous du chasteau, lequel aussi est sur la rivière, au milieu des jardins, promenoirs et issues, ayant les deux moitiés du parc susdit une belle et grande allée, depuis la porte et pont du chasteau, à travers de la court et terrasse, entre le logis des officiers et le parterre en desdales, jusqu'à la sortie dudit parc, où il joint et aboutit le bourg. »

Terminons cette longue et fastidieuse description par ces simples et belles paroles qu'Abd-el-Kader, prisonnier à Amboise, inscrivoit de sa main, le 13 mai 1851, sur le registre des visiteurs de Chenonceau :

« Louange au Dieu unique!
J'ai vu le monde réuni dans ce château.
Il est comme un morceau du jardin éternel.
Le salut à tous ceux qui prendront connoissance de mon écrit.
Et moi je suis Abd-el-Kader ben Mahhi-eddin.

L'an 1267, le mardi 10 redjeb. »

III

DROITS SEIGNEURIAUX.

Avant d'entreprendre l'histoire du château de Chenonceau, il nous paroît utile de faire connoître les droits féodaux qui étoient attachés à cette terre.

Dans l'origine, la terre de Chenonceau n'étoit qu'un simple fief mouvant de la baronnie d'Amboise. Les seigneurs suzerains furent d'abord les divers membres de la famille d'Amboise qui furent propriétaires de cette baronnie, jusqu'en 1434, époque à laquelle cette importante seigneurie fut confisquée sur Louis d'Amboise par Charles VII, et annexée à la couronne. A partir de cette date, les rois de France furent barons d'Amboise et suzerains de Chenonceau, jusqu'à l'érection de cette terre en duché-pairie, en 1764, en faveur de M. de Choiseul.

Lorsque Thomas Bohier eut réuni entre ses mains, avec la terre de Chenonceau, les divers fiefs du voisinage qui relevoient de la baronnie d'Amboise, il obtint de Louis XII des lettres patentes, en date de février 1514, qui déclarèrent unis au fief principal de Chenonceau les six fiefs des Houdes, de Marques ou Gentil à Bléré, de la Carte, d'Infernet, de Bagneux ou la Roche à la Coutance, et d'Argy, en une seule foi et hommage, avec titres, droits, prérogatives et prééminences dus aux seigneurs châtelains, suivant la coutume de Touraine, et faculté de contraindre les sujets au guet et à la garde du château, en cas d'éminent péril, ainsi et de la même manière qu'ils y étoient tenus auparavant pour le château d'Amboise; à la charge par le seigneur de Chenonceau de trois semaines de garde audit château d'Amboise, une fois en la vie, en temps de guerre, et seulement lorsque les ennemis étoient dans le royaume. Ces lettres furent enregistrées à Amboise, le 4 novembre 1514, par Raymond de Dézert[1], seigneur d'Avisé, conseiller du roi et son bailli d'Amboise, et F. Tissart, procureur du roi au même siége, et il fut ordonné qu'elles seroient publiées à son de trompe et cri public. Cette formalité fut remplie par François Bourgeois, sergent ordinaire, par les carrefours de la ville et faubourgs d'Amboise, le 26 novembre 1514, jour de la grande foire de Sainte-Catherine.

Les principaux droits et prérogatives des châtellenies sont déterminés par la coutume de Touraine, mais cela n'empêche pas Bohier de les détailler et spécifier par le menu dans son aveu et dénombrement du 18 mai 1523. Parmi ces droits, nous devons signaler particulièrement le droit de justice, qui se rattachoit de plus près à la souveraineté. Le seigneur châtelain pouvoit tenir ses assises ordinaires quatre fois l'an, et ses plaids de quinzaine en quinzaine, connoître de tous les cas criminels, et punir les délinquants, « comme essoriller

---

[1]. Raymond de Dézert et sa femme, Marie Moreau, firent faire de leurs deniers et donnèrent à la ville d'Amboise le pavillon de l'Horloge. Raymond de Dézert mourut en 1515 et fut enterré à Amboise. Le vol. 078 de la collection Gaignières donne son épitaphe, p. 612.

ou démembrer autres de leurs membres, traîner, pendre et estrangler, décoller, noyer, brusler et forbannir, *par voyes de justice et de raison*. » Voilà des prérogatives effrayantes, mais il faut se hâter d'ajouter qu'au commencement du xvi° siècle ce n'étoient plus là que de vains mots : par une habile et persévérante politique, les *cas royaux* avoient été multipliés, et la connoissance de tous les crimes avoit été ainsi peu à peu enlevée aux juges locaux; l'appel d'ailleurs pouvoit toujours conduire le coupable à la justice du roi et le soustraire au ressentiment de son seigneur. Malgré cette diminution de leurs droits, les châtelains n'en conservoient pas moins l'usage d'ériger quatre piliers patibulaires, garnis de liens par dedans et par dehors. Singulière marque de souveraineté!

Un des priviléges les plus chers à l'ancienne noblesse, c'étoit le droit de chasse. En vertu des droits attachés à ses moulins de Chenonceau et de Vestin, le seigneur châtelain pouvoit chasser dans toute l'étendue de la baronnie d'Amboise, jusqu'aux portes et ceintures de murailles des villes d'Amboise, Montrichard et Bléré, et poursuivre le gros et le menu gibier, biches, chevreuils, loups, renards, faisans, perdrix, lièvres et menu oiselin.

Les faisans dont il est ici question étoient répandus dans toutes les forêts de Touraine dès le commencement du xv° siècle[1]. Nous voyons en effet les moines de l'abbaye de Cormery, en 1412, envoyer aux Anglois, pour les rendre plus traitables, des perdrix, des *faisans*, des chapons et un

---

[1]. Il ne faudroit pas croire que le faisan fût autrefois plus rare qu'aujourd'hui. On trouve dans *le Livre du roi Modus et de la royne Racio* ouvrage du xiv° siècle (nouv. édit. par Elzéar Blaze, Paris, 1839), un chapitre qui enseigne à prendre cet oiseau, et dans un grand nombre d'aveux rendus par des seigneurs angevins au xiv° et au xv° siècle, on voit figurer des garennes à perdrix et à faisans.

brochet vivant. Le dernier jour d'octobre 1421, Pierre, sire d'Amboise, concédant à un de ses serviteurs la ferme des Vieilles-Cartes, disoit : « Comme de très longtemps et ancienneté les lieux et appartenances des Vieilles-Cartes, la Burgaudière et la Bondonnière, soient en ruyne et désert, et de nul proffict et valleur, pour lesquels lieux souloit estre deu taille et neufiesme gerbe de dixme et terrage; désirans iceulx lieux estre habités et labourez, nous les donnons à nostre très cher et bien amé clerc et serviteur, Pierre du Mesnil, en récompensation des bons et agréables services qu'il nous a faicts, comme ils se poursuivent et comportent, en aistres, masures, tousches, bois, halliers, noues, gasts, frisches et terres, pour le prix de cinq sols tournois de franc devoir à payer à Noel en nostre hostel dud. Civray, et la unziesme gerbe levée sur le champ. Et esdicts lieux, circuit et pourpris avons establi et donné audict Mesnil justice et voirie de sept solz six deniers, avec garenne à lièvre, à connil, à regnard, *à faisans* et à perdrix, et avec ce franchise de faire guet en nostre chastel d'Amboise. » Malgré ces garennes à faisans, il paroît cependant que cet oiseau étoit devenu rare, car Louis XII, dans une lettre datée de Milan le huitième jour de juin 1507, écrivant à sa bonne ville de Tours pour la féliciter de l'entreprise de ses fontaines, ajoutoit : « Aussi faites-vous donner garde des faisans que nous avons faict mectre l'année passée autour de cette ville, de sorte qu'ils ne soient pris ou tués, afin qu'ils y puissent multiplier [1]. »

Ce droit si étendu de la chasse des seigneurs de Chenonceau fut troublé par des restrictions introduites par Louis XI, celui de nos rois qui poussa le plus loin le goût du plaisir de

---

1. Archives municipales de Tours.

la chasse. Malgré son économie, il dépensoit des sommes énormes pour satisfaire cette passion, et Claude Seyssel, l'un de ses historiens, nous assure que *les défenses de chasses dont il se délectoit, étoient si âpres et si sévères, qu'il étoit plus rémissible de tuer un homme qu'un cerf ou un sanglier.* La *Chronique scandaleuse* nous en raconte un trait original. « Et ce mesme jour (19 novembre 1468), dit-elle, furent prinses pour le roy et par vertu de sa commission addressant à ung jeune fils de Paris, nommé Henry Perdriel, en ladicte ville de Paris, toutes les pies, jays et chouettes, estans en caige ou aultrement, et estans privées, pour toutes les porter devers le roy, et escript et enregistré le lieu où avoient esté prins les dicts oiseaulx : et aussi tout ce qu'ils sçavoient dire, comme *larron, paillart...... va dehors va, Perrette donne moy à boire,* et plusieurs aultres beaux mots que iceulx oiseaux sçavoient bien dire, et que on leur avoit apprins. Et depuis encore par aultre commission du roy addressant à Merlin de Cordebeuf, fut venu querir et prendre audict lieu de Paris tous les cerfs, biches et grues qu'on y peut trouver, et tout faict mener à Amboise. » Louis XI n'étoit pas toujours aussi tolérant, et l'un des premiers actes de son administration fut une décision que Monstrelet raconte en ces termes : « Le roy Loys, pour sa singulière voulenté, feist brusler et ardoir par tout l'Isle-de-France, toutes manières de bestes sauvages et d'oiseaux, et n'en fut nul espargné, noble ne villain, réservé en aucunes garennes appartenans aux princes; et disoit-on communément qu'il feit ce, afin que nul ne chassast ne vollast que luy, et qu'il fust tant plus de bestes et d'oyseaux, car toute son affection estoit à chasser et à voler [1]. » Dans le même esprit, au mois d'octobre

---

1. Chasser au vol.

1482, il exempta les habitants d'Amboise de toutes tailles, aides, subsides et impositions quelconques, « pourvu et toutefois que les habitants jurent et promettent sur les saints Évangiles de Dieu qu'en la forest dud. Amboise ils ne chasseront ni ne feront chasser à arbalestres ni autrement, en quelque manière que ce soit, et s'ils savent que aucuns le fassent nous en avertiront; et si aucuns d'eux ont des taillis en lad. forest, les feront clore afin que les bestes privées ne gâtent ou broûtent, et que les bestes sauvaiges se puissent mieux tenir[1]. »

Dans l'acte d'érection de la châtellenie, Louis XII fit des réserves expresses à ce sujet. Thomas Bohier, dans son aveu et dénombrement, réclama contre ces défenses et maintint son droit ancien; mais François Ier, non moins passionné pour la chasse que ses prédécesseurs, ne paroît pas avoir accueilli ces plaintes.

Parmi les autres droits attachés à la châtellenie de Chenonceau, nous devons encore mentionner les suivants : la banalité du moulin[2], avec obligation pour tous les sujets d'y faire moudre leur grain, sous peine de confiscation de la farine, de la bête qui la porte, et du pain cuit; la pêche dans la rivière du Cher avec brayes et toute espèce d'engins; le passage au port Olivier; la dîme des blés et des vins; le droit de péage ou de *dépri* sur toutes marchandises[3]; etc.

1. Lettre de Louis XI à la ville d'Amboise. (Archives municipales d'Amboise.)

2. Après avoir construit son château sur les deux piles du moulin de Pierre Marques, Bohier rétablit le moulin banal un peu au-dessous, sur des bateaux. Ce moulin mobile fut ensuite détruit, et la banalité transportée, par lettres patentes de 1557, au Moulin-Fort de Chisseau.

3. En vertu du *dépri*, certaines marchandises pouvoient passer en franchise, mais à la condition expresse de demander avec *prière* l'exemption de tout droit, avec certaines formules bizarres ou ridicules. En voici deux exemples curieux tirés de la pancarte du péage de Montso-

Le plus curieux de tous ces droits est celui de *quintaine*, dont nous empruntons la description à M. Dupin. « Tous les bateliers, dit-il dans son aveu de 1742, meuniers, pêcheurs et fermiers des pêcheries, domiciliés dans la terre de Chenonceau, sont tenus en personne d'amener leurs bateaux au Moulin-Fort le jour de la Pentecôte, et là de planter dans la rivière un pieu avec l'écu des armes du seigneur, contre lequel pieu ils doivent rompre chacun trois bonnes perches de huit pieds de long, en se tenant debout à la tête d'un bateau mené à toutes rames dans le courant de la rivière; cette obligation n'est imposée qu'une seule fois, mais ceux qui ont satisfait au devoir de la quintaine sont tenus d'y assister avec leurs bateaux pour repêcher ceux qui tombent dans la rivière, et de fournir du vin aux officiers du seigneur, le tout sous peine de soixante sols d'amende. »

Il faut aussi mentionner *le droit du seigneur* établi sur les nouveaux mariés, mais ce droit est loin de ressembler à celui que les pamphlétaires et les romanciers du siècle dernier ont trouvé dans leur imagination. A Chenonceau, les nouveaux mariés qui avoient épousé des filles étoient tenus de donner au seigneur, le jour de la Pentecôte, un *éteuf* blanc et neuf, et ceux qui avoient épousé des veuves devoient une *buye* ou cruche de terre toute neuve. On ne peut rien imaginer de plus innocent.

La châtellenie de Chenonceau avoit dans sa mouvance plusieurs arrière-fiefs, dîmes et domaines inféodés, au nombre de dix-huit, dont on trouvera l'énumération dans l'aveu

reau : « Le sénevé ne doibt que depry, en depriant deuement; car si en faisant led. depry, le conducteur d'icelle marchandise dict ces mots : *je deprie moustarde*, en ce cas il doibt la somme de vj den. ts. pour chacun muy dud. sénevé. — Pour vinaigre, depry, et si en faisant led. depry il dict ces mots : *aigre-vin*, car s'il dict *vinaigre*, il doibt amende de lx sols tournois. »

de Bohier. Les principaux étoient les fiefs de la Vallière à Négron, de la Mazière dans la varenne d'Amboise, de Grateloup à Saint-Georges, de Thenay, de Culoison et de Bois-Ramé à Bléré, du Plessis Limosin à La Croix, du Plessis Brisehaste à Souvigny, etc., etc. Parmi les hommes de foi et vassaux nous remarquons à cette date Louis du Bois des Arpentils; François Bérard de Bléré, Guillaume de Seigne et Adam Fumée. Parmi les simples tenanciers sans foi et hommage, citons seulement François Tissart, receveur de Nantes, parent du fameux helléniste, et messire Guillaume Briçonnet.

Le terrier de la châtellenie de Chenonceau, prescrit en 1556 par lettres patentes de Henry II, confirmé par François II, fut exécuté par Catherine de Médicis et terminé en 1565. Nous y relevons les noms des vassaux suivants : François Briçonnet, conseiller du roi; Pierre Mainys, docteur en médecine à Amboise; Louis du Bois des Arpentils; François Bérard de Bléré, et Galiot de Seigne, seigneur de Bois-Ramé. La liste des tenanciers ne nous offre qu'un seul nom intéressant, celui de Martin Lorin, gouverneur des pages de la grande écurie du roi, demeurant à Amboise, dont la postérité subsiste encore à Civray et à La Croix[1].

---

[1]. Nous trouvons un Jehan Lorin, archer de la garde du roi, mentionné à plusieurs reprises dans les comptes de la paroisse de Dierre pour l'année 1537. Il rendit plusieurs services aux gens de Dierre, et ceux-ci lui en témoignèrent leur reconnoissance d'une manière naïve. On peut juger de la simplicité des mœurs de cette époque par l'article suivant des comptes :

« Item ont payé lesd. procureurs pour ung setier de avouene qui fust achapté pour bailler à monsieur le quapitaine Lorrin pour qu'il a gardet que les gendarmes vindrent en lad. parroisse. . . . . . xxvij s. »

IV

FAMILLE MARQUES.

Les bords du Cher furent habités de bonne heure par les Romains, et peuplés par eux d'élégantes villas. Dans toute cette région on retrouve à chaque pas, pour ainsi dire, des vestiges de l'occupation gallo-romaine, voies antiques, aqueducs, bassins, murs en petit appareil, fours à chaux et à tuiles, monnoies, etc., etc. Chenonceau, grâce à sa situation pittoresque, devint le siége d'un des plus anciens établissements : on a rencontré à une foible profondeur, dans cette partie des parcs que l'on appelle *le parc de Civray*, des briques à rebords, des tuiles recourbées, des poteries sâmiennes, des bracelets en métal, en un mot tous les vestiges d'une villa.

Toutefois, ce n'est qu'au xiie siècle que nous voyons Chenonceau apparoître pour la première fois dans nos annales locales, à l'occasion d'une donation faite à l'abbaye de Villeloin[1]. La liste des paroisses de Touraine, rédigée en 1290,

---

1. Coll. Gaignières, vol. 678, pp. 14-18.

et insérée dans le cartulaire de l'archevêché de Tours, le désigne sous le nom de *Parochia de Chenoncello*, alias *de Chenonceau*[1].

Au XIIIᵉ siècle, cette terre étoit possédée par la famille Marques, originaire d'Auvergne. En 1243, Guillaume Marques, chevalier, vendoit aux moines de Montoussan le pré Bardin, du consentement de sa femme Aelix, de son fils aîné Robert et de ses enfants Pierre et Marguerite, et leur donnoit en outre deux setiers de froment à prendre annuellement sur son moulin de Vestin, afin de prier pour son frère Pierre, décédé. En 1250, Robert, fils de Guillaume, vendoit à Simon de la Tour et à sa femme Sanctia, du consentement de son épouse Jehanne et de son fils aîné Guillaume, encore mineur, le moulin de Culoison, sis à Bléré, moyennant cent livres tournois. D'après ce contrat, le meunier Anger devoit continuer à occuper le moulin, à la charge de payer à Simon de la Tour une rente annuelle de vingt-neuf setiers de blé, à la mesure de Bléré[2], et à l'abbaye Saint-Julien de Tours trois setiers de froment et trois de mouture ; de son côté, Simon de la Tour devait fournir les tournants et virants du moulin, et douze hommes à la Pentecôte pour curer le bief. Le même Robert Marques, en 1252, approuvoit une donation faite au prieuré du Grès par Isambard de Mauni sur la dîme de Truyes ; et en 1258 Jean de Berrie, seigneur d'Amboise et de Montrichard, rati-

---

1. *Chenonceaux* est une mauvaise orthographe qui ne date que du XVIIIᵉ siècle : tous les anciens titres écrivent invariablement *Chenonceau*, et nous avons conservé cette forme malgré l'orthographe officielle.

2. La mesure de Bléré étoit la même que celle d'Amboise, de Montrichard et de Chenonceau : le setier, comprenant 12 boisseaux, avoit une capacité de 1 hectolitre 35. — Voyez à ce sujet le *Tableau de la province de Touraine* publié par nous dans les *Annales de la Société d'agriculture de Tours*, année 1862.

fioit la possession, par l'abbaye Saint-Julien, du domaine de *la Folie Anseaume*, sis à Bléré dans le fief de Robert Marques, appelé fief Gentil[1]. En 1274, Guillaume Marques, fils aîné et héritier de Robert, transigeoit avec le monastère de Montoussan au sujet d'un cheval et d'une meule vendus par les moines à son père et à son aïeul, et d'une redevance annuelle de cinquante anguilles qui leur avoit été concédée sur la pêcherie de Chacons; cette transaction fut approuvée par sa femme Isabelle.

Les titres nous manquent pour établir la filiation de cette famille jusqu'au milieu du xive siècle : nous nous bornerons à en faire connoître les membres dont le nom est parvenu jusqu'à nous.

Dans le cartulaire de l'abbaye Saint-Julien de Tours, nous trouvons la mention suivante : « Sachent tuit que Huet Marques, escuier, de la paroisse de Chenonceau, tient a héritaige de l'abbé et convent de S. Julian de Tours un hébergement dict le Codroy, 1317[2]. »

La précieuse collection Gaignières[3] nous donne deux autres noms de la même famille. Sur une tombe de pierre devant la chaire du prédicateur, dans la nef de l'église de Marmoutier, on lisoit : « Cy gist noble damoyselle Malran de Vil-levant, jadis femme de feu Guill. Marques, escuier, lesquieulx leur eut troys enfans religieulx de ceans, et trespassa ladicte damoyselle l'an mil CCCCXXVII, le xxviie jour de novembre. — Cy gist frere Robert Marques, prieur de Sainct Mars près Vandosme, lequel trespassa le xve jour de decembre l'an mil CCCCLXVIII. »

---

1. D. Housseau, VII, 3108.
2. Biblioth. Impér., fonds latin, n° 8443
3. *Tombeaux et épitaphes des églises de France*, t. I, fol. 88, biblioth. Bodléienne d'Oxford.

Jean Marques, premier du nom, prit parti, sous le règne de Charles VI, contre le dauphin, que la faction de Bourgogne venoit de faire déclarer déchu de ses droits à la couronne, et reçut garnison angloise dans son château. Il ne tarda pas à subir la peine de sa félonie[1]. Olivier et Bertrand du Guesclin, mandés par la ville de Tours, accoururent en toute hâte : après avoir repoussé l'ennemi, Bertrand et son frère chassèrent des châteaux forts de Montlouis, des Houdes et de Chenonceau les bandes d'aventuriers qui s'en étoient emparés depuis le traité de Brétigny, et dont les fréquentes incursions tenoient la ville de Tours dans des alarmes continuelles. Aussi, pour témoigner leur gratitude à ces deux braves chevaliers, les habitants de cette cité crurent devoir leur offrir une indemnité individuelle de cent livres[2].

En même temps le maréchal Laval de Bois-Dauphin, qui avoit battu les Anglois dans les prairies de Vestin, auprès de Chenonceau, sur la rive gauche du Cher, rasa les fortifications du château, détruisit le fort des Houdes jusqu'aux fondements, et fit couper les bois à hauteur d'infamie.

Cet événement porta un coup terrible à la fortune des Marques. En 1415, Jean Marques et sa femme Jeanne Destouches, pour s'acquitter envers leurs créanciers, vendirent à Jean Pasteau, dit Taloche, et à damoiselle Marie Marques, sa femme, fille des vendeurs, quarante livres tournois de rente annuelle et perpétuelle assise sur les hôtels de Chenonceau et du Couldray, près de Saint-Martin-le-Beau, et sur le fief de la ville de Bléré, pour la somme de quatre cents livres tournois. Ils remboursèrent la moitié de cette somme en 1417.

---

1. Isambert, *Recueil général des anciennes lois françoises*, VII, 658.
2. Comptes de la ville de Tours, 1358-1359, 1363-1364. — *Mémoires de la Société archéologique de Touraine*, VII, 280.

INTRODUCTION.

Leur fils Jean, deuxième du nom, quoique grevé des dettes paternelles, songea à relever l'honneur de la famille. En 1432, il obtint de Charles VII des lettres patentes qui l'autorisoient à rétablir les fortifications de son château, en raison des services qu'il avoit rendus à l'État, et en considération de sa parenté avec la maison de France. Louis d'Amboise, seigneur suzerain de Chenonceau, y consentit par un brevet de 1433. En conséquence, Jean Marques se mit à l'œuvre, rebâtit son château, aujourd'hui détruit, et construisit la belle tour qui s'élève encore sur le bord du Cher. Ces grands travaux l'endettèrent beaucoup, et il ne put songer à relever le fort des Houdes. Il mourut en 1460, laissant trois enfants, Pierre, Guillaume et Foulques.

Nous trouvons à la même époque plusieurs autres membres de la même famille. Par acte passé à Amboise en 1433, Jean Desquartes et damoiselle Jeanne Marques, sa femme, d'une part, et Guillaume Mercier, d'autre part, s'accordèrent entre eux pour la division des héritages qui leur étoient advenus par la mort de Jean Foucault et de sa femme Aleonor. — En 1470, nous voyons figurer une Perrette Marques, dame de Coulommiers.

Cependant Pierre Marques, fils aîné de Jean II, après la mort de son père, en 1461, rendoit hommage au roi pour les terres de Chenonceau, les Houdes, le Couldray et le bourg de Saint-Martin-le-Beau. Ces biens étoient encore assez considérables, mais ils étoient grevés de lourdes hypothèques, et par sa mauvaise administration, Pierre devoit achever la ruine de sa famille, commencée un siècle auparavant par la félonie de son aïeul. En 1477, il dut faire le partage avec ses frères puînés, Guillaume et Fouquet : il abandonna au premier 460 écus d'or soleil, avec les Vieilles-Cartes et le fief Marques ou Gentil; au second, 60 écus d'or et une rente de 30 livres, avec le fief de la Roche à la Coustance. Ainsi appauvri, il épousa cependant Martine, fille de Pierre Bérard et de Jeanne Chéritée, seigneurs de Bléré et de Chissé, mais ce mariage ne releva point sa fortune. Nous le voyons faire des constructions coûteuses, acheter à haut prix une multitude de parcelles de terre pour arrondir sa propriété, emprunter à gros intérêts, constituer des rentes sur son domaine, et enfin vendre en détail les seigneuries qu'il possédoit. C'est lui qui construisit dans le Cher le moulin banal de Chenonceau, sur les fortes piles duquel Thomas Bohier éleva plus tard son château. Pour payer cette construction importante, il fut contraint de vendre en 1470, pour le prix de 500 écus d'or soleil, à Adam de Hodon, seigneur de Mahiet au pays du Maine, et à damoiselle Marie de Montalaies, sa femme, le fief des Houdes, assis en la paroisse de Francueil, *ainsi comme le dict lieu des Hosdes se poursuit et comporte en murailles ou souloit anciennement avoir maison fort*[1]. Son frère Guillaume[2], seigneur de la Folaine à Azay-sur-Indre, avoit vendu le fief Marques à l'abbé de Saint-Julien de Tours, « au proffict de la crosse abbatialle d'icelle abbaye, » pour 120 écus d'or appréciés à 30 sols tournois la pièce, et 6 deniers de franc-devoir envers la terre de Chenonceau : Pierre reprit ce fief en vertu du retrait féodal, remboursa l'abbé de

---

1. C'est à Adam de Hodon qu'il convient d'attribuer la construction du manoir actuel des Houdes et de la chapelle seigneuriale de Francueil.

2. Guillaume Marques étoit un chevalier turbulent. En 1469, il eut une violente querelle avec le chapitre de la collégiale de Loches, au sujet des moulins de Morillon, et se mettant à la tête d'une troupe armée « de brigandines, d'arcs bandés avec leurs traits, javelines, dagues et épées, » il repoussa les ouvriers qui travailloient aux chaussées de l'Indrois. — *Mémoires de la Société archéologique de Touraine*, I, 30.

Saint-Julien ; mais quelques années après il étoit forcé de le lui revendre. En 1483, il vendoit le manoir et les dépendances de Bourdigalle [1]; en 1494, il constituoit une rente annuelle et perpétuelle de six livres tournois au profit du chapitre de Saint-Martin de Tours, pour demeurer quitte de la somme de 145 livres qu'il leur devoit; enfin en 1498, il étoit contraint d'assigner à honorable homme sire Jehan Gallocheau l'aîné, bourgeois et marchand de la ville de Tours, une rente annuelle et perpétuelle de soixante sols tournois sur la terre de Chenonceau, pour la somme de cinquante-sept livres que devoit Pierre Marques, « à cause de marchandises à luy autrefois vendues, baillées et livrées, et argent content à lui presté. » Toutes ces opérations faisoient présager une ruine imminente. Parmi les seigneurs du voisinage qui pouvoient prétendre à l'acquisition de la terre de Chenonceau, nous devons particulièrement mentionner les suivants, dont les noms, conservés par les annales locales, ne sont pas indignes de l'histoire :

Pierre Bérard, chevalier, beau-père de Marques, seigneur de Bléré et de Chissé, ancien maître d'hôtel de Louis XI, qui avoit eu l'honneur de donner l'hospitalité au *Roi de Bourges* dans son manoir de Chissé, en 1452 [2];

Messire Jehan Goussart, seigneur engagiste de Civray ;

Aymar de Pric, grand maître des arbalétriers de France, seigneur de Luzillé, de Montpoupon et de Chantoiseau, troisième fils d'Antoine et de Madeleine d'Amboise [3];

---

1. Biblioth. Impér., coll. D. Housseau, t. IX, n° 4001.
2. Lettres de Charles VII données à Chicé-lès-Montrichart en Touraine, en may et juin 1452. — *Ordonnances des rois de France*, t. XV.
3. Le cabinet des médailles de la Biblioth. Impér. possède une médaille d'Aymar de Pric, datée de 1483, avec cette devise sur le revers : PRIE A CHANT D'OYSEAULX. Cette devise, à double entente, rappelle que

Gigault de Bellefont, seigneur de Mesvre, dont la famille donna un maréchal à la France sous Louis XIV[1];

Adam de Hodon, qui venoit d'acheter la terre et la seigneurie des Houdes;

Du Boys, chevalier, sieur des Arpentils;

Adam Fumée, deuxième du nom, seigneur des Roches-Saint-Quentin, qui venoit d'hériter de son père, Adam Ier, mort en 1494;

De Seignes, seigneur de Bois-Ramé, à Bléré, dont la mémoire devoit être immortalisée par une chapelle funéraire digne d'être classée parmi les monuments historiques;

François Sauvage, seigneur du Chesne à la Croix de Bléré, contrôleur de l'argenterie du roi, anobli en 1495, lequel achetoit en 1502, de Guillaume Marques, seigneur de la Folaine, le lieu de la Pinsonnière et le fief des Vieilles-Cartes;

Jehan des Quartes, seigneur des Cartes de Paradis, que l'on présume être l'un des ancêtres du philosophe.

Mais aucun de ces seigneurs ne devoit acheter Chenonceau. Il étoit réservé à un financier, Thomas Bohier, de devenir propriétaire de ce fief, et d'y construire le magnifique château que nous admirons encore.

---

la famille de Prie possédoit le fief de Chantoiseau à Luzillé. — Cette famille acquit une célébrité de scandale au commencement du xviiie siècle par la belle marquise de Prie, Agnès Berthelot de Pléneuf, qui fut la maîtresse du duc de Bourbon, propriétaire de Chenonceau.

1. Bernardin Gigault, marquis de Bellefont, maréchal de France, né en 1630, mort en 1694. C'est à lui que sont adressées les admirables lettres de Mlle de La Vallière, récemment publiées par M. Pierre Clément, à la suite des *Réflexions sur la miséricorde de Dieu*. Paris, librairie Techener, 1860; 2 vol. in-18.

V

THOMAS BOHIER ET CATHERINE BRIÇONNET.

Thomas Bohier, né à Issoire dans la seconde moitié du xve siècle, descendoit d'une des grandes familles bourgeoises de l'Auvergne. Il étoit fils d'Austremoine Bohier et de Béraulde du Prat, tante de ce célèbre Antoine du Prat qui fut premier président du parlement de Paris en 1507, chancelier de France en 1515, puis archevêque de Sens et cardinal en 1527. Le père du chancelier du Prat, Antoine, sieur de Verrière, avoit aussi épousé une Jacqueline Bohier. Cette parenté ne fut point inutile à la fortune de la famille Bohier. Aussi, des trois fils d'Austremoine, Antoine devint-il cardinal-archevêque de Bourges ; et Henry, maire de Tours en 1506, sénéchal de Lyon et général des finances ; quant à Thomas, il devoit trouver dans son mariage avec Catherine Briçonnet un nouveau moyen de parvenir aux honneurs et aux dignités.

Guillaume Briçonnet le jeune, père de Catherine, né à

Tours en 1445, étoit fils de Jean Briçonnet l'aîné, « homme de bien et de crédit, » qui fut premier maire de cette ville en 1462 et 1463, et de Jeanne Berthelot, d'une famille riche et considérée de la ville de Tours. Avant de parvenir aux premières dignités ecclésiastiques, il avoit épousé Raoulette de Beaune, sœur de Jacques de Beaune, baron de Semblançay, général des finances, puis surintendant, et il en eut cinq enfants. On prétend que l'archevêque Angelo Catto, médecin et astrologue de Louis XI, lui avoit annoncé un jour ce changement d'état devant sa femme, à qui cette prédiction ne fut pas très-agréable. Quoi qu'il en soit, quelque temps après la mort de Raoulette de Beaune, il entra dans les ordres ; il étoit alors général des finances de Languedoc, surintendant général, et favori de Charles VIII ; et quand il eut embrassé l'état ecclésiastique, les abbayes et les évêchés furent son partage. Il se vit tout à la fois évêque de Saint-Malo et de Nîmes, archevêque de Reims, abbé de Grandmont et de Saint-Germain des Prés, et deux de ses enfants, Guillaume et Denis, évêques comme leur père, le servirent un jour en qualité de diacre et de sous-diacre dans une messe solennelle. En 1507, ayant été nommé par le roi lieutenant général au gouvernement de Languedoc, il abandonna l'archevêché de Reims pour celui de Narbonne, mais il retint les deux autres siéges jusqu'à sa mort [1].

Les deux principaux événements de la vie de Guillaume Briçonnet furent la promotion de l'expédition de Naples sous Charles VIII, et le concile schismatique de Pise sous Louis XII. Entre ses mains, dit Guicciardin, outre le manie-

---

1. *Histoire généalogique de la maison des Briçonnets*, par Guy Bretonneau, Pontoisien, chanoine de Sainct-Laurens au chasteau de Plancy, MDCXX, dédiée à messire Jacques Briçonnet, grand maistre des eaux et forests de France.

ment des deniers, étoit la somme de tout le gouvernement. Il profita de l'ascendant que lui donnoit cette haute position, pour déterminer le roi, les princes et les grands seigneurs à l'expédition d'Italie, et c'est sur lui qu'il faut rejeter la responsabilité de cette brillante mais téméraire et inutile campagne. Étant à Rome, Charles VIII demanda le cardinalat pour son favori, et Alexandre VI remit le chapeau à Guillaume, le 15 janvier 1495, avec le titre de Sainte-Pudentienne. Depuis ce moment on ne l'appela que le cardinal de Saint-Malo. Le *Verger d'honneur* raconte le même fait en ces termes :

> Tant feut du Roy le Pape encouragé,
> Qu'en son palais feut bien souvent logé,
> Et en ce jour mesme, propos final,
> Pour declarer le poinct de l'abregé,
> Le Pape feist Sainct-Malo cardinal.

Le cardinal Briçonnet fut aussi, avec ses deux fils Guillaume et Denis, un des promoteurs du conciliabule de Pise, qui fut commencé à Pise, malgré Jules II, le 16 mai 1511, continué dans Milan, et conclu à Lyon la même année : cette entreprise lui rapporta moins d'honneur que la précédente. Il fut excommunié par le pape; mais plus tard il se fit réhabiliter par Léon X, en adhérant au concile de Latran.

Après la mort imprévue de Charles VIII au château d'Amboise, en 1498, ce fut le cardinal de Saint-Malo qui fut envoyé par Louis XII vers Anne de Bretagne pour la consoler. « Ce fut chose impossible à dire et croire, écrit messire Bertrand d'Argentré, annaliste de Bretagne, combien ceste bonne princesse print de desplaisir de la mort du roy : car elle se vestit de noir, combien que les roynes portent le dueil en blanc, et fut deux jours sans rien prendre ny manger, ny dormir une seule heure, ne respondant autre chose à ceux qui parloient à elle, sinon qu'elle avoit résolu de prendre le chemin de son mary [1]. Le roy Loys douziesme estant en grand peine de la voir ainsi affligée, envoya le cardinal Brissonnet pour la consoler, qui estoit celuy qui avoit en sa vie mieux gouverné le roy Charles, car il l'aymoit uniquement, et de faict luy-mesme estoit en tel desplaisir, qu'il avoit affaire de consolation : et se sentant foible pour cest affaire, il s'ayda de messire Jean de la Mare, evesque de Condon, fort sçavant homme, religieux et aumosnier. Ces deux ensemble allèrent trouver la royne, qui estoit en un coing de la salle, gisante à terre, plorant incessamment : mais elle commença lors de plus belle à pleurer, voyant cest homme fort aymé du roy deffunct, comme aussi faisoit Brissonnet, qui s'efforçant de parler se sentit le cœur si serré de douleur, qu'il ne peut dire trois paroles, et fut contrainct se taire incontinent. De la Mare print la parole, disant à la royne plusieurs belles et bonnes choses : et fit si bien qu'elle fut contrainte de prendre quelque chose à manger, en quoy faisant le sang luy revint, se portant désormais mieux, et se consola. »

Malgré cette marque de confiance, le cardinal Briçonnet ne garda pourtant point sous Louis XII la haute influence qu'il avoit exercée sous Charles VIII, et il vit son crédit diminuer considérablement au profit de son compatriote le cardinal Georges d'Amboise. Toutefois c'est lui qui, en qualité d'archevêque de Reims, sacra le roi le 27 mai 1498.

Jeanne Berthelot, sa mère, étant morte en 1510, ses

---

1. Après cette citation, le bon Guy Bretonneau ajoute en marge cette naïve réflexion : « Il faut excuser un dueil si long de cette bonne princesse, puisque les anciens donnoient aux femmes un an de terme à plorer, au rapport de Sénèque. »

grands biens furent partagés entre ses enfants par acte passé à Tours le 26 novembre de la même année. Le cardinal étant alors en Italie, donna procuration à Jean Briçonnet, son fils aîné, et à Thomas Bohier, son gendre, de poursuivre ce partage, par acte donné à Saint-Cassan, près Florence, le 25 septembre 1510. Par cet acte, il leur abandonna la jouissance desdits biens, en se réservant la propriété. Il mourut à Narbonne en 1514.

Par sa naissance et par son mariage avec Catherine Briçonnet, Thomas Bohier se trouvoit donc neveu d'Antoine du Prat et de Semblançay, et gendre du cardinal de Saint-Malo. En outre, par une tante de sa femme, Marie Berthelot, femme de Pierre Fumée, il étoit cousin germain d'Adam Fumée, premier du nom, cet illustre empirique qui fut à la fois le médecin et le garde des sceaux de Louis XI, de 1479 à 1482, puis garde des sceaux de Charles VIII en 1493.

Bohier pouvoit donc chercher ses appuis à la fois dans l'Église, dans la justice, dans l'administration et dans les finances, et toutes les portes étoient ouvertes à son ambition. C'est dans les finances qu'il prit carrière. Nous le voyons notaire et secrétaire de Charles VIII en 1491, puis maître des comptes à Paris, et enfin général des finances au département de Normandie en 1496.

A cette époque la France étoit divisée, relativement à la perception des finances, en quatre généralités : Langue d'Oc, Langue d'Oil, Normandie et Pays d'Outre-Seine et Yonne [1]. Quatre trésoriers recevoient les revenus domaniaux dans ces généralités, et quatre généraux des finances y admi-

---

1. Henry II, en 1552, créa les dix-sept grandes divisions du royaume en *généralités*, mesure utile qui rendit plus facile et plus régulière la comptabilité des finances, en restreignant beaucoup le pouvoir exorbitant des généraux. — *Lois françoises*, Recueil d'Isambert, t. XIII.

nistroient les aides et gabelles[1]. Les premiers versoient leurs recettes entre les mains du changeur du trésor; les seconds, c'est-à-dire les généraux des finances, remettoient leurs deniers au receveur général des aides. Au-dessus du changeur du trésor et du receveur général des aides étoit le surintendant. C'est le surintendant qui donnoit à ces deux comptables, en son nom et sous le contrôle de la Chambre des comptes, décharge de toutes les sommes par eux reçues, et qui distribuoit ensuite ces sommes à tous les ayants droit. Il étoit donc à la fois le centralisateur et le dispensateur de tous les deniers du roi.

Les généraux des finances avoient aussi des attributions fort étendues, et un pouvoir considérable. Ils exerçoient dans leur généralité des droits presque souverains, et jouissoient de prérogatives et de priviléges nombreux longuement énumérés dans une ordonnance de François Ier, en date d'avril 1519. Les biens et la personne des généraux de finances étoient, comme ceux des trésoriers généraux, exempts de toutes tailles, emprunts, péages et contributions. « Nous les retenons, dit l'ordonnance, de nostre hostel et famille, pour noz officiers ordinaires et commensaux, et tels voulons estre tenuz et réputés, en les mettant, eulx et leur famille, sous nostre spéciale sauvegarde. »

---

1. Les ressources du roi étoient de deux sortes. Il avoit les droits originairement perçus sur son domaine, à titre purement seigneurial, et qu'à cause de cela on appeloit droits domaniaux, ou plus simplement les domaines. C'étoient là ses ressources ordinaires, et longtemps les rois de France n'en eurent pas d'autres. Les seigneurs grands feudataires jouissoient chez eux de droits identiquement semblables. Ces revenus ne pouvoient suffire aux besoins généraux. Les premières guerres avec l'Angleterre obligèrent les rois à demander des aides et subsides à leurs sujets. Telle est l'origine des tailles, des aides et gabelles, et, en général, de tous les impôts assis en dehors du domaine, qui, tous, furent longtemps considérés comme des revenus accidentels et extraordinaires.

Le pouvoir à peu près absolu dont ces quatre grands officiers disposoient pour la levée et la répartition de l'impôt, la nécessité de les armer d'une force imposante pour vaincre les résistances souvent apportées par les contribuables, l'insuffisance de la surveillance exercée par la Chambre des comptes, tout favorisoit leurs malversations. Aussi faisoient-ils rapidement des fortunes scandaleuses. « De l'an 1515 à l'an 1522, a écrit la mère de François I[er][1], sans y pouvoir donner provision, mon filz et moi feusmes continuellement desrobez par les gens de finances. »

Thomas Bohier se trouva donc investi, encore jeune, d'une des charges les plus considérables et les plus délicates du royaume, sous la surintendance de son beau-père le cardinal de Saint-Malo, jusqu'en 1514, et plus tard sous celle de son oncle Semblançay. Il avoit pour collègues, comme généraux des finances, son frère Henry et son oncle Pierre Briçonnet, et comme trésoriers généraux des domaines, Florimont Robertet, Louis de Poncher et Pierre Legendre, ses parents ou ses alliés. Plus tard, quand il fut appelé en Italie pour administrer les revenus du duché de Milan et veiller à la subsistance des troupes, il fut remplacé dans la généralité de Normandie par son cousin Gilles Berthelot, déjà troisième président à la cour des comptes, le même qui fit bâtir le magnifique château d'Azay-le-Rideau.

Ainsi concentrée entre les mains d'une seule famille, l'administration des finances étoit suspecte à bon droit, et nous ne devons point nous étonner des haines qui poursuivirent alors Semblançay et Bohier. Thomas Bohier fut-il un homme intègre dans le maniement des deniers publics? Nous sommes porté à le croire. Il fit, il est vrai, des constructions gigan-

---

1. *Journal de Loyse de Savoie.*

tesques, mais sa fortune étoit fort grande, et sa devise célèbre : S'IL VIENT A POINT ME SOUVIENDRA, témoigne assez qu'il se lançoit volontiers dans des entreprises hardies et aventureuses, dont l'issue lui étoit cachée. Ce qui nous rassure sur l'intégrité de sa gestion, c'est qu'il mourut endetté envers le Trésor d'une somme considérable, bien supérieure à la valeur du château de Chenonceau.

Quoi qu'il en soit, Thomas Bohier, qui convoitoit depuis quelque temps ce magnifique domaine, et qui surveilloit la ruine des Marques pour en profiter, se mit en mesure de mettre ses projets à exécution. Toutefois, il dissimula d'abord ses batteries, et fit acheter sous main, par des prête-nom, plusieurs domaines dépendant de Chenonceau, et des rentes constituées sur cette terre, afin de pouvoir en presser le payement, et de mettre Pierre Marques dans la nécessité de vendre. Par suite de cette tactique, Jacques de Beaune Semblançay achetoit, en 1494, des héritiers d'Adam de Hodon, le fief des Houdes relevant à foi et hommage de Chenonceau, et vingt livres tournois de rente avec tous les arrérages; de Foulques Marques, cinquante livres de rente; de Jehan Quetier, marchand, quarante-deux livres; de Pierre Imbert, un muid de froment; de Michel Pellé, dix livres; de Jehan du Fau, écuyer, seigneur dudit lieu, cent livres; de Macé Papillon, trente livres; et de Pierre et Foulques Marques eux-mêmes cent livres, toutes rentes assises sur Chenonceau, le Couldray, les Houdes et Azay; et en 1496 il faisoit une déclaration de command pour annoncer que toutes ces acquisitions étoient, non en son propre nom, mais au nom de son neveu Thomas Bohier.

Ainsi enveloppé et pressé de toutes parts, Pierre Marques se décida à vendre, en 1496, le vieux domaine de ses pères. Par contrat du 3 juin, il céda à Bohier la terre et seigneurie de Chenonceau, avec les fiefs de la Roche, de Marques ou Gentil, d'Infernet et de Baigneux, pour la somme de 7 374 livres tournois. Mais comme il espéroit toujours rentrer dans son héritage, il stipula la faculté de réméré pour deux ans, et prit à bail les terres vendues, pour le même espace de temps, moyennant 150 livres de ferme annuelle. Ces mesures ne le sauvèrent point d'une ruine imminente. Bien loin de pouvoir exercer son droit de rachat, Marques ne put même pas payer le premier terme de sa ferme, et Bohier dut le poursuivre, en 1498 et 1499, devant la chambre des requêtes du palais et devant le parlement. Marques, condamné sur tous les points, se trouva déchu de la faculté de réméré [1], et Bohier devint enfin propriétaire de Chenonceau.

Après tant d'efforts et de luttes judiciaires, son triomphe n'étoit pourtant pas assuré, et la législation de ce temps ménageoit d'étranges mésaventures à lui et à son fils. En 1502, la nièce du vendeur, Catherine Marques, fille de Guillaume, dame de la Folaine et de Chedigny, fit assigner Bohier en retrait lignager, et en lui remboursant le prix principal, les frais et loyaux coûts, elle rentra en possession de la terre de Chenonceau. Il fut même obligé de faire foi et hommage du fief des Houdes au nouveau seigneur de Chenonceau.

Toutefois Bohier, qui connoissoit la gêne de Catherine Marques et de son mari François Fumée [2], ne perdit point courage, et en guettant l'occasion favorable, il acheta aux

---

1. Pierre Marques mourut en 1502.
2. François Fumée, seigneur des Fourneaux, étoit le troisième fils d'Adam, premier du nom, seigneur des Roches-Saint-Quentin et de Genillé, et de Jehanne Pellorde, sa première femme. C'est à tort que Chalmel lui donne pour mère Thomine Ruzé, seconde femme d'Adam Fumée.

environs tout ce qui se présentoit. En 1506, il se fit adjuger, pour le prix de 1450 livres, la seigneurie de Coulommiers, saisie réellement sur damoiselle Claire de Clermont; en 1507, il acheta le fief de Juchepie pour la somme de 320 livres; et en 1510, celui d'Argy, moyennant 1311 livres 10 s.

Enfin, en 1512, après dix ans d'attente, la terre de Chenonceau fut saisie réellement et vendue aux enchères. Thomas Bohier la disputa à Aymar de Prie qui en fut le propriétaire un moment, et l'obtint pour 12540 livres. Ces différentes acquisitions formant un corps de terre assez considérable pour constituer une châtellenie, il se pourvut, à cet effet, auprès de Louis XII, lequel, par lettres patentes de l'an 1514, réunit en une seule foi et hommage les sept fiefs achetés par Bohier, et les éleva à la dignité de châtellenie, moyennant certaines obligations féodales et le payement annuel d'une rente de 25 livres. Pour satisfaire à cette dernière clause, Bohier acheta de l'évêque de Meaux une rente de 26 livres qu'il percevoit sur la recepte de Chinon, en libéra le domaine, et se fit décharger pleinement de cette obligation par la Chambre des comptes.

En 1515, Bohier acquit dans le bourg de Chenonceau deux maisons, dans l'emplacement desquelles il fit construire le palais ou auditoire de la châtellenie, et une halle pour y tenir les foires et marchés. La même année, il acheta des chanoines de Loches, moyennant 100 livres, le petit fief de Coulommiers, appelé, à cause de son origine, le fief de Chapitre; et de Jacques Bérard, seigneur de Chissé, les fiefs du Deffais, de Thoré, des Grands et Petits Gasts, avec les droits de bac et passage au port Olivier, pour 2500 écus d'or. Enfin, en 1517, Jehan Chappeau, écuyer, seigneur de Scephoux, lui vendit pour 280 livres le fief de Vrigny, situé sur la paroisse de Saint-George, dans la mouvance du roi.

Pendant ce temps, Bohier faisoit construire le magnifique château de Chenonceau ; mais comme il étoit alors retenu en Italie par sa charge de lieutenant général du roi, c'est à sa femme Catherine Briçonnet qu'il faut attribuer en partie l'honneur de cette admirable construction. Le château étoit achevé en 1517, comme nous l'apprennent les lettres patentes de François Ier relatives au pont, données au mois de décembre de la même année. Quel a été l'architecte de ce monument? Nos documents sont restés muets sur ce point important, mais s'il nous est permis de hasarder une conjecture sans sortir du domaine de la vraisemblance, nous l'attribuerons à Pierre Nepveu, dit Trinqueau, celui-là même qui fut plus tard *maistre de l'œuvre de maçonnerie du baptiment du chastel de Chambord*. Parmi tous les architectes qui fleurirent en Touraine à l'époque de la Renaissance, celui-là seul nous est demeuré connu par un ou deux titres échappés aux ravages du temps et des hommes; et comme il habitoit Amboise[1], il paroît vraisemblable que Bohier se soit adressé à lui pour la construction de son château. C'est peut-être même la grâce et l'élégance originale de Chenonceau qui signalèrent cet artiste à l'attention de François Ier, lorsqu'il conçut en 1523 la pensée du château de Chambord.

Bohier avoit eu aussi le projet de relier son château aux deux rives du Cher par un pont de pierre, et il avoit même obtenu à cet effet des lettres patentes de François Ier, à la date de décembre 1517 ; mais la mort le surprit avant qu'il eût commencé cette nouvelle entreprise, et les lettres du roi ne servirent qu'à Diane de Poitiers.

---

1. Nous enregistrons ici avec plaisir la pièce suivante qui nous permet de revendiquer comme Tourangeau le premier architecte de Chambord, celui à qui on doit la conception magistrale du grand esca-

Outre le château de Chenonceau, Bohier avoit un hôtel dans la ville de Tours, dont il fut maire en 1497. « On voit encore dedans Tours, dit Bretonneau, l'hôtel 'qu'ils y feirent bastir, qui est l'une des plus superbes maisons de toute la ville, entre beaucoup d'autres qui s'y retrouvent; en laquelle la Reyne mère choisit sa demeure pendant le séjour de Sa Majesté, lors qu'elle feist le voyage de Guyenne ; leurs

---

lier à double vis. Cette pièce est extraite d'un registre authentique de déclarations censuelles faites à la baronnie d'Amboise, registre aujourd'hui déposé en l'étude de M⁰ Boureau, notaire à Amboise. Nous ferons remarquer, pour confirmer l'origine amboisienne de Pierre Nepveu, que l'on voit figurer dans les mêmes déclarations censuelles comme propriétaires à Amboise, à la date de 1523, Jehan Nepveu, huissier de chambre de Madame mère du roi (Louise de Savoie), et feu Loyse Pellé, sa femme, — et honnête femme Loyse Boutet, veuve de feu honnête homme Jehan Nepveu, en son vivant huissier de chambre de Madame mère du roi et concierge du châtel d'Amboise. C'étoient sans doute les parents de Trinqueau, dont voici la déclaration :

« Honneste homme maistre Pierre Nepveu, dit Trinqueau, maistre de l'œuvre de maçonnerie du baptiment du chastel de Chambord, tient et advoüe tenir en fief, terre et seigneurie de la baronnie d'Amboise une cave en roch estant soubz le chastel d'Amboise, avec la place vague estant sur le devant d'icelle cave, joignant d'un long à la cave en roch de Pierre de Bray, d'autre long à la cave en roch maistre René Sauvage, d'un bout au roch dudit chastel, avec une place vague estant sur le devant de la ditte cave, contenant cinq toises de largeur et huict toises de longueur ; laquelle place touche d'un bout aux maisons et court du dit Nepveu, d'un long à la maison et appartenances dudit Sauvage.

« Pour ce, doibt à la recepte ordinaire du roy, au dit Amboise, ung denier tournois de cens, au jour saint Bris, cy   1 d. t.

« Lesquelles cave et place le dit Nepveu dit tenir par tolérance et soubs le bon plaisir du roy.

« Baillé et fait arrest par devant nous, commissaires ordonnés de par le roy nostre sire à la réformation de son domaine de la baronnie et seigneurie d'Amboise, le douziesme jour de decembre, l'an mil cinq cent trente et six. Signé : BOUREAU, commis, avec paraphe. » (Déclarat. CCLVIII^bis.)

Dans la déclaration MXV, datée de 1537, il est appelé *honnorable homme Pierrot Nepveu, dit Trinqueau*.

Félibien, dans ses *Mémoires*, le désigne sous le nom de Pierre Trinqueau, sans indiquer son origine.

armes sont encore gravées au frontispice du bastiment. »
Cette maison étoit située rue de la Scellerie, sur la paroisse
Saint-Saturnin.

Nous avons peu de renseignements sur la vie publique de
Thomas Bohier. Nous le trouvons en 1493 chambellan et
secrétaire de Charles VIII, et contresignant l'ordonnance
qui confia à Guy Boutevent le compte des dépenses du
château d'Amboise. Il accompagna le roi à son départ de
Lyon pour l'Italie ; on le voit à Grenoble *secrétaire des
finances ;* on le retrouve à Plaisance et à Pontremoli au
mois d'octobre 1494, etc. Enfin Bohier accompagna aussi
François Ier dans sa campagne au delà des Alpes. Après la
mort de Lautrec, il fut nommé par la noblesse lieutenant
général du roi en Italie, et confirmé dans cette dignité par
François Ier. Il mourut au camp de Vigelli, dans le Milanois,
le 24 mars 1524 (nouveau style). « Son corps, ajoute Bretonneau, fut remmené d'Italie en Touraine, et inhumé dans
Saint-Saturnin de Tours, en une magnifique chapelle que
l'on voit à main droicte du chœur, enrichie d'or et d'azur, et
de quelques images de marbre, fort artistement élabourées.
Catherine Briçonnet décéda le troisième jour de novembre
l'an mil cinq cens vingt-six, deux ans, huict mois, neuf jours
après led. seigneur Bohier, son mari, auprès duquel elle
choisit sa sépulture. J'ai vu le superbe tombeau qui leur feut
dressé, où tous deux sont représentez au naturel, en marbre
blanc, agenouillez l'un près de l'autre, sur une grande table
de marbre noir, et ay faict l'extraict des inscriptions et
épitaphes qu'on y a gravé pour mémoire. Aux quatre coings
de la voûte de cette belle chapelle (qui est toute azurée et
parsemée d'estoiles d'or), l'on voit dépeinte cette alliance et
les armes seules des Briçonnets : on veoit de plus en la vitre
le pourtraict de Catherine Briçonnet, et les armes de Guil-

laume Briçonnet, cardinal, son père légitime. » Voici les inscriptions du tombeau :

ICY GIST NOBLE ET PUISSANT SEIGNEUR MESSIRE THOMAS BOHYER EN SON VIVANT CHEVALIER, SEIGNEUR ET BARON DE SAINT CYERGUE, DE LA TOUR BOHYER ET DE NAIELLES, CONSEILLIER CHAMBELLAN DES ROYS LOUIS XI, CHARLES VIII ET LOUIS XII ET FRANÇOIS Ier DE CE NOM, GÉNÉRAL DE FRANCE, LEQUEL TRESPASSA ESTANT A LA CONQUESTE DU DUCHÉ DE MILAN, AU CAMP DE VIGELLEI, LE VINGT QUATRIESME JOUR DE MARS, L'AN MIL CINQ CENS VINGT TROIS, AVANT PASQUES.

ICY GIST NOBLE DAME KATHERINE BRIÇONNET, QUI FEUT FEMME DUDICT FEU SEIGNEUR DE SAINT CYERGUE, ET DAME A CAUSE D'ELLE DES TERRES ET SEIGNEURIE DU PLESSIS-BERTHÉLEMY ET DE LONGUETOUCHE AU PEYS DE VENDOSMOIS, LAQUELLE TRESPASSA LE TROISIESME JOUR DE NOVEMBRE, L'AN MIL CINQ CENS ET VINGT SIX.

« Du mariage de Thomas Bohyer et de Catherine Briçonnet (c'est toujours Bretonneau qui parle), sont sortis neuf enfans, quatre fils et cinq filles *Antoine Bohyer, baron de Saint-Cyergue et gouverneur de Touraine, confirmé par le manuscrit de la Chambre des comptes, dict la Croix; François Bohier, par la résignation de Denys Briçonnet, son oncle maternel, évesque de Saint-Malo et abbé de Bernay, lequel entre autres dons qu'il feist à son église de Saint-Malo, luy laissa pour marque de sa magnifique piété, une chappe pontificale d'un prix inestimable, à fond d'or, relevé de grosses perles orientales et autres pierreries de grande valeur; Guillaume Bohyer, bailly de Contantin et seigneur de Panchien ; et Gilles Bohyer, évesque d'Agde et doyen de Tarascon. »

Antoine Bohier, l'aîné, eut en partage la terre de Chenonceau, après la mort de sa mère, en 1526. La même année, il fit acquisition de Jacques Bérard, seigneur de Chissé, du fief de Pont, dans la paroisse de Chisseau, tenu de Montrésor à foi et hommage simple, et il abandonna cette terre avec celle de Vrigny à son frère Guillaume, pour demeurer quitte de 200 livres de rente qu'il étoit obligé de lui servir pour portion de la succession de leur père Thomas. Antoine épousa Anne Poncher, nièce de ce Jean Poncher, secrétaire du roi et argentier de Charles VIII et de Louis XII, qui fut poursuivi plus tard pour sa gestion financière.

VI.

LES PROTECTEURS DES ARTS EN TOURAINE AU XVIᵉ SIÈCLE.

En sacrifiant une grande partie de leur fortune à la construction du magnifique château de Chenonceau, Thomas Bohier et Catherine Briçonnet obéissoient sans doute au grand mouvement artistique de la Renaissance; mais ils n'y cédoient pas par un caprice de parvenu, par une fantaisie de financier enrichi. Ils trouvoient en eux-mêmes, et dans les traditions de leurs familles, les nobles instincts de la magnificence, un goût sûr et délicat, et une véritable passion pour les arts. Dans un ouvrage consacré au monument qu'ils nous ont laissé, il seroit injuste d'oublier tout ce que nous devons à ces deux familles. C'est là, du reste, un curieux chapitre de l'histoire de l'art, dans lequel nous verrons le rôle élevé et vraiment noble de ces grandes familles bourgeoises que la politique de Louis XI venoit de susciter.

Antoine Bohier, frère du général de Normandie, fut nommé abbé de Saint-Ouen de Rouen en 1495, abbé de Fécamp en 1505, archevêque de Bourges en 1513, et enfin cardinal du titre de Saint-Anastase, par Léon X, à la prière de François Ier, le 1er avril 1517[1]. Ce prélat laissa, dans tous les lieux soumis à son gouvernement, des marques signalées de sa libéralité et de son goût pour les arts. « Sous le gouvernement d'Antoine Bohier, dit M. Leroux de Lincy[2], l'église et le monastère de Fécamp jouirent d'un luxe et d'un éclat peut-être supérieurs à tout ce qu'ils avoient été jadis. Cet abbé fit relever et doubler la demeure abbatiale, rétablit le cloître et ses dépendances, fit nettoyer et mettre en état la fontaine Gouyet, y plaça un bassin de marbre, dans lequel étoit taillée une image de la sainte Trinité. Quant à l'intérieur de l'église, Bohier le répara entièrement ; il plaça sur le maître-autel une table de marbre blanc, et, à chaque côté, de grandes figures de saint Taurin et de sainte Suzanne, au milieu desquelles étoit une châsse de marbre. Il fit encore élever, aussi en marbre, un sanctuaire taillé élégamment, dans lequel fut déposé le précieux sang de Jésus-Christ. Le lutrin de cuivre, en forme d'aigle, au milieu du chœur, et toutes les tapisseries, dont l'une représentoit l'histoire du précieux sang ; les balustrades en pierre qui fermoient le chœur et toutes les chapelles, le jubé, chef-d'œuvre de sculpture et d'élégance, les larges dalles qui pavent tout le vaisseau de l'église, sont dus à l'inépuisable

---

1. Martin du Bellay et Fleuranges, dans leurs *Mémoires*, prétendent que cette promotion de son frère coûta à Thomas Bohier quarante mille écus que lui arracha Louise de Savoie, et qu'Évrard de La Marck, évêque et prince de Liége, frustré du chapeau qu'on lui avoit promis, se détacha de la France pour embrasser le parti de Charles-Quint.

2. *Essai historique et littéraire sur l'abbaye de Fécamp*. Rouen M. DCCC. XL.

magnificence de cet abbé. Ces ouvrages de l'art chrétien, terminés vers la fin du xve siècle, et qui presque tous n'existent plus aujourd'hui[1], doivent d'autant mieux exciter nos regrets, qu'ils appartenoient à la plus belle époque de la Renaissance[2]. »

La famille Briçonnet n'avoit pas moins de goût. « Les Briçonnets, dit Guy Bretonneau, pourroient se vanter d'avoir embelly, non pas une ville seulement comme César, mais bien plusieurs provinces de notre France, des plus magnifiques bastimens qui s'y retrouvent. Les églises, tours, chappelles, chasteaux, palais et belles maisons qu'ils ont faict édifier en divers endroits de ce royaume, portent encor les marques de leur magnifique libéralité. » Nous allons suivre le bon chanoine dans l'énumération qu'il se plaît à faire de toutes ces magnificences.

Pierre Briçonnet étoit chanoine en l'église collégiale de Saint-Martin de Tours et prieur de Monnoie. C'est à lui sans doute (ou à son neveu Adam, qui lui succéda dans ces deux titres) que l'on doit les belles verrières qui ornent l'église de Monnoie en Touraine.

Jean Briçonnet l'aîné, frère du précédent, premier maire de Tours en 1462, avoit épousé Jeanne Berthelot. Il rebâtit

---

1. Plusieurs de ces monuments existent encore, savoir : le tabernacle du précieux sang, l'ornement et les statues du maître-autel, et les clôtures des chapelles. On croit à Fécamp que toutes les sculptures dont Bohier a enrichi l'abbaye ont été exécutées par un artiste habile que ce prélat avoit fait venir d'Italie.

2. En 1518, étant à Blois, Antoine Bohier tomba malade et décéda le 27 novembre; il fut enterré dans la nef de la cathédrale de Bourges, proche la chaire du prédicateur. Louise de Savoie, dont il avoit été un moment le favori, et à qui il dut le chapeau de cardinal, a laissé de lui, dans son *Journal*, cette dure oraison funèbre : « En novembre 1518, le moine rouge, Anthoine Boys (Bohier), parent de nostre reverendissime chancellier et des inextricables sacrificateurs des finances, alla de repos en travail hors de ce monde, et lors fut faict une fricassée d'abbayes. »

l'église de Saint-Clément à Tours. « Sa magnifique piété reluist en cette église, où ses armes, parsemées aux voustes, vitres, jubé, portail et frontispice du bastiment, joints à cela les grands biens et revenus dont il la dota, le font reconnoître pour Restaurateur et comme nouveau Fondateur de cette église ; et de faict, il en est par traditive pour Titulaire et Patron. » Dans cette église de Saint-Clément, aujourd'hui transformée en halle, on remarque surtout le portail septentrional, qui formeroit à lui seul un monument également propre à exciter l'admiration de l'archéologue et de l'artiste : c'est, sans contredit, un des joyaux du trésor monumental de la ville de Tours[1].

Guillaume Briçonnet le jeune, cardinal de Saint-Malo, fils de Jean Briçonnet et de Jeanne Berthelot, fut encore plus magnifique que son père. « Ce grand personnage a laissé des marques illustres de sa magnificence en divers endroicts de ce royaume. Le bureau de l'Hôtel-Dieu de Paris, (situé près des églises de Saint-Pierre-aux-Bœufs et de Saint-Christophle), feust basti jadis des deniers qu'il légua par son testament audit Hôtel-Dieu. Il donna à la salle de Théologie du Collége royal de Navarre à Paris, une vitre où il fist peindre le miracle de saint René sauvant un enfant des flots, pour indiquer sans doute que lui-même avoit été sauvé d'une tempeste de la Loire, à Sainte-Anne, en allant visiter Louis XI au chasteau du Plessis-lès-Tours. En l'église des Filles-Pénitentes, aux deux côtés du grand autel, sont deux images en relief, l'une de notre Sauveur, et l'autre de la Vierge sa mère, données par le mesme Cardinal, dont les armoiries sont gravées au piédestal de ces

---

[1]. *Notice sur l'église de Saint-Clément*, par M. l'abbé Bourassé, dans les *Mémoires de la Société archéol. de Touraine*, I, 141.

figures, cantonnées avec celles de Reims[1]. Ce feut encore nostre Cardinal qui feit commencer le magnifique bastiment de la salle archiépiscopale de Reims, dont il estoit archevêque.

« A Tours, lieu de sa naissance, il feist bastir la belle tour de Saint-Saturnin, sur laquelle, en un lieu fort élevé, sont gravées ses armes, cantonnées avec celles de l'église de Reims, lesquelles on veoit pareillement au chœur de la voûte qui est directement au-dessous de la tour, et sur la vitre qui est au-dessus de la grande porte de l'église.

« Il mourut à Narbonne, ville capitale de son évêché et de son gouvernement, le 14 décembre 1514, et y gist en la grande église de Notre-Dame, où l'on veoit le superbe tombeau de marbre blanc et noir qu'il s'étoit faict dresser avant sa mort, à l'environ du chœur. Nous avons encore à présent en France deux portraicts du Cardinal, en relief, dont l'un se veoit en l'hôtel d'Aluye à Blois, et l'autre en la ville de Narbonne à son tombeau. »

Robert Briçonnet, archevêque de Reims, chancelier de France, frère du cardinal de Saint-Malo, mourut à Moulins le 30 juin 1497. « Il étoit singulièrement somptueux et magnifique en livres, croces, mitres, gibesières, chaisnes, chasubles, camaieux et autres ornemens. »

Martin Briçonnet, autre frère du cardinal Guillaume, fut grand archidiacre de Reims, écolâtre de Saint-Martin, chanoine de Saint-Gatien de Tours et de la chapelle royale du Plessis-lez-Tours, et curé de Notre-Dame-la-Riche. Il mou-

---

1. Le cardinal Guillaume portoit écartelé de Reims, qui est : *d'azur à une croix simple d'argent, cantonnée de quatre fleurs de lis d'or;* et de Saint-Germain-des-Prés (dont il étoit abbé), qui est : *d'azur à trois fleurs de lis d'or, deux en chef et l'autre en pointe, chargé d'une crosse d'or.* Sa devise étoit : HUMILITÉ M'A EXALTÉ. — Son fils Guillaume écarteloit aussi des Briçonnet et de Saint-Germain.

rut le 5 septembre 1502, et fut enterré en l'église de Saint-Martin devant le crucifix, sous une tombe de cuivre. « J'ai veu son pourtraict et ses armes, dit Bretonneau, en l'église de Notre-Dame-la-Riche à Tours, en une vitre qui est à senestre du chœur. » Cette verrière, don de Martin Briçonnet, représente son patron, le grand évêque de Tours, aux pieds duquel se trouve le donateur vêtu d'une ample robe blanche à larges manches pendantes[1].

Jean Briçonnet, chevalier, seigneur du Plessis-Rideau, fils aîné du cardinal de Saint-Malo et de Raoulette de Beaune, sa femme, fut second président en la Chambre des Comptes à Paris. Il fit transférer dans un local mieux aéré les enfants qui se mouroient presque tous à l'Hôtel-Dieu de Paris. « On les appelle à présent, pour la couleur de leur habit, *les Enfants rouges*. En l'une des vitres du chœur de la chapelle que l'on y bastit, se voient les armes dudict Jean Briçonnet. Il feit construire la chapelle surnommée *des Briçonnets* en l'église Saint-Jean-en-Grève, de quoy font foy ses armes, gravées au-dessus de la porte, et chargées d'une croix qu'il avoit prise pour marque de sa piété. En cette chapelle se veoit une fort belle vitre, au bas de laquelle sont couchez en bel ordre les armes, noms, offices et dignitez de plusieurs personnages de cette famille. La mesme liste se veoit ès-vistres du bureau de l'Hôtel-Dieu. »

Guillaume Briçonnet, frère du précédent, fut évêque de Lodève et de Meaux, et abbé commendataire, fort accompli, de l'abbaye de Saint-Germain-des-Prés, « bien différent, dit son historien, des autres abbés *commendataires*, qui pour l'ordinaire tourmentent les moines, et ravissent le meilleur de leur bien pour en assouvir leur insatiable convoitise, et nourrir

---

1. *Mémoires de la Société archéolog. de Touraine*, II, 176; III, 214.

leurs chiens, chevaux et concubines, de sorte que ces excez leur ont donné le droict de les nommer (par la soustraction de deux lettres), *comedataires*. Étant décédé le 25 janvier 1534 au château d'Esmans près Monstereau-faut-Yonne, (dépendant de son abbaye de Saint-Germain), il y feut enterré en l'église de Notre-Dame dud. lieu. Ce feut luy qui feist bastir et édifier l'hôtel épiscopal dudict Meaulx, selon et en la forme qu'il se veoit à présent. Il reste encore à présent tout plein d'aultres monuments de sa magnificence en divers endroicts de ce royaume : le château d'Esmans, les Halles de la foire de Saint-Germain-des-Prez, la belle maison qui sert aujourd'hui d'hôtel à ce grand oracle de justice, Monseigneur le président Seguier, au cloistre de Nostre-Dame, les chaires et la menuiserie du chœur de l'église des Cordeliers de Meaulx, etc. Il orna et amplifia la bibliothèque de l'abbaye de Saint-Germain d'un grand nombre de fort beaux livres marquez de ses armes sur la couverture. »

Denis Briçonnet ne fut pas moins libéral, et c'est principalement la Touraine qu'il enrichit de ses dons. En 1512, il fut pourvu par Louis XII de l'abbaye de Saint-Martin d'Épernay en Champagne, et il fit rebâtir à neuf le chœur de cette abbaye. En 1514, le cardinal Guillaume, son père, résigna en sa faveur l'évêché de Saint-Malo, et son frère Guillaume, transféré à Meaux en 1516, lui abandonna celui de Lodève. Étant grand archidiacre de Reims, Denis Briçonnet envoya à cette église une grande image d'argent de Notre-Dame, haute de trois pieds ou environ, qui étoit posée sur le grand autel de ladite église, sous un dais soutenu de quatre colonnes de jaspe. A son retour de son ambassade à Rome, il se rendit à son prieuré de Coussay en Poitou, dépendant de l'abbaye de Cormery, lieu charmant, « où il résolut de faire bastir un hostel pour sa demeure, lequel il rendit si superbe et si magnifique, qu'on tient qu'il y employa cinquante mille francs, quoique imparfait. Alors ayant permuté l'évêché de Lodève pour l'abbaye de Cormery, avec René du Puy, en 1521, il reconneut qu'il lui écheoit ainsi un grand nombre de belles et magnifiques maisons en Touraine, et il eut regret d'avoir faict tant de dépenses à Coussay; mais comme le bâtiment étoit déjà tant avancé qu'il n'y avoit plus d'apparence de l'abandonner il feist seulement charpenter, couvrir et parfaire un corps d'hôtel pour s'y loger.

« Il feist rebastir tous les édifices du monastère de Cormery, qui avoient grand besoin de réparations, ès victres, toicts et murailles, où je sais qu'il employa sy grand nombre de deniers, qu'il en eut peu faire tout de nouveau de grands logis. Il feist aussi peindre deux beaux tableaux par Simon Godius (Godeau), bénédictin, lequel il avoit amené de Languedoc, l'un desquels se voit en l'autel dict du Crucifix, et l'aultre en celui de Sainte-Anne, et feist tailler en bosse les images du Crucifix, de Notre Dame et de saint Jean. L'argenterie du thrésor étant pour la plupart trop envieillie, il feist changer de neuf les chandeliers d'argent, le sacré ciboire et deux bastons, dont l'un serveoit au chantre et l'aultre pour porter la croix.

« Comme il se proposoit de faire élever de nouveaux corps de logis en l'abbaye pour les joindre aux anciens, en ayant même déjà faict jeter les fondements, il quitta ce conseil par l'avis de Jean Le Sourd, médecin très-fameux, natif de La Flèche, petite ville d'Anjou. Celui-ci lui feit prendre envie de fréquenter le Montchenin, distant de demy-lieue de Cormery, dont il luy blasonnoit hautement les délices et le bon air, et se délecta du depuis tellement en ce lieu-là, que c'étoit sa demeure plus ordinaire, où même quelque temps après il mourut. Il l'embellit d'un petit hôtel, et y feist planter des vignes de toute sorte, faisant venir du complant de toutes les contrées de la France, surtout de celles où croist le vin le plus exquis. Montchenin est un lieu fort agréable, pour être environné de toutes parts de belles fontaines, et situé sur une roide colline, au bas de laquelle coule un petit ruisseau appelé la rivière d'Échandon, garnie de bon poisson. Denis Briçonnet y mourut le 18 décembre 1535, et fut inhumé dans le chœur de l'église du monastère [1]. »

Nous ne saurions oublier ici que l'abbé de Cormery fut pour les lettres, non moins que pour les arts, un protecteur plein de goût et de libéralité. « La France doibt beaucoup, continue Bretonneau, à la mémoire de Denis Briçonnet, qui luy éleva de ses libéralitez et par une particulière providence, l'un des plus rares et singuliers esprits qui parust de ce temps-là dedans l'Europe : je veux parler de cet excellent homme Joachim Périon, de l'ordre de Saint-Benoist au monastère de Cormery, et docteur en la Faculté de Théologie à Paris, issu de noble race de la mesme ville de Cormery, dont les écrits sont aujourd'hui curieusement recherchez des plus sçavans, et qui, pour son incomparable doctrine, a mérité de prendre place parmy les *Hommes illustres* du facond de Sainte-Marthe, lequel, entre autres éloges qu'il luy donne, le loue d'avoir, par ses élégantes versions, comme métamorphosé l'Aristote en Cicéron. Périon le reconnoît lui-même pour son Mœcenas, en l'Oraison qu'il composa de ses louanges après sa mort. »

---

1. Extraits du Cartulaire de Cormery de Joachim Périon, traduits par Guy Bretonneau. — *Cartulaire de Cormery*, introd., XCII, publié par M. l'abbé Bourassé, tome XII des *Mémoires de la Société archéol. de Touraine*, d'après le manuscrit de J. Périon, nº 738 de la bibliothèque municipale de Tours. — *Oratio J. Perionii, benedictini Cormaricensi, de laudibus Dionysii Briçonnetii, episcopi Maclovienris, qui his paucis diebus excessit e vita.*

Un autre membre de la même famille doit encore être mentionné ici. « Dans Orléans se veoioit autrefois le superbe tombeau de Pierre Briçonnet, chevalier de l'ordre de Saint-Michel, et gouverneur du Languedoc, avec son inscription, mais il feut mis en pièces et fracassé par les hérétiques. Il n'y reste plus que la table de marbre noir, sur laquelle le relief de ce seigneur en marbre blanc étoit posé. »

Ce goût des arts, si général chez les Briçonnet, se retrouvoit presque au même degré chez les alliés de cette noble famille. Jean Berthelot, beau-père de Jean Briçonnet l'aîné, et dame Perrinelle Thoreau, son épouse, avoient aussi la passion des grandes constructions. Ils n'hésitèrent pas à démolir une partie de leur maison à Tours pour agrandir l'église de Sainte-Croix, y ajoutèrent la chapelle de Saint-Barthélemy, et refirent les voûtes de tout le vaisseau.

Leur petit-fils, Gilles Berthelot, plus magnifique encore, dota la Touraine du château d'Azay-le-Rideau, splendide construction qui seroit la perle de cette province, si Chenonceau n'existoit pas. Au lieu d'être, comme celui-ci, élevé sur les voûtes d'un pont, Azay est posé, comme un nid d'alcyon, au milieu des flots limpides de l'Indre. Les tourelles en encorbellement, les lucarnes historiées, les colonnettes, les arabesques, en un mot tous les détails, se disputent le regard et l'admiration du visiteur. Un portique élancé surmonte l'entrée et semble, ainsi que l'escalier dont il est l'appui, avoir concentré toutes les délicatesses du ciseau de l'artiste. Tout concourt à faire de ce monument un des plus gracieux chefs-d'œuvre de la Renaissance, et le nom de Berthelot, assez obscur par lui-même, vivra autant que la merveille qu'il nous a léguée.

A côté de ce nom, désormais impérissable, il convient d'inscrire celui du surintendant Semblançay, beau-frère du cardinal Briçonnet. Quelque jugement que l'histoire doive porter sur son intégrité dans le maniement des finances, il est certain qu'il fit le plus noble usage de son immense fortune, et qu'il faut le compter parmi les protecteurs les plus éclairés et les plus magnifiques des arts. Ayant acquis à Tours, de Louise de Savoie, l'hôtel des comtes de Dunois, il le transforma en une somptueuse résidence, dont quelques débris subsistent encore près de l'église de Saint-François-de-Paule : des colonnes en marbre précieux, appartenant sans doute à une riche galerie, de fines sculptures et de délicieuses arabesques font connoître le luxe d'ornementation avec lequel ce palais avoit été décoré. Semblançay donna à la ville de Tours, dont il étoit maire en 1498, une charmante fontaine en marbre, qui fut taillée par les frères François, sur les dessins de leur oncle Michel Colombe. Il donna aussi, en 1520, à l'église de Saint-Maximin (Var), un très-bel autel, dont le mérite vient d'être signalé récemment [1]. L'église de Ballan, en Touraine, agrandie par ses libéralités, fut enrichie de belles verrières. Enfin dans ce château de la Carte, à Ballan, où il passa ses années de disgrâce, Jacques de Beaune nous a laissé, dans les verrières de la chapelle, un beau portrait de lui et le portrait de sa femme Jeanne Ruzé. Leur petit-fils, Jacques II de Beaune, et sa femme Gabrielle de Sade, continuant les mêmes traditions, donnèrent à l'église paroissiale de Semblançay de magnifiques vitraux peints.

On voit par ces détails quels puissants encouragements les beaux-arts reçurent en Touraine, à la fin du xvᵉ siècle et pendant la première moitié du xviᵉ, non-seulement de la part de la Cour, mais encore de la part des simples particuliers.

---

1. *Bulletin monumental*, publié par M. de Caumont, XLV, 66.

L'essor que prit l'architecture sous cette impulsion féconde fut large et hardi, et bientôt nos campagnes se couvrirent de gracieux monuments. On peut croire sans témérité que la Touraine a été le berceau de la Renaissance françoise. Avant 1530 et 1531, dates de l'arrivée en France d'Il Rosso, ou maître Roux, comme on l'appeloit parmi nous, du Primatice et des autres artistes italiens, on comptoit dans cette province un grand nombre de monuments dans le style nouveau, d'artistes indigènes, et de protecteurs illustres des arts. Parmi les maîtres, il faut signaler les sculpteurs Michel Colombe et les frères Lejuste, Pierre Nepveu d'Amboise, dit Trinqueau, et Jacques Coqueau, architectes de Chambord, les peintres Fouquet et Poyet, Jean Duval et ses enfants, dignes précurseurs des Gobelins, et enfin Robert Pinaigrier et ses quatre fils, émules de Sarrasin dans la peinture sur verre. A côté de ces noms immortels, il convient d'inscrire les noms de ceux qui ont voulu être les promoteurs de la renaissance des arts, et surtout ceux de Bohier, de Briçonnet, de Berthelot et de Beaune-Semblançay, qui appartiennent à notre travail.

VII

DU MORCELLEMENT DU SOL, DE L'AGRICULTURE ET DE LA VALEUR DES MONNOIES AU XVIᵉ SIÈCLE.

Avant de poursuivre l'histoire de Chenonceau, nous croyons devoir consigner ici quelques renseignements qui n'entrent point dans le cadre de notre récit.

C'est une opinion très-commune et fort accréditée, que le morcellement du sol, regardé par les uns comme un bienfait et par les autres comme un malheur des temps modernes, est d'origine toute récente, et ne remonte pas plus haut que le Code civil. Cependant de nombreux documents tendent à établir le contraire, et il suffit de compulser les cartulaires de nos abbayes et les aveux et dénombrements des terres seigneuriales au xvᵉ et au xvıᵉ siècle, pour voir que déjà les classes populaires avoient une large part dans la propriété territoriale, et que le nombre des parcelles de terre étoit fort multiplié. Ce fait important, loin d'avoir été mis en pleine lumière, a été à peine formulé par quelques écrivains ; il nous a semblé intéressant et utile de le démons trer par des chiffres précis pour la province de Touraine au commencement du XVIe siècle.

Constatons d'abord que la législation, malgré le droit d'aînesse, n'apportoit pas à la division des héritages autant d'obstacles qu'on le croit communément. D'après la *Coutume de Touraine*, conforme en ce point aux autres *Coutumes* du royaume, entre gens roturiers, les successions directes ou collatérales se partageoient par tête. Entre nobles, l'aîné avoit les meubles, le château principal et les deux tiers, tant en fief qu'en roture, de la succession directe : l'autre tiers étoit partagé également entre les puînés. Malgré certaines restrictions légales, comme le retrait féodal, le retrait lignager et la transmission intègre des terres titrées, restrictions qui tendoient à prévenir le morcellement des propriétés, il est clair que ce régime, prolongé pendant plusieurs générations, devoit amener à la longue une grande division du sol.

Cette vue théorique est pleinement confirmée par les nombreux titres que nous avons examinés, et surtout par l'aveu et dénombrement de la châtellenie de Chenonceau, rendu au roi, comme baron d'Amboise, le 18 mai 1523, par Thomas Bohier. Cette pièce, très volumineuse, nous fait connoître dans les plus minutieux détails le cadastre complet de la terre de Chenonceau à cette époque, d'après l'arpentage vérifié et contrôlé par les gens du roi ; elle indique le lieu, la contenance et les limites de chaque parcelle de terrain, la nature et l'étendue des cultures, le nom et la profession du propriétaire, la redevance, soit en argent, soit en produits du sol, etc. Une analyse rapide de ce document va nous permettre d'en tirer des conclusions inattendues.

La châtellenie de Chenonceau, érigée en 1514 par lettres patentes de Louis XII, se composoit de sept petits fiefs unis et incorporés en une seule foi et hommage, sous la suzeraineté de la baronnie d'Amboise. Loin d'être circonscrite dans les limites actuelles de la commune de Chenonceau, qui comprend seulement 433 hectares, et de se grouper autour du château, elle s'étendoit sur huit paroisses voisines. On y trouvoit des jardins, des prairies et des chènevières, dans la vallée du Cher et dans le petit vallon de l'Amasse ; de beaux vignobles sur les coteaux ; des terres arables sur le vaste plateau que l'on nomme la *Champeigne;* des bois et des bruyères enclavés dans la forêt d'Amboise, et même ces riches terres d'alluvion des bords de la Loire, connues sous le nom de *varennes.* Ainsi, par la variété des cultures, des sols et des accidents de terrain, elle offroit une image en raccourci de la province de Touraine, et l'étude toute locale de ce domaine revêt par là même un certain caractère de généralité.

Le domaine personnel de Thomas Bohier, réparti sur les deux paroisses de Chenonceau et de Francueil, comprenoit 1134 arpents ou 756 hectares, l'arpent de Touraine, composé de 100 chaînées de 25 pieds carrés, équivalant à 66 ares environ. Si l'on en défalque 769 arpents de bois et de landes d'un seul tenant, ainsi que le jardin, les vergers et les garennes, il reste 332 arpents de terres, prés et vignes, répartis entre quatre métairies et divisés en 83 parcelles, ce qui donne une moyenne parcellaire de 4 arpents. Cette contenance est assez forte, mais il est essentiel de savoir que les seigneurs de Chenonceau avoient successivement arrondi ce domaine par des acquisitions multipliées, et avoient ainsi incorporé à leur terre une foule de petites parcelles. D'après des contrats originaux qui font partie des archives de Chenonceau, de 1462 à 1490, Pierre Marques, prédécesseur immédiat de Bohier, avoit acheté de 53 vendeurs 43 arpents et demi, divisés en 112 morceaux ; dans la même pensée il avoit échangé 25 parcelles contre 18 équivalentes. Bohier lui-même avoit acquis, de 1499 à 1520, 53 parcelles formant 28 arpents et 30 chaînées. Ce sont toutes ces additions parcellaires, au nombre de 183, qui, en s'ajoutant au domaine primitif, élèvent la contenance moyenne à 4 arpents.

Ce chiffre est bien loin d'être atteint pour toutes les autres parties de la seigneurie qui étoient entre les mains des roturiers. Nous n'avons point l'intention d'entrer ici dans de minutieux détails et de fatiguer nos lecteurs d'une multitude de chiffres arides : les tableaux relevés avec le plus grand soin sur le dénombrement de Bohier et sur les titres originaux, et offrant le cadastre complet et fidèle de la châtellenie de Chenonceau en 1523, nous permettent de tirer ici les curieuses conclusions suivantes :

Outre le domaine noble et personnel du seigneur, les dix fiefs dont l'union constituoit la terre de Chenonceau, et l'arrière-fief de la Vallière, comprenoient ensemble 1385 arpents 39 ch. en 2035 parcelles, soit une moyenne générale de 68 ch. par parcelle. La moyenne parcellaire s'élevoit à 86 ch. pour les terres arables, et descendoit à 32 pour les vignes, et à 26 ou 27 pour les prés.

On peut conjecturer, d'après un grand nombre de détails curieux, que la division des héritages atteignoit chaque parcelle en particulier, comme cela a lieu encore dans certains cantons du département d'Indre-et-Loire. On lit, par exemple, que tel morceau de terre comprenoit la 6ᵉ partie en une 5ᵉ partie d'une 6ᵉ partie d'un demi-arpent, ce qui représente 1/180 de l'héritage primitif après trois générations, ou les 29 centièmes d'une chaînée. Il faut avouer que si la contenance moyenne parcellaire de nos jours est un peu inférieure à celle du xvıᵉ siècle, la propriété n'est cependant pas descendue à un tel degré de morcellement.

Parmi les tenanciers de la châtellenie de Chenonceau, nous ne remarquons que sept nobles et les établissements ecclésiastiques locaux, tous peu riches. C'étoient donc des roturiers, journaliers, laboureurs, vignerons, artisans, qui possédoient presque tout le territoire roturier. Le nombre des petits propriétaires qui se partageoient ces 923 hectares étoit de 622, ce qui donne en moyenne un hectare et demi pour chacun, et représente une population spécifique de 67 *propriétaires* par kilomètre carré ou 100 hectares. Aujourd'hui, dans ce même canton de Bléré, si le territoire étoit également partagé entre tous les habitants, la moyenne de chaque propriété seroit d'un hectare et demi par tête, et la population spécifique est de 69 *habitants* par kilomètre carré. On voit par ces chiffres, que sur les bords du Cher, au commencement du xvie siècle, les classes populaires avoient déjà un large accès à la propriété territoriale, que le nombre des propriétaires roturiers étoit relativement considérable, et que la population, à peu près aussi dense qu'aujourd'hui, jouissoit, grâce à la division du sol, d'un certain degré de bien-être et d'aisance. L'étude attentive du terrier de Chenonceau, rédigé sous Catherine de Médicis, confirme ces conclusions de la manière la plus précise.

On nous objectera peut-être que Chenonceau est situé au milieu d'un pays vignoble, et que la culture de la vigne exigeant plus de bras que les autres, donnant des salaires plus élevés et des produits plus rémunérateurs, cette circonstance suffit à expliquer une richesse qu'on ne trouveroit pas au même degré dans les pays de céréales. Nous avouerons volontiers que la culture de la vigne avoit pris une grande extension en Touraine au xvie siècle, et qu'à cette époque les vins de la côte du Cher étoient déjà recherchés par le commerce ; toutefois nous ferons remarquer que sur les 1680 hectares qui composoient l'ensemble de la châtellenie de Chenonceau, il n'y avoit que 108 hectares de vignes, soit environ la quinzième partie. Il faut donc chercher dans d'autres causes, et surtout dans l'état général de la propriété, l'explication des faits si remarquables que nous avons signalés.

Nous n'avons point la prétention de généraliser les conclusions de ce chapitre, d'autant moins que le territoire dont nous avons relevé le cadastre n'a pas même la contenance moyenne d'une des 281 communes d'Indre-et-Loire. Nous pensons toutefois que ce morcellement du sol n'est point un fait isolé et particulier aux bords du Cher. De semblables études, entreprises sur plusieurs points de la France et dans diverses régions agricoles, jetteroient une vive lumière sur l'état de la propriété au xve et au xvie siècle, et détruiroient, nous en sommes convaincu, une erreur historique et économique trop longtemps accréditée.

Nous ne voulons pas quitter ce chapitre intéressant sans parler de l'état de l'agriculture au xvie siècle.

Nous remarquons d'abord, d'après les derniers comptes de Diane de Poitiers, que la terre produisoit neuf ou dix fois plus de seigle que de froment. Cette différence provenoit, non de la nature du sol, mais de l'imperfection des procédés de culture. Les prairies naturelles sont peu étendues à Chenonceau, les prairies artificielles étoient alors complétement inconnues, et la petite quantité du bétail ne permettoit pas de créer les engrais nécessaires à la production du froment; le seigle, qui se contente d'un sol pauvre, constituoit donc nécessairement la partie la plus importante de la culture des céréales. Le cheval étoit peu répandu à cause de la rareté des fourrages et du mauvais état des chemins; et le bœuf, aujourd'hui complétement disparu de cette région, étoit l'unique compagnon des travaux du laboureur. Les seuls marchés du voisinage étoient ceux d'Amboise, de Bléré et de Montrichard, mais ils étoient difficilement accessibles dans la mauvaise saison. Thomas Bohier essaya vainement de créer un marché à Chenonceau : il échoua à cause du peu d'importance de ce bourg, et les productions locales restèrent à peu près sans débouchés. Pour faciliter le payement des fermages, il fallut que le seigneur consentît à en recevoir une partie en nature.

La principale richesse de la côte du Cher consistoit dans la production de ses vins, qui jouissoient déjà d'une certaine réputation. « Quant aux vignes, écrivoit Thibault Lepleigney en 1541[1], il n'est possible trouver meilleurs vins que nous avons en Touraine, car quant aux vins blancs Vouvray a le bruit, et Montrichart quant aux vins cleretz, sans aultres bons creus comme Bleré, Amboise, Sainct-Avertin et Sainct-Joseph. Aussi y a plusieurs aultres creuz dont je ne ferai mention pour ceste heure. » Cependant Thomas Bohier, qui se préoccupoit plus des vins de table que des vins de commerce, négligea les cépages qu'il avoit sous la main, comme le *côt* ou le *breton* célébré par Rabelais, et fit rechercher des plants plus délicats. Il planta neuf arpents de vignes, de plants qu'il fit venir à grands frais d'Orléans, d'Arbois, de Beaune et d'Anjou : c'étoient les crus renommés de l'époque. Sa louable tentative d'acclimatation ne fut pas couronnée d'un entier succès, car au bout d'un siècle, ces précieux cépages, à l'exception du plant d'Anjou, avoient ou disparu par l'incurie des propriétaires, ou dégénéré par l'influence du terroir.

Au temps de Diane de Poitiers, trente-cinq ans après les

---

[1]. *La décoration du pays et duché de Touraine.*

essais de Bohier, le vin d'Arbois recueilli à Chenonceau avoit conservé ses qualités originaires : la duchesse de Valentinois le préféroit à tous les autres, et l'expédioit chaque automne à son château d'Anet, dans des fûts *relliez à la coustume d'Orléans*. Aussitôt récolté, le reste du vin étoit descendu dans les caves du château, et là il attendoit en tonneau l'arrivée de la Cour. On ne le mettoit point en bouteilles; et malgré le luxe de la table inauguré par François Ier, comme nous le raconte Brantôme, les rois étoient encore plus simples, en certains points de la vie domestique, que les plus modestes bourgeois de nos jours. Quand Henry II venoit à Chenonceau avec Diane, *on tiroit le vin au poinçon*, et les comptes de dépense nous montrent clairement que la Cour faisoit honneur aux produits du cru. Et cependant le roi n'étoit pas toujours le mieux traité; témoin cet article de dépense que le régisseur, André Bereau, enregistre piteusement et naïvement :

« Plus, a esté despendu deux aultres pièces de vin vieil et du meilleur, par les varletz de cuysine, par ce que ceux qui lardoyent les viandes de Madame les lardoyent dans la cave. »

Les comptes de régie de la terre de Chenonceau, de 1547 à 1559, nous révèlent les plus curieux détails sur la viticulture au XVIe siècle. Les façons et le fermage des vignes, les améliorations de terrassement ou de fumure, le provignage, les vendanges, les soins donnés aux vins, la distinction des produits en vins blancs et *clairets*, les prix du vin, des poinçons, des cuves, des pressoirs, etc., tout s'y trouve; et avec ces éléments on peut écrire l'histoire de la viticulture sur les bords du Cher. Bornons-nous à dire ici que la culture de la vigne étoit déjà très-perfectionnée.

En même temps que Thomas Bohier cherchoit à améliorer les cépages du Cher, son beau-frère poursuivoit une entreprise semblable non loin des rives de l'Indre. Denis Briçonnet, abbé de Cormery, retiré dans sa vieillesse au petit manoir de Montchenin, sur les pentes de l'Échandon, y planta, nous dit Joachim Périon[1], des vignes de toute sorte, et fit venir du plant de toutes les contrées de la France, surtout de celles où croît le vin le plus exquis et le plus généreux. Il préludoit ainsi à cette admirable et unique collection de cépages que M. le comte Odart devoit établir, trois siècles après, à la Dorée, sur le coteau opposé de l'Indre, presque en face de Montchenin. En 1566, François Ligier, seigneur de Lauconnière à la Croix de Bléré, marchant sur ces traces, plantoit quarante-deux milliers de plant commun du pays, qu'il faisoit venir de Blois, Vauduloir, Vouvray et la Bourdaisière, et dont il enrichissoit notre contrée[2]. Enfin Catherine de Médicis, dont l'intelligente protection s'étendoit sur toutes les branches de l'industrie agricole, fit planter à Chenonceau *l'arpent de Champagne et le clos de Tournon*, dont le nom seul subsiste aujourd'hui. On peut donc affirmer que la viticulture avoit pris un grand essor parmi nous au XVIe siècle.

C'est également à la Touraine qu'il faut attribuer l'honneur d'avoir introduit en France la culture de la soie. L'ambassadeur vénitien Marino Cavalli, dans sa relation de 1546, nous assure que les Tourangeaux « ont commencé à planter

1. *Cartulaire de Cormery.*
2. Archives de la baronnie de la Croix, communiquées par M. Nau de Noizay. — La collection Gaignières de la bibliothèque Bodléienne nous donne l'épitaphe de Ligier, relevée dans le chœur des Cordeliers d'Amboise : « Ci dessoubz gist Fran. Ligier, escuyer, Sr de Lauconnière et de Puih, conseiller et secrétaire du roy, maison et couronne de France, et premier secrétaire des commandemens et finances de la royne Loyse, lequel trespassa le VIIIe d'aoust 1591. »

des mûriers, à élever des vers à soie et à en tirer le produit autant que le climat le permet. » A cette époque, la famille Babou de la Bourdaisière avoit déjà multiplié cet arbre précieux à Montlouis. Dans son goût élégant pour le luxe, Diane de Poitiers aimoit non-seulement les arts, les châteaux, les eaux, les jardins, elle aimoit aussi la soie avec passion, et elle porta constamment cette splendide étoffe, en conservant toujours le même costume, blanc et noir, à cause de son veuvage. Elle fit porter à Henry II les premiers bas de soie qui furent tissés en France, et lui fit adopter le fin justaucorps de soie, aux mêmes couleurs, qui marquoit dans toute sa grâce une taille svelte, souple et nerveuse. Mais sa prédilection pour ces charmants tissus ne se borna pas là; elle voulut contribuer elle-même, par une coopération plus directe et plus active, aux progrès de l'industrie séricicole en Touraine, et elle planta à Chenonceau, en 1554, cent cinquante mûriers blancs qu'elle envoya chercher à la Bourdaisière. La haine de sa rivale, qui la chassa de Chenonceau cinq ans après, ne lui permit pas de pousser plus loin cette intéressante tentative.

Catherine de Médicis, à qui la sériciculture dut beaucoup d'encouragements, poursuivit les essais de la duchesse de Valentinois : elle éleva des vers à soie sur une large échelle, fonda la magnanerie de Chenonceau, célèbre depuis trois siècles, et établit une filature de soie au château des Houdes, près de Francueil. Dès ce moment, la sériciculture prit des développements rapides dans notre province[1]. La duchesse de Mercœur la laissa cependant déchoir à Chenonceau même, car son receveur, Simon Le Tellier, en 1603, n'accuse qu'une recette de soixante livres, provenant du profit et émolument

---

1. Voy. le *Tableau de la province de Touraine en 1762-1766*, p. 138.

des vers à soie nourris par ledit receveur, recette balancée, et au delà, par une dépense de 68 livres 15 sols tournois, causée par l'*achat de deux onces de graines, achetées à Tours 4 livres 10 sols, sept vingt dix journées de ceux qui avoient cueilli les feuilles, et vingt-une journées de la femme qui avoit tiré la soie.* En 1740, M. Dupin voulut renouer la tradition interrompue depuis près d'un siècle et demi, et il établit une pépinière de mûriers blancs pour élever des vers à soie. Cette pépinière, entretenue avec soin par Mme Dupin, fut d'un secours très-précieux, lorsque Mme la comtesse de Villeneuve voulut relever parmi nous l'industrie séricicole.

Les comptes de régie de la terre de Chenonceau nous montrent comment les grandes terres princières et seigneuriales étoient administrées au xvie siècle. A la tête du domaine se trouvoit placé un régisseur, dont les attributions étoient strictement déterminées et limitées ; il ne pouvoit rien entreprendre d'un peu important sans l'avis d'un contrôleur ; les marchés étoient toujours passés par voie d'adjudication publique devant le tribunal de la châtellenie ; et si le régisseur croyoit pouvoir se dispenser de ces formalités tutélaires dans certaines limites étroites, il agissoit toujours sous sa propre responsabilité. Tous les ans il rendoit compte, à des commissaires désignés par le propriétaire, de ses recouvrements et de sa gestion, et ces comptes étoient examinés avec sévérité : aucune dépense n'étoit allouée au comptable, même pour les frais les plus minimes, qu'il ne justifiât d'une quittance en règle ou prêtât serment. Lorsque la justification n'étoit pas suffisante, l'article suspect étoit laissé à la charge du régisseur. Il y avoit là, comme on le voit, tous les principes d'une bonne et sérieuse comptabilité.

Ce chapitre seroit incomplet, si nous ne traitions en terminant de la valeur relative des monnoies, pour mieux faire apprécier les revenus de la terre aux différentes périodes, les dépenses effectuées par Thomas Bohier, Diane de Poitiers et Catherine de Médicis, et le prix de la seigneurie de Chenonceau aux diverses époques de sa vente.

En prenant le règne de François Ier comme type de comparaison de la valeur des métaux précieux, nous trouvons qu'en 1519, le marc d'or valoit 147 livres, et le marc d'argent 12 l. 10 s.; — en 1540, l'or, 165 l. 7 s. 6 d.; et l'argent 14 livres. La moyenne du marc d'argent seroit donc de 13 l. 5 sols pour la première moitié du xvie siècle. Aujourd'hui *le même poids d'argent* vaut 54 francs 40 centimes, d'où il résulte que la valeur des métaux précieux a quadruplé depuis cette époque.

Mais cette valeur ascensionnelle de l'or et de l'argent n'a pas suivi dans la même proportion la valeur toujours croissante des denrées, et notre numéraire n'a plus aujourd'hui le même *pouvoir* qu'il avoit au xvie siècle. En d'autres termes, *le même poids d'argent* ne correspond plus, ni à la même quantité de main-d'œuvre, ni à la même quantité de marchandises. Pour fixer les idées à ce sujet, on est convenu de prendre pour point de comparaison le prix du blé, parce que c'est la valeur régulatrice de toutes les autres[1]. Or si nous nous en rapportons à la prisée de la terre de Chenon-

---

1. Le marc parisis pesoit 260 grammes 05, et le marc tournois, 237 gr. 869. La livre parisis fut supprimée par Louis XIV, et, depuis 1667, la livre tournois eut seule cours. — D'après le tarif légal du 1er juillet 1835, la valeur du kilogramme d'or fin a été fixée au pair à 3444 fr. 44, et à 3100 fr. au titre de 0,9; et la valeur de l'argent fin à 222 fr. 22, et à 200 fr. au titre de 0,9.

2. Il est à remarquer que le prix du pain n'a pas suivi la marche ascensionnelle de toutes les autres denrées depuis le commencement de

ceau, faite en 1534 par Nicole Le Clerc, lieutenant particulier au bailliage de Touraine, nous voyons que, dans les dix années précédentes, le setier (135 litres) de tous grains avoit valu cinquante sols ; aujourd'hui la même quantité de froment vaudroit de 27 à 30 francs, c'est-à-dire onze ou douze fois plus cher. L'estimation donnée par Nicole Le Clerc nous semble toutefois extrêmement suspecte, et fortement entachée d'exagération en faveur de Bohier, car nous voyons dans les comptes d'André Bereau que, de 1547 à 1557, le setier de froment vendu en jugement au plus offrant et dernier enchérisseur, ne valut guère que de 24 à 30 sols, c'est-à-dire de vingt à vingt-deux fois moins qu'aujourd'hui. Des considérations semblables pour le prix de la main-d'œuvre nous amèneront à des conclusions identiques. Ainsi, du temps de Diane de Poitiers, le salaire de la journée d'un manœuvre étoit de 2 sols et 6 deniers, c'est-à-dire de seize à vingt fois moins qu'aujourd'hui.

Ces chiffres nous démontrent que si la valeur des métaux précieux a seulement quadruplé, le prix des matériaux, des denrées et de la main-d'œuvre est de seize à vingt fois plus élevé qu'au XVIe siècle. C'est d'après ces données qu'il faut apprécier les chiffres qui abondent dans les archives de Chenonceau. Pour mieux mettre à même de faire une comparaison précise suivant les époques, nous dirons qu'en 1488, le marc d'argent valoit 11 livres ; en 1514, 12 l. 15 s. ; en 1549, 14 l. 10 s. ; en 1575, 19 l. ; en 1602, 20 l. 5 s. ; et en 1726, 51 l. et 3 sols.

---

notre siècle. Le prix nominal n'en est pas beaucoup plus élevé qu'il y a cinquante ans, et depuis cette époque l'argent a perdu près de la moitié de sa valeur effective ; les salaires et les revenus sont doublés.

VIII

FRANÇOIS PREMIER.

Antoine Bohier, fils aîné de Thomas, devenu seigneur de Chenonceau et général des finances comme son père, se trouva embarrassé, dès le début de sa carrière, de la plus obscure et de la plus épineuse des affaires, la liquidation des comptes paternels. Louis XII avoit ordonné de rechercher si les gens de finance avoient malversé en Italie, et cette ordonnance, dont l'exécution n'avoit pas été pressée, menaçoit Thomas Bohier[1]. La mort du général, arrivée en 1524, ouvrit pour son fils une succession hérissée de difficultés. La liquidation, poursuivie devant la Chambre des comptes, ne dura pas moins de sept ans, et par arrêt et jugement des juges ordonnés sur le fait des finances, rendus à la Tour Carrée à Paris le 27 septembre 1531, Antoine Bohier se trouva débiteur envers le Trésor,

---

1. Jean d'Auton, tome III.

du chef de son père, de la somme énorme de cent quatre-vingt-dix mille livres tournois. En ne tenant compte que de la valeur intrinsèque des métaux aux deux époques, cette somme ne représenteroit pas moins de 800 000 francs de notre monnoie ; mais comme le *pouvoir* du même poids d'argent est aujourd'hui vingt fois plus foible qu'au xvie siècle, ainsi que nous l'avons démontré, ce chiffre équivaut en réalité à près de deux millions.

La famille Bohier, naguère si riche et si florissante, se trouvoit donc à peu près ruinée. Ne pouvant payer les dettes paternelles, Antoine tenta une transaction, et offrit au roi de lui abandonner la plus grande partie de ses biens. François Ier, amoureux des élégantes constructions, et d'ailleurs épris de Chenonceau qu'il appeloit *une belle place et maison assise en un beau et plaisant pays*, accepta cette offre avec empressement, et chargea le maréchal Anne de Montmorency de négocier l'affaire en son nom. Par contrat du 28 mai 1535, passé à Abbeville, Antoine Bohier céda à François Ier la châtellenie de Chenonceau, à l'exception de quelques petits fiefs qui ne relevoient pas directement du roi, pour 90 000 livres tournois ; le quart de la vicomté d'Orbes pour 10 000 livres, et les greffes de Senlis et de Meaux pour 9055 livres ; il s'obligea en outre à payer, dans le délai de dix-huit mois, la somme de 40 945 livres, et pour cela à vendre tous ses autres biens, obligation qu'il remplit rigoureusement ; et comme il restoit encore dû 40 000 livres, le roi lui en fit don, en reconnoissance des services de son père[1]. La châtellenie de Chenonceau avoit été

---

1. M. le marquis du Prat, dans la *Vie d'Antoine du Prat* (Paris, 1857), raconte tout autrement cette affaire : « La prospérité, dit-il, ne fut pas toujours fidèle au mérite des Bohier. L'envie malicieuse des courtisans attaqua leur dévouement. L'interprétation fausse et perfide

estimée, au nom du roi, par Nicole Le Clerc, lieutenant particulier au bailliage de Touraine, et Antoine Bohier avoit accepté cette estimation sans la discuter. Ses frères Guillaume, François et Gilles s'empressèrent de donner leur adhésion à ce contrat. Quant à François Ier, il s'obligea en bonne foi et parole de roi et par serment, sous l'hypothèque de tous ses biens meubles et immeubles, présents et à venir, et ceux de ses hoirs, à ne jamais rien faire contre ce contrat. Ces engagements solennels devoient être promptement violés par le plus odieux et le plus inique des procès.

En conséquence de cette transaction, François Ier fit prendre possession de la terre de Chenonceau le 11 février suivant, après l'accomplissement de toutes les formalités. Au nom du roi, Philibert Babou, seigneur de la Bourdaisière, trésorier de France à Tours, vint à Chenonceau, et prit la possession réelle et actuelle du château. Aymar Berthelot, qui en étoit alors le receveur, lui en remit les clefs et l'introduisit dans les appartements.

François Ier ne paroît pas avoir exécuté de travaux à Chenonceau. Le château fut même meublé de la manière la plus modeste, comme nous pouvons en juger par l'inventaire dressé le 1er juillet 1547, après l'avénement de Henry II.

d'une correspondance innocente et de discours inoffensifs fit dépouiller Jean Bohier (et non Antoine, qui étoit cardinal et archevêque de Bourges) de ses honneurs et de ses biens. Il avoit eu le connétable de Bourbon pour protecteur, et, sans avoir partagé son crime, il avoit conservé son attachement à sa mémoire; l'on auroit voulu, ce qu'une âme élevée ne sauroit admettre, que sa fidélité pour le roi vainqueur entraînât son ingratitude pour le prince coupable. Après la mort du chancelier du Prat qui l'avoit couvert de son affection, Jean Bohier fut arrêté et menacé d'un procès capital; il recouvra cependant sa liberté par le sacrifice de sa fortune. Il abandonna Chenonceau à la reine; le connétable de Montmorency eut Saint-Ciergues pour son lot. » — Les pièces authentiques que nous publions ici réfutent suffisamment ces erreurs.

Cet inventaire mentionne quelques tables de chêne, quelques buffets de chêne ou de noyer, des escabeaux, des tréteaux, et des chandeliers en bois : on n'y voit figurer ni lits, ni linge, ni vaisselle, ni meubles riches. Cette simplicité ne doit point nous étonner, car Brantôme, après avoir cité deux lettres de Madame de Beaujeu à M. d'Archiac, capitaine du château de Chinon, pour faire préparer des logements, ajoute : « Lors les logis des roys n'estoient si bien accommodez qu'aujourd'huy, et les dames n'y estoient si bien logées ny assorties de leurs licts et commoditez comme sont aujourd'huy [1]. » Cependant nous savons, par le même écrivain, que « François Ier fut fort somptueux en meubles.... Quant à sa maison, jamais les ordinaires, ny sales, ny tables n'en approchèrent; car il avoit sa table, celle du grand maistre, du grand chambellan et chambellans, des gentilshommes de sa chambre, des gentilshommes servans, des valets de chambre, et tant d'autres et très-bien servies, que rien n'y manquoit; et ce qui estoit très-rare, c'est que dans un village, dans des forests, en l'assemblée, l'on y estoit traité comme si l'on eust esté dans Paris. »

Le château de Chenonceau ne fut donc point habité par la Cour pendant les douze années que François Ier le posséda, mais il est probable qu'il servit fréquemment de rendez-vous de chasse à ce prince, lorsqu'il parcouroit les forêts d'Amboise et de Montrichard, où, pour emprunter ses propres expressions, il alloit *souvent chasser et prendre son*

---

[1]. Un petit fait, relatif à ce même château de Chinon, confirme le dire de Brantôme. Nous voyons dans un compte de la reine Marie d'Anjou, de l'année 1454, la mention de *deux mains de pappier et d'huile à l'oindre pour estre plus cler*, achetés pour garnir six châssis de bois que la reine avoit fait placer dans la chambre où logea le roi de Sicile à Chinon, quand il vint l'y voir. — Archiv. Impér., section histor., K, reg. 55, fol. 99 et 102.

passe-temps. Les lettres patentes accordées à Bohier pour l'autoriser à élever un pont sur la rivière, n'avoient même guère d'autre objet que de faciliter le passage des chasseurs de la Cour sur la rive gauche du Cher [1]. Les mémoires du temps ne nous ont conservé aucun souvenir des fêtes cynégétiques de Chenonceau : il est probable que Charles-Quint, qui fut reçu par François Ier à Amboise au commencement de l'année 1540, dut visiter ce merveilleux manoir, et qu'il admira en lui, comme il fit quelques jours plus tard pour Chambord, *un abrégé de ce que peut effectuer l'industrie humaine.*

François Ier mourut le 5 mars 1547. Avec Henry II alloit commencer pour Chenonceau une ère de fêtes, de plaisirs et d'embellissements, que la mort de Catherine de Médicis, quarante-deux ans plus tard, devoit seule interrompre.

1. Le petit manoir des Couldrais, situé près de Francueil, paroît aussi avoir été un des rendez-vous de chasse de cette époque. L'ornementation des poutres, où l'on remarque des croissants, des H et des D entrelacés, et des cœurs enflammés, démontre clairement qu'il a été bâti ou restauré du temps de Henry II et de Diane de Poitiers, et peut-être dès les premiers temps de leur liaison.

IX

DIANE DE POITIERS.

Diane de Poitiers est célèbre dans nos annales par sa beauté, sa grâce, ses scandales et ses foiblesses, et l'influence extraordinaire qu'elle sut conserver jusqu'à la fin sur Henry II. Tous les poëtes du temps ont célébré avec ravissement son incomparable beauté qui défioit les années, et Marot, dans ses *Étrennes* de l'année 1538 (Diane avoit alors trente-huit ans), lui disoit :

> Que voulez-vous, Diane bonne,
> Que vous donne?
> Vous n'eustes, comme j'entends,
> Jamais tant d'heur au printemps
> Qu'en automne.

Les méchants prétendoient même que pour conserver sa beauté, Diane avoit recours à la magie, et Brantôme s'est fait l'écho complaisant de ces contes. « J'ay veu madame la duchesse de Valentinois, dit-il, en l'âge de soixante-dix ans, aussi belle de face, aussi fraische et aussi aimable comme en l'âge de trente ans : aussi fut-elle aimée et servie d'un des grands roys et valleureux du monde. Je vis cette dame, six mois avant qu'elle mourust, si belle encor, que je ne sçache cœur de rocher qui ne s'en fust ému, encor qu'auparavant elle s'estoit rompu une jambe sur le pavé d'Orléans, allant et se tenant à cheval aussi dextrement et dispostement comme elle avoit faict jamais ; mais le cheval tomba et glissa sous elle. Et, pour telle rupture et maux et douleurs qu'elle endura, il eust semblé que sa belle face s'en fust changée ; mais rien moins que cela, car sa beauté, sa grâce, sa majesté, sa belle apparence, estoient toutes pareilles qu'elle avoit toujours eu : et surtout elle avoit une très-grande blancheur, et sans se farder aucunement; mais on dit bien que tous les matins elle usoit de quelques bouillons composés d'or potable et autres drogues que je ne sçais pas comme les bons médecins et subtils apothicaires [1]. Je crois que si cette dame eust encor vescu cent ans, qu'elle n'eust jamais vieilly, fust du visaige, tant il estoit bien composé, fust du corps, caché et couvert, tant il estoit de bonne trempe et belle habitude. C'est dommage que la terre couvre ce beau corps [2]. »

Diane naquit le 3 septembre 1499. Elle étoit fille de Jean de Poitiers, comte de Saint-Vallier, et de Jeanne de Bastarnay. La maison de Poitiers, issue des comtes de Valentinois, et connue depuis le xiie siècle, étoit une des plus anciennes du Dauphiné. Quant à celle de Bastarnay, elle étoit alliée à la maison de Médicis par les Boulogne.

---

1. Voyez ce que disent à ce sujet des auteurs fort graves du xvie siècle : Théodore de Bèze et Pasquier lui-même dans ses *Recherches sur la France*.

2. *Vies des dames galantes*, discours cinquième.

En 1514, Diane épousa Louis de Brézé [1], comte de Maulevrier, seigneur d'Anet, qui par sa mère Charlotte de France étoit petit-fils de Charles VII et d'Agnès Sorel, et elle se trouva ainsi alliée à la famille royale par les bâtards.

Nous n'avons point l'intention de répéter ici toutes les historiettes qui ont couru sur le compte de Diane de Poitiers, mais il en est une dont nous devons venger sa mémoire, à cause de la notoriété qu'elle a acquise. On a souvent prétendu que Diane, pour sauver les jours de son père, avoit fait à François I*er* le sacrifice de son honneur. On sait que Jean de Poitiers, enveloppé dans la disgrâce du connétable de Bourbon, dont il étoit le parent et l'ami, fut condamné à perdre la tête, mais que le roi, vivement sollicité, lui fit grâce sur l'échafaud et commua sa peine. Le coupable, dont les cheveux avoient blanchi en une nuit, fut tellement impressionné de l'appareil de sa mort prochaine, qu'il faillit perdre la raison : il en conserva pendant tout le reste de sa vie un tremblement nerveux accompagné de fièvre, phénomène que l'on a désigné sous le nom de *fièvre de Saint-Vallier*. Les lettres de rémission enregistrées par le parlement en 1523 portoient pour commutation de peine : « Le coupable sera enfermé perpétuellement entre quatre murailles de pierre, maçonnées dessus et dessous, auxquelles il n'y aura qu'une petite fenêtre par laquelle lui sera passée sa nourriture. La dégradation de noblesse, la confiscation des biens, et les autres peines portées par l'arrêt seront maintenues. » Selon l'énoncé de ces mêmes lettres, cet adoucissement étoit dû « aux prières de M. le comte de Maulevrier, grand sénéchal de Normandie, et des autres parents et amis

---

[1]. Les Brézé étoient d'une grande race de Normandie, qu'il ne faut pas confondre avec la famille actuelle des Dreux, sortie des maîtres des requêtes, et qui reçut plus tard le nom de Brézé.

de Saint-Vallier. » Jean de Poitiers mourut en prison. Or, ne répugne-t-il pas d'admettre que Diane ait consenti à être la maîtresse de François Iᵉʳ, pendant que son père gémissoit dans un cachot par la volonté du roi? Une telle conduite eût été indigne tout à la fois, et de la noblesse du roi-chevalier, et de la fierté bien connue de Diane de Poitiers.

Louis de Brézé mourut le 24 juillet 1631, laissant deux filles : Françoise, femme de Robert de La Marck, duc de Bouillon, et Louise, mariée à Claude de Lorraine, duc d'Aumale. Sa veuve fit éclater une douleur fastueuse, et éleva à la mémoire de son époux un superbe mausolée dans l'église de Notre-Dame de Rouen. De plus, elle voulut que son extérieur témoignât, pendant toute sa vie, de la sincérité de ses regrets : aussi ne quitta-t-elle jamais le deuil. Le noir et le blanc devinrent ses couleurs favorites, et elle les fit même adopter à Henry II; mais si nous en croyons Brantôme, la coquetterie n'eut point à souffrir de ce costume sévère. « Si ne reformoit-elle point tout, dit notre vieux conteur, jusqu'à l'austérité, qu'elle ne s'y habillast gentiment et pompeusement, mais tout de noir et de blanc ; y paraissoit plus de mondanité que de reformation. Elle n'étoit pas, ajoute-t-il, de ces veuves hypocrites et marmiteuses, qui s'enterrent avec le défunt. »

Henry II avoit aimé Diane étant Dauphin ; sa passion s'augmenta quand il monta sur le trône, quoique sa maîtresse eût alors près de quarante-huit ans[1]. Pour lui complaire, il chassa de la Cour la duchesse d'Étampes, dont elle avoit à se plaindre. Bientôt des lettres patentes créèrent Diane de Poi-

---

[1]. Le portrait de Diane de Poitiers, fait à cette époque par le Primatice, sous les traits de Diane chasseresse, et son buste par Jean Goujon, constatent une grâce charmante et une éternelle jeunesse.

tiers duchesse de Valentinois, et lui donnèrent un des plus beaux domaines de la Couronne. En même temps le roi lui abandonnoit les deniers qui provinrent de la confirmation de tous les officiers de France, usitée à chaque changement de règne. On trouva fort étrange ce grand et immense don, dit Brantôme, mais ce ne fut pas le seul. Sous prétexte de soutenir le poids de la guerre contre Charles-Quint, Henry II signa plusieurs édits bursaux, un entre autres par lequel il imposoit vingt livres par cloche : on prétendit qu'il en avoit donné la plus grande partie à sa maîtresse. Le public, presque toujours ennemi des favorites, murmura hautement; le grotesque Rabelais se fit l'écho des plaintes populaires, et prétendit, dans ses œuvres bouffonnes, que le roi avoit pendu toutes les *campanes* de son royaume au col de sa jument.

L'impôt des cloches servit sans doute aux embellissement de Chenonceau. Dès le mois de juin 1547, Henry II avoit donné à Diane ce magnifique domaine, « en considération, disent les lettres patentes, des grands et très recommandables services rendus au roy par son feu mary, Loys de Brézé. » Le roi constate que cette terre ne fait point partie du domaine de la Couronne, et qu'il peut en disposer comme de son bien propre et personnel, et il accumule toutes les formules possibles pour rendre cette donation inattaquable. Pour que rien ne manquât aux formalités, ces lettres furent enregistrées successivement à la Chambre des comptes de Paris, au bureau des finances de Tours, et au bailliage d'Amboise, et Diane fit prendre solennellement possession du château par Bernard de Rutie, abbé de Pontlevoy, son mandataire général.

Cependant Catherine de Médicis, qui convoitoit ardemment Chenonceau, avoit fait entendre de sourdes menaces contre la validité de cette donation, et Diane put craindre qu'un jour cette terre fût revendiquée comme bien domanial. Pour se mettre en garde contre cette éventualité, on imagina une procédure longue, compliquée, qui devoit faire arriver la terre de Chenonceau entre les mains de la duchesse de Valentinois, après l'avoir purgée de la tache domaniale [1]. Antoine Bohier, qui par la transaction de 1535 avoit cédé Chenonceau à François Ier pour la somme de quatre-vingt-dix mille livres, fut assigné au mois d'août 1552, comme ayant exagéré la valeur de sa terre et par conséquent lésé le domaine, et le procureur général demanda l'annulation de la transaction, comme frauduleuse. Bohier sentant qu'on vouloit le perdre, en appela vainement au Parlement : le roi retint la connoissance de l'affaire dans le conseil privé, et devint ainsi juge et partie. Devant cette menace, le malheureux Bohier, effrayé d'ailleurs par les tristes souvenirs qu'il trouvoit dans sa propre famille [2], s'enfuit en Italie, et laissa poursuivre le procès. La transaction de 1535 fut annulée, Bohier fut remis en possession, malgré lui, de la châtellenie de Chenonceau, et sommé de payer la somme qu'il devoit au Trésor. Sur son refus, on le saisit et on mit tous ses biens en adjudication.

Diane de Poitiers, qui n'avoit pas paru jusque-là, fit faire quelques adjudications par des concurrents peu sérieux, afin de donner un semblant de légalité à la vente judiciaire, et enfin se rendit adjudicataire de Chenonceau, le 8 juin 1555,

---

1. Nous nous réservons de publier séparément les pièces de ce curieux procès, qui fait connoître les mœurs judiciaires de l'époque.

2. Ses deux oncles Jean Poncher et Semblançay avoient été condamnés à être pendus pour leurs malversations, vraies ou prétendues; son cousin Gilles Berthelot, enveloppé dans la même disgrâce, fut exilé, vit tous ses biens confisqués en 1528, et son château d'Azay donné à Antoine Raffin.

pour la somme de cinquante mille livres. On fit revenir Bohier, on lui donna une quittance du surplus, et il ratifia, le 16 novembre 1556, tout ce qui s'étoit fait, et même la cession à Diane des terres de Thoré, Coulommiers, le Defais et le Port-Olivier, qui n'avoient pas été comprises dans la transaction de 1535, parce qu'elles ne relevoient pas féodalement de la baronnie d'Amboise. Diane se trouva ainsi propriétaire à double titre de la terre de Chenonceau, et quand elle eut rendu un second hommage au roi après la nouvelle prise de possession, elle put se croire en pleine sécurité.

Au milieu de tous ces débats, la duchesse de Valentinois, qui ne conservoit aucun doute sur l'issue finale du procès, agissoit en maîtresse souveraine à Chenonceau, en percevoit les revenus, et y dépensoit dans la création de son parterre une somme de plus de cinq mille livres. En même temps elle achetoit de Adam de Hodon, écuyer, capitaine de Gisors, pour la somme de vingt-cinq mille livres, les fiefs et seigneuries de Chisseau, Vrigny, la Chervière et la châtellenie du Moulin-Fort, avec ce moulin lui-même nouvellement rebâti[1]. Jehan Menard, panetier ordinaire et gentilhomme de la maison du roi, vint prendre possession de ces terres au nom de la duchesse, et pour remplir les formalités du temps, en signe de vraie possession, il alla et chemina sur les terres du domaine, ouvrit et ferma les portes, tua le feu, coupa du bois, mit les métayers et les closiers hors de leurs maisons, et le meunier hors du moulin, et il fit plusieurs

---

1. Lorsque Adam de Hodon voulut reconstruire le Moulin-Fort, en 1546, on ouvrit une enquête *de commodo et incommodo*. La communauté des marchands fréquentans la rivière de Loire et autres fleuves descendans en icelle, spécialement consultée à ce sujet, reconnut que ce moulin ne nuisoit point à la navigation, et émit un avis favorable. Le Moulin-Fort, incendié du temps de Catherine, fut reconstruit vers 1580.

autres actes servant à prendre bonne et valable possession. En 1557, Marguerite Téronneau, femme de Adam de Hodon, qui se trouvoit à Ferrare près de Madame Renée de France, ratifia la vente faite par son mari [1].

Diane fit un grand nombre de voyages à Chenonceau, et elle y envoya même son *chariot branlant* pour faire des promenades dans les environs, mais aucun de ses séjours n'offre d'incident remarquable. Nous citerons seulement le voyage du printemps de l'année 1552, pendant lequel elle reçut la Cour et même sa rivale Catherine de Médicis [2].

La demeure permanente de la duchesse de Valentinois étoit à la Cour, près du roi. Elle ne s'en éloignoit jamais longtemps, de peur de laisser affoiblir son influence, et elle trouvoit même Chenonceau trop loin d'Amboise. Nous la voyons, en 1556, acheter plusieurs morceaux de vigne sur le Châtellier, près du château d'Amboise, avec le projet

---

1. Adam de Hodon avoit considérablement augmenté le domaine primitif de Chisseau, et entre autres terres il avoit acheté, en 1554, de Jehan Versoris, avocat au parlement, le fief des Frisches, pour 225 livres. Ce Jehan Versoris, dont le vrai nom étoit Le Tourneur, comparut aux États de Blois de 1576, et y fit triste figure, si nous en croyons le quatrain suivant :

> On dit que Versoris
> Plaide bien à Paris ;
> Mais quand il parle en Court,
> Il demeure tout court.

2. Nous en trouvons la preuve dans la lettre suivante, dont nous devons la communication à l'obligeance de M. le prince A. Galitzin :

« Monsieur de Limoges, je vous avois escript comment je desirois vous voir à Chenonceau. Mon indisposition et mon pront guerissement avoient causé que nous ne nous mimes en marche que le quinze Pasques. Je desire infynyment que ne manquiez la promesse de venir, car je seroi bien aise de partir avecque vous et m'asseurant que me ferez ce plaisir, ne vous feroi la presente plus longue, et feroi fin priant Dieu vous avoir en sa s^{te} guarde. De la Mote St Olx, ce xxxme de mars 1552.

« Salut, M^r.

« CATERINE. »

(*Suscription.*) « A monsieur l'evesque de Limoges. »

« d'y bastir, construire et ediffier maisons, courts, jardrins, vergers et autres choses qu'elle verra estre à faire, pour plus commodément et honorablement soy loger, approprier et accommoder ses gens et famille. » Ce projet, qui nous auroit sans doute donné un monument de plus, ne fut point exécuté[1]. Diane, absorbée par la construction et les embellissements du château d'Anet[2], n'eut point le loisir de s'en occuper. Quant à Chenonceau, elle ne paroît pas avoir conçu de grands desseins, et elle se contenta d'y établir de magnifiques jardins, et de bâtir le pont rêvé par Bohier.

1. Quand Diane voulut incorporer à sa châtellenie de Chenonceau, en 1557, les fiefs de Thoré, Vrigny, la Chervière et le Moulin-Fort, qui relevoient du roi, on fit faire par des gens de justice l'évaluation des droits de justice qui provenoient de ces fiefs, et pour dédommager le roi de cette perte, la duchesse de Valentinois lui abandonna, en 1559, un morceau des vignes du Châtellier.
2. Voy. *le Château d'Anet*, notice historique, par M. le comte A. Riquet de Caraman. Paris, Benjamin Duprat, 1860.

X

LE PARTERRE DE DIANE.

La Touraine est depuis longtemps renommée comme le jardin de la France. Déjà dans les dernières années du xiie siècle, le moine Jean de Marmoutier[1] faisoit en un style redondant et emphatique l'éloge le plus pompeux de cette province, avec un assez vif sentiment de la belle nature : il vante avec une complaisance singulière la douceur de son climat, la beauté de ses rivières, la grâce de ses sites, la fécondité de son terroir, la qualité de ses vins, la bonté de ses fruits, et la variété des produits de ses jardins. A la même époque, Guillaume Le Breton, chapelain de Philippe Auguste, décrivoit avec enthousiasme les riantes campagnes de Tours[2]. Plus tard, au xve siècle, le Florentin Francesco Florio, qui visita la Touraine sous Louis XI, écrivant à son ami Jacopo Tar-

---

1. *De commendatione Turonicæ provinciæ*, dans le *Recueil de chroniques de Touraine*, édit. A. Salmon, publié par la Société archéologique de Touraine. Tours, Ladevèze, 1854.

2. *Philippidos*.

lati, la nommoit expressément *le jardin de la France*, *Franciæ viridarium*[1], et déclaroit que, séduit par la douceur et l'égalité de sa température, la sérénité de son ciel, le parfum de ses vins et de ses fruits, il avoit résolu d'y finir ses jours. Cinquante ans plus tard, Rabelais disoit à son tour par la bouche de Panurge : « Je suis né et ay esté nourry jeune au jardin de France, c'est Touraine[2]. » Enfin, pour couronner tous ces témoignages, le Tasse écrivoit dans son poëme immortel[3], en parlant de ce doux et riant pays :

La terra molle, e lieta, e dilettosa.

A ces titres divers, la Touraine méritoit donc de voir renaître chez elle l'art charmant des jardins, négligé pendant tout le moyen âge, et d'en être la mère et la patrie, selon l'heureuse expression du P. Rapin : *magna parens hortorum!* Les premiers essais de cette renaissance eurent lieu au commencement du xve siècle. La reine Isabeau de Bavière, reléguée à Tours en 1416, occupa les loisirs forcés de son exil à la culture des jardins, mais nous n'avons aucun détail sur ses travaux[4]. Elle propagea sans doute parmi nous la laitue romaine que Bureau de la Rivière, favori de Charles V, mort en 1400, avoit fait venir d'Avignon, parce que « ce sont les laictues trop *meilleurs et plus tendres assez* que celles de France[5]. » A partir de 1463, Louis XI, confiné au

---

1. F. *Florii Florentini ad Jacobum Tarlatum, de probatione Turonica.* — Biblioth. Imp., *Histoire de Marmoutier*, par D. Martène, partie II, tome II, pièce 308.
2. *Pantagruel*, livre II, chap. ix.
3. *Gierusalemme liberata*, canto primo.
4. *Discours merveilleux de la vie, actions et déportement de la royne Catherine de Médicis*. Cologne, M.DC.LXIII.
5. *Le Ménagier de Paris*, dist. ii, art. ii, publié par le baron Jérôme Pichon pour la Société des bibliophiles françois. Paris, 1847.

château du Plessis-lès-Tours, planta un vaste jardin dont les poires de Bon-Chrétien, fruit originaire de Touraine[1], étoient surtout renommées, et réservées pour être offertes aux rois et aux princes[2]. Sans doute, c'étoient là plutôt des vergers que des jardins plantés avec art.

Cet art devoit nous venir d'Italie. Charles VIII, pendant sa promenade militaire dans la péninsule, avoit beaucoup admiré les merveilleux jardins de Florence, alors célèbres dans toute l'Europe[3]. Il amena avec lui, de Naples, *messire* Passelo de Meriolano ou Mercoliano, fameux horticulteur du temps, et l'installa à Amboise. Cet artiste, car nous ne saurions lui donner un autre nom, dessina et planta le parterre du château, tel que nous le voyons reproduit dans l'œuvre de Du Cerceau, disposa le parc qui couvroit la colline, et établit le potager royal de Château-Gaillard, sur les bords de l'Amasse, avec des serres naturelles dans les flancs du coteau. Louis XII, qui fit de Blois sa résidence favorite, emmena messire Passelo, dont il appréciait le talent, lui confia la création et la direction des jardins royaux, aux gages de 300 livres par an[4], et en 1505 lui donna comme récompense le Château-Gaillard, qu'il chargea, entre autres redevances, d'un bouquet d'oranges envers le roi[5].

1. Voyez à ce sujet nos *Études sur la Touraine*, p. 239-241. Tours, 1858.
2. *Histoire de Vendôme*, par l'abbé Simon, t. III, p. 44.
3. Pierre de Médicis s'étant déclaré pour Charles VIII, les Florentins le bannirent et pillèrent les magnifiques *jardins de Mars*, où étoient les objets d'art les plus précieux. Paul Jove estime cette perte à cent mille ducats.
4. *Histoire du château de Blois*, par M. de La Saussaye, 4e édit., p. 184.
5. Nous lisons dans un *Papier terrier et censier de la baronnye, terre et seigneurie d'Amboise*, rédigé de 1523 à 1537, l'article suivant : « Le lieu, terre, jardin et appartenances de Chasteau Gaillard, qui par le feu roy Loys douziesme dernier decedé, avoit esté baillé a messire Passelo

Le jardinier italien avoit sans doute introduit en Touraine ce charmant arbuste, et peut-être des légumes et des fleurs de son pays natal. A cette époque, l'Italie nous a donné une espèce de salade, les cardons, les artichauts et les melons, et c'est à notre compatriote Rabelais que nous en sommes redevables. En 1537, Rabelais écrivoit à la mère de son protecteur Geoffroi d'Estissac, qui étoit évêque de Maillezais et prieur de Ligugé en Poitou :

« Touchant les graines que je vous ai envoyées, je vous puis bien assurer que ce sont des meilleures de Naples, et desquelles le Saint-Père fait semer en son jardin secret du Belvédère; d'autres sortes de salade n'ont-ils pas deçà, fors de nasitord et d'arrousse. Mais celles de Legugé me semblent bien aussi bonnes, et quelque peu plus douces et amiables à l'estomac, mêmement de votre personne; car celles de Naples me semblent trop ardentes et trop dures. Au regard de la saison et semailles, il faudra avertir vos jardiniers qu'ils ne les sèment du tout si tôt comme on fait de par deçà; car le climat n'y est pas tant avancé en chaleur comme ici. Ils ne pourront faillir de semer vos salades deux fois l'an, savoir est en carême et en novembre, et les cardes ils pourront semer en août et septembre; les melons, citrouilles et autres, en mars; et les armer certains jours de joncs et fumier léger, et non du tout pourri, quand ils se douteroient de gelée. On vend bien ici encore d'autres graines, comme des œillets d'Alexandrie, des violes matro-

---

de Meriolano, à la charge de xxx solz tournois de rente et autres charges, par lectres dud. seigneur, données à Bloys ou moys de may 1505; ledict lieu depuis acquis dud. Passelo, par messire René, bastard de Savoye. » — Cette acquisition, faite en 1518, fut approuvée par lettres patentes de François 1ᵉʳ, données à Angers en juin 1518. Le Château-Gaillard est voisin du manoir du Clos, où Léonard de Vinci dicta son testament, le 18 avril 1518.

nales, d'une herbe dont ils tiennent en été leurs chambres fraîches, qu'ils appellent *Belvédère*, et autres de médecine. Mais ce seroit plus pour Mme d'Estissac. S'il vous plaît de tout, je vous en envérroi, et n'y feroi faute[1]. »

Les dessins de Du Cerceau nous donnent une idée fort exacte de la manière dont les jardins d'Amboise et de Blois avoient été conçus par Passelo et Edme de Meriolano. A ses dessins, le célèbre architecte a ajouté la description suivante : « A Bloys, il y a pareillement de beaux et grands jardins, différans les uns des autres, aucuns ayans larges allées à l'entour, aucunes couvertes de charpenterie, les autres de coudres, autres appliquez à vignes. Sortant des jardins du lieu, l'on va à une allée couverte d'ormes à quatre rangs, jusques à la forest prochaine, laquelle allée contient douze cents tant de toises, comme je l'ay toisée. On peult aller du chasteau à l'ombre sous les arbres d'icelle jusques à ladicte forest. Une grand partie de la terre d'environ sont vignobles, et de trois sortes, dont les bons se nomment *Auvernatz*, les plus petits *lignages*, les moyens *vins de grois*, et en recueillent en abondance au long d'icelle riviere de Loire. »

Félibien est plus explicite sur le même sujet : « Les jardins de Blois, dit-il, sont divisés en jardins haults et en jardins bas. Il y avoit plusieurs bastimens pour loger les officiers. L'on montoit par un escalier de pierre dans le jardin hault qui estoit fort bien dressé par grands compartimens de toutes sortes de figures avec des allées de mûriers blancs et des palissades de coudriers. Deux grands berceaux de charpenterie séparoient toute la longueur et la largeur du

---

[1]. *Epistres de maistre Fr. Rabelais, docteur en medecine, escriptes pendant son voyage d'Italie*, publiées par Abel et Louis de Sainte-Marthe. Paris, 1651, in-8º.

jardin, et dans les quatre angles des allées où ces berceaux se croisent, il y avoit quatre cabinets de mesme charpenterie. De ce jardin hault l'on entre dans la forest par une allée de 1200 thoises de long sur 6 thoises de large : elle est plantée de quatre rangs d'ormes à six pieds l'un de l'autre, et bordée de hayes d'espines blanches, ce qui fait un des beaux promenoirs qu'on puisse souhaitter.

« Les jardins bas estoient séparez en plusieurs jardins particuliers par des galleries et par des logemens pour des officiers. Il y avoit tout autour des berceaux et des cabinets de charpente. Le jardin bas n'estoit séparé du jardin d'en haut que par une hauteur de terre et par un berceau de charpenterie qui faisoit une longue allée. »

Pour faire diversion à cette description un peu sèche, il n'est pas inutile de donner ici la parole à Clément Marot[1]. Si les dates ne s'y opposoient, on diroit que le poëte a voulu peindre les jardins de Chenonceau, tels que Diane les créa :

> Car environ de ce divin pourpris,
> Y soupiroit le doulx vent Zephyrus,
> Et y chantoit le gaillard Tityrus :
> Le grand dieu Pan avec ses pastoureaux
> Gardant brebis, beufz, vaches et taureaux,
> Faisoit sonner chalumeaux, cornemuses,
> Et flageoletz, pour esveiller les Muses,
> Nymphes des bois et deesses haultaines
> Suyvans jardins, boys, fleuves et fontaines.
> Les oyseletz, par grand joie et deduyct,
> De leur gosier respondent a tel bruict.
> Tous arbres sont en ce lieu verdoyans :
> Petits ruisseaux y fuient undoyans,
> Tousjours faisans autour des prez herbus
> Un doulx murmure, et quand le clair Phebus

1. *Temple de Cupido*, 1515 et 1524.

Avoit droict la ses beaux rayons espars,
Telle splendeur rendoit de toute pars
Ce lieu divin, qu'aux humains bien sembloit
Que terre au ciel de beauté ressembloit :
Si que le cueur me dit par previdence
Celluy manoir estre la residence
De ferme Amour, que je queroye alors.

. . . .

Les voustes furent a merveille
Ouvrées souverainement :
Car Priapus les fit de treille
De feuilles de vigne et serment.
La dependent tant seulement
Bourgeons et raisins, a plaisance ;
Et pour en planter abondance,
Bien souvent y entre Bacchus.

. . . .

Marguerites, lys et oeilletz,
Passevelouz, roses flairantes,
Romarins, boutons vermeilletz,
Lavandes odoriferantes :
Toutes autres fleurs apparentes
Jectans odeur très adoulcie
Qui jamais au cueur ne soucie.

Ces descriptions nous permettent de saisir parfaitement la physionomie des jardins du xvi⁰ siècle, et de caractériser le goût italien qui présida à leur disposition jusqu'à la création du style françois par Le Nostre, vers le milieu du xvii⁰ siècle. C'étoient de vastes compartiments de toutes sortes de figures, pleins de fleurs odoriférantes, avec des avenues de grands arbres, des palissades de coudriers et des haies d'aubépines. De longs berceaux de charpente, couverts de treilles et flanqués de cabinets ombreux (retraites ménagées pour la galanterie), entouroient le parterre ou le divisoient en plusieurs jardins particuliers. Des cuves de marbre avec jets d'eau, et des cascades tombant de rochers factices, complétoient la décoration un peu froide et symétrique des jardins italiens, où tout sembloit subordonné à une loi unique : la fraîcheur, l'ombre et le mystère.

C'est dans ce goût étranger, dont le type complet avoit été réalisé au château de Blois par messire Passelo, que Diane de Poitiers fit dessiner et planter (1551-1553) le parterre de Chenonceau, dont la contenance est d'un peu plus d'un hectare et demi. Elle le protégea d'abord contre les inondations du Cher par une levée de terre gazonnée, fortifiée par une double rangée de pieux, de limendes et de traverses entrecroisées. Elle creusa tout autour un fossé large et profond, où elle jeta, par une écluse, les eaux du Cher, et flanqua ce fossé d'un mur en pierre sèche. Ces travaux préliminaires employèrent plus de quatorze mille journées d'ouvriers, charpentiers, maçons, charretiers, gazonneurs, bêcheurs, manœuvres, et la dépense ne s'éleva pas à moins de trois mille cinquante-cinq livres, somme fort considérable pour le temps. On fit en charrois onze cents tours de gazon et sept mille tomberées de moellons, pour la construction des *perrés*. Pour mouvoir d'un point à un autre ces masses de matériaux, on n'avoit alors que des procédés fort imparfaits, car la brouette, attribuée à Pascal, n'étoit point encore connue : on se servoit de civières *roulleresses* à deux roues ou camions, de civières à bras, de *bayarts* et de traîneaux.

Pour la plantation du parterre, du verger et du potager, Diane fit appel à tous ceux qui possédoient les plus beaux jardins de la Touraine, car l'art si utile d'élever les arbres en pépinière étoit à peine pratiqué à cette époque[1]. Deux

---

1. Olivier de Serres est le premier qui ait traité sérieusement et avec méthode, quoique bien succinctement, la question des pépinières dans son savant *Théâtre d'agriculture*.

archevêques de Tours, Étienne de Poncher et Simon de Maillé, lui prodiguèrent les trésors de leurs magnifiques jardins de Vernou. Leur vicaire général, Jehan de Selve, abbé de Turpenay, ami et protecteur de Bernard Palissy, fit choisir sous ses yeux les plus belles entes d'arbres fruitiers, au nombre de deux cents, et les expédia à Chenonceau par le Cher. Jehan Babou de la Bourdaisière en offrit un pareil nombre, mais on se contenta d'un quarteron; une dame inconnue fit présent de douze poiriers; on enleva en outre dans les bois deux cents sauvageons destinés à la greffe. Un des plus habiles jardiniers de Tours, nommé Nicquet, fut mandé avec son fils pour planter les arbres, et leur salaire fut fixé à iiij sous par jour, tandis que les autres ouvriers ne gagnoient que ij sous et vj deniers. Circonstance curieuse, on mit aux pieds des entes sept boisseaux d'avoine pour les faire enraciner. En même temps, on prit dans les bois treize milliers de plants d'aubépines et de coudriers, pour former les haies, les berceaux et les cabinets; on envoya quérir à Noizay, près de Luzillé, cent cinquante ormeaux, qui furent vendus deux sols tournois la pièce par Pierre d'Erian, le bisaïeul de l'abbé de Marolles, et l'on établit deux grandes avenues de ce bel arbre, qui commençoit alors à se répandre en France.

Pour surveiller et diriger la pousse de toutes ces plantations, Simon de Maillé envoya son jardinier de Vernou, qui passa toute une saison à Chenonceau, à raison de neuf sols par semaine. Le jardinier de Vernou apporta avec lui six albergiers, trois cents pommiers de paradis, huit faix de groseilliers et un cent de rosiers musqués et d'oignons de lis, et il fit recueillir dans les bois neuf milliers de plants de fraisiers et de violettes; il dessina dans le parc un dédale fourré, labyrinthe inextricable, où l'on pouvoit errer longtemps dans les isoloirs sans trouver l'issue, et *aultres pourtraicts*. Sous sa direction, le jardinier du château, Charlot Guérin, aux gages de quarante-deux livres tournois par an, s'occupa spécialement du potager, où l'on voyoit des artichauts, des melons, des concombres, des poireaux, des choux, des pois, des oignons, des échalotes, *et autres potaiges et saveurs*. Un *paille-maille* fut ajouté au jardin. Enfin, pour compléter la décoration, Cardin de Valence[1], habile fontainier établi à Tours, construisit plusieurs bassins avec des jets d'eau provenant des fontaines de la Roche et de la Dagrenière. La conduite générale de cette œuvre fut confiée à Benoist Guy, sieur des Carroys, maître d'hôtel de Bernard de Rutye, qui étoit abbé de Pontlevoy et mandataire de la duchesse de Valentinois. Tous les travaux furent en outre surveillés par le curé de Chenonceau, Michel Cabarat, qui obtint cent sols pour sa peine. La dépense totale dépassa cinq mille livres, somme égale à six fois le revenu de toute la terre de Chenonceau, et représentant aujourd'hui en numéraire environ vingt mille francs.

On s'étonnera peut-être de ne pas trouver dans le parterre de Diane plus de fleurs et d'arbustes rares, mais il ne faut pas oublier que la plupart des plantes de nos jardins et de nos promenades sont d'acclimatation assez récente. L'orme ne s'est bien propagé chez nous que depuis le xvie siècle; il n'y a pas deux cent cinquante ans que le platane nous a été apporté d'Italie, et quand Rabelais fit son premier voyage de Rome, en 1534, il ne vit qu'un seul arbre de cette espèce à la Rizzia; le patriarche de tous les acacias françois, planté

---

[1]. C'étoit le fils de Germain et le petit-fils de Pierre de Valence, fontainiers de Rouen, qui avoient dirigé l'établissement des fontaines de Tours en 1506, et qui étoient demeurés attachés au service hydraulique de la ville. (*Archives municipales de Tours.*)

en 1635 par Vespasien Robin, existe encore au Jardin des Plantes de Paris; le marronnier d'Inde est du même âge. Le lilas fut apporté de Perse il y a trois cents ans; la tulipe n'est connue que du commencement du xviie siècle : le réséda nous arriva d'Égypte et de Barbarie il y a environ cent ans; le rosier de Bengale, qui orne maintenant toutes nos chaumières, ne date que du siècle dernier; enfin la reine-marguerite, les chrysanthèmes de l'Inde et les dahlias sont presque nos contemporains. Diane ne put se servir que des ressources horticoles de son temps, et à supputer la somme énorme qu'elle n'hésita pas à dépenser dans ses jardins, nous pouvons affirmer qu'elle en fit le lieu le plus riche et le plus délicieux.

C'est donc à tort que les courtisans, à l'époque de la réception triomphale de François II et de Marie Stuart à Chenonceau, à la fin du mois de mars 1560, attribuoient tout l'honneur de ces embellissements à Catherine de Médicis; à en croire leurs vers adulateurs, Diane n'avoit laissé dans ses jardins que des ronces sauvages, et Catherine, dans l'intervalle d'un hiver, avoit métamorphosé ce désert en un parterre émaillé de fleurs :

>   Ou vas-tu si grand pas ? Princesse, arreste toy,
>   Et voy de ce grand parc la melange naifve,
>   Les fleurs et les berseaux qui du long de la rive
>   De mon voisin le Cher, sont à l'entour de moy.
>
>   Avant que ma Pallas, mere de vostre roy,
>   (Veillent les puissans dieux que son amour poursuyve),
>   Eust pris plaisir icy, il n'y avoit fleur vive :
>   Mais desers et buyssons estoient ce que je voy
>
>   Les nymphes et les dieux qui gardoient ces rivages,
>   Malcontents de l'horreur de mes ronces sauvages,
>   S'estoient allé cacher depits en quelque coing.

> Mais si tost qu'ils ont seu que ceste grand deesse
> Avoit deliberé d'y passer sa tristesse,
> Ils ont repris contens de Chenonceau le soing.

Le Plessis, qui nous a transmis ce sonnet, et qui assistoit à l'entrée triomphale de François II et de Marie Stuart, décrit ainsi les jardins de Chenonceau, tels que Catherine de Médicis venoit de les recevoir de la main de Diane : « La principale avenue audit chasteau, est d'un grand chemin dressé comme une belle allée, sablonné, et ung qui est large de trente pas ou environ, et long de deux mille, duquel les orées sont closes de grands ormeaux, chesnes vers et autres beaux arbres.... Sa Majesté alla se pourmener dans les jardins et le parc, orné et différentié de petits théâtres faicts de gazons, d'infinies tonnelles, pavillons, cabinets, berseaux, pallemailles, allées et d'un grand jeu de bale ceint de pins et autres beaux arbres fruitiers, le tout vyronné d'une part de ladicte rivière de Cher. »

Tels furent les grands travaux entrepris par Diane de Poitiers pour la création de son parterre.

XI

TRAVAUX DE DIANE DE POITIERS.

Le parterre de Diane étoit établi sur la rive droite du Cher. La rive gauche, plus accidentée, offroit peut-être plus d'agrément; elle étoit arrosée par le ruisseau de Vestin et par de belles fontaines, et un bocage s'étendoit sur les flancs d'un petit coteau. Pour y arriver plus facilement, la duchesse de Valentinois songea à bâtir un pont sur la rivière. Philibert de l'Orme, son architecte ordinaire, qui venoit de construire le château d'Anet, fut chargé de ce travail [1].

Philibert de l'Orme vint à Chenonceau au printemps de l'année 1555, et, accompagné de Pierre Hurlu, maître

---

1. Philibert de l'Orme fut toujours en excellentes relations avec la duchesse de Valentinois. Grâce à cette puissante protection, il obtint, en 1548, l'abbaye d'Ivry, au diocèse d'Évreux (*Gallia Christiana*, VII, 847, 1119; XI, 654); mais il la résigna, en 1560, en faveur de Jacques de Poitiers, frère de Diane. Sa faveur s'éclipsa en grande partie avec celle de sa protectrice : deux jours seulement après la mort de Henry II (12 juillet 1559), il fut dépossédé de sa charge au profit du Primatice.

maçon de Montrichard, il sonda le lit du Cher, qu'il trouva partout de rocher. D'après son devis, le roc devoit être creusé pour recevoir les premières assises des piles, comme sur un fondement inébranlable. Cinq arches devoient être élevées sur des piliers en pierre de Chisseau et des Houdes, et voûtées en pierre de Bourré, de Saint-Aignan et de Lie; un pont-levis joindroit la dernière arche à la rive gauche. Le pont, couvert d'un étage seulement, devoit avoir un vaste balcon au midi, des fenêtres sur la rivière au levant et au couchant, de larges saillies en forme de tourelles sur les avant-becs des piles, et enfin deux cheminées et deux cabinets.

On se mit aussitôt en mesure de tirer des carrières des environs tous les matériaux nécessaires à la construction. Plus de deux cents pipes de chaux furent commandées aux fourneaux de Bléré, de Fouchard, de Chouzy et de Pontlevoy, et l'on acheta à Amboise sept pipes de ciment. Trois maîtres charpentiers de la même ville, Jehan Bredif, Jehan Suart et Hugues Clément, furent chargés de l'entreprise des batardeaux pour étancher l'eau sur l'emplacement des piles. Henry II, voulant coopérer à cette entreprise par un don, accorda à Diane cinquante chênes à prendre dans la forêt de Montrichard. Les travaux furent commencés par Pierre Hurlu au printemps de l'année 1556, sous la direction de M. de Saint-Germain[1], frère de Philibert de l'Orme, et sous la surveillance d'Antoine Barbier, contrôleur de la maison de la duchesse. Mais il paroît que le maître maçon de Montrichard n'étoit pas à la hauteur de sa tâche, car nous voyons l'architecte, au mois de juillet de la même

---

1. Maître Jehan de l'Orme, écuyer, sieur de Saint-Germain, commissaire député par le roi sur le fait de ses édifices et bâtiments, aux gages de 600 livres par an.

année, préoccupé de son incapacité, lui envoyer pour l'aider Jehan Philippon de Vienne, maître appareilleur, au prix considérable de dix sols par journée[1]. Pierre Hurlu étant mort pendant l'hiver, on fit venir pour toiser l'ouvrage et en régler le prix, maître Jacques Coqueau, contrôleur des bâtiments pour le roi en sa ville de Blois, et maître maçon du château de Chambord[2].

Il fallut donc chercher d'autres entrepreneurs, et au mois de juillet 1557, Philibert de l'Orme fit un nouveau marché avec Jacques Le Blanc de Paris et Claude Lenfant de Blois, maîtres maçons; mais le premier s'étant retiré ou étant mort, il fut remplacé par Jacques Chanterel de Paris. Celui-ci ne put pas terminer non plus le travail qu'il avoit entrepris; à sa mort, on fit venir André Roussel et Michel Gallebrun, maîtres maçons de Tours, pour estimer l'ouvrage, et le travail fut confié à un troisième entrepreneur, Jehan Norays ou Noirays de Beaulieu, qui put le mener à terme; ce dernier

---

1. D'après les *Mémoires* d'A. Félibien, les appareilleurs employés au château de Chambord gagnoient aussi dix sols par jour; les maçons qui avoient la conduite des traits de maçonnerie étoient taxés à vingt sols; Pierre Trinqueau et Jacques Coqueau, *maîtres maçons*, étoient payés à raison de vingt-sept sols six deniers par jour.

2. Jacques Coqueau paroît avoir été le successeur de Pierre Nepveu Trinqueau dans la direction des œuvres du château de Chambord. Cet architecte nous étoit déjà connu par un extrait des *Mémoires inédits* d'A. Félibien, inséré par M. de La Saussaye dans son ouvrage sur *le Château de Chambord*, et par un marché, provenant des titres de la famille Breton de Villandry, publié par feu A. Salmon dans la *Bibliothèque de l'École des chartes* (tome III de la 4e série). Les pièces du chartrier de Chenonceau ajoutent un troisième document à ceux que nous possédions déjà sur ce *maître maçon*. Nous présumons que Jacques Coqueau, comme son prédécesseur Pierre Nepveu, étoit originaire d'Amboise. Dans le registre des déclarations censuelles que nous avons déjà cité, l'on voit figurer Estienne Coqueau, boulanger à Amboise en 1823 (déclar. CXXXIII), et la veuve de Jehan Coqueau en 1824. Ajoutons qu'il y avoit à Dierre, dans le voisinage d'Amboise, *le fief de Coqueau*, qui dut son nom à un membre de la même famille.

fut payé après l'examen qui fut fait des travaux par Jehan Jehannyn, autre maître maçon de Tours.

Le pont seul, sans la galerie qui, d'après les plans de l'architecte, devoit le couvrir, coûta environ neuf mille livres : cette somme fut payée en grande partie, sinon entièrement, par Simon Goille, trésorier des édifices et bâtiments du roi, et il est à présumer que cette construction coûta peu de chose à la duchesse de Valentinois.

Au reste, Diane de Poitiers n'eut pas le temps de jouir de cet embellissement. Le pont de Chenonceau n'étoit pas encore achevé, lorsque Henry II fut blessé mortellement par Montgommery. Le roi n'avoit pas encore rendu le dernier soupir, que déjà Catherine de Médicis, voulant humilier sa rivale, lui interdisoit l'entrée de la chambre royale et lui envoyoit l'ordre de se retirer dans un de ses châteaux, et de rendre les joyaux qui appartenoient à la Couronne. « Le roi est-il mort? demanda fièrement Diane à l'envoyé. — Non, madame, mais on croit que Sa Majesté ne passera pas la journée. — Je n'ai donc pas encore de maître, » répondit la duchesse. — Quelques heures après, Henry II étant mort (10 juillet 1559), Diane renvoya les joyaux et les meubles de la Couronne : elle n'imita point la comtesse de Châteaubriand, qui, sommée par François Ier, à l'instigation de la duchesse d'Étampes, de restituer les bijoux qu'elle en avoit reçus, les fit fondre en lingots pour ne pas voir parer de ses dépouilles une rivale odieuse[1].

La haine de Catherine de Médicis ne se borna pas à cette vexation : la reine mère voulut bientôt arracher à Diane le château de Chenonceau; mais la duchesse de Valentinois, qui avoit réussi, comme nous l'avons raconté, à effacer la

---

1. Brantôme, *Dames galantes*, discours septième.

tache domaniale de cette terre, tint bon pendant quelque temps[1], soutenue par les Guise et par le connétable de Montmorency, et se refusa d'abord à ce sacrifice. Devant ce refus, Catherine devint plus menaçante : elle fit proposer aux députés des provinces assemblés à Pontoise de décider que toutes les personnes qui avoient reçu des dons de la libéralité de François Ier et de Henry II seroient tenues de les rendre, afin que le produit de leur vente, versé dans les caisses de l'État, servît à couvrir le déficit des finances. Cette mesure frappoit principalement la duchesse de Valentinois : aussi Diane se décida-t-elle à transiger avec son ennemie, et à la fin de l'année 1559, elle lui abandonna Chenonceau en échange du château de Chaumont-sur-Loire[2], avec les meubles[3]. L'acte d'échange, dit Bernier dans son *Histoire du Blésois*, fut passé au château de Blois, le roi y étant, le cardinal de Lorraine stipulant comme procureur spécial de la reine mère, et messire François Marcel, seigneur d'Averdon, conseiller du roi en son conseil privé, stipulant pour la duchesse de Valentinois. Voici comment l'historien de Thou raconte la chose :

« On bannit ignominieusement de la Cour, dit-il, madame

1. Nous voyons Diane de Poitiers comparoître à la réformation des Coutumes de Touraine, en qualité de dame de Chenonceau, au mois d'octobre 1559, représentée par maître Estienne Tabois, son procureur.

2. Catherine avoit acheté Chaumont, par contrat passé devant Martin et Jacques Lesage, notaires à Amboise, le 31 mars 1550, au prix de 120 000 livres tournois, de Charles-Antoine de La Rochefoucaud et de sa femme Antoinette d'Amboise.

3. A. Félibien dit à ce sujet : « Il y a apparence que la reyne Catherine de Médicis a fait quelque séjour à Chaumont, parce qu'il y a encore (en 1681) des meubles qui luy ont appartenu, entr'autres deux cabinetz, un coffre, un bois de lict et une table, le tout fait à la manière de ce temps-là, de bois de rapport et d'ouvrages de sculpture, et très-bien taillez et dorez en quelques endroits. Il y a aussi des tableaux d'après Raphaël assez bien copiez, et plusieurs portraits de la maison de Médicis. »

de Valentinois, après l'avoir contrainte de rendre des bijoux et des pierreries de grand prix que le feu roi lui avoit données. On vit alors plus que jamais combien on doit compter sur la fidélité et la reconnoissance des courtisans : de tant d'hommes qu'elle avoit élevés aux honneurs, dont véritablement la plupart étoient indignes, il n'y en eut pas un seul qui, se prêtant à la haine publique, n'abandonnât sa bienfaitrice. Celle-ci, pour fléchir Catherine de Médicis, fut obligée de lui donner sa belle maison de Chenonceau-sur-Cher, dont la situation, les édifices et les superbes jardins qui régnoient le long des deux rives, faisoient de ce lieu une retraite délicieuse. Astremoine Bohier et Catherine Briçonnet, sa femme, avoient bâti cette maison de plaisance, que le baron de Saint-Ciergues, leur fils, avoit donnée, par une folle vanité, à la duchesse, à qui on l'ôta alors, en l'obligeant de prendre en échange Chaumont-sur-Loire[1]. »

Quelques années plus tard, Catherine recourut à un autre moyen pour ravir à Diane une partie des biens immenses qu'elle avoit amassés. Par ses ordres, on intenta, en 1564, un procès à François Allaman[2], seigneur du Gué-Péan, président de la Chambre des comptes. Il fut accusé d'avoir dilapidé les gabelles, avec l'aide de la duchesse de Valentinois, dont il auroit acheté la protection. L'avocat général Dumesnil conclut contre lui à la confiscation des biens et à la peine de mort, et, incidemment, contre Diane à la restitution des sommes qu'elle avoit reçues d'Allaman, à titre de gratification. Quant aux dons qu'elle tenoit de

---

1. *Histoire universelle*, traduite sur l'édition latine de Londres, t. III, p. 374. — On voit que l'historien de Thou, quoique contemporain, étoit assez mal informé des faits.
2. Voy. l'Hermite-Souliers, *Histoire généalogique de la noblesse de Touraine*, Allaman.

Henry II, il demanda qu'il fût fait à ce sujet d'humbles remontrances au roi. Le roi, à cette époque, n'étoit autre que Catherine de Médicis. Mais Diane fit de nouveau agir ses puissants partisans et Catherine cessa de la poursuivre. Allaman en fut quitte pour soixante mille livres d'amende[1].

Diane mourut à Anet, le 25 avril 1566, et fut enterrée dans la grande chapelle de son château.

---

1. François Allaman paroît être rentré en grâce près de Catherine de Médicis, car plus tard nous le trouvons au nombre des créanciers de la reine mère. Voy. notre ouvrage sur les *Dettes et créanciers de Catherine de Médicis*, Paris, Techener, 1862.

XII

CATHERINE DE MÉDICIS.

A la mort de Henry II, Catherine de Médicis, jusque-là dédaignée comme reine et comme épouse, et sans aucune influence à la Cour, devenoit tout à coup maîtresse des affaires, et prenoit une autorité qu'elle alloit exercer pendant trente ans. Toutefois, avec son astuce florentine, elle commença par dissimuler et affecta un deuil extraordinaire. « Elle prit, dit Brantôme, cette devise propre et convenable à son deuil et à ses pleurs, qui estoit une montagne de chaux vive[1], sur laquelle les gouttes d'eau du ciel tomboient à foison, et disoient les mots tels en latin :

Ardorem extincta testantur vivere flamma.

Or nostre reyne, autour de sa devise que je viens de dire, y avoit fait mettre des trophées, des miroirs cassés, des

---

[1]. C'étoit le contraire de la devise en rébus du château de Chaumont, où l'on voit sur les tours des montagnes vomissant des flammes, allusion au nom de *Chau-mont*.

éventails et pennaches rompus, des carquans brisés, et ses pierreries et perles espandues par terre, les chaisnes toutes en pièces ; le tout en signe de quitter toutes bombances mondaines, puisque son mary estoit mort, duquel n'a jamais pu arrester le dueil.... Fatiguée de la politique, elle se vouloit retirer en ses maisons de Monceaux et Chenonceau, sans jamais se mesler plus des affaires de France, voulant parachever le reste de ses jours en tranquillité : et de faict, le vouloit faire ainsi. »

Ces belles résolutions de retraite et de solitude ne durèrent pas longtemps, et quelques mois s'étoient à peine écoulés depuis la mort violente de Henry II, que sa veuve saisissoit la première occasion d'inaugurer d'une manière splendide l'ère des fêtes et des plaisirs.

Après la conspiration d'Amboise, la Cour songea à quitter une ville qui ne lui rappeloit que des souvenirs sinistres et des images funèbres. Pour faire diversion à ces tristes scènes, et offrir aux jeunes princes un spectacle plus conforme à leur âge et à leurs goûts, Catherine de Médicis imagina de conduire François II et Marie Stuart à son château de Chenonceau, et de leur donner une entrée véritablement triomphale. Cette réception solennelle eut lieu le dernier jour de mars 1560. La fête fut préparée par les soins de Hélie de Odeau, contrôleur général de la maison de la reine, de Lambert, capitaine du château, et du seigneur de Saint-Martin[1], « personnage en son art très-singulier, » chargé de l'ordonnance et de la composition des décors. Nous empruntons les curieux détails de ces *Triomphes* à Le Plessis, témoin oculaire :

[1]. Il existoit encore à Amboise au xviiie siècle une famille de ce nom, dont le membre le plus célèbre fut Louis-Claude de Saint-Martin, le *Philosophe inconnu*.

« A l'arivée de sadicte Majesté tous les ouvriers, becheurs, manœuvres et subjects de la terre qui estoyent près de nœuf cent allerent au devant departis en quatre enseignes selon l'ordre qui sembla meilleure : et n'empescher la veuë de ce beau chemin large et spatieus se parquerent en bataille enseignes deployées et tabourins battans au dessus d'une croppe et coline laquelle coustoyant la venuë sembloit commander audict grand chemin.

« Leurs enseignes estoyent de taffetas noir traversées d'ung coin à l'autre d'ung lambeau de taffetas blanc, couleurs aptes à la demonstrance et signifiance de deuil : et avoient les dicts ouvriers chascung en la main une grande perche blanche au bout de laquelle estoit attaché ung rameau verd.

« Au pié des ormeaux, chesnes et autres arbres, ledict sieur Lambert avoit fait assoir les femmes desdicts ouvriers et subjets, ayant toutes la teste couronnée d'ung grand et lourd chappeau à la rustique emaillé et piollé de mille couleurs.

« Outre que le chemin estoit tout semé et couvert de jonchée verte, de gros bouquets de viollettes, de gyrofflées et autres fleurs decentes et convenables a illustrer et rejouir la venuë d'une si noble et sainte compagnie.

« Comme Sa Majesté passoit, lesdictes femmes et leurs enfans pleins de joye et allegresse de leur seul instinct (comme presageans la certeine félicité de son regne), en criant d'une voix VIVE LE ROY, feirent resonner les airs et les nuës de leur cry : ce que tous prindrent à bon et heureux augur, comme il sera si Dieu plaist. »

Arcs de triomphe, obélisques, colonnes, statues, fontaines jaillissantes, autels antiques, feux artificiels, salves d'artillerie de trente canons, devises galantes, inscriptions louangeuses en diverses langues, grec, latin, italien et françois : rien ne fut épargné pour donner à cette réception un cachet exceptionnel d'art, de grandeur et de nouveauté. L'une de ces inscriptions célébroit le triomphe récent remporté sur la faction huguenote :

OB SEDATOS TVMVLTVS ET
RESTITVTOS DIVIS
HONORES.

« Sa Majesté rencontra le pont levis qui estoit levé pour empescher l'entrée de tout le monde au chasteau, tant qu'elle y fust. Contre la face dudict pont (qui si tost que sadicte Majesté en approcha, commença a se baisser), estoit une grande femme peinte en Renommée (ouvrage comme lesdictes naïades et autres victoires dond parleray cy-après du seigneur de Saint-Martin, personnage en son art très singulier), ailée et timbrée d'ung cercle de laurier, qui tenoit en ses mains une grandissime table blanche en laquelle estoit escript en lettres fort longues et fort grosses ce vers :

BAISSANT LE CHIEF A TA SEVLE GRANDEVR.

« Sur l'une des colonnes estoit une victoire presentant la coronne de laurier d'une main qu'elle avançoit au possible, et de l'autre avecques fort bon geste elle tenoit une branche de palme, aiant la teste embranchée d'ung tour de l'hierre, et revestuë à l'antique de si bonne grace et de telle majesté, que pour estre chose pensée, ordonnée, et faict en ung jour, elle estoit admirable. De l'autre part estoit une Renommée aiant en la main une trompe et la teste couronnée pareillement. Comme Sa Majesté regardoit ces deesses, une Pallas qui estoit bravement et magnifiquement aornée à l'antique avecques son aegis et sa lance, du haut d'un balcon (c'est ung avancement et acoudoir sallissant hors la courtine et macif du logis au second estage par dessus le portail), sur le bord du quel elle avoit les piez, commença de dire à haute voix ces mots :

> Roy des François, du ciel où ton pere demeure,
> Pallas suis descenduë, affin de te monstrer
> Ce lieu champestre icy que je fais racoustrer,
> Pour te servir ung jour de royale demeure.

« En achevant elle laissa tomber sur le roy et sa compagnie grande quantité de chappeaux, guyrlandes, bouquets et fleurs, avecques infinis feuillets dans lesquels estoient imprimez les vers qu'elle avoit prononcez, dond Sa Majesté aussi content qu'esbay print ung grand plaisir. »

On voit que Catherine de Médicis, sous les traits de la sage Minerve, n'avoit point été oubliée par ses courtisans qui avoient même trouvé moyen de faire entrer dans cette fête son deuil affecté et son inconsolable douleur. « Près d'un autel antique, on voyoit à une table ovale tournallée de cyprès, pin, grenadier, et bouys fané et meurtry, arbres sacrez à Pluton, et d'ung cercle noir pour temoigner l'apparent deuil de la dicte dame royne mere de Sa Majesté. » On y lisoit ce sonnet :

> Trouppeaux brancheus dond la fuytte poudreuse
> Va, jours et nuits, gallopant ces buissons,
> Celeste vol, oiseaux dond les chansons
> Font retentir ceste causte umbrageuse ;
>
> Troupe azurée et l'onde tortueuse
> Faisant soudain dix mille limaçons,
> Si quelquefois au doux bruit de voz sons,
> D'icy passer personne est tant heureuse ;

> Vous luy direz, soit roy, prince ou soldart,
> Que son chemin cy mene ou le hasard :
> Passant, demeure, et voy le saint rivage,
>
> Où Catherine, en dedaignant l'orgueil
> Des hommes vains, pour temoigner son deuil,
> Veult achever les jours de son veuvage.

Telles furent les fêtes poétiques qui succédèrent aux émotions diverses du *tumulte d'Amboise*. Bientôt le printemps, si doux en Touraine, vint apporter sa poésie ravissante, mêler ses séductions aux plaisirs de la Cour, et faire de Chenonceau un séjour enchanteur. C'est là que la reine d'Écosse, au milieu des premiers enivrements de la jeunesse, passa les mois les plus délicieux de sa vie. « Restée veufve au bel apvril de ses plus beaux ens[1], Marye Stuart, dit Brantôme, désiroit cent fois de demeurer en France, simple doüairière, et se contenter de son Touraine pour son doüaire donné à elle, que d'aller regner en son pays sauvage. » Elle songeoit peut-être à « son Touraine, » au riant séjour de Chenonceau, à cette gracieuse nature qui l'encadre d'une manière si harmonieuse, à l'accueil triomphal qu'elle y reçut avec François II, lorsqu'elle soupiroit mélancoliquement dans la *complaincte* qu'elle fit sur son deuil :

> Si en quelque sejour,
> Soit en bois ou en prée,
> Soit sur l'aube du jour,
> Ou soit sur la vesprée,
> Sans cesse mon cueur sent
> Le regret d'un absent...!

---

1. François II mourut le 5 décembre 1560, n'ayant pas encore dix-huit ans. Marie Stuart avoit le même âge; elle s'embarqua pour l'Écosse le 18 février 1561. Par son contrat de mariage du 19 juillet 1558, Henry II lui avoit constitué soixante mille livres de douaire à prendre annuellement sur le duché de Touraine et le comté d'Anjou. Charles IX lui assigna ce douaire par ordonnance du 20 décembre 1560.

Et dans les adieux si touchants qu'elle adressoit à cette France, où on l'avoit aimée comme on aime en France la jeunesse, l'esprit, la grâce et la beauté, elle n'oublioit point sans doute Chenonceau, lorsqu'elle chantoit sur la nef qui l'emportoit loin de nos rivages :

> Adieu, plaisant pays de France !
> Adieu, France ! Adieu, mes beaux jours !

L'histoire nous a conservé le récit de deux autres fêtes où fut déployée une magnificence incroyable, après la prise de la Charité-sur-Loire par le duc d'Alençon, en 1577. Ce triomphe fut d'autant plus agréable, que les huguenots s'étoient flattés de conserver cette place et avoient fait à ce sujet le quatrain suivant :

> En vain vous employrez le blocus et la mine,
> Le canon ne peut rien contre la vérité,
> Plutost vous détruiront la peste et la famine,
> Car jamais sans la Foi n'aurez la Charité !

Aussi la joie fut-elle grande. « Le mercredi quinziesme may, le roy au Plessis-lez-Tours fit un festin à monsieur le Duc son frère, et aux seigneurs et capitaines qui l'avoient accompagné au siége et prise de la Charité : auquel les dames vestuës de verd, en habits d'hommes, firent le service ; et y furent tous les assistans vestus de verd[1] : pourquoi avoit été levé à Paris et ailleurs pour soixante mil francs de draps de soye verte.

« La royne mère fit après son banquet à Chenonceau, qui luy revenoit, à ce qu'on disoit, à près de cent mil livres qu'on leva par forme d'emprunt sur les plus aisez serviteurs

---

1. On sait que le vert et le jaune étoient les couleurs des fous.

du roi, et mesme de quelques Italiens qui s'en sceurent bien rembourser au double. En ce beau banquet, les plus belles et honestes de la Cour estant à moitié nues, et ayans leurs cheveux espars comme espousées[1], furent employées à faire le service, avec les filles des roynes qui estoient vestues de damas de deux couleurs : madame la marquise de Guercheville en étoit une, et s'appeloit *la Jeune*. Ce festin se fit à l'entrée de la porte du jardin, au commencement de la grande allée, au bord d'une fontaine qui sortoit d'un rocher par divers tuyaux. Madame la maréchale de Rets estoit grande maîtresse; madame de Sauve, qui depuis fut la marquise de Nermoustier, estoit l'une des maîtresses d'hôtel ; et tout y estoit en bel ordre[2]. »

La Cour étoit encore à Chenonceau (juin 1577), lorsqu'on apprit les nouveaux succès du duc d'Alençon, la prise d'Issoire et de plusieurs autres villes. Henry III fut si heureux de ces événements, qu'il voulut qu'on appelât désormais Chenonceau le château de *Bonnes-Nouvelles;* les huguenots, au contraire, appelèrent cet an l'année des *Mauvaises-Nouvelles*.

Catherine de Médicis visita fréquemment Chenonceau, soit seule, soit avec la Cour. Nous l'y voyons en 1572 avec sa fille, qui venoit d'épouser le roi de Navarre. Elle y revint en 1578 avec Marguerite, et elle chercha à y attirer son gendre pour une entrevue; mais Henry, redoutant quelque

---

1. Brantôme, dans la *Vie de Strozzi*, nous confirme ce singulier usage. « Un jour, dit-il, la reyne eut toutes les envies du monde de voir la femme de Brusquet (le fou en titre et successeur de Triboulet), qu'on lui avoit dépeinte fort laide, comme de vray elle l'estoit. Brusquet la lui mena parée, attifée et accommodée, ny plus ny moins que le jour de ses nopces, avec ses cheveux ny plus ny moins respandus sous son chapperon et sur ses espaules, comme une jeune espousée. »

2. *Journal de Henry III.*

embûche, refusa de quitter le Midi. Le 19 d'octobre 1584, dit Pierre de l'Estoile, le roi partit en grande hâte de Blois, et les reines de Chenonceau, parce que deux ou trois demoiselles de la reine se trouvèrent frappées de la peste[1]. Nous l'y retrouvons encore en 1586.

Catherine avoit plusieurs palais et maisons de plaisance, les Tuileries, l'hôtel de la paroisse Saint-Eustache, Saint-Maur-des-Fossés, Chaillot, Monceaux, mais le château de Chenonceau étoit sa demeure de prédilection. Elle voulut le

---

[1]. Il en mourut deux, Mlle de Montmorin et Charlotte de Rostaing. Voici l'épitaphe de cette dernière, qui fut enterrée dans l'église des Cordeliers d'Amboise :

« Dans la cave des fondateurs de l'Eglise de ceans qui est cydevant, et dans cette presente chapelle, gist et repose le corps de Damoiselle Charlotte de Rostaing, vivante l'une des filles d'Honneur de Louise de Lorraine, Reyne de France et de Pologne, femme de Henry III, Roy de France et de Pologne; et fille de haut et Puissant Seigneur Mre Tristan, Marquis de Rostaing, vivant premier Gentilhomme de la Chambre de Charles, Duc d'Orleans, troisième fils de François Ier, Roy de France, Gouverneur des pays de la haulte et basse Marche, grand Mareschal des logis de France et depuis Chevalier des deux Ordres du Roy, conseiller en ses Conseils d'Estat et Privé, son Chambellan ordinaire, Capitaine de cinquante hommes d'armes de ses ordonnances, Gouverneur des Ville et Chasteau de Melun, et Lieutenant du Roy au Pays de Brie, Baron de Brou et de la Guierche, Seigneur de Vaulx Apenil; de St Liesne et de Marceau près Melun, de Thieux en France près Dampmartin, de Villemomble et de Noisy le Secq près Paris : Et de deffuncte haulte et puissante Dame Françoise Robertet, sa femme, vivante Dame de la Reyne Catherine de Medicis, Reyne de France, femme du Roy Henry II, desquels les armoiries sont cy-dessus, laquelle est deceddée au chasteau de Chenonceau près de cette ville, dans la chambre des Filles de la Reyne, Sa Majesté y estant, qui la fit enterrer en ce lieu avec grande ceremonie trois jours après sa mort, qui fut le xxixe jour d'Aoust 1584. La presente Epitaphe a esté fait faire et mise ceans par hault et puissant Seigneur Messire Charles, Marquis de Rostaing, Chevalier, Baron de Brou, Conseiller du Roy en ses conseils d'Estat et Privé, Capitaine de cinquante hommes d'armes de ses ordonnances, fils aisné desdits deffuncts Sieur et Dame de Rostaing, et frère de ladite deffuncte Charlotte de Rostaing, le xxviij Novembre 1611. PRIEZ DIEU POUR ELLE. » — *Coll. Gaignières*, vol. 878, p. 610.

compléter avec une grande magnificence. Elle avoit rêvé, pour cette résidence favorite, des agrandissements et des embellissements qui en eussent fait le palais le plus merveilleux de France, et l'eussent élevée au-dessus de Chambord et de Fontainebleau. On trouve dans l'œuvre d'Androuet du Cerceau le plan vraiment grandiose tracé, d'après les inspirations de la reine mère[1], par Philibert de l'Orme. Le pont bâti par Diane de Poitiers devoit être couvert par une galerie à double étage, et terminé au midi par un vaste salon ovale. Le château lui-même, précédé d'une terrasse, devoit être complété au couchant par deux corps de logis, formant le pendant de la chapelle et de la *librairie;* deux ailes, dont l'une étoit destinée à un jeu de paume[2], s'élevoient à droite et à gauche dans le lit du Cher et terminoient le château proprement dit. La cour étoit entourée d'une magnifique colonnade circulaire, sur le modèle de celle de la place de Saint-Pierre, à Rome. Enfin l'avant-cour, flanquée de deux ailes obliques qui jetoient le château au fond d'une perspective ravissante, se fermoit au nord par un corps de logis terminé par deux pavillons, et s'ouvroit sur l'avenue principale par un double portique à colonnades.]

1. C'est à Catherine qu'il convient d'attribuer le plan de ses constructions. Philibert de l'Orme parle du « bon esprit et jugement qu'elle a très-admirable sur le faict des bastimens, comme il se voit non seulement à Saint-Maur, mais aussi à son palais qui se construit près le Louvre à Paris. La royne mère, ajoute-t-il, en fut le principal architecte, et ne me laissa que la partie de la décoration. » — *Nouvelles inventions pour bien bastir et. à petits fraiz.* Paris, MDLXI. — *Architecture* de Philibert de l'Orme. Paris, 1567; fol. 17, 290.

2. Brantôme, dans sa *Vie de Catherine de Médicis,* nous apprend que la reine aimoit beaucoup ce jeu : « Si le roy, dit-il, jouoit au pallemail, elle le voyoit le plus souvent jouer, et y jouoit elle-même; elle le voyoit jouer à la paulme. Elle passoit fort son temps les après dînées à besogner après ses ouvrages de soye, où elle y estoit tant parfaicte qu'il estoit possible. »

Pour exécuter ce plan gigantesque et ses accessoires, les revenus de la terre de Chenonceau, affermée alors pour douze cents écus d'or sol, étoient loin de suffire; Catherine y réunit les revenus de sa baronnie de Levroux (26 janvier 1576) « *pour prendre et recevoir plus de plaisir de nostre chasteau de Chenonceau,* dit-elle dans ses lettres patentes, *l'accommoder et embellir, ensemble les bois et jardins d'icelluy, et augmenter le mesnage que nous avons accoustumé d'y faire, en sorte que nous y puissions avoir et trouver tout ce qui est requis à la commodité et honeste plaisir que l'on peult desirer et percevoir en une maison bien mesnagée et ordonnée.* » Claude Robertet, dame des Arpentils, l'une des dames ordinaires de Catherine et intendante de Chenonceau, et Hélie de Odeau, seigneur de Paradis, contrôleur général de la maison de la reine mère, poursuivirent avec activité les projets de leur maîtresse : les jardins furent embellis et plantés d'arbres précieux; les fontaines de la Dagrenière, amenées par des canaux souterrains, s'épanchèrent en cascades sur des rochers factices et méritèrent d'être chantées par les poëtes [1] :

> Nimphes de Chenonceau, qui dans les ondes blues
> De sa fontaine vive, habitez incongneues
> Ce Parnase françois, et réflétant voz yeux
> Du cristal azuré qui r'ouvre les cieulx,
> Frizez vos tresses d'or, où zéphyre se joue,
> Vous baisant, amoureux, et le sein et la joue,
> Coronnez sur le soir de vos dances en rond
> L'aire humide ceignant et les eaux et le mont.

Des douves profondes, creusées en 1585 [2], et *le mur à la*

---

1. *Estreynes au Roy* (Henry III); pièce attribuée à du Perron, Ms. de l'ancien fonds françois de la Biblioth. Imp., n° 7228², fol. 38.
2. Les canaux des douves et les écluses qui les alimentoient furent reçus au nom de la reine mère, au mois d'août 1580, par Jehan Fran-

reine, entourèrent les trois parcs; des vignes étrangères, aux produits précieux (plants de Champagne et de Tournon), furent introduites et acclimatées; une magnanerie et une filature de soie furent établies, et pour joindre l'agréable à l'utile, on créa une volière d'oiseaux rares et une petite ménagerie d'animaux curieux. On y voyoit une civette, une race de grands moutons, un bouc et des chèvres de Barbarie.

La magnificence de l'intérieur répondoit dignement aux charmes du dehors et à la grâce du paysage. Outre une foule de riches tentures et de meubles somptueux, dont on peut lire le détail dans l'*Inventaire de la royne Loyse*, Catherine de Médicis y avoit accumulé les chefs-d'œuvre des arts et de l'esprit humain. Elle avoit orné les fenêtres de magnifiques peintures sur verre [1], dues peut-être au talent des Pinaigrier, nos compatriotes [2]; elle avoit fait venir d'Italie des médaillons, des bustes, des statues et des vases en marbre et en porphyre, tant antiques que modernes, dont elle avoit peuplé toutes les parties du château, et particulièrement la grande galerie des fêtes, élevée au-dessus du pont.

Les bibliophiles ne doivent pas oublier qu'elle enrichit Chenonceau d'une précieuse *librairie*.

La reine mère, en effet, partageoit ce goût pour les livres que les princes de la maison de Médicis ont eu presque tous,

---

çois, architecte et grand voyer de Touraine. Ce François, qui avoit succédé à son père dans la même charge, étoit probablement l'un des descendants de Bastien François, neveu et collaborateur du célèbre sculpteur tourangeau Michel Colombe.

1. *Notice sur des vitraux remarquables du cabinet de M. Vergnaud Romagnesi, à Orléans*, provenant du château de Chenonceau.

2. Il est juste d'ajouter qu'en 1803, les frères Beuzelin obtinrent de Charles IX, sur la demande de Catherine de Médicis, les priviléges de *peintres verriers royaux*. Henry II avoit, peu de temps avant, accordé ce privilége à René de Gombaude et Remy son fils.

et qu'elle retrouva chez François I*er*, son beau-père, et chez Henry II, son mari. Une circonstance s'étant présentée d'accroître d'une manière notable la bibliothèque particulière qu'elle avoit formée, elle ne manqua pas de la saisir. Ayant appris la mort du maréchal de Strozzi, tué au siége de Thionville en 1558, elle prétendit que la curieuse bibliothèque du vieux maréchal provenoit d'un membre de la famille de Médicis (le cardinal Ridolfi), pour la revendiquer. « Elle estoit estimée plus de quinze mille escus, dit Brantôme, pour la rareté des beaux et grands livres qui y estoient. Après la mort dudit mareschal, la royne mère la retira avec promesse d'en récompenser son fils et de la lui payer un jour; mais jamais il n'en a eu un sol. Je croy, ajoute-t-il, qu'elle est encore à Chenonceau [1]. »

Notre vieux conteur est ici mal renseigné, car nous savons par Ronsard et par le P. Hilarion de Coste [2] que cette bibliothèque avoit été déposée par la reine à son château de Saint-Maur-des-Fossés, avec ses autres livres hébreux, grecs, latins, françois et italiens, et de précieux manuscrits. Quoi qu'il en soit, c'est peut-être de la librairie du maréchal que provenoient *l'Archadia di messer Sannazaro*, les Vies de Plutarque, la Chirurgie d'Ambroise Paré, la Cyropédie de Xénophon, l'Histoire de Tite Live, Tacite, Virgile, Horace, Démosthène, et les autres livres d'histoire et de guerre, « relyez de marrocquin, dorez sur la tranche et à petit fer, et sepmez de fleurs de liz d'or, » qui figurent dans l'inventaire de la reine Louise. Mais on n'y trouve point les Commentaires de César, translatez de latin en grec par le maréchal Strozzi, et dont Brantôme, qui entendoit « autant le grec

---

1. *Vies des grands capitaines estrangers* : le mareschal Strozzy.
2. *Les éloges ou les Vies des reines, des princesses et des dames illustres*, etc. Paris, 1647; in-4°.

que le haut allemand, » fait par ouï-dire le plus pompeux éloge.

Les grands projets de Catherine pour Chenonceau ne furent pas exécutés d'après les plans qu'elle avoit conçus. Elle se borna à élever une galerie sur le pont, à couvrir d'un double étage la terrasse qui unissoit primitivement la chapelle et la *librairie*, et à construire, mais sur des proportions plus modestes, une des ailes obliques de l'avant-cour, aile à laquelle la forme de sa charpente *à la Philibert* fit donner le nom de *Dômes*[1]. Ces divers travaux, dont quelques-uns ne sont qu'ébauchés, furent exécutés postérieurement à l'année 1580. Philibert de l'Orme, qui avoit été l'architecte de la reine mère depuis sa nomination à la surintendance des bâtiments de la couronne (3 avril 1548), étoit mort le 8 janvier 1570, mais tous ses plans et dessins avoient été conservés par ordre de Catherine. Jean Bullant, qui lui succéda, mourut en 1578, et fut remplacé dans ses fonctions par le jeune Baptiste Androuet du Cerceau, l'architecte du Pont-Neuf[2]. C'est donc à ce dernier qu'il faut attribuer l'exécution des travaux de Chenonceau, mais d'après les plans de Philibert de l'Orme. Ces travaux, du reste, se ressentent des défauts habituels du célèbre architecte lyonnois. Ayant absolument rompu avec la tradition gothique, toujours

---

[1]. Vu la difficulté de se procurer les énormes pièces de bois auxquelles on avoit recours pour construire les combles à grande portée, de l'Orme s'ingénia et réussit à y remédier par l'emploi de fermes composées d'une multitude de morceaux bien assemblés et maintenus par des clefs et des chevilles. Ce système fut appliqué pour la première fois par l'inventeur au château de la Muette, près de Passy, et plus tard, sur la demande de Catherine, au jeu de paume du château de Monceaux. Les *dômes* de Chenonceau furent détruits par M. Dupin et remplacés par un autre système de charpente.

[2]. *Les grands Architectes françois de la Renaissance*, par Ad. Berty. Paris, Aubry, 1860.

plein du souvenir des monuments romains qu'il avoit étudiés en Italie et qui constituoient pour lui « la vraye architecture, » de l'Orme, visant sans cesse à la majesté, n'atteint souvent que la lourdeur; sous le rapport de l'imagination, il ne sauroit être égalé à Jacques Androuet du Cerceau. La lourdeur de l'ensemble n'est rachetée par aucun détail gracieux, et la construction de Catherine est bien inférieure, comme art, à celle de Bohier.

Quelle cause empêcha Catherine de terminer ses grands projets de Chenonceau? Est-ce la mort? Est-ce la pénurie d'argent? Est-ce la superstition? Elle étoit persuadée, dit de Thou, que le jour qui verroit ses bâtiments achevés seroit le dernier de sa vie, et elle croyoit pouvoir reculer la mort, en éloignant le terme de ses entreprises.

Malgré tant d'édifices inachevés, la mort vint la frapper. « Le jeudy 5 janvier 1589, dit Pierre de l'Estoile, la mère du roy décéda au chasteau de Blois, âgée de 71 ans. A Blois, où elle estoit adorée et révérée comme la Junon de la Cour, elle n'eust pas plutôt rendu le dernier soupir, qu'on n'en fit non plus de compte que d'une chèvre morte. On publia contre sa mémoire plusieurs pasquils et vers, dont voicy les meilleurs faits pour lui servir d'épitaphe :

> La royne qui cy gît fut un diable et un ange,
> Toute pleine de blâme et pleine de louange :
> Elle soutint l'État, et l'État mit à bas;
> Elle fit mains accords et pas moins de débats;
> Elle enfanta trois roys et cinq guerres civiles,
> Fit bastir des chasteaux et ruiner des villes,
> Fit bien de bonnes loix et de mauvais édits.
> Souhaite-lui, passant, enfer et paradis! »

La *chèvre morte*, mal embaumée et déposée dans l'église Saint-Sauveur de Blois, répandit bientôt une telle odeur, qu'on fut obligé de l'enterrer « *en pleine terre*, tout ainsi que le moindre de nous tous, » dit Estienne Pasquier. « La voici aujourd'huy réduite au mesme pied que les plus pauvres de la France! ajoute le même écrivain[1]. O bon Dieu! que grands et esmerveillables sont tes secrets! » Le corps demeura là, sans signe extérieur, dans un long oubli. Ce ne fut que vingt ans après, quand les troubles civils furent apaisés, qu'il put être transféré à Saint-Denis dans cette chapelle qu'elle avoit fait préparer de son vivant « avec une despence pareille à celle des roys d'Égypte en leurs mausolées. »

[1]. *Lettres d'Estienne Pasquier*, livre XIII, l. 8.

XIII

LA REINE LOUISE.

Le jour même de sa mort, Catherine de Médicis dicta son testament aux notaires ambulants attachés à la Cour. Par cet acte, elle donna et légua à sa belle-fille, la reine Louise de Lorraine, la terre et seigneurie de Chenonceau avec tous les meubles qui s'y trouvoient. Le 20 janvier 1589, Henry III, par des lettres patentes enregistrées au bailliage d'Amboise et au bureau des finances de Tours, ratifia le testament de sa mère, et, par un excès incroyable de pouvoir, déclara la terre de Chenonceau franche et quitte de toutes dettes et obligations, et la déchargea de toute hypothèque, sous le prétexte que les autres biens étoient suffisants pour l'acquittement des dettes. Les événements ne devoient pas tarder à annuler ces dispositions étranges.

La Ligue ensanglantoit alors le royaume. Au mois de mars, Henry III partit de Blois et se dirigea sur Montrichard; le lendemain, il vint à Chenonceau, coucha à Bléré, et le troisième jour il arriva à Tours pour y faire l'ouverture solennelle du parlement, qu'il avoit transféré dans cette ville. La reine Louise, qui par suite de sa parenté avec les principaux ligueurs, les favorisoit secrètement, se rendit par ordre du roi à Chinon, et elle y demeura jusqu'au moment où Henry III, assassiné par Jacques Clément, lui annonça ce fatal événement par une lettre touchante[1]. Devenue veuve par un coup si soudain et si lamentable, Louise se retira au château de Chenonceau, où elle s'abandonna librement à toute sa douleur. Elle revêtit aussitôt le deuil en blanc, suivant l'étiquette royale, et le garda toute sa vie, de sorte que le peuple ne l'appela plus que *la reine Blanche*. Elle plaça au-dessus de la cheminée de sa chambre le portrait du feu roi, de grandeur naturelle, avec cette inscription qui subsiste encore : SEVI MONUMENTA DOLORIS. Elle prit pour devise un arbre de buis et de myrte, symbole de l'amour, avec cette délicate inscription : NOSTRA SED IN TUMULO. Elle fit peindre en noir tout son appartement avec des bières, des ossements, des pelles, des pioches et toutes sortes d'attributs mortuaires attachés en festons avec des cordelières de veuve. Malgré l'exagération de ces démonstrations, cette douleur étoit profondément sincère, et Louise le prouva en poursuivant avec énergie les assassins de son mari.

La profonde retraite de Chenonceau fut troublée par divers incidents, et notamment par les gens de guerre et les huissiers. Pendant la guerre civile, la reine Louise écrivit au roi la lettre suivante :

A MON FRÈRE ET COUSIN LE ROI DE NAVARRE.

MONSIEUR, je viens pour me plaindre à vous du sieur de

---

[1]. Cette lettre a été publiée par M. L. Paris dans *le Cabinet historique*, juin 1857. — Le cardinal d'Ossat, dans ses *Lettres*, assure que la reine Louise étoit à Chenonceau au moment de l'assassinat.

Rosny, vostre lieux tenant, lequel est venu pour troubler la paix de mon domaine et ma benicte maison de Chenonceau, en se logeant et malheuvrant sur mes terres, avec ses artyleries, gensdarmes, soudards et autres malefices de guerre, comme aussi grand nombre de chevaulx, au destriment des bonnes gents du pays, que je vous prie vous souvenir, Monsieur, qu'ils me sont vassaulx et tenus par moi comme enfants très affectionnez. Vous disant aussi que debvriez bien d'estre pitoyable pour eulx en ordonnant à vostre sieur de Rosny qu'il se desparte de ceants ou ses gents font mille ravages, et que ne s'opiniastre encore d'offancer la serenité royalle en ma personne, en se maintenant sur terre de mon obeissance comme il ose de le faire. Si vous faits-je porter par ce mien pays un livret qui vous pourroit, comme je le pense et le voudroix, eclaircir l'esprit, et vous puis dire encore une foix, Monsieur, que je prie continuellement nostre Seigneur et sa benigne Mere pour vostre conversion.

Vostre bonne sœur et cousine,

LOYSE.

A Chenonceau, ce 18 de febvrier. »

Aux troubles de la guerre civile s'ajoutèrent les persécutions des créanciers et des huissiers. Catherine de Médicis avoit laissé des dettes énormes qu'il ne faut pas évaluer à moins de huit cent mille écus, représentant, *en poids*, environ dix millions de notre numéraire. Les nombreuses constructions de la reine mère, les Tuileries, l'hôtel de Soissons, à Paris, la chapelle funéraire des Valois à Saint-Denis, Saint-Maur-des-Fossés, Chaillot, Monceaux, Chenonceau, absorbèrent des sommes immenses. Les fêtes, les festins, l'amour des arts, furent une autre cause de ruine. Catherine n'étoit cependant pas morte insolvable, car le mobilier de son hôtel à Paris étoit d'une richesse véritablement fabuleuse, et un acte du parlement constate que, d'après la prisée de l'inventaire, il eût suffi à lui seul pour désintéresser tous les créanciers de la succession. On ne s'en étonnera pas, si l'on pense que la reine mère avoit accaparé la plupart des chefs-d'œuvre des grands maîtres italiens et françois : Benvenuto Cellini, le Primatice, Bernard Palissy, Jean Goujon et Germain Pilon avoient contribué à embellir ses palais [1].

La liquidation eût donc été facile et prompte sans la guerre civile. Mais à la faveur des troubles publics, le duc de Mayenne et la duchesse de Montpensier s'installèrent dans l'hôtel de la feue reine, le pillèrent en partie, et jouirent des meubles jusqu'à la reddition de Paris, en 1594. Tous les autres biens de Catherine étoient usurpés ou engagés. Henry IV et sa femme Marguerite renoncèrent, comme de simples bourgeois, à la succession de leur mère. Ainsi abandonnée, cette succession fut déclarée vacante, et le parlement dut pourvoir à la gestion des domaines délaissés, par la nomination d'un curateur aux biens vacants.

Après la mort de Henry III, les lettres patentes du 20 janvier 1589, qui déclaroient la terre de Chenonceau franche de toute hypothèque, furent promptement annulées. Hélie du Tillet, syndic des anciens créanciers de Catherine de Médicis, remontra au parlement, alors assemblé à Châlons, que les meubles et les biens hypothéqués étoient entre les mains des Ligueurs, et qu'il y avoit lieu d'affecter au payement des dettes les biens demeurés libres. Adoptant ses conclusions par arrêt du 16 décembre 1593, la cour ordonna que les terres de Chenonceau, Monceaux et Saint-Maur-

---

[1]. On trouvera les plus curieux détails à ce sujet dans notre ouvrage intitulé : *Debtes et créanciers de Catherine de Médicis*, 1589-1606. Paris, Techener, M. DCCC. LXII.

des-Fossés seroient mises en vente judiciairement. En conséquence de cet arrêt, les huissiers, sans respect pour cette Majesté pauvre et humiliée, sommèrent la reine Louise, en 1597, de payer les dettes hypothécaires qui grevoient la terre de Chenonceau, avec les arrérages, dépens, dommages et intérêts, « sy mieux elle n'aimoit *déguerpir* la dicte terre pour estre vendue et décrétée. » Sur le refus de la reine Louise, Chenonceau fut saisi en 1598, les revenus arrêtés, un commissaire établi pour veiller au gouvernement de la terre, et les criées faites selon les formalités ordinaires. Par cette mesure, la malheureuse reine fut réduite à la plus grande gêne, car sa fortune étoit presque restreinte aux revenus de cette terre, affermée alors douze cents écus d'c. sol. Dès le 20 juillet 1592, elle écrivoit au parlement pour hâter l'expédition de son douaire, *afin de sortir de la misère où elle estoit*, et en attendant que cette question fût réglée, Henry IV, tout pauvre qu'il étoit lui-même, lui fit une modique pension de douze mille écus avec lesquels la charitable reine trouvoit encore moyen de répandre beaucoup d'aumônes autour d'elle.

Cependant Gabrielle d'Estrées, qui avoit visité Chenonceau avec Henry IV en 1597, s'éprit de cette belle résidence et songea à l'acheter. Elle s'entendit avec les anciens créanciers, par traité du 24 décembre, et acquit leurs droits hypothécaires sur Chenonceau moyennant vingt-deux mille écus. L'année suivante, lorsque le duc de Mercœur, frère de Louise de Lorraine, le dernier des ligueurs, fit sa soumission et livra la Bretagne, il fut stipulé secrètement que César, duc de Vendôme, fils naturel du roi et de Gabrielle, épouseroit Françoise de Lorraine, fille unique du duc de Mercœur. Gabrielle d'Estrées se désista alors de son traité avec les créanciers de Catherine de Médicis, et, par acte du

22 juin 1598, subrogea dans tous ses droits la reine Louise, qui se proposoit de donner Chenonceau aux deux jeunes fiancés. Le duc de Mercœur intervint au contrat comme garant : sa sœur, la reine Louise, ne pouvoit répondre de la somme de soixante-six mille livres, et elle fut même obligée de vendre trois perles fines pour donner deux mille cent écus comme arrhes du contrat.

Ayant ainsi acheté Chenonceau, la reine douairière en fit don, par acte du 15 octobre 1598, à César de Vendôme et à sa nièce Françoise de Lorraine, en considération de leur futur mariage, ne se réservant que l'usufruit de la terre.

Par actes du 30 juillet et du 6 août 1599, Henry IV accepta la donation au nom de César, qui n'avoit alors que quatre ans, et le duc et la duchesse de Mercœur au nom de leur fille, âgée de six ans. L'acte fut insinué avec toutes les formalités ordinaires aux greffes des bailliages de Tours et d'Amboise, et pour que rien ne manquât aux solennités requises en pareil cas, César Forget, seigneur de Baudry, trésorier général de France en la généralité de Tours, vint prendre possession, quelques jours après la mort de la reine, le 20 février 1601, de la justice et du domaine de Chenonceau.

Au milieu de ces préoccupations et de ces ennuis, Louise de Lorraine n'avoit point perdu de vue le principal souci de son veuvage, la poursuite des meurtriers d'Henry III. Nous la voyons écrire de Chenonceau à Henry IV, pour cet objet[1], le 6 septembre 1589 ; elle lui écrivit de nouveau pour le presser, le 8 novembre de la même année ; enfin elle n'hésita pas à quitter sa pieuse retraite au mois de février 1593, et à aller trouver le roi à Mantes pour demander

---

1. Mss. de Béthune, vol. 9129, fol. 1.

justice. Le procureur général, de la Guesle, parla en son nom, et fit un discours long, diffus, prétentieux, tout semé de citations latines : aussi Palma Cayet l'appelle-t-il *docte*. Nous en détachons le passage suivant, bien indigne de la simplicité de la reine Louise[1] :

« Cause soutenue par ses larmes, deffendue par ses regrets, eslevée par ses souspirs et animée par ceste sienne pitoyable façon.... C'est avec une nouvelle sorte d'éloquence qu'elle s'est adressée à V. M., avec yeux esplorez, aureilles sourdes à la consolation, et silence morne, enfant naturel de la tristesse.... Ce sexe infirme vous a présenté ses pleurs et fait offre de ses sanglots ; son imbécillité a imploré vostre puissance, et son injure inhumaine, la sévérité de vostre justice. Injure griefve entre les plus griefves, qui lui a ravi son très honoré seigneur et espoux, par la splendeur duquel, ainsi que la Lune de celle du Soleil, elle estoit entièrement esclairée. Fureur, horreur, comble, chef-d'œuvre et outrepasse sans parangon de toute barbare desloyauté[2] !... »

Nous avons peu de choses à dire sur le séjour de la reine Louise à Chenonceau, sinon que par ses aumônes elle y a laissé une mémoire vénérée. Elle n'y fit aucuns travaux, à cause de sa pauvreté : elle se borna à faire communiquer sa chambre, située au-dessus de la terrasse, avec la chapelle, par l'ouverture d'un œil-de-bœuf, afin de pouvoir entendre la messe de son lit, où elle étoit souvent retenue par ses infirmités. Quand sa santé le lui permettoit, nous dit son historien Antoine Malet, elle alloit entendre la messe tous les samedis dans l'église de Francueil. Après avoir prélevé

---

1. *Trois remonstrances faictes sur la fin des derniers troubles, et recueillies depuis peu de temps.* À Paris, chez Pierre L'Huillier, M. DC. VIII.

2. Ne seroit-ce pas le cas de s'écrier ici : *Chef-d'œuvre et outrepasse sans parangon de mauvais goût et de galimatias!*

une part importante de ses modestes ressources pour ses aumônes, elle se donnoit ce luxe funèbre que nous avons déjà mentionné. L'inventaire[1] dressé après sa mort nous fournit à ce sujet quelques détails curieux. Nous y voyons que le lit étoit de velours noir, les rideaux de damas noir, chamarrés de broderies en cordelière ; les tapis et les chaises étoient aussi de velours noir. La chambre étoit tendue du haut en bas de drap de même couleur. La chapelle étoit également tendue de soie noire, figurée d'os de mort et de larmes d'argent, au chiffre de la reine Louise, et tous les ornements étoient de deuil. Enfin on trouva dans un meuble quatre pièces de soie noire, mesurant ensemble 68 aunes, brodées de têtes de mort et de larmes d'argent, pour tendre les grands appartements. C'est au milieu de cet appareil funèbre que la reine passoit les tristes jours de son veuvage.

Sur ces entrefaites, le chevalier de Cheverny étant tombé dangereusement malade à son château de Cheverny, situé à dix lieues de Chenonceau, la reine, qui l'aimoit beaucoup, lui envoya Jean de Lorme, son premier médecin ; mais ses soins et son expérience furent inutiles, et le chevalier ne tarda pas à succomber (25 juillet 1599), emportant les regrets de sa bienfaitrice.

Ce fut le dernier chagrin de Louise de Lorraine à Chenonceau. Après une longue attente, elle obtint enfin pour douaire le Bourbonnois, qui avoit été aussi le douaire de la reine Élisabeth d'Autriche, veuve de Charles IX. Elle se retira à Moulins, où elle mourut le 29 janvier 1601[2].

---

1. *Inventaire des meubles, bijoux et livres estans à Chenonceau le huit janvier. M. DC. III*, précédé d'une histoire sommaire de la vie de Louise de Lorraine, par le prince Aug. Galitzin. Paris, Techener, 1856.

2. Pierre de L'Estoile, mal renseigné, fixe la mort de la reine Louise au 4 juillet 1601. (*Journal de Henry IV*.)

Par son testament, elle laissa vingt mille écus pour l'établissement d'un couvent de Capucines, où elle devoit être inhumée. Son frère Philippe-Emmanuel de Lorraine, comte de Mercœur, revenant de Hongrie en France, mourut à Nuremberg en 1602, et par conséquent ce fut sa veuve Marie de Luxembourg qui se chargea d'exécuter les dernières volontés de sa belle-sœur. Après avoir obtenu des lettres patentes du roi et des bulles du pape, elle bâtit le couvent des Capucines à Paris, de 1604 à 1606. Le corps de la reine Louise y fut transféré en 1607 de l'église de Sainte-Claire de Moulins où il avoit été déposé provisoirement[1]; il fut transporté plus tard au cimetière du Père La Chaise, et enfin dans les caveaux de Saint-Denis en 1817.

1. *Histoire et briefve description des ordres, des religions et congrégations ecclésiastiques qui ont esté au monde*, par dom Laurens Le Peletier. Angers, M. DC. XXVI.

XIV

MERCOEUR, VENDOME ET CONDÉ.

Un grand nombre de créanciers de Catherine de Médicis n'avoient point ratifié la transaction intervenue, en 1598, entre Hélie du Tillet et la reine Louise, pour la somme de soixante-six mille livres. La terre de Chenonceau étoit toujours sous le séquestre, les revenus saisis, et le curateur faisoit dresser en 1601, par des commissaires du parlement, un inventaire des meubles de la reine mère, et un état des réparations à faire au château, état montant à deux mille soixante-quatorze écus d'or sol[1]. La donation de la reine Louise à César de Vendôme, donation acceptée par le roi, étoit donc une lettre morte, et la prise de possession effectuée par César Forget, en 1601, au nom du jeune duc de Vendôme et de Françoise de Lorraine, n'avoit été qu'une oiseuse formalité.

[1]. Parmi les experts appelés pour l'estimation de ces réparations, nous voyons figurer Mathurin Hurlu, maçon à Bléré.

Pour sortir de ces embarras, Marie de Luxembourg, veuve de Philippe-Emmanuel de Lorraine, duchesse douairière de Mercœur, dut à son tour transiger avec les créanciers, et par acte du 21 novembre 1602, elle s'obligea, tant en son nom qu'au nom de sa fille, à porter l'adjudication de la terre à la somme de quatre-vingt-seize mille trois cents livres tournois, et à abandonner tous les meubles de la succession de Catherine de Médicis, « à la réserve des antiques, marbres et porphyres en œuvre, taillez et non taillez, estans en la gallerie dud. chasteau de Chenonceau et aultres lieux. » A ces conditions elle put entrer en jouissance immédiatement.

En conséquence de cette transaction, on fit l'inventaire des meubles du château le 8 janvier 1603[1]. La duchesse de Mercœur paya ensuite les créanciers, dans la proportion et d'après l'ordre établis par un arrêt du parlement. Lorsque le payement des 96 300 livres fut effectué, le décret définitif d'adjudication fut rendu le 15 novembre 1606, et Marie de Luxembourg put alors se considérer avec sécurité comme propriétaire de Chenonceau.

Tous les autres biens de Catherine de Médicis suivirent la même destinée et furent adjugés par décret, au plus offrant et dernier enchérisseur. Cette liquidation, qui dura dix-sept ans, se termina de la manière la plus humiliante : tous les meubles et tous les vêtements de Catherine, appréciés par le crieur public, furent vendus à l'encan de Paris. Triste retour des splendeurs mondaines!

---

1. Dans ce curieux inventaire, nous trouvons les noms suivants parmi les serviteurs de la reine Louise et de Catherine de Médicis : Picard Delphi, fontainier; Jehan Meschin, chargé du jardin verd et de la volière; Henry Haultebourg, *ouvrier en soie*, concierge; François Deschamps, tailleur d'habits, et Jacques Lallemand, capitaine du château.

Pour répondre aux intentions de sa belle-sœur, la duchesse de Mercœur fit venir douze Capucines avec le projet de les établir à Tours. Le corps-de-ville s'y opposa vivement, et maintint cette affaire en suspens pendant près de trente ans : ce ne fut qu'en 1634 que, vaincu par l'influence de la maison de Vendôme, il consentit enfin à les admettre.

Pendant ce temps, les Capucines habitèrent les combles du château de Chenonceau, où on leur avoit pratiqué des cellules, un réfectoire, un dortoir, etc., petits, peu commodes, mais suffisants, et une chapelle au-dessus de la voûte de celle du château : l'entrée de cette communauté cloîtrée étoit défendue contre les profanes par un pont à bascule. Il n'y a pas une douzaine d'années, écrivoit Dupas de la Chauvignière en 1745, que cette disposition a été changée pour d'autres usages[1].

Marie de Luxembourg n'exécuta aucun embellissement à Chenonceau : elle se contenta de réparer les dégâts causés aux piles du pont par les grandes glaces du commencement de l'année 1608. Elle ne fit qu'une seule acquisition, celle de la terre de Civray, qu'elle acheta par engagement en 1603, pour la somme de 9756 livres. Cette terre avoit fait longtemps partie intégrante du domaine d'Amboise, mais à partir de la confiscation exercée par Charles VII, elle en fut presque toujours aliénée à titre d'engagement ou de don gracieux. Parmi les seigneurs engagistes de Civray, nous de-

---

1. *Discours historique sur la châtellenie et le château de Chenonceau*, Ms. de la Bibl. Imp., coll. D. Housseau, vol. XXI-2, imprimé dans les *Mémoires de la Société archéologique de Touraine*, tome IX. Cet ouvrage a été rédigé en 1745 par Dupas de la Chauvignière, régisseur de la terre de Chenonceau. Quoique l'auteur eût sous les yeux toutes les pièces originales, il a cependant commis une foule d'erreurs de fait et de dates. Ainsi, par exemple, il assure que les Capucines ont été appelées à Chenonceau par la reine Louise qu'il fait mourir en 1598.

vons citer Jehan Goussart, en 1481-1483; Bernage, écuyer d'écurie de Charles VIII et ambassadeur en Allemagne, mentionné dans les contes de la reine de Navarre[1]; et Jehan Bourtyé, porte-enseigne de la compagnie du seigneur d'Aubigny, usufruitier de Civray pour dix années (1534-1544). Par lettres patentes datées de Chenonceau, le dernier avril 1577, Henry III, qui avoit acheté cette terre à Pierre de Bray et Isabeau Chanteloup, la céda et délaissa à Guillemette Bézars, sa nourrice, qualifiée sa « mère de mammelle, » femme de Denis Chereau, contrôleur général de la maison de la reine, pour en jouir jusqu'à l'actuel et parfait payement de la somme de 2640 livres d'une part, et 56 l. 14 s. d'autre part. En l'année 1591, il fut fait une revente des domaines royaux, et la terre et seigneurie de Civray fut adjugée moyennant 2697 écus sol à Jean-Mathias Salviatris. En 1603, il fut fait une autre revente et aliénation des domaines pour subvenir au payement des dettes des Suisses, Grisons et aventuriers qui avoient servi la Couronne durant les troubles, et il fut mis enchère par Marie de Luxembourg sur l'engagiste actuel de la terre de Civray. A partir de cette époque, Civray fut réuni à Chenonceau.

Marie de Luxembourg qui paroît avoir habité constamment Chenonceau, eut l'honneur d'y recevoir deux fois Louis XIII. Le 25 août 1615, le roi se rendant à Bordeaux, soupa et coucha au château, et vit jouer des feux d'artifice sur la rivière; le lendemain il courut la bague du côté du jardin. Le 9 août 1619, étant à Amboise, il vint pour la seconde fois à Chenonceau, où la reine étoit venue se promener[2].

---

1. *L'Heptaméron des nouvelles*, de Marguerite d'Angoulême, reine de Navarre; XXXIIe nouvelle.
2. *Journal du médecin de Louis XIII*, Ms. de la Biblioth. Impériale.

La duchesse douairière de Mercœur mourut en 1621, et, par sa mort, la terre de Chenonceau passa à sa fille Françoise de Lorraine et à César de Vendôme, son mari, qui n'y vinrent qu'à de rares intervalles, et n'y firent aucune augmentation ni embellissement. Leur fils François, duc de Beaufort, *le roi des Halles*, s'y trouvoit en 1637, lorsque Gaston d'Orléans visita le château avec sa fille pour la seconde fois.

« De Chenonceau, écrit Mlle de Montpensier dans ses *Mémoires*, je fus à Blois, où, lorsque Monsieur fut de retour de Paris, nous eûmes les comédiens et les autres divertissements que nous avions eus à Tours. Nous y passâmes la Toussaint; et après Monsieur alla célébrer la Saint-Hubert à Amboise, où il me mena. Je logeai hors de la ville dans une maison appellée le Clos[1], qui appartenoit à M. d'Amboise[2], qui a été maréchal de camp et gouverneur de Trin pour le roi. Les dames de Tours vinrent voir cette fête : la chasse ne fut pas si divertissante que celle de Bourgueil.

1. Le manoir du Clos, avec les fiefs de Lucé et de la Menaudière, avoit été acheté par Louise de Savoie, usufruitière de la baronnie d'Amboise : elle les donna à Philbert Babou de la Bourdaisière, qui en rendit hommage en 1523. Le manoir du Clos-Lucé a été illustré par le séjour de Léonard de Vinci, qui y dicta son testament le 18 avril 1518.

2. C'est un des ancêtres de la famille actuelle d'Amboise, et un des descendants, non de la grande famille d'Amboise, mais d'une branche bâtarde. Cette branche tire son origine d'un fils naturel de Charles d'Amboise de Chaumont, deuxième du nom, lieutenant général de Louis XII en Italie. Ce fils, connu sous le nom de Michel d'Amboise, seigneur de Chevillon, étoit né à Naples et mourut en 1547 : il a publié un grand nombre d'ouvrages assez singuliers, sous le nom de *l'Esclave fortuné*. Son fils fut médecin de Henry II et de ses enfants; un de ses petits-fils fut évêque de Tréguier en 1604. Cette famille étoit représentée, en 1637, par Antoine d'Amboise, chevalier, seigneur d'Esmery, etc. Le fief du Clos-Lucé est resté dans la même maison jusqu'à nos jours.

« Quand la fête fut passée, Monsieur alla coucher à Chenonceau où je le suivis, et où M. de Beaufort nous donna un souper de huit services de douze bassins chacun, et si bien servis, que quand ç'auroit été à Paris, l'on n'auroit pu rien faire de mieux ni de plus magnifique. Le lendemain nous retournâmes à Blois où je ne fis pas grand séjour, à cause de la saison qui s'avançoit. »

César de Vendôme mourut en 1665, et Françoise de Lorraine en 1669. Ils avoient eu trois enfants : Louis, duc de Vendôme, marié à Laure Mancini, puis cardinal; François, duc de Beaufort, et Élisabeth, femme de Charles-Amédée, duc de Savoie. Les deux enfants de Louis de Vendôme et de Laure Mancini, Louis-Joseph, un des plus grands capitaines du siècle de Louis XIV, et son frère Philippe, grand prieur de France, héritèrent de Chenonceau à la mort de leur aïeul. Ces deux princes firent des dépenses si extravagantes, qu'accablés de dettes, ils furent poursuivis devant les tribunaux; en 1679 il intervint un arrêt du conseil qui ordonna que tous leurs biens non substitués seroient vendus pour le payement des dettes, et que, jusqu'à la vente, les créanciers jouiroient des revenus. Depuis ce moment, Chenonceau fut pour ainsi dire abandonné; les syndics des créanciers se contentèrent de toucher le prix des fermes, c'est-à-dire 3750 livres par an, et négligèrent l'entretien du château et même les réparations urgentes. Cependant en 1697, MM. de Vendôme s'étant arrangés avec eux, du moins pour ce qui regarde Chenonceau, en donnèrent l'usufruit viager à François d'Illiers, dit le chevalier d'Aulnay, en considération de ses services, et pour demeurer quittes avec lui d'une pension de 1875 livres qu'ils lui avoient faite, à la charge de dépenser chaque année 546 livres en réparations. N'ayant aucun intérêt à Chenonceau, les princes de

Vendôme n'y firent que de rares apparitions, et négligèrent le soin de cette terre. Ils enlevèrent même du château toutes les statues que Catherine de Médicis y avoit placées (sauf deux bustes et cinq ou six médaillons de marbre), en donnèrent une partie à Louis XIV, qui en embellit Versailles, et transportèrent le reste à leur château d'Anet, bâti pour Diane de Poitiers par Philibert de l'Orme.

L'abandon de l'usufruit de la terre de Chenonceau au chevalier d'Aulnay amena une difficulté avec les curés du voisinage. Par une déclaration donnée à Versailles le 29 janvier 1686, le roi fixa *la portion congrue* des curés et vicaires perpétuels dans tout le royaume à la somme de 300 livres par chacun an, franche et quitte de toutes charges, à la condition, pour les curés et vicaires perpétuels, d'abandonner au seigneur local, gros décimateur, le revenu des dîmes de leurs cures et vicairieries, excepté les dîmes *novales* assises sur les terres qui devoient être défrichées plus tard. Les curés et vicaires avoient l'option entre les deux modes. Par actes du 29 avril 1686, les curés de Chenonceau et de Chisseau, qui avoient la plus grande peine à percevoir leurs dîmes, abandonnèrent leurs droits au seigneur de Chenonceau et optèrent pour *la portion congrue*. Sur le refus des Vendôme, le bailli d'Amboise rendit une ordonnance qui les obligea à payer aux curés la somme annuelle de 300 livres.

Vendôme mourut en Espagne en 1712. Il avoit épousé en 1710 Marie-Anne de Bourbon-Condé, et par leur contrat de mariage ils se firent une donation mutuelle et universelle entre vifs : la duchesse de Vendôme survécut à son mari, et étant morte sans enfants en 1718, elle laissa tous ses biens à sa mère, la princesse de Condé. Celle-ci, devenue propriétaire de Chenonceau, vendit cette terre en 1720 au duc de Bourbon, premier ministre sous Louis XV, pour la somme de 300 000 livres, à la charge de l'usufruit abandonné par les Vendôme au chevalier d'Aulnay. M. le Duc, enrichi par les spéculations du système de Law, pouvoit se permettre cette acquisition, quoiqu'il fût alors dévoré par une maîtresse terrible, la marquise de Prie, moins une femme qu'un gouffre sans fond. Celle-ci devenoit en quelque sorte propriétaire de cette terre de Chenonceau, que ses pères avoient failli enlever à Thomas Bohier, en 1512.

Le duc de Bourbon n'auroit peut-être jamais vu Chenonceau, sans le voyage qu'il fit en Touraine pour accompagner la duchesse sa mère, qui conduisoit sa fille Henriette-Gabrielle de Bourbon-Condé à l'abbaye de Beaumont-lès-Tours, dont elle fut abbesse de 1733 à 1772. La comtesse d'Egmont étoit du voyage, et en revenant de Tours, ils prirent tous un gîte à Chenonceau.

Ce prince fit rétablir les bâtiments qui étoient en fort mauvais état, particulièrement le Moulin-Fort, qui étoit ruiné et abandonné. Le devis de ces réparations monta à 35 000 livres dont le duc trouva à se rembourser par une coupe de bois de 40 000 livres, qu'il fit dans les parcs.

M. le Duc ayant acquis, en 1732, la moitié du duché de Guise, son conseil fut d'avis de vendre plusieurs petites terres éloignées pour subvenir au payement de partie du prix de cette acquisition. Chenonceau s'étant trouvé du nombre des terres qu'il mit en vente, M. Dupin, fermier général, en fit l'acquisition en 1733, moyennant la somme de 130 000 livres, y compris la seigneurie de Civray.

XV

FAMILLE DUPIN.

CLAUDE DUPIN, issu d'une ancienne famille du Berry, étoit le second fils de Philippe Dupin, receveur des tailles de l'élection de Châteauroux, et de Jeanne Denis. La survivance de la charge paternelle étant dévolue à l'aîné, il se mit dans l'armée, et devint lieutenant d'infanterie au régiment de Noailles, puis capitaine en 1706. Quelques affaires d'honneur le dégoûtèrent du service, et il songeoit à entrer dans le génie, quand la mort de son frère et de son père lui ouvrit la carrière des finances. Devenu receveur des tailles de l'élection de Châteauroux, il épousa, en 1714, Marie-Jeanne Bouilhat, fille unique de feu François Bouilhat, conseiller du roi, et de dame Françoise de Sainte-Marie. De ce premier mariage naquit un fils, Louis-Claude Dupin, qui prit plus tard le nom de Francueil. Marie Bouilhat mourut en 1720.

Une circonstance romanesque vint bientôt tirer Claude Dupin de sa position honorable, mais modeste, et l'appeler à une grande fortune.

Marie-Anne-Armande Carton[1], femme de Louis-Guillaume Fontaine, commissaire et contrôleur de la marine, avoit eu de Samuel Bernard, le riche et célèbre financier, quatre filles, aussi distinguées par leur esprit que par leurs grâces. L'aînée, Mme de Barbançois, mourut jeune; la seconde, Louise-Marie-Madeleine, née le 27 octobre 1707, devint Mme Dupin; la troisième, Françoise-Thérèse, épousa Nicolas Vallet de la Touche, passa en Angleterre en 1737[2] et ne revint qu'après la mort de son mari; enfin la dernière, Mme d'Arty, fut la maîtresse en titre du prince de Conti[3].

Mme de Barbançois, revenant des bains de Bourbon-l'Archambault, passa par Châteauroux, et y tomba malade à l'hôtel. Apprenant cet accident, M. Dupin s'empressa d'offrir sa maison à la jeune malade, quoiqu'il ne la connût point, et il fit tant d'instances que son offre fut acceptée. Des soins attentifs et dévoués eurent bientôt rendu la santé à Mme de Barbançois, et M. Dupin poussa l'attention jus-

---

1. Elle étoit fille de Carton d'Ancourt, qui se distingua à la fois comme comédien et comme écrivain dramatique. On assure que sa fille, qui joignoit un esprit supérieur à une beauté remarquable, fut pour ses travaux littéraires un juge presque toujours infaillible.

2. *Confessions de J. J. Rousseau*, partie II, livre VII, 1743.

3. Un fils de Mme d'Arty embrassa l'état ecclésiastique. Afin de produire l'abbé d'Arty dans le monde avec un certain éclat et de lui préparer un avenir brillant, on pensa à lui faire prêcher le panégyrique de saint Louis, le 25 août 1749, devant la Cour et l'Académie; mais comme on se défioit avec raison des talents du jeune orateur, Mme Dupin, sa tante, n'hésita point à demander un sermon à.... Voltaire, qui s'y prêta de bonne grâce. Le public ne fut point la dupe de cette supercherie, et reconnut la plume du philosophe. On peut lire cette pièce curieuse dans les *OEuvres complètes de Voltaire*, t. LXII. Paris, Delangle frères, M.DCCC.XXXII.

qu'à la reconduire à Paris. Mme Fontaine fut tellement touchée de cette délicatesse, qu'elle ne crut pouvoir mieux témoigner sa reconnoissance qu'en donnant la seconde de ses filles à celui qui avoit sauvé l'aînée. Le mariage eut lieu en 1722. Ce fut là l'origine de la grande fortune de M. Dupin. Peu après, il devint fermier général, grâce à la protection de Samuel Bernard, qui lui servit de caution pour 600 000 livres et finit par lui abandonner cette somme.

Enrichis par les fermes générales et par les libéralités de Samuel Bernard, M. et Mme Dupin achetèrent la terre de Chenonceau en 1733, et y firent aussitôt des dépenses considérables, d'autant plus nécessaires que le château avoit été presque entièrement abandonné depuis plus d'un siècle. Quoique le duc de Bourbon eût employé 35 000 livres en réparations, cette somme avoit été gaspillée, et il restoit encore beaucoup à faire. L'intérieur fut meublé avec un grand luxe, et orné des tableaux des maîtres; les douves de Catherine de Médicis furent nettoyées et réparées; les jardins de Diane de Poitiers, envahis par les broussailles, furent défrichés et peuplés de plantes rares; les avenues furent replantées. En outre, on songeoit à agrandir le domaine, déjà fort important. Au fief de Civray, compris dans la première acquisition, on ajouta bientôt, en 1737, celui des Vieilles-Cartes, ancienne propriété de la famille Sauvage, acheté pour 10 000 livres; le fief de l'Ile-Saint-Sauveur[1], situé sur Francueil et sur Civray, acquis par échange du prieur et des religieux bénédictins de l'abbaye de Villeloin; et une foule de pièces de terres, de prés et de vignes, pour la somme de 20 000 livres. En même temps M. Dupin fit

---

1. Ce fief étoit ainsi appelé parce qu'il dépendoit du prieuré de l'Ile-Saint-Sauveur d'Amboise.

exécuter à ses frais des réparations considérables dans l'église paroissiale, à la condition que les habitants renonceroient à enterrer dans l'intérieur, ce qui fut accordé et ratifié par l'archevêque de Tours [1]. En 1735, un nouveau maître autel, dû à ses libéralités, fut bénit solennellement, en présence du peintre Lemoine, à qui nous devons les peintures à fresque de la chapelle de la Vierge, à Saint-Sulpice.

Claude Dupin étoit un esprit distingué, porté surtout vers les études philosophiques et économiques. Il fit, avec les conseils et le secours du P. Berthier, jésuite, une réfutation de *l'Esprit des Lois*. On assure que Montesquieu fut tellement alarmé de la valeur de ce livre, qu'il recourut au crédit de Mme de Pompadour pour amener l'auteur à supprimer l'édition tout entière. Quelques exemplaires rarissimes ont échappé à cette destruction, mais le manuscrit original existe encore dans la bibliothèque de Chenonceau. M. Dupin fit aussi un ouvrage, les *OEconomiques*, dont le frontispice fut gravé par son beau-frère, Vallet de la Touche [2].

Mme Dupin étoit une femme supérieure, qui fut liée avec les esprits les plus éminents de l'époque. Lorsqu'elle étoit à Chenonceau, elle voyoit souvent lord Bolingbroke qui s'étoit retiré à Chanteloup [3]. A Paris, elle recevoit la plus haute société, écrivains, philosophes, diplomates, grands seigneurs. Nous ne saurions mieux faire connoître cette femme distin-

---

1. Plusieurs archevêques de Tours avoient vainement tenté de restreindre cet usage des inhumations dans les églises. Voy. surtout les prescriptions du synode tenu en 1637 par Antoine de la Barre, cap. XV, n° 2. — Maan, 2ᵉ partie.

2. Voir, sur les œuvres littéraires de la famille Dupin, un article du *Bulletin du bibliophile et du bibliothécaire*. Paris, Techener, mai 1859.

3. La princesse des Ursins avoit fait bâtir le château de Chanteloup par les soins de d'Aubigny, son intendant et son favori, mais elle ne put jamais en jouir. Chanteloup resta à d'Aubigny pour prix de ses services. Il se maria après la mort de sa maîtresse, et mourut en 1733,

guée qu'en cédant la parole à son secrétaire, Jean-Jacques Rousseau, qui, chose rare, n'en a point dit de mal, quoiqu'elle l'ait comblé de bienfaits ainsi que Thérèse Le Vasseur[1]. Nous empruntons aux *Confessions* les passages suivants :

« 1742. La maison de Mme Dupin, aussi brillante alors qu'aucune autre dans Paris, rassembloit des sociétés auxquelles il ne manquoit que d'être un peu moins nombreuses pour être d'élite dans tous les genres. Elle aimoit à voir tous les gens qui jetoient de l'éclat, les grands, les gens de lettres, les belles femmes. On ne voyoit chez elle que ducs, ambassadeurs, cordons-bleus. Mme la princesse de Rohan, Mme la comtesse de Forcalquier, Mme de Mirepoix, Mme de Brignole, milady Hervey, pouvoient passer pour ses amies. M. de Fontenelle, l'abbé de Saint-Pierre, l'abbé Sallier, M. de Fourmont, M. de Bernis, M. de Buffon, M. de Voltaire, étoient de ses cercles et de ses dîners. Si son maintien réservé n'attiroit pas beaucoup les jeunes gens, sa société, d'autant mieux composée, n'en étoit que plus imposante ; et le pauvre Jean-Jacques n'avoit pas de quoi se flatter de briller beaucoup au milieu de tout cela.

« M. de Francueil, fils de M. Dupin et beau-fils de Madame, étoit à peu près de son âge et du mien. Il avoit de l'esprit, de la figure ; il pouvoit avoir des prétentions. Elle lui avoit donné une femme bien laide, bien douce, et elle vivoit parfaitement bien avec tous les deux. M. de Francueil aimoit et cultivoit les talents. La musique, qu'il savoit fort

---

laissant une fille unique très-riche qui épousa le marquis d'Armantières-Conflans. Le duc de Choiseul détruisit ce premier château pour en rebâtir un autre plus splendide.

1. Mme de Francueil, ayant appris que Rousseau avoit envoyé ses enfants à l'hospice, essaya de le ramener à de meilleurs sentiments. Dans une réponse, en date du 20 avril 1751, le philosophe essaye vainement de se justifier de cette odieuse conduite.

bien, fut entre nous un moyen de liaison. Je le vis beaucoup : je m'attachois à lui; tout d'un coup il me fit entendre que Mme Dupin trouvoit mes visites trop fréquentes, et me prioit de les discontinuer.... J'y allai plus rarement; et j'aurois cessé d'y aller tout à fait, si, par un autre caprice imprévu, Mme Dupin ne m'avoit fait prier de veiller pendant huit ou dix jours à son fils, qui, changeant de gouverneur, restoit seul durant cet intervalle. Je passai ces huit jours dans un supplice que le plaisir d'obéir à Mme Dupin pouvoit seul me rendre souffrable; car le pauvre Chenonceaux avoit dès lors cette mauvaise tête qui a failli déshonorer sa famille, et qui l'a fait mourir dans l'île de Bourbon. Pendant que je fus auprès de lui, je l'empêchai de faire du mal à lui-même ou à d'autres, et voilà tout : encore ne fut-ce pas une médiocre peine, et je ne m'en serois pas chargé huit autres jours de plus.

« M. de Francueil me prenoit en amitié, je travaillois avec lui : nous commençâmes ensemble un cours de chimie chez Rouelle. Pour me rapprocher de lui, je quittai mon hôtel Saint-Quentin et vins me loger au jeu de paume de la rue Verdelet, qui donne dans la rue Plâtrière, où logeoit M. Dupin.

« 1745-1747. En fréquentant la maison de M. de La Poplinière, je m'étois éloigné de celle de M. Dupin. Les deux dames, quoique parentes, étoient mal ensemble et ne se voyoient point; il n'y avoit aucune société entre les deux maisons, et Thieriot seul vivoit dans l'une et dans l'autre. Il fut chargé de tâcher de me ramener chez M. Dupin. M. de Francueil suivoit alors l'histoire naturelle et la chimie et faisoit un cabinet[1]. Je crois qu'il aspiroit à l'Académie

1. Le cabinet de physique de Chenonceau, formé par Francueil et Rousseau, est placé aujourd'hui au musée de la ville de Tours.

des sciences ; il vouloit pour cela faire un livre, et il jugeoit que je pouvois lui être utile dans ce travail. Mme Dupin, qui de son côté méditoit un autre livre [1], avoit sur moi des vues à peu près semblables. Ils auroient voulu m'avoir en commun pour une espèce de secrétaire, et c'étoit là l'objet des semonces de Thieriot. J'exigeai préalablement que M. de Francueil emploieroit son crédit avec celui de Jelyotte pour faire répéter mon ouvrage à l'Opéra. *Les Muses galantes* furent répétées d'abord plusieurs fois au magasin, puis au grand théâtre.... M. de Francueil m'avoit bien promis de les faire répéter, mais non pas de les faire recevoir. Il me tint exactement parole. J'ai toujours cru voir dans cette occasion et dans beaucoup d'autres, que ni lui ni Mme Dupin ne se soucioient pas de me laisser acquérir une certaine réputation dans le monde, de peur peut-être qu'on ne supposât, en voyant leurs livres, qu'ils avoient greffé leurs talents sur les miens. Cependant, comme Mme Dupin m'en a toujours supposé de très-médiocres, et qu'elle ne m'a jamais employé qu'à écrire sous sa dictée ou à des recherches de pure érudition, ce reproche, surtout à son égard, eût été bien injuste.

« 1747-1749. Je m'attachai donc tout à fait à Mme Dupin et à M. de Francueil. Cela ne me jeta pas dans une grande opulence ; car, avec huit à neuf cents francs par an que j'eus les deux premières années, à peine avois-je de quoi fournir à mes premiers besoins, forcé de me loger à leur voisinage, en chambre garnie, dans un quartier assez cher. Je pris bientôt le train et même le goût de mes nouvelles occupations. Je m'attachai à la chimie, j'en fis plu-

---

[1]. Mme Dupin projetoit un ouvrage sur le mérite des femmes. Les volumineux extraits faits par Jean-Jacques sur ce sujet, dans les auteurs anciens et modernes, existent encore à Chenonceau.

sieurs cours avec M. de Francueil chez M. Rouelle; et nous nous mîmes à barbouiller du papier tant bien que mal sur cette science dont nous possédions à peine les éléments. En 1747 nous allâmes passer l'automne en Touraine, au château de Chenonceaux, maison royale sur le Cher, bâtie par Henry second pour Diane de Poitiers, dont on y voit encore les chiffres, et maintenant possédée par M. Dupin, fermier général. On s'amusa beaucoup dans ce beau lieu; on y faisoit très-bonne chère; j'y devins gras comme un moine. On y fit beaucoup de musique. J'y composai plusieurs trios à chanter, pleins d'une assez forte harmonie, et dont je reparlerai peut-être dans mon supplément, si jamais j'en fais un. On y joua la comédie. J'y en fis, en quinze jours, une en trois actes, intitulée *l'Engagement téméraire*, qu'on trouvera parmi mes papiers, et qui n'a d'autre mérite que beaucoup de gaieté. J'y composai d'autres petits ouvrages, entre autres une pièce en vers, intitulée *l'Allée de Sylvie*[1], du nom d'une allée du parc qui bordoit le Cher; et tout cela se fit sans discontinuer mon travail sur la chimie et celui que je faisois auprès de Mme Dupin.

« 1750-1752. Le mariage de M. de Chenonceaux me rendit la maison de sa mère encore plus agréable, par le mérite et l'esprit de la nouvelle mariée, jeune personne très-aimable et qui parut me distinguer parmi les scribes de M. Dupin. Elle étoit fille unique de Mme la vicomtesse de Roche-

---

1. *L'Allée de Sylvie*, pièce fort longue, débuta ainsi :

> Qu'à m'égarer dans ces bocages
> Mon cœur goûte de voluptés !
> Que je me plais sous ces ombrages !
> Que j'aime ces flots argentés !
> Douce et charmante rêverie,
> Solitude aimable et chérie,
> Puissiez-vous toujours me charmer !

chouart, grande amie du comte de Frièse et par contre-coup de Grimm qui lui étoit attaché. Ce fut pourtant moi qui l'introduisis chez sa fille ; mais leurs humeurs ne se convenant pas, cette liaison n'eut point de suite. Mme Dupin, ne trouvant pas dans Mme de Chenonceaux toute la docilité qu'elle en attendoit, lui rendit sa maison fort triste ; et Mme de Chenonceaux, fière de son mérite, peut-être de sa naissance, aima mieux renoncer aux agréments de la société et rester presque seule dans son appartement, que de porter un joug pour lequel elle ne se sentoit pas faite. Cette espèce d'exil augmenta mon attachement pour elle par cette pente naturelle qui m'attire vers les malheureux. Je lui trouvai l'esprit métaphysique et penseur, quoique parfois un peu sophistique. Sa conversation, qui n'étoit point du tout celle d'une jeune femme qui sort du couvent, étoit pour moi très-attrayante. Cependant elle n'avoit pas vingt ans ; son teint étoit d'une blancheur éblouissante ; sa taille eût été grande et belle si elle se fût mieux tenue ; ses cheveux, d'un blond cendré et d'une beauté peu commune, me rappeloient ceux de ma pauvre maman dans son bel âge. J'ai passé, durant tout un été, trois ou quatre heures par jour tête à tête avec elle, à lui montrer gravement l'arithmétique et à l'ennuyer de mes chiffres éternels.

« Depuis que je vivois chez Mme Dupin, je m'étois toujours contenté de mon sort sans marquer aucun désir de le voir améliorer. L'augmentation qu'elle avoit faite à mes honoraires conjointement avec M. de Francueil étoit venue uniquement de leur propre mouvement. Cette année, M. de Francueil, qui me prenoit de jour en jour plus en amitié, songea à me mettre un peu plus au large et dans une situation moins précaire. Il étoit receveur général des finances. M. Dudoyer, son caissier, étoit vieux, riche, et vouloit se retirer. M. de Francueil m'offrit cette place ; et pour me mettre en état de la remplir, j'allai pendant quelques semaines chez M. Dudoyer prendre les instructions nécessaires. Mais, soit que j'eusse peu de talent pour cet emploi, soit que Dudoyer, qui me parut vouloir se donner un autre successeur, ne m'instruisît pas de bonne foi, j'acquis lentement et mal les connoissances dont j'avois besoin ; et tout cet ordre de comptes embrouillés à dessein ne put jamais bien m'entrer dans la tête. Cependant, sans avoir saisi le fin du métier, je ne laissai pas d'en prendre la marche courante assez pour pouvoir l'exercer rondement. J'en commençai même les fonctions. Je tenois les registres et la caisse ; je donnois et recevois de l'argent, des récépissés ; et quoique j'eusse aussi peu de goût que de talent pour ce métier, la maturité des ans commençant à me rendre sage, j'étois déterminé à vaincre ma répugnance pour me livrer tout entier à mon emploi. Malheureusement, comme je commençois à me mettre en train, M. de Francueil fit un petit voyage durant lequel je restai chargé de sa caisse, où il n'y avoit cependant pour lors que vingt-cinq à trente mille francs. Les soucis, l'inquiétude d'esprit que me donna ce dépôt, me firent sentir que je n'étois point fait pour être caissier, et je ne doute point que le mauvais sang que je fis durant cette absence n'ait contribué à la maladie où je tombai après son retour. »

Rousseau se décida alors à quitter la position honorable qu'il occupoit, pour se faire simple copiste de musique, et il écrivit à Mme Dupin et à M. de Francueil pour les remercier de leurs bontés, et leur demander leur pratique. On le crut fou, et Francueil eut l'obligeance d'attendre assez longtemps avant de disposer de sa caisse. Enfin, voyant Jean-Jacques inflexible, il la remit à d'Alibard, jadis gouverneur du jeune Chenonceau, et connu dans la botanique par sa *Flora parisiensis.*

Jean-Jacques Rousseau travailloit alors à la partition du *Devin du village*, qui fut représenté pour la première fois sur le théâtre de la Cour, à Fontainebleau, en 1752. Francueil et Jelyotte en avoient fait le récitatif. Cet opéra eut un grand succès d'engouement, et toute la journée le roi lui-même ne cessoit de chanter, de la voix la plus fausse de son royaume : *J'ai perdu mon serviteur; j'ai perdu tout mon bonheur.* Le carnaval suivant, 1753, *le Devin* fut joué à Paris, et l'auteur eut le temps, dans cet intervalle, d'en faire l'ouverture et le divertissement. Il supprima le récitatif de Jelyotte et de Francueil, et il rétablit le sien, tel qu'il l'avoit fait d'abord et qu'il est gravé.

« Une autre entreprise, continue Rousseau, m'occupoit en ce moment (1756) : c'étoit l'extrait des ouvrages de l'abbé de Saint-Pierre, dont je n'ai pu parler jusqu'ici. L'idée m'en avoit été suggérée, depuis mon retour de Genève, par l'abbé de Mably, non pas immédiatement, mais par l'entremise de Mme Dupin, qui avoit une sorte d'intérêt à me la faire adopter. Elle étoit une des trois ou quatre jolies femmes de Paris dont le vieux abbé de Saint-Pierre avoit été l'enfant gâté; et si elle n'avoit pas eu décidément la préférence, elle l'avoit partagée au moins avec Mme d'Aiguillon. Elle conservoit pour la mémoire du bonhomme un respect et une affection qui faisoient honneur à tous deux, et son amour-propre eût été flatté de voir ressusciter, par son secrétaire, les ouvrages mort-nés de son ami.

« Outre cela, je méditois depuis quelque temps un système d'éducation[1], dont Mme de Chenonceaux, que celle de son

---

1. *Émile, ou de l'Education.*

mari faisoit trembler pour son fils, m'avoit prié de m'occuper. L'autorité de l'amitié faisoit que cet objet, quoique moins de mon goût en lui-même, me tenoit au cœur plus que tous les autres. Aussi de tous les sujets dont je viens de parler, celui-là est-il le seul que j'ai conduit à sa fin. »

Telles furent les relations de Jean-Jacques avec la famille Dupin. Plus tard, en 1762, quand le philosophe atrabilaire voulut fuir le monde et la persécution générale qu'il croyoit y rencontrer, il songeoit à la Touraine, où il étoit déjà venu quinze ans auparavant, et qui lui plaisoit beaucoup, dit-il, tant pour la douceur du climat que pour celle des habitants. Mais ce projet n'eut pas de suite, et Chenonceau ne reçut pas deux fois cet hôte difficile et maussade.

Dupin de Francueil, fils aîné de Claude Dupin, est bien connu par les *Mémoires de Mme d'Épinay*, avec laquelle il entretint une liaison étroite. C'étoit une nature heureusement douée : il cultivoit avec un égal succès les lettres, les sciences et les arts. Il n'étoit pas seulement musicien, il étoit aussi peintre et même graveur. On a de lui deux vues du château de Chenonceau qui ne sont pas sans mérite : l'une gravée par lui-même, et l'autre gravée d'après ses dessins par Aveline. Mme d'Épinay a confirmé en quelques lignes le portrait favorable que Jean-Jacques nous a laissé de Francueil. « Auprès de qui ne réussiroit-il pas? dit-elle. Il peint à merveille; il est grand compositeur en musique; il a toutes sortes de connoissances et une gaieté charmante. »

Comme son père, Francueil fut marié deux fois. Il épousa en premières noces Suzanne Bollioud, dont il n'eut qu'une fille, Madeleine-Suzanne, née à Paris le 4 juillet 1751. Celle-ci épousa Pierre-Armand Vallet de Villeneuve, fils de Vallet de la Touche, et par conséquent neveu de Mme Dupin, receveur général des finances de Metz et Alsace, et plus tard trésorier général des domaines de la ville de Paris[1]; elle en eut deux fils, MM. René et Auguste de Villeneuve. Après la mort de son mari, arrivée le 21 ventôse an II, elle épousa à Chenonceau, le 7 messidor an IV, Joseph Delaville-Leroulx, négociant à Lorient.

En secondes noces, Francueil avoit épousé Marie-Aurore, veuve du comte de Horn, et fille naturelle reconnue de Maurice, comte de Saxe[2], et d'une actrice, Mlle Verrière : il en eut un fils, Maurice Dupin, qui mourut d'une chute de cheval, laissant une fille unique, nommée Marie-Aurore, comme sa grand'mère[3]. C'est cette fille, Marie-Aurore Dupin, mariée au baron Dudevant, officier retraité des armées de l'Empire, qui s'est illustrée sous le pseudonyme de George Sand.

Quant à Louis-Claude-Armand Dupin de Chenonceau, fils du second lit de Claude Dupin, il avoit épousé, en 1749, comme nous l'avons vu plus haut, Louise de Rochechouart. Il mourut avant sa mère, ne laissant qu'un fils, Claude-Sophie Dupin de Rochefort, pour l'éducation duquel Rousseau écrivit l'*Émile*. Dupin de Rochefort décéda sans postérité.

Après la mort de son mari, Mme Dupin visita plus fréquemment Chenonceau. Le duc de Choiseul, alors exilé à Chanteloup, dans son duché-pairie d'Amboise, donnoit à ce pays une animation princière dont il avoit perdu le souvenir depuis près de deux siècles. Le duc eut un moment la pensée d'acheter la terre de Chenonceau, et un projet d'acte de

---

1. Nous le voyons comparoître en 1789 à l'Assemblée de la noblesse de Touraine, en qualité d'écuyer, et comme seigneur de Monts, du Breuil, de la Vasselière et de la Sénégollière.
2. Maurice de Saxe, né à Dresde le 19 octobre 1696, fils naturel de la belle comtesse Aurore de Kœnigsmarck et du roi de Pologne Auguste Ier, mourut le 30 novembre 1750, à Chambord, qui lui avoit été donné en apanage. — Quant au comte de Horn, c'étoit un bâtard de Louis XV.
3. *Histoire de ma vie*, par George Sand.

vente fut même rédigé en mars 1770, mais il n'y fut pas donné suite. M. de Choiseul se borna à revendiquer le fief de Civray, comme domaine engagé de la seigneurie d'Amboise, et en exerça le retrait. Une transaction intervint plus tard entre les deux parties : Mme Dupin reprit Civray, et abandonna au duc le fief et bois des Infernets.

Au moment de la Révolution, Mme Dupin se retira à Chenonceau. Sa retraite y fut bientôt troublée. La terre de Chenonceau fut mise sous le séquestre, sous prétexte que c'étoit un bien domanial et qu'il devoit faire retour à l'État. C'est alors seulement que servit la curieuse procédure poursuivie contre Antoine Bohier pour effacer la tache domaniale de cette terre. Mme Dupin n'eut pas de peine à prouver que Diane de Poitiers étoit propriétaire, non en vertu d'une donation royale, mais à raison d'une adjudication judiciaire, et le séquestre fut levé.

Mme Dupin, entourée du respect universel, mourut à Chenonceau le 20 novembre 1799. Ses héritiers lui ont fait élever un monument dans le parc de Francueil.

Par cette mort, la terre de Chenonceau échut à M. René de Villeneuve, petit-neveu de Mme Dupin. Né le 7 juin 1777, M. de Villeneuve épousa, à l'âge de dix-huit ans, Mlle Apolline de Guibert; elle étoit la fille du comte de Guibert, dont le père fut gouverneur des Invalides, et qui se distingua dans la carrière des armes, assez pour devenir maréchal de camp des armées du roi, et dans les lettres, assez pour obtenir un fauteuil à l'Académie françoise. Le comte de Guibert est bien connu des militaires par son *Essai général de tactique*, et si cet ouvrage devoit être oublié, il seroit toujours connu par les lettres de Mlle de Lespinasse, qui ne périront point.

M. de Villeneuve, créé comte par Napoléon, fut nommé

premier chambellan de la reine Hortense, dont sa femme étoit dame du palais, et mêlé à plusieurs négociations diplomatiques. Après les événements de 1814, il se retira à Chenonceau avec Mme de Villeneuve, et là tous deux s'occupèrent à embellir cette demeure princière, à en ressusciter les souvenirs historiques, et à en faire les honneurs avec une grâce et une affabilité parfaites. Mme de Villeneuve mourut le 10 novembre 1852, avant de voir le couronnement de la haute fortune du prince Louis, qu'elle avoit reçu à sa naissance et qu'elle avoit porté dans ses bras. L'Empereur ne pouvoit oublier les vieux serviteurs qui avoient entouré son berceau, et particulièrement celui qui avoit eu l'honneur d'aller à Marrac, sur la frontière d'Espagne, annoncer sa naissance à Napoléon. M. de Villeneuve fut donc nommé sénateur, puis commandeur de la Légion d'honneur, et enfin chambellan honoraire.

Ces titres, ces honneurs n'enivrèrent jamais le comte de Villeneuve : il conserva toujours la même simplicité, relevée par une grâce exquise. C'étoit, au milieu de notre siècle, un digne représentant de la vieille urbanité françoise. M. de Villeneuve est mort à Chenonceau, le 12 février 1863, laissant deux enfants, M. le comte Septime et Mme la marquise douairière de la Roche-Aymon. C'est grâce à leur bienveillance que nous publions aujourd'hui les pièces les plus intéressantes du chartrier de Chenonceau. Qu'ils nous permettent de leur en témoigner ici toute notre reconnoissance.

XVI

ARMORIAL DES SEIGNEURS DE CHENONCEAU.

MARQUÈS (1243-1496). De............ à l'aigle à deux têtes de.........

BÉRART (1496). D'argent, à la fasce d'azur, chargée de trois trèfles d'or, et accompagnée de trois sauterelles de sinople.

FUMÉE (1502-1512). D'azur, à deux fasces d'or, accompagnées de six besans de même, trois en chef, deux en cœur et un en pointe.

PRIE (1512). De gueules, à trois tierces feuilles d'or.

BOHIER (1496-1535). D'or au lion d'azur, à un chef de gueules.

BRIÇONNET (1512-1526). D'azur, à la bande composée d'or et de gueules de cinq pièces, chargée sur le premier compon de gueules d'une étoile d'or, accompagnée d'une autre étoile de même, en chef.

Poncher (1526-1535). D'or au chevron de gueules, chargé en chef d'une tête de maure de sable bandée d'argent, et accompagné de trois coquilles de sable, deux en chef et une en pointe.

François Ier, Henry II (1535-1547). D'azur, à trois fleurs de lis d'or.

Diane de Poitiers (1547-1559). D'azur, à six besans d'argent, 3, 2 et 1, au chef d'or.

Catherine de Médicis (1559-1589). Écartelé, au 1 et 4 d'or à 6 tourteaux, 1, 2, 2, et 1, celui du chef d'azur à 3 fleurs de lis d'or, les 5 autres de gueules[1], qui est de *Médicis;* contrécartelé, au 1 et 4 d'azur, semé de fleurs de lis d'or, à une tour d'argent, qui est de *la Tour;* au 2 et 3 d'or au gonfanon de gueules, frangé de sinople, qui est

---

[1]. Un pamphlet du temps blasonne ainsi d'une manière ridicule les cinq tourteaux de ces armes. Il prétend qu'un des ancêtres de Catherine de Médicis, médecin, « commença à prendre surnom de son art. Et comme nous voyons aujourd'hui les gens de mestier prendre pour marque et enseigne l'un de leurs principaux outils, les massons un marteau ou une truelle, les tailleurs des ciseaux, et ainsi des autres : pareillement cestuy-cy print pour ses armoiries cinq pillules en nombre non pair, comme les médecins ont coustume de les ordonner : ce qui a esté si bien observé durant quelque temps, que le non pair a esté retenu, encor qu'aucuns ayent changé le nombre pour la distinction des familles. » *Discours merveilleux de la vie, actions et déportement de la royne Catherine de Médicis.* — Regnault de Beaune, patriarche et archevêque de Bourges, attribue une origine bien plus illustre à la famille de Médicis. « Du temps, dit-il sans hésiter, que ce grand capitaine gaulois Brennus mena ceste belle compagnie et armée de Gaulois par toute l'Italie et Grèce, estoient avec lui en sa troupe deux gentilshommes françoys, l'un nommé Felsinus, l'autre nommé Bono. Ils passèrent en Asie où ils pénétrèrent si avant qu'ils entrèrent en la terre et région de Medes. A son retour, Felsinus bastit Florence, et dès lors pour les conquestes et victoires que ce Felsinus avoit eues en ce pays de Mede, fut appelé *Medicus* ou *Mediceus* entre les siens : dont depuis le surnom a duré en la famille. » *Oraison funebre faicte aux obseques de la Royne mere du Roy, à Blois, le iiij jour de fevrier* 1889. A Bloys, Jamet Mettayer et P. l'Huillier, M. D. LXXXIX.

d'*Auvergne;* sur le tout d'or à 3 tourteaux de gueules, qui est de *Bologne.*

Louise de Lorraine (1589-1601). D'or, à la bande de gueules, chargée de trois alérions d'argent, ou mieux, de gueules, à trois fasces de vair.

Gabrielle d'Estrées (1597). Écartelé, au 1 et 4 fretté d'argent et de sable, au chef d'or chargé de trois merlettes de sable, qui est *d'Estrées;* au 2 et 3 d'or au lion d'azur, couronné et lampassé de gueules, qui est de *la Cauchie.*

Vendôme (1601-1712). De France, au bâton de gueules chargé de trois lionceaux d'or.

Bourbon-Condé (1720-1733). De France, au bâton de gueules, péri en bande.

Dupin (1733-1799). D'azur, à trois coquilles d'argent posées deux et une.

Vallet de Villeneuve (1799-1863). De sinople, à l'ancre d'argent posée en pal, accostée en chef de deux étoiles du même.

La Roche-Aymon (1863). De sable, semé d'étoiles d'or, au lion de même, lampassé et armé de gueules.

Civray-sur-Cher, près Chenonceau, décembre 1863.

L'abbé C. CHEVALIER.

COMPTES
DE
DIANE DE POITIERS.

I

COMPTE DE L'ANNÉE 1547 RENDU PAR LE RECEPVEUR DE CHENONCEAU EN L'AN V^e ET XLIX, A SAINCT-GERMAIN-EN-LAYE LE XIIII JOUR DE SEPT^{bre} OUD. AN.

RECEPTE DE DENIERS MUABLES FAICTE PAR CE RECEPVEUR POUR FERMES DE LA SEIGNEURIE DE CHENONCEAU DURANT LE TEMPS DE CE COMPTE[1].

De Gillet de la Croix, fermier du moulin a fouller draps, aultrement appellé le moulin de la Fuye, a luy affermé pour neuf années aux charges contenues ou bail a luy faict, pour en payer par chascun an la somme de trente quatre livres dix solz tournoys par les quatre quarterons de l'an,

---

1. Les trente et un premiers feuillets du présent compte ont été lacérés pendant la Révolution, parce qu'ils contenoient la recette du censif.

quatre chappons et quatre poulletz par an, a esté receu par ced. recepveur la somme de trente quatre livres dix solz tourn. pour une année escheue au jour et feste de Noel en l'an de ced. compte, pour ce cy xxxiiij^l x^s.

De Jehan Hurtault, fermier de la maison de la Gueulle, terres, prez, vignes, cheneveraulx et appartenances d'icelle, située en la parroisse de Civray, a luy affermée pour cinq années et cinq cueillectes, dont la presente est la troys^{me}, pour en payer par chascun an au jour et feste de Toussainctz la somme de quinze livres dix solz tournoys et quatre chappons, comme appert par le bail rendu ou compte preceddant, a esté receu par ced. recepveur pour l'année escheue on temps de ce compte la somme de quinze livres dix solz tourn., cy xv^l x^s.

De Denys Duboys, fermier du port Olivier, terres, pastureaulx et appartenances d'icelluy, pour cinq années et cinq cueillectes dont ceste cy est la quatr^{me}, pour en payer par chascun an par les quatre quarterons de l'année, la somme de quarente livres dix solz, sçavoir est aux jours de Nostre Dame (de mars), sainct Jehan Bapt^e, sainct Michel et Noel, et oultre quatre chappons, deux oayes grasses, quatre platz de poisson appreciez troys solz quatre deniers chascun plat, douze poulletz et deux grands septiers avoyne, a esté receu par ced. recepveur pour l'année de ce compte lad. somme de quarente livres dix solz tourn., pour ce cy xl^l x^s.

De Loys Cabeneau, fermier des moulins de Vestin, a luy affermez pour une année et demye seullement, pour en payer par chascun an cinq muydz de bled, sçavoir est le tiers froment et les deux tiers seigle ou

moulture vallant segle, et dix livres dix solz tournoys
en deniers, payables sept livres tournoys par les quatre
quarterons de l'an, et soixante dix solz tourn. au jour
sainct Martin d'hyver, quatre chappons, six poulletz,
ung pourceau estimé par le bail trente cinq solz tourn.,
douze boisseaulx noix, a esté receu pour l'année de
ced. compte la somme de dix livres dix solz tournoys,
pour ce cy l^s x^l x^s.

(*Aloué, et fera apparoir du bail.*)

De Jehan Breton, fermier de la Roche, a luy affermée pour six années et six cueillectes dont la presente
est la quatreiesme, pour en payer par chascun an au
jour sainct Martin d'hyver (la somme de trente solz),
a esté receu pour une année eschéue en l'an de ce
compte la somme de trente solz tourn., pour ce cy xxx^s.

De Françoys Delafons, fermier du parc aux antes,
aultrement appellé le champ de la Fuye, a luy affermé
pour cinq années et cinq cueillectes dont ceste cy est
la quatre^{me}, escheue au jour et feste de Toussainctz an
de ce compte, a esté receu par ced. recepveur la
somme de seize livres quinze solz tourn., pour ce
cy xvi^l xv^s.

SOMME, CENT xviij^l xv^s.

AULTRE RECEPTE DE DENIERS MUABLES POUR LA FERME DES
HERBAIGES ET PASTURAIGES DE LA SEIGNEURIE DE CHE-
NONCEAU, ESCHEUZ LE JOUR ET FESTE SAINCT MARTIN D'HY-
VER EN L'AN DE CE COMPTE.

De Pierre Germain, fermier des herbaiges et pasturaiges d'Enfernet, en la parroisse de Souvigny, a luy

affermez pour troys années et troys cueillectes, pour en payer par chascun an au jour et feste sainct Martin d'hyver la somme de soixante solz tournoys, dont ceste cy est la premiere, comme appert par le bail cy rendu, a esté receu la somme de soixante solz tourn., pour ce cy LX^s.

De Jehan Picault, fermier des herbaiges et pasturaiges du grand boys Cler et de la Chantelouere, a luy affermez pour troys années pour en payer par chascun an le jour sainct Martin d'hyver la somme de six livres, comme (appert) par le bail cy rendu, a esté receu par ced. recepveur la somme de six livres tourn. pour l'année de ce compte, pour ce cy VI^{ls}.

De Xpofle Rocheron, fermier des herbaiges et pasturaiges de l'estang d'Argy, a lui affermez pour troys années et troys cueillectes, dont ceste cy est la deux^{me}, pour en payer par chacun an aud. jour s^t Martin d'hyver, la somme de cent solz tournoys, comme appert par le bail rendu ou compte preceddant cestuy, a esté receu la somme de cent solz tourn., pour ce cy C^s.

De Fabian Cartays, fermier des herbaiges et pasturaiges de l'isle de Chisseau, a lui affermez pour troys années et troys cueillectes, pour en payer par chascun an aud. jour sainct Martin d'hyver, la somme de quarente cinq solz, a esté receu par ced. recepveur lad. somme de XLV^s.

SOMME, XVI^l V^s.

AULTRE RECEPTE DE DENIERS FAICTE PAR CED. RECEPVEUR POUR LES FERMES DES DIXMES DES VINS, MENUES DIXMES, FUYE, PESCHERIES ET AULTRES CHOSES AFFERMÉES.

De Jacques Guillon, fermier des dixmes de vins de la seigneurie de Chenonceau, a luy affermées pour une année seullement pour en payer aud. jour sainct Martin d'hyver la somme de sept livres dix solz tournoys, comme appert par le bail cy rendu, pour cecy vii¹ xˢ.

Menues dixmes.

De Gervays des Noues, fermier des menues dixmes de lad. seigneurie, a luy affermées pour ceste année pour en payer aud. jour sainct Martin d'hyver la somme de soixante solz tournoys, qui a esté receue, pour cecy lxˢ.

Mestairies.

De Pierre Jacquin, fermier de la mestayrie de la Bezerie a luy affermée pour six années et six cueillectes, pour en payer par chascun an le jour et feste sainct Martin d'hyver la somme de vingt quatre livres tournoys, a esté receu ceste année lad. somme de xxiiij¹ ᵗˢ.

De Jehan Labbé, fermier de la mestayrie des Ousdes pour six années et six cueillectes, pour en payer par chascun an aud. jour sainct Martin d'hyver, oultre les bledz et aultres choses contenues par le bail a luy faict, la somme de quinze solz tourn., comme appert par le bail rendu es comptes preceddans, a esté receu lad. somme de xvˢ.

Glandée et paisson.

De Mathurin Rogier Barbier, fermier de la glandée et paisson de ladicte seigneurie, a luy affermée pour ceste année en jugement, pour en payer au jour s* André la somme de vingt trois livres tournoys, comme appert par le bail cy rendu, cy   xxiij^l.

Fuye.

De Pierre Jacquin, fermier de la fuye et colombier des Ousdes deppendant dud. Chenonceau, a luy affermée pour troys années, dont ceste cy est la dern^re, pour en payer par chascun an aud. jour de Toussainctz la somme de cinquante solz tournoys, comme appert par bail rendu on compte preceddant cestuy, a esté receu pour ceste année la somme de   L^s.

Pescherie.

De Denys Duboys, fermier de la braye, deffays et pescherie dud. Chenonceau, a luy affermée pour troys années dont ceste cy est la deux^{me} escheue au jour de Noel en l'an de ce compte, pour en payer la somme de dix sept livres dix solz par les quatre quarterons de l'an, laquelle somme a esté receue par cedict recepveur, pour ce cy   xvij^l x^s.

De Denys Dubois, fermier d'une maison, jardin et appartenances d'icelle, qui fut a feu Estienne Cartays, assise sur le chantier de la riviere de Cher du cousté de Francueil au-dessus du chastel dud. Chenonceau, a luy affermée pour six années et six cueillectes, dont ceste cy est la premiere, pour en payer par chascun an aux jours sainct Jehan Bapt* et Noel par moictié, la somme de quinze (solz) qui a esté receue par ced. recepveur pour l'an de ce compte, comme appert par bail judiciaire cy veu, servant cy après en vente de boys, xv^s.

Des agmandiers du Perray ne faict ced. recepveur aulcune recepte parce qu'il n'y a eu aulcunes agmandes en iceulx, pour ce cy *Neant.*

Ced. recepveur ne faict aulcune recépte du greffe dud. Chenonceau parce qu'il n'en a riens receu pour les causes contenues es comptes preceddans, pour ce cy *Neant.*

SOMME, LXXIX^l.

RECEPTE DE DENIERS FAICTE PAR CED. RECEPVEUR POUR VENDITION DES HERBES DES PREZ DE LA SEIGNEURIE DUD. CHENONCEAU POUR L'ANNÉE DE CE COMPTE, PAYABLES LE JOUR SAINCT MARTIN D'HYVER.

(*Extraict et resumé.*)

De Guill^e Vaslin, pour la vente a luy faicte d'une piece de pré assise entre la garenne des Hées et la chappelle du Pavillon, contenant quatre arpens ou environ, pour troys années et troys cueillectes dont ceste cy est la deux^{me}, pour en payer par chascun an aud. jour sainct Martin d'hyver la somme de cent cinq solz tournoys, a esté receu par ced. recepveur pour une année escheue aud. jour la somme de cv^s.

De divers particulliers pour l'herbe et tonture de trente deux aultres arpens et cinquante chesnées de pré ou environ, siz es gains de Chenonceau, et en Bordebure, le Closeau, Chissé, le Bois au Marchal, la

Veronniere, Charenton, le Vieil Moulin, le Moulin Neuf, le pré Berthin, les Vallées, le Gué Bruant, Pissoyson, Juchepye et les Moriers; lesdictz prez baillez en jugement au plus offrant et dernier encherisseur, a esté receu par ced. recepveur la somme de huict vingts livres quatorze solz[1], cy   viii^{xx}^{l} xiiij^s vi^d.

Somme, viii^{xx}v^l xix^s vi^d.

AULTRE RECEPTE DE DENIERS POUR LES LOTZ ET VENTES ET PROFFICTZ DE FIEF ESCHEUZ EN L'ANNÉE DE CE COMPTE.

A esté receu par ced. recepveur pour les lotz et ventes venuz a sa congnoissance en l'année de ce present compte la somme de soixante seize livres douze solz neuf deniers tourn., provenant des contractz exhibez en l'an de ce compte, montant ensemble la somme de neuf centz dix neuf livres treize solz tourn., qui est a raison de vingt deniers par livre, cy   lxxvj^l xii^s ix^d.

(*Est appareu de l'extraict du greffe des contractz exibez en l'an de ce compte cy rendu et signé* : Du Boys.)

Plus ced. recepveur se charge des ventes d'ung contract d'acquest faict par Guill^e Vaslin et d'ung aultre d'acquest faict par Pierre Brochart, exhibez en l'an et temps du compte dernier rendu par ced. recepveur, parce qu'ilz n'estoient ventillez; et depuys

---

1. La moyenne de la location des prés varie de deux à quatre livres l'arpent. Le pré Berthin fait exception et atteint vingt-deux livres l'arpent.

ont esté ventillez, sçavoir est celluy dud. Vaslin a cinquante huict livres six solz huict deniers, et celluy dud. Brochart a quarante cinq livres, qui valent a ventes la somme de huict livres douze solz tourn., lesd. ventillemens faictz en jugement les treize et vingt neuf^{me} jours de mars mil cinq centz quarante six, cy VIII^l XII^s.

(*Est appareu par deux autres extrectz du greffe, signe :* Du Boys.)

SOMME, IIIj^{xx} v^l IIIj^s IX^d.

AULTRE RECEPTE DE DENIERS FAICTE PAR CED. RECEPVEUR POUR VIGNES DE PLANT COMMUNG DUD. CHENONCEAU, BAILLÉES A FERME A PRIS D'ARGENT.

De Anthoyne Bessé, pour le cloz de vigne de plan commung des Ousdes, contenant dix arpens ou environ, a luy affermé en jugement comme plus offrant et derrenier encherisseur pour six années et six cueillectes, dont ceste cy est la deux^{me}, pour en payer par chascun an le jour et feste de Toussainctz la somme de quarante sept livres six solz tourn. et ung quart de vin au prieur de Montoussan, aussi a la charge de faire ung cent de proings bien terrassez pour chascun arpent de vigne, a esté receu par ced. recepveur pour la ferme escheue en l'année de ce compte la somme de quarente sept livres dix solz, cy XLVII^l X^s.

De Françoys Dagault, pour le cloz de vigne blanche plan commung du pays, a lui affermé en jugement comme plus offrant et dernier encherisseur pour six années et six cueillectes, dont ceste cy est la deux^{me}, lequel cloz de vigne contient deux arpens ou environ, pour en payer par chascun an aud. jour et feste de Toussainctz la somme de huict livres cinq solz tourn., aussi a la charge de faire esd. vignes ung cent de proings par chascun an pour chascun arpent de vigne, renduz bien terrassez et razez, a esté receu par ced. recepveur pour l'année escheue en l'an de ce compte la somme de viii^l v^s.

De Adam Jamet pour le cloz de vigne du Poirier Bodart de plan commung du pays, contenant huict arpens ou environ, a lui affermé comme plus offrant et dernier encherisseur pour troys années et troys cueillectes dont ceste cy est la premiere, pour en payer par chascun an le jour de la Toussainctz la somme de trente livres dix solz tourn., et oultre a la charge de faire esd. vignes chascune desd. années ung cent de proings bien terrassez et razez, a esté receu par ced. recepveur pour l'année escheue ou temps de ce compte la somme de xxx^l x^s.

SOMME, iiii^{xx} vi^l v^s.

RECEPTE DE DENIERS POUR LA FERME DES SCEAULX AUX CONTRACTZ DE LA CHASTELLENYE DE CHENONCEAU.

De Pierre Jacquin, fermier des sceaulx aux contractz de lad. chastellenye, a luy affermez pour troys années, dont ceste cy est la premiere, pour en payer par chacun an le jour et feste Nostre Dame de mars, la somme de dix solz tourn., pource cy x^s.

SOMME, x^s.

RECEPTE DE DENIERS POUR LES DROICTZ DE PREVOSTÉ, DEFFAULX ET EMENDES GAIGÉES, JUGÉES ET TAXÉES EN L'ANNÉE DE CE COMPTE.

A esté receu par ced. recepveur en l'année de ce compte la somme de vingt livres dix sept solz troys deniers tournoys pour les deux tierces parties de la somme de trente une livre cinq solz dix deniers d'emendes gaigées, jugées et taxées en l'année de ce compte, et l'aultre tiers de lad. somme est demouré aux sergens qui icelles emendes ont levées et exercées, ainsi que l'on a acoustumé faire en lad. chastellenye, comme appert par l'extraict desd. emendes signées Duboys, greffier, contenant les noms des taxez esd. emendes, pource cy $xx^l xvij^s iiij^d$.

A esté receu par ced. recepveur la somme de dix solz de Jehan Bezier pour une emende en laquelle il a esté condampné envers le procureur de la seigneurie par sentence donnée le vingt ung^{me} jour de juing mil v^c quarante sept, comme appert par la sentence cy veue pour ung chesneau prins es heritaiges de Mad^e, cy x^s.

A esté trouvé une jument espave en lad. chastellenye, laquelle après les proclamations faictes es parroisses circumvoysines, a esté vendue au plus offrant la somme de cent quinze solz, sur laquelle somme a esté payée la nourriture et aultres fraiz, et le reste montant cinquante ung solt dix deniers, a esté mis es mains de ced. recepveur, pource cy $LI^s x^d$.

SOMME, $xxiij^l xix^s 1^d$ ts.

RECEPTE DE DENIERS POUR HERITAIGES SAISIZ, DESQUELZ CED. RECEPVEUR A RECEUZ LES DENIERS EN L'AN DE CE CONPTE.

Des commissaires de Francelles n'a esté riens receu, parce que leur compte n'a esté oy en l'an de ce compte, et en tiendra compte en son prochain compte finissant en decembre v^e quarente huict, cy *Neant.*

De Ollivier Chenet pour ung arpent de terre assis au Buisson Drouault, a luy afermé pour neuf années dont ceste cy est la cinq^{me}, pour en payer par chacun an la somme de huict solz tourn. le prochain dimanche d'après la feste sainct Michel, a esté receu, cy VIII^s.

    Somme, VIII^s.

FORFAICTURES ET DOMMAIGES FAICTZ DURANT L'ANNÉE DE CE COMPTE ES DOMMAINES ET HERITAIGES DE LAD. SEIGNEURIE.

A esté receu de Jeh. Bezier l'aisné la somme de quinze solz tourn. pour reparation du dommaige faict es heritaiges de lad. seigneurie, en laquelle il a esté condampné par sentence de mons^r le chastellain dud. Chenonceau, pource cy XV^s.

    Somme, XV^s.

RECEPTE DE DENIERS POUR VENDITION DES BLEDZ DE LAD. SEIGNEURIE EN L'AN DE CE COMPTE, DESQUELZ EST DEMOURÉ CHARGÉ CED. RECEPVEUR PAR SON COMPTE RENDU FINISSANT EN DECEMBRE V^c QUARENTE 8...

(*Resumé.*)

FROMENT. A esté receu pour quarente septiers et deux boisseaux et demy de froment, venduz en jugement au plus offrant et derrenier encherisseur, les ungs au pris de vingt quatre solz tourn. chacun septier, les aultres vingt solz et six deniers, la somme de quarente quatre livres ung sol et dix den., cy   xliiij^l j^s x^d.

SEIGLE ET MOULTURE. A esté receu pour douze muydz cinq septiers cinq boisseaulx ung tiers de boisseau venduz au pris de treize solz neuf den., la somme de cent deux livres quatorze solz dix deniers pite, pource cy   cij^l xiiij^s x^d ^{pite}.

ORGE. A esté receu pour trente neuf septiers troys boisseaulx venduz au pris de dix solz tourn. chacun septier, la somme de dix neuf livres douze solz six deniers, cy   xix^l xii^s vi^d.

AVOYNE. A esté receu pour quarente huict septiers vingt boisseaulx ung tiers de boisseau, au pris de seize solz tourn., la somme de trente neuf livres ung solt sept deniers, cy   xxxix^l j^s vii^d.

RECEPTE DE DENIERS POUR VENDITION DE BOYS.

De Françoys Delafons et Abel Deschamps, pour la couppe et tonture de la garenne du glan a eulx livrée et vendue en jugement, comme plus offrant et dernier encherisseur, comme appert par le bail a eulx faict, a esté receu par ced. recepveur la somme de dix huict livres tournoys, pource cy xviij^l ^{ts}.

SOMME, xviij^l.

RECEPTE DE DENIERS POUR LA VENDITION DES COUPPES DES SAULLES ET PLOMS[1].

De Adam Jamet, pour la couppe et tonture des saulles estans a l'entour du grand pré Madame, a luy livrez en jugement comme plus offrant et dernier encherisseur, pour la somme de trente neuf livres tournoys, comme appert par le bail de ce faict signé Duboys cy rendu, cy xxxix^l ^{ts}.

De Geoffroy Le Vasseur pour la couppe des ploms de la Roche a luy affermée pour six années et six cueillectes, dont ceste cy est la cinq^{me}, pour en payer par chacun an au jour et feste sainct Martin d'hyver la somme de vingt sept solz six deniers tourn., pource cy xxvij^s vj^d.

SOMME, XL^l VII^s VI^d.

RECEPTE DE DENIERS POUR VENDITION DE CHAPPONS, POULLES, POULLETZ, OAYES, NOIX, CIRE, POISSON, PORC ET OEUFZ.

(*Resumé.*)

CHAPPONS, cent quinze et demy, au pris de deux

---

1. Osiers.

solz tourn. piece, receu onze livres onze solz tourn.,
cy xi^l xi^s.

(*Aloué, au serment du recepveur.*)

POULLES, quarente vendues au pris de huict deniers tourn. piece, receu soixante solz ts, cy LX^s.

POULLETZ, vingt sept au pris de six deniers piece, receu xiii^s vi^d.

OAYES, neuf, tant maigres que grasses, au pris de troys solz tourn. piece, l'une portant l'aultre, avec ung ail pendu au col, receu XXVII^s.

PAILLE, retenue pour les chevaulx de Madame, cy *Neant.*

NOIX, dix huict boisseaux a deux solz six den., cy XLV^s.

VINS. A esté receu de P^{re} Boisgaultier, hostellier a Amboyse, pour troys poinczons de vin clairet et cinq poinczons de vin blanc, tant de Herboys que Anjou, au pris de cent dix solz tourn. chacune pippe, la somme de vingt deux livres, cy XXII^l.

Receu pour la vente d'une pippe de vin clairet vieil poussé, la somme de quarente cinq solz, cy XLV^s.

CIRE, une livre yssue de la presente recepte, vendue la somme de quatre solz tourn., cy iiij^s.

POISSON. Pour les quatre platz de poisson de la ferme du port Olivier, appreciez treize solz quatre den., cy xiij^s iiij^d.

POURCEAULX. Pour le porc de la ferme des moullins de Vestin, apprecié par bail XXXV^s.

OEUFZ, quatre douzaines a huict deniers, ij^s viij^d.

FOULLEURE DE DRAP. Pour la foulleure d'ung demy drap deue par le foullon, receu v^s.

AGMANDES. N'a esté vendu aulcunes agmandes, cy   *Neant.*

SOMME TOUTALLE DE LA RECETTE DE CE COMPTE
IX^c LXXI^l IX^s VI^d.

RECEPTE DE GRAINS DE LA SEIGNEURIE DE CHENONCEAU EN L'ANNÉE DE CE COMPTE.

(*Resumé.*)

FROMENT IMMUABLE :
   Enfernet,   IX ^{septiers}.
   Argy,   VI^s VI^b.
   Chenonceau,   III^s VI^b.
   La Roche a la Costance,   XVIII^b.
FROMENT MUABLE (moulins de Vestin),   I^{muyd} VIII^s.
SEIGLE ORDINAIRE ET NON MUABLE :
   Enfernet,   XIII.
   La Roche a la Costance,   III^b.
   Argy,   II^s.
   Chenonceau,   II^s II^b.
   Les Ousdes,   III^s.
SEIGLE MUABLE ET MOULTURE VALLANT SEIGLE :
Moulins de Vestin,   iij^m iiij^s.

Mestayrie de la Grange de Chenonceau, assise près le chasteau, affermée pour quarente septiers de bled, sçavoir est les deux tiers seigle et l'aultre tiers orge et avoyne par moictié, cy seigle,   XXVI^s VIII^b.

Mestayrie des Ousdes, affermée pour quarente deux septiers de bled, sçavoir est les deux tiers seigle et l'aultre tiers orge et avoyne par moictié, cy seigle, xxvIII^s.

Mestayrie de la Goumandiere, affermée pour cinquante neuf septiers six boisseaux de bled, sçavoir est les deux tiers seigle et l'aultre tiers orge et avoyne par moictié, cy seigle, xxxIX^s vIII^b.

Ferme des dixmes des bledz de la seigneurie de Chenonceau, affermées en jugement pour en payer le nombre de douze septiers de bled par tiers, seigle, orge et avoyne, cy tiers seigle, IIII^s II^b.

Ferme des terraiges des Ousdes, affermez pour en payer dix sept septiers de bled par tiers, seigle, orge et avoyne, cy tiers seigle, v^s vIII^b.

Ferme des terraiges de Juchepye, affermez pour troys septiers six boisseaulx de bled par tiers, seigle, orge et avoyne, cy tiers seigle, xIIII^b.

Ferme des terraiges d'Argy, affermez pour cinq boisseaux de bled par tiers, cy tiers seigle, I^b et demy et vI^{me} ptie d'ung bo.

ORGE IMMUABLE, de Chenonceau, xxII^b.
ORGE MUABLE, II^m x^s vIII^b.
AVOYNE IMMUABLE :
  Enfernet, v^s.
  Argy, II^s xxI^b.
  Les Ousdes, au terme d'an neuf, II^s xIIII^b.
AVOYNE MUABLE, III^m xvII^b.

CORVÉES. Est deu tant aud. Chenonceau que aux Ousdes, a fener, vendanger, plesser aux garennes que curer les biez des moulins, cy corvées LxIIIj.

RECEPTE DES VINS CUEILLYZ ES CLOZ DES VIGNES DES PLAN D'HERBOYS, DE BEAULNE, ANJOU ET ORLEANS, EN L'ANNÉE DE CE COMPTE.

Aux Ousdes.

A esté cueilly ou cloz de vigne du plan d'Orleans assis aux Ousdes le nombre de six traversiers [1] de vin, comprins le pressuraige, tout vin clairet [2], cy   VI traversiers.

Plus a esté receu des fermiers des vignes de plan commung des Ousdes ung quart de vin, cy   I quart.

A Chenonceau.

Ou cloz de vigne de la Roche planté de plans de

---

1. « Et seront faicts les vaisseaulx à vin, comme pippes, traversiers et quarts, de bon bois secq, non punais, rouge, vergé ne artisonné, sans aubour, reliez bien et convenablement : et tiendra chacune pippe trente-six jallais, chacun jallay de douze pintes à la grand mesure, et les traversiers et quarts à l'équipolent; et est defendu à tous tonnelliers de faire aucuns vaisseaulx qu'ils ne soyent de matière et mesure susdicte; et seront tenus lesdictz tonnelliers chacun endroict soy mettre leur marque en chacun vaisseau qu'ils vendront, le tout sur peine d'amende arbitraire, et de payer les interests et dommages des parties. » *Coustumes de Touraine*, art. 43.

Deux poinsons font une pippe,
Et deux pippes font un muy.
(Reine de Navarre, *Marguerites de la Marguerite*, éd. de J. de Tournes, t. II, p. 342.)

Le traversier ou poinçon de Touraine contient environ 230 litres. La *jallée* est une ancienne mesure de liquides encore en usage dans la Touraine. (V. du Cange, aux mots : *Jalla, Jalleia, Jaleata*, etc., supplém., t. II et III.)

2. On appeloit *vin clairet* celui qui n'étoit ni rouge ni blanc. Il y en avoit de plusieurs nuances : gris, paillet, œil de perdrix. On estimoit beaucoup ces couleurs bâtardes. (Legrand d'Aussy, *Vie privée des François*, t. III, p. 6-7.) — Nous croyons cependant qu'il s'agit ici de vin rouge légèrement coloré. Les Anglois désignent encore le vin de Bordeaux sous le nom de *claret*.

Beaulne et Herboys, a esté cueilly de vin de Beaulne cinq traversiers, pource cy vin clairet, v traversiers.

Oud. cloz de vigne a esté cueilly sept traversiers de vin blanc plan d'Herboys, cy vin d'Herboys blanc, VII tr.

Ou cloz de vigne de plan d'Anjou a esté cueilly sept traversiers ung quart de vin et deux seillées ou environ, pource cy vin blanc d'Anjou, VII tr. I qrt. II seillées.

Aux treilles du jardin a esté cueilly six traversiers de vin clairet, pource cy vin de treilles, VI traversiers.

SOMME DE VIN, XXXI POINSON UNG CART.

MISE DE DENIERS FAICTE PAR CED. RECEPVEUR EN L'ANNÉE DE CE COMPTE.

ET PREMIEREMENT, AULMOSNES ET CHARGES DE FIEFZ DE LA CHASTELLENYE, TERRE ET SEIGNEURIE DUD. CHENONCEAU.

Au curé de Chenonceau pour anniversaires par luy dictz et cellebrez chacun an en l'esglise dud. Chenonceau, a esté payé par ced. recepveur la somme de six solz tourn., pource cy VI s.

(*Est apparu de la quictance signée Bizeau, servant cy après chap. de despence de seigle, cy rendue.*)

Au boursier des anniversaires de l'esglise de Tours, pour les dixmes de vins que Madame prend en la parroisse de Chenonceau, a esté payé par ced. recepveur la somme de soixante solz tourn. que le chappitre de l'esglise dud. Tours dict luy estre deue chacun an le jour et feste sainct Martin d'hyver, comme appert par quictance dud. boursier cy rendue, pource cy   lx'.

Somme, lxvi'.

GAIGES ET PENSIONS D'OFFICIERS DE LA CHASTELLENYE DUD. CHENONCEAU EN L'ANNÉE DE CE COMPTE.

A maistre Guill^e Mango, licencié es loix, bailly de Chenonceau, pour ses gaiges d'avoir servy oud. estat par l'espace d'une année, a esté payé par ced. recepveur la somme de cent solz tournoys, comme appert par sa quictance cy rendue, cy   c'.

(*Cinquante solz pour led. Mango et cinquante autres solz pour Teryé, bailly pourveu par Madame. Par quictances cy rendues de toutz deux.*)

A maistre René de la Bretonniere, licencié es loix, juge chastellain dud. Chenonceau, pour avoir par luy durant une année exercé led. office de chastellain aud. Chenonceau, escheue au jour et feste de Noel an de ce compte, a esté payé par cedict recepveur la somme de sept livres tournoys, comme (appert) par sa quictance cy rendue, pource cy   vii^l.

A maistre Jehan de Mazieres, procureur en lad. chastellenye, pour ses gaiges d'avoir exercé et servy oud. estat de procureur par ung an entier, a esté payé par cedict recepveur la somme de dix livres tournoys pour ses gaiges d'une année, comme appert par sa quictance, cy   (x^l ts.).

Reduict par les auditeurs des comptes à   vii^u x'.

(*Alloué pour ledit de Mazieres cent solz jusques au*

*jour de prinse de possession pour Madame, qui est demy
année, et cinquante solz pour le procureur Bourgeau
qui a servy le reste de l'année. — Fera apparoir de la
quictance de Bourgeau.*)

A Honorat Grand, nagueres cappitaine et concierge
du chastel dud. Chenonceau, pour ses gaiges d'avoir
servy esdictz estatz par l'espace de demye année
escheue le derrenier jour de juing mil cinq centz quarente sept, ensemble pour les gaiges dud. recepveur
de demye année escheue aud. jour, et pour les gaiges
des gardes des boys de pareil temps, a raison de vingt
livres tourn. pour chacun desd. gardes par an, a esté
payé par cedict recepveur la somme de cent livres,
comme (appert) par la quictance dud. Grand rendue
et fournye es comptes precedans renduz par ced. recepveur, pource cy.   c^l.

(*Cent livres pour led. cappitaine, recepveur et gardes
pour demy année, sçavoir est cinquante pour led. capitaine, trente pour le recepveur et vingt pour les deux
gardes.*)

A ce recepveur pour avoir par luy exercé et faict la
presente recepte par l'espace de demye année, commanczant le premier jour de juillet an du present
compte que Madame a prins possession de lad. chastellenie de Chenonceau, et aussi que durant led. temps
a eu l'œil et le soing du chastel, des vignes, jardins et
aultres maisons et dommaines de mad. dame, requiert
luy estre alloué la somme de cent livres tourn.,
cy   (c^l ts.).

Alloué par les auditeurs   xxx^l.

A Anthoyne Picard, sergent et garde des boys et
garennes de Chenonceau, pour avoir par luy servy

oud. estat par le commandement de monseigneur de Pontlevoy¹ par l'espace de demye année escheue le derrenier jour de decembre an de ce compte, luy a esté payé par ced. recepveur la somme de cinquante solz tournoys, a raison de cent solz tournoys par an, par ordonnance de mond. seigneur de Pontlevoy, comme appert par la quictance dud. Picard cy rendue, pource cy L^s.

A Estienne des Vaulx, sergent et garde des boys et garennes dudict Chenonceau, a ce commis et ordonné par mond. seigneur de Pontlevoy au pris de quinze livres tournoys de gaiges par chascun an, luy a esté payé par ced. recepveur pour avoir par luy servy oud. estat depuys le neuf^{me} jour de decembre mil cinq centz quarente sept, jusques à la fin et dernier jour dud. moys, la somme de dix huict solz neuf deniers tournoys, pource cy XVIII^s IX^d.

A Denys Fleury, sergent et garde dud. Chenonceau, pour avoir par luy gardé les boys et garennes dudict Chenonceau par l'espace de demye année escheue au dernier jour de decembre an de ce present compte, a esté payé par le commandement et ordonnance de mond. seigneur de Pontlevoy aud. pris de cent solz tourn. par an, la somme de cinquante solz tourn., comme appert par quictance cy rendue, servant pour une année escheue au jour sainct Jehan Bapt^e mil cinq centz quarente huict, cy L^s.

SOMME, VII^{xx} XV^l VIII^s IX^d.

---

1. Bernard de Rutie, abbé de Pontlevoy, procureur général de Diane de Poitiers.

MISE ET DESPENCE DE DENIERS POUR LES FACZONS DES VIGNES DE LAD. SEIGNEURIE DUD. CHENONCEAU.

A Claude des Mortiers, vigneron demourant a Chenonceau, pour les faczons ordinaires du cloz de vignes de plan de Beaulne et Herboys, contenant troys arpens ou environ, par luy prins a faire de toutes faczons bien et deuement et de bonne saison pour ceste année seullement, comme appert par bail faict en jugement, a esté payé par ced. recepveur pour lesd. faczons de l'année de ce compte, la somme de trente livres tournoys, comme appert par sa quictance, cy xxx^l.

Audict des Mortiers, vigneron susd., a esté payé par ced. recepveur pour avoir faict esd. vignes, et des plan de Beaulne et Herboys, le nombre de neuf centz et demy de proings renduz terrassez et razez, comme appert par sond. bail au pris de dix solz tourn. pour chascun cent de proings, la somme de quatre livres quinze solz tournoys, comme appert par sad. quictance, cy IIII^l xv^s.

A esté employé oud. cloz de vignes troys milliers de chernier au pris de vingt solz tourn. le millier renduz sur led. cloz et près icelluy, pour lesquelz a esté payé la somme de soixante solz tourn., cy LX^s.

A esté employé oud. cloz de vignes deux gerbes et demye de ploms pour lyer les cherniers aux ceps, pour lesquelles a esté payé au pris de deux solz six deniers chascune gerbe, la somme de VI^s III^d.

A Martin Bachelier et Math. Chicoisneau, vignerons demourans aud. Chenonceau, pour les quatre faczons ordinaires du cloz de vignes de plan d'Anjou, contenant troys arpèns ou environ, a luy livré en jugement pour une année a la charge de terrasser par pied les ceps des deux grands parquetz estans du cousté de la Bezerie, en leur livrant le terrier sur et joignant led. cloz, a esté payé par cedict recepveur la somme de trente deux livres tournoys, comme appert par leur quictance cy rendue, pource cy xxxii^l.

Aux dessusd. Bachelier et Chicoisneau, pour avoir par eulx faict oud. cloz de vignes le nombre de quatre centz et demy de proings renduz terrassez et razez, comme ils sont tenus faire par le bail, en leur livrant le terrier sur le lieu, a esté payé a raison de dix solz tournoys pour chacun cent de proings, la somme de quarente cinq solz, comme appert par leurs quictances, cy XLV^s.

A Gervays des Noues, laboureur, pour l'achapt de quarente deux tomberées de fumier et terrier par luy rendues et menées joignant les cloz de vigne de plan de Beaulne, Herboys et Anjou, au pris de quatre solz tournoys chacune tomberée, pour terrasser les proings cy dessus declerez, a esté payé par ced. recepveur la somme de huict livres cinq solz tourn., comme appert par sa quictance cy rendue, cy viii^l viii^s.

A Pierre Jamet, laboureur demourant aud. Chenonceau, pour l'achapt de huict tomberées de terrier pour parfournir a terrasser lesd. proings cy davant declerez, a raison de deux solz six deniers chacune tomberée de terrier rendu sur le lieu, a esté payé par cedict recepveur la somme de xx^s.

(*Aloué par certificat du receveur pour qu'il est mort.*)

A Guill^e Deschamps, vigneron demourant aux

Ousdes, pour avoir par luy faict de toutes faczons le cloz de vigne de plan d'Orleans, contenant troys arpens ou environ assis aux Ousdes, a luy baillé en jugement pour ceste année, pour en avoir par luy la somme de trente quatre livres tourn. et dix solz tourn. pour chacun cent de proings qu'il rendra terrassez et razez, en lui livrant le terrier pour iceulx, a esté payé par ced. recepveur la somme de trente quatre livres tournoys, comme appert par sa quictance cy rendue, pour ce cy xxxiiii^l.

Aud. Deschamps pour avoir par luy faict et faczonné oud. cloz de vigne huit centz de proings, et iceulx terrassez et razez, a esté payé par ced. recepveur la somme de quatre livres tourn., comme appert par sad. quictance cy dessus rendue, cy iiii^l.

Pour l'achapt et voicture de quatre milliers de chernier renduz oud. cloz de vigne de plan d'Orleans, a raison de vingt solz tournoys chacun millier, a esté payé par ced. recepveur la somme de quatre livres tourn., cy . iiii^l.

Plus a esté forny par ced. recepveur aud. Deschamps vigneron susd., deux gerbes de ploms employées a lyer les cherniers aux ceps, comme appert par la quictance, pour lesquelles le recepveur a payé la somme de v^s.

A Geoffroy Boizon, laboureur de parroisse de Francueil, pour l'achapt de vingt sept tomberées de terrier, et pour le charroy d'icelles rendues sur le bourd du foussé dud. cloz de vigne, au pris de deux solz six deniers tourn. chascune tomberée rendue sur le lieu, comme dict est, a esté payé par ced. recepveur la somme de soixante sept solz six deniers tourn., comme appert par sa quictance cy rendue, pour ce cy LXVII^s VI^d.

A Mathurin Chicoisneau, tonnellier, pour une journée qu'il a vacquée a relier les vins de lad. seigneurie qui en auroient besoing, par le commandement de Honorat Grand, lors cappitaine ayant la garde desd. vins, a esté payé par ced. recepveur la somme de troys solz six deniers tourn., cy III^s VI^d.

Item pour une liasse de sercle de chastaigner qu'il a presque toute employée et pour l'apreste necessaire, III^s.

Requiert ced. recepveur luy estre alloué la somme de sept livres dix solz six den. pour avoir par luy faict faire et faczonner les treilles du jardin, duquel Madame a prins les fruictz ceste année, et faict terrasser les ceps par pied, cy VII^l X^s VI^d.

SOMME, VI^xx XV^l IIII^s IX^d.

MISE ET DESPENCE DE DENIERS FAICTE PAR CED. RECEPVEUR EN L'ANNÉE DE CE COMPTE POUR LES VENDANGES DES VIGNES ET TREILLES DE LA SEIGNEURIE.

Et premierement pour six journées de tonnellier, qui ont reliez les ancez, mis six sercles sur les deux foulloueres, et quatre sercles sur la moyenne cuve, a esté payé par ced. recepveur, au pris de quatre solz six deniers tournoys pour chacune journée et despens, qui reviennent a la somme de XXVII^s.

Item pour l'achapt de deux liasses de sercle de chastaigner et une de saulle, au pris de troys solz quatre deniers chacune liasse de chastaigner, et deux solz six deniers la liasse de sercle de saulle, la somme de IX^s II^d.

A esté employé troys torches de grosse apreste[1], et troys torches et demye de menue, pour laquelle a esté payé par ce recepveur la somme de viii*.

Item pour l'achapt de trente ung poinczon neuf, prestz a mectre vins, esquelz ont esté mis les vins de Madame cueilliz ceste année, au pris de neuf solz huict deniers piece, a esté payé par ced. recepveur la somme de quatorze livres dix-neuf solz huict deniers tourn., pource cy xiiii^l xix^s viii^d.

Item pour cent treize journées de couppeurs qui ont vendangé a diverses foys les cloz de vigne des plan de Beaulne, Herboys, Anjou et Orleans, au pris de deux solz tourn. pour journée et despens de pain, beuf, lard et mouton, a esté payé par ced. recepveur la somme de onze livres six solz tourn., pource cy xi^l vi^s.

Item pour trente neuf journées d'hommes qui ont porté la vendange, mise hors la vigne, icelle chargée en la charrecte, foullé lad. vendange, mise en la cuve, tiré le vin, entonné le vin, pressuré, foullé la vendange blanche sur le pressouer et pressuré, pour leursd. journées et despens de pain et viande seullement, pource que Madame leur a fourny de vins, a raison de troys solz six deniers pour chacune desd. journées, a esté payé la somme de six livres seize solz six deniers tourn., cy vi^l xvi^s vi^d.

Pour le charroy de soixante dix neuf ancez de vendange, tant des vignes des plans d'Orleans, de Beaulne, Herboys et Anjou, au pris de dix deniers tournoys chacun ancé, l'ung portant l'aultre, a esté payé par ced. recepveur la somme de lxv^s x^d.

1. Osier apprêté.

Pour le charroy du vin blanc du pressouer estant au bourg dud. Chenonceau jusques aux caves dud. Chenonceau, lesquelz vins blancs sont en nombre quatorze pieces et ung quart, a esté payé la somme de . . . . vii^s.

Pour le charroy de dix huict ancez de vendanges des treilles du jardin du pavillon, jusques aux caves dud. Chenonceau, a esté payé la somme de . . . iii^s.

Item pour treize journées de couppeurs qui ont vendangé les treilles du jardin du pavillon, et pour leurs despens de pain et viande, au pris susd., a esté payé par ced. recepveur la somme de . . . . . xxvi^s.

Item pour deux journées d'hommes qui ont chargé et porté lad. vendange, icelle foullée, mise en la cuve, tiré le vin et icelluy entonné, a esté payé par ced. recepveur aud. pris de troys solz six deniers pour chacune journée et despens de pain et viande, la somme de . . . . vii^s.

Item pour la journée et despens d'ung homme qui après que les vins ont boully, les a emplyz, taponnez et pinttez, a esté payé la somme de . . . . . iii^s vi^d.

Item pour l'achapt d'une livre et demye de chandelle au pris de deux solz la livre, la somme de iii^s vi^d.

Somme, xli^l ii^s ii^d.

AULTRE MISE DE DENIERS POUR AMANDER LES VIGNES DE LA SEIGNEURIE.

Et premierement par ordonnance faicte de mons^r de la Bourdaiziere[1], lors ayant la charge de la chastel-

---

[1]. Jehan Babou, seigneur de la Bourdaisière, grand bailli d'épée de Touraine.

lenie de Chenonceau, a monsʳ le chastellain dud. Chenonceau, hu cappitaine et recepveur de lad. seigneurie, qu'ils eussent a amander les vignes de lad. seigneurie, ce qui a esté commancé a faire, et pour ce faire a esté marchandé par led. cappitaine a Guillᵉ Guillon a tirer du terrier pour terrasser les deux grands parquetz du clos de vigne du plan d'Anjou, au pris de six deniers tourn. pour tirer chacune desd. tomberées de terrier, auquel Guillon, pour avoir par luy tiré le nombre de quatre centz soixante quinze tomberées de terrier, comme appert par la certiffication dud. Honorat Grand, nagueres cappitaine, a esté payé la somme de unze livres dix sept solz six deniers tournoys, comme appert par quictance de la femme dud. Guillon, parce que led. Guillon est mort, cy rendue, pource cy xi^{l}xvii^s vi^d.

A Vincent des Champs et P^{re} Apvril, pour avoir par eulx tiré le nombre de cent quatre vingtz quinze tomberées de terrier pour employer au terrassement du cloz de vigne susd., au pris de six deniers chacune tomberée de terrier, comme appert par lad. certiffication dud. Grand, dactée de quinze^{me} jour de mars mil cinq centz quarente six, a esté payé par ced. recepveur la somme de quatre livres dix sept solz six deniers, comme appert par leur quictance cy rendue, pource cy iiii^l xvii^s vi^d.

A Jehan Picault, charrectier, a esté payé par ced. recepveur pour le charroy et voicture de six centz soixante dix tomberées de terrier qu'il a charroyées et menées depuys les gains dud. Chenonceau jusques ou cloz de vigne de plan d'Anjou pour terrasser lesd. deux parquetz dud. cloz, au pris de douze deniers tourn. pour le charroy et voicture de chacune desdictes tomberées dud. terrier, de pris faict par led. Honorat avecques led. Picault, comme appert par la certiffication dud. Honorat, la somme de trente troys livres dix solz tourn., a laquelle reviennent lesd. vi^e LXX tomberées de terrier, comme appert par la quictance dud. Picault cy rendue, cy   XXXIII^lX^s.

A esté payé par ced. recepveur a Mathurin Duboys, laboureur, pour avoir par luy tiré et charroyé le nombre de cent tomberées de pelleures de bournays pour mectre et employer avecques lesd. terriers, pour terrasser lesd. deux parquetz, au pris de six deniers tournoys pour le tiraige et charroy de chacune desd. tomberées, rendues joignant lesd. cloz avecq l'aultre terrier, la somme de cinquante solz tourn., comme appert par sa quictance et certiffication judiciaire cy rendue, pource cy   L^s.

A Denys Fleury, sergent et garde des boys et garennes de la seigneurie de ceans, pour avoir par luy gardé, tant jour que nuict, le boys d'ung noyer ainsi qu'on le buschoit, qu'il ne feust desrobbé, et aussi pour avoir gardé les vignes de lad. seigneurie, les fruictz y estans, que les bestes saulvaiges n'y allassent les gaster, a esté payé par ced. recepveur la somme de quarente solz tourn., de taxe a luy faicte par mond. s^r de Pontlevoy et quictance dud. Fleury cy rendue, pour ce cy   XL^s.

SOMME, LIIII^lXV^s.

AULTRE MISE DE DENIERS POUR LES REPARATIONS DU CHASTEL DUDICT CHENONCEAU.

A grand Jehan Rasteau, maistre cherpentier, demourant a Amboyse, pour avoir par luy faict tout de neuf le pont de cherpenterye de la basse court dud. chastel, de pris faict par mond. seigneur de Pontlevoy, a esté payé par ced. recepveur la somme de cent livres tourn., comme appert par marché faict et passé pardavant M⁰ Innocent Bereau, notaire royal a Amboise, Mons' le chastellain dud. Chenonceau stipullant pour mond. seigneur de Pontlevoy, cy veu, et quictance dud. Rasteau cy renduz, pource cy   cᵗts.

A André de Pusseuille, aultrement dict Robinet, pour deux charlictz de boys de noyer faictz en faczon de lictz de camp, de pris faict a luy de par mond. seigneur de Pontlevoy a quinze livres quinze solz tourn., comme appert par marché passé pardavant led. Bereau notaire susd., lesquelz charlictz sont au chastel dud. Chenonceau, a esté payé par ced. recepveur lad. somme de quinze livres quinze solz tourn., comme appert par led. marché et quictance cy renduz, cy   xvˡ xvˢ.

A Jehan Freslon, serruzier demourant a Bleré, pour avoir par luy levé une serruze a l'huys d'une des tourelles du chastel, et faict une clef, parce qu'elle estoit fermée et n'y avoit aulcune clef, et la fenestre de lad. tourelle estoit ouverte et ne pouvoit entrer dedans pour la fermer; aussi pour avoir par luy levé la serreure de l'une des chambres des Ousdes ou il n'y avoit aulcune clef, et estoit l'huys fermé, et pour y avoir faict une clef, a esté payé par ced. recepveur la somme de v°.

Aud. Freslon pour une clef qu'il a convenu faire a la petite estable, et une clef generalle aud. chastel qui ouvre tous les huys des chambres dud. chastel, a esté payé par ced. recepveur III^s VI^d.

A esté payé par ced. recepveur au notaire qui a passé lesd. marchez du pont et des charlictz, et pour les coppies desd. deux marchez, contenant chacune d'icelles six roolles de pappier escriptz, l'une desquelles coppies mond. seigneur a emportée avecq luy, la somme de x^s.

SOMME, CXVI^l XIII^s VI^d.

AULTRE MISE FAICTE PAR LE COMMANDEMENT DE MOND. S^r. DE PONTLEVOY.

Et premierement quant mad. dame fut proveue de la seigneurie et chastellenie dud. Chenonceau, elle envoya aud. Chenonceau mond. seigneur de Pontlevoy, son procureur general, pour prandre possession de lad. chastellenye, lequel amena avecq luy pource faire Messrs les lieuxtenans generaux de Messrs les bailly d'Amboise et de Bloys, et Messrs les procureur et advocat du roy aud. Amboise, le greffier et recepveur pour le roy aud. lieu, pour la despence desquelz a esté payé par ced. recepveur la somme de sept livres six solz deux deniers tourn., pource cy VII^l VI^s II^d.

A mond. seigneur le lieutenant general de Monsr le bailly d'Amboise, a esté payé par ced. recepveur par le commandement de mond. seigneur de Pontlevoy, pour son sallaire d'estre venu exprès dud. Amboyse aud. Chenonceau, pour mectre mad. dame en possession de lad. chastellenye, la somme de cxv^s.

Aud. procureur du roy d'Amboise pour son sallaire d'estre venu exprès dud. Amboise aud. Chenonceau, a esté payé par ced. recepveur la somme de quatre livres dix solz, cy iiii^l x^s.

Au greffier du bailliaige d'Amboise, pour son sallaire d'estre venu aud. Chenonceau, et pour l'acte de possession baillé a Madame, et pour la coppie de l'inventaire des meubles estans aud. chastel, a esté payé par ced. recepveur la somme de iiii^l x^s.

Item pour cinq charrectées de foing achaptées par le commandement de mond. seigneur, au pris de soixante dix solz tourn. pour chacune charrectée, a esté payé la somme de dix sept livres dix solz tourn., pource cy xvii^l x^s.

Item pour le sallaire de deux hommes qui ont serré led. foing, a esté payé la somme de xv^s.

Item pource qu'il a convenu envoyer quatorze pieces de vins de ceste année, sçavoir est, sept clairetz et sept blancs, pour mad. dame en sa maison d'Annet, ilz ont esté reliez de chastaigner et barrez, a quoi faire il a esté employé cinq journées de tonnellier, pour chacune desquelles journées a esté payé par ced. recepveur troys solz six deniers tourn., pource xvii^s vi^d.

Item pour cinq liasses de chastaigner, employées a relier lesd. vins, achaptées au pris de deux solz six deniers chacune liasse, a esté payé la somme de xii^s vi^d.

Item pour vingt huict barres larges pour barrer lesd. quatorze poinczons de vin, et pour le boys qu'il a convenu a faire des chevilles pour les cheviller a la maniere d'Orleans, a esté payé   VIII ^{s}.

Item pour la preste et chandelle qu'il a convenu aux caves pour veoir relier lesd. quatorze pieces de vin, a esté payé par cedict recepveur la somme de   III^s.

Item pour ung quart de vin blanc, achapté par le commandement de mond. seigneur pour remplir lesd. vins blancs, a esté payé par ced. recepveur la somme de   XXVI^s.

Item pour la voicture et charroy desd. quatorze poinczons de vins depuys Chenonceau jusques au port de Rilly pour mectre sur la riviere de Loire, a esté payé par ced. recepveur aux charrectiers qui les ont charroyez, au pris de vingt solz tourn. chacune pippe, la somme de   VII^l.

Pour le mandement et rescription de mond. seigneur, j'ay baillé et payé au voicturier par eaue, la somme de six livres tourn., pource cy   VI^l.

Lesquelles parties contenues en ce present chappitre montent la somme de cinquante six livres treize solz deux deniers tourn., comme appert par l'arrest d'icelles signé de mond. seigneur, le neuf^{me} jour de decembre mil v^c quarente sept, cy veu et rendu.

Somme, LVI^l XIII^s II^d.

MISE DE DENIERS COMMUNE FAICTE PAR CED. RECEPVEUR EN L'ANNÉE DE CE PRESENT COMPTE.

Pour la faczon du boys d'ung gros noyer vieiel estant es terres de la mestayrie des Ousdes en la parroisse

Saint-George, cheut a terre, duquel a esté faict quarente cinq cordes de boys, a raison de douze deniers tourn. chacunes cordes dud. boys de noyer, a esté payé par ced. recepveur a Charlot Delagrange qui a faict led. boys, la somme de quarente cinq solz tourn., pource cy XLV^s.

Item pour le charroy desd. quarente cinq cordes dud. boys, et pour le charroy de cinq quarterons de fagotz dud. boys de noyer depuis led. lieu jusques aud. Chenonceau, ou il est besoing passer la riviere de Cher, au pris de deux solz six deniers tourn. pour chacun tour de charroy, a esté payé par ced. recepveur la somme de cinquante solz tournois, pource cy L.^{s}.

Item pour la faczon desdictz cinq quarterons de fagotz au pris de troys solz six deniers pour cent, la somme de IIII^s V^d.

Item pour troys journées d'homme qui a serré led. boys et mis au dedans, au pris de troys solz quatre deniers tournoys pour journée et pour despens, a esté payé par ced. recepveur la somme de X^s.

Item pour deux journées de femme d'avoir vendangé le verjust des treilles du jardin, dont a esté faict ung quart de verjust, et pour la faczon dud. verjust au pris d'un denier pour deux pintes, et en y a VI^{xx} pintes, et pour le charroy dud. verjust, XI^s.

Item pour six journées d'homme qui ont despecé les offices de cherpenterye estans le long du pavillon, au pris de deux solz un denier pour journée et despens, a esté payé la somme de XII^s VI^d.

Item pour une coppie de l'inventaire des meubles du chastel, retirée par le commandement de Monsr de la Menardiere[1] pour la luy bailler, a esté payé au greffier dud. bailliage d'Amboise la somme de   vˢ.

A Pierre Bongards et Jehan Gaillard, marchans, demourans a Amboise, pour leur sallaire d'estre venu dud. Amboyse es greniers de lad. seigneurie veoir et visiter les bledz, sçavoir si les bledz estoient bons, venaulx et recepvables pour iceulx mectre en vente, leur a esté payé par ced. recepveur la somme de quinze solz tourn. qui est a chacun sept solz six deniers tourn. de taxe a eulx faicte par Monsʳ le chastellain dud. Chenonceau, comme appert par acte de la vente desd. bledz, cy   xv ˢ.

Item pour les brevetz faictz pour publier par les parroisses et villes circumvoisines, les fermes de lad. seigneurie estre a bailler, les bledz estre a vendre au plus offrant et dernier encherisseur, aussi la couppe et vente des boys taillys de lad. seigneurie estre a vendre au plus offrant et dernier encherisseur, comme appert par les brevetz et certifficatz desd. vicaires montans en nombre huict brevetz, pour chacun desquelz a esté payé par ced. recepveur dix deniers tourn., pource cy   vi ˢ viii ᵈ.

A esté payé par ced. recepveur pour la despence faicte par Messʳˢ les bailly, chastellain, procureur, greffier et recepveur de lad. seigneurie, leurs serviteurs et chevaulx, les jours des assises et plectz tenuz douze foys durant ceste année, et lesd. assises par deux foys a deux desd. jours de plectz, pour quatre plectz et assises tenuz depuys le premier jour de jan-

---

1. Noble homme Jehan Menard, écuyer, seigneur de la Menardière, panetier ordinaire et gentilhomme en la maison du roy, intendant de Diane de Poitiers.

vier mil v^c quarente six jusques au dix huict^{me} jour de mars ensuivant, au pris de trente solz tourn. pour chacun des jours desd. plectz, et pour l'aultre plect assise au pris de quarente cinq solz, la somme de six livres quinze solz tourn.; et pour la despence faicte par six jours de plectz et d'une assise depuys led. dix huict^{me} de mars an susd. jusques au premier jour de juillet mil v^c quarente sept ensuivant que Madame a prins possession dud. Chenonceau, au pris de vingt cinq solz tourn. pour chacun jour de plectz, et trente cinq solz tournoys pour jour d'assises et plect, de taxe faicte par Messrs les auditeurs des comptes cy davant renduz par led. recepveur par ordonnance et commission du Roy dernier deceddé, que Dieu absolle, comme appert le compte finissant en decembre v^c quarente six, la somme de huict livres tourn., et pour la despence faicte par lesd. officiers depuys le premier jour de juillet mil v^c quarente sept jusques au dernier jour de decembre ensuivant, au pris de quinze solz tournoys pour chacun jour de plect, la somme de trente solz, lesquelles sommes reviennent ensemble a la somme de seize livres cinq solz tournoys, pource cy   xvi^l v^s.

Plus a esté payé par ced. recepveur, oultre la despence cy davant contenue, la somme de huict solz six den. de despence faicte le jour d'ung assise et de plectz tenuz le   jour de juing mil v^c quarente, comme appert par l'arrest de lad. despence faicte par mesd. s^{rs} les bailly, chastellain et greffier, cy   viii^s vi^d.

Pour quatre journées d'homme et pour ses despens, qui a dressé et levé ung bout de treilles du jardin du pavillon, remis douze perches et huict travers, a raison de deux solz six deniers tourn. pour chacune journée et despens, a esté payé la somme de x^s.

Item pour les gros ploms et menuz qu'il a convenu pour dresser et relier lad. treille, xx^d.

Item pour cinq journées d'homme qui a battu les agmandes des vignes, et la moictié des agmandes du parc, au pris de troys solz quatre deniers tournoys pour chacune journée et despens, a esté payé par ced. recepveur la somme de treize solz quatre deniers tourn., pource cy xvi^s viii^d.

Item pour deux journées d'homme qui a battu la moictié des noix du parc, aud. pris de troys solz quatre deniers, a esté payé la somme de vi^s viii^d.

Item pour quinze journées de femmes qui ont amassé et eschallé lesd. agmandes et noix, au pris de vingt deniers tourn. pour chacune desd. journées, a esté payé par ced. recepveur la somme de xxv^s.

Item pour deux journées d'ung homme et deux journées de femmes qui nectoyerent et housserent le chastel, et ballierent depuys le hault jusques au bas, lors que Monsr de la Menardiere bailla les clefz aud. recepveur, a esté payé, sçavoir est aud. homme la somme de cinq solz tourn., et a lad. femme troys solz quatre deniers tourn., qui est en somme treze solz quatre deniers tournoys, pource cy xiii^s iiii^d.

Requiert led. recepveur luy estre alloué la somme de   pour avoir par luy porté a Madame au lieu de Fontainebleau la somme de six centz cinquante livres ung solt six deniers tourn., pource cy

(*Sera remis a la discretion de Madame.*)

A esté payé a ung homme qui est allé exprès a Annet par le mandement de Mons͏ʳ de la Menardiere querir quictance des deniers que led. recepveur luy envoyoit, ᴸˢ.

Item pour la faczon de ce present compte contenant vii vingtz neuf roolles de pappier escriptz, et pour la coppie d'icelluy contenant pareil nombre, au feur de deux solz six deniers tourn. pour chacun roolle, requiert lui estre alloué la somme de (xxxvii ˡ vˢ).
(*Rayé.*)

Item pour le sallaire et vaccation du comptable qui a rendu ce present compte, et pour ce faire est venu a

Somme, xxxvii ˡ xiiii ˢ iii ᵈ.

AULTRE MISE DE DENIERS FAICTE POUR LES FRAIZ DE JUSTICE.

A esté payé a Monsʳ le chastellain de Chenonceau pour la consultation et espices de deux procès par luy vuydez pour Madame, l'ung contre le prieur de Montoussan, et l'aultre contre Jehan Bezier l'aisné, la somme de ʟˣˢ.

A maistre Jehan de Mazieres, procureur lors de lad. chastellenye dud. Chenonceau, a esté payé par ced. recepveur la somme de cinquante six solz huict deniers tournoys, de taxe a lui faicte par mond. sʳ le chastellain de ceans, pour quelques escriptures par luy faictes pour lad. seigneurie en certain procès, comme appert par sa quictance cy rendue, cy ʟᴠɪˢ ᴠɪɪɪᵈ.

A Mᵉ Loys Duboys, commis du greffier de Chenonceau, de taxe a lui faicte par Monsʳ le bailly dud. Chenonceau, a esté payé par ced. recepveur la somme de douze solz six deniers tournoys, pour avoir par luy porté aud. bailly en la ville de Tours les sacs d'entre le procureur de la seigneurie de ceans d'une part, et Estienne Girollé d'aultre, comme appert par lad. taxe et quictance dud. Duboys cy rendues, cy xii^s vi^d.

(*Par quictance cy rendue et ordonnance du bailly.*)

Somme, vi^l ix^s ii^d.

DENIERS PAYEZ ET BAILLEZ COMPTANT A MADAME.

A esté payé et baillé au recepveur pour Madame en sa seigneurie d'Annet, la somme de dix neuf livres ung solt sept deniers obolle tourn., comme appert par la quictance de Jehan Cadot, recepveur pour mad. dame aud. Annet, laquelle quictance porte quatre centz troys livres cinq solz, qui sont troys centz quatre vingtz quatre livres troys solz quatre deniers obolle tourn., qui font le payement de mil trente quatre livres quatre solz dix deniers obolle, en quoy ced. recepveur estoit demouré redevable par l'arrest de son compte finissant le dernier de decembre mil v^e quarante six, cy contemps. xix^l i^s vii^{d ob}.

DENIERS INUTILZ COMPTEZ ET NON RECEUZ, DESQUELZ CED. RECEPVEUR S'EST CHARGÉ CY DAVANT EN RECEPTE DE DENIERS, TANT ORDINAIRES QUE MUABLES.

(*Résumé.*)

A esté faict recepte cy davant par ced. recepveur en recepte de deniers tant ordinaires que muables, de la somme de dix huict livres dix huict solz et six deniers, qu'il fault desduire, parce que ced. recepveur ne congnoist les heritaiges subjectz ausd. debvoirs, parce qu'il n'a aulcuns pappiers ne enseignemens, aussi ne congnoist les detempteurs desd. heritaiges, ne les denommez en pappier et estat de recepte, ou parce que les detempteurs des heritaiges les ont renoncez, et de present sont baillez a ferme au prouffict de la seigneurie, pource cy   XVIII^l XIII^s VI$^{d\ ob\ trs\ de\ denyer}$.

 Plus se descharge ced. recepveur de la somme de cinquante solz tournoys dont il s'est chargé cy davant en recepte de deniers muables sur François Delafons, fermier du parc des antes de la Fuye, a luy affermé au pris de seze livres quinze solz tournoys, sur laquelle somme il a esté desduict par le chastellain et officiers de lad. seigneurie de Chenonceau, la somme de cinquante solz tourn. pour la moictié des fruictz provenans dud. parc, que le cappitaine dud. Chenonceau a prins, fors la moictié des noix que ced. recepveur a prinses, montans huict boisseaulx, parce que les aultres fruictz estoient ja cueillyz lors que ced. recepveur eut la charge du chastel et dommaines de Madame, cy   L^s.

 Plus se descharge ced. recepveur de la somme de quarante solz sept deniers tourn. faisant les deux tierces parties de la somme de soixante solz dix deniers tourn. des emendes taxées qui ont esté certiffiez estre maulvays deniers par ung roolle baillé a Mathurin Hervé, sergent, desquelles emendes ced. recepveur a tenu compte cy davant ou chappitre de recepte de deniers pour la prevosté, deffaulx et emendes, cy   XL^s VII^d.

Plus se descharge ced. recepveur de la somme de d'emendes taxées qui ont esté rapportées estre maulvays deniers par ung roolle baillé a Denys Fleury, cy

SOMME, XXIII^l IX^s I^d OB. TIERS DE DENYER.

SOMME TOUTALE DE LA DESPENCE DE CE CONTE VI^c XLIX^l XVII^s VI^d OB. TIERS DE DENIER.

MISE ET DESPENCE DE GRAINS EN L'ANNÉE DE CE COMPTE.

ET PREMIEREMENT, FROMENT.

Ced. recepveur ne faict aulcune mise de froment pour les vendanges, parce qu'il a compté leur despence de froment et d'aultre bled et leur pitance, cy davant en mise de deniers pour vendanges, cy *Neant.*

Ced. recepveur mect et employe en despence et mise de froment cinq septiers deux boisseaulx de froment sur pluseurs detempteurs, desquelz n'a riens esté receu par ce qu'il ne sçait la situation des heritaiges subjectz aud. bled froment, ne les detempteurs d'iceulx, ne les heritaiges desd. detempteurs, ou parce que les dessusd. ont quicté et sponcé les heritaiges subjectz aud. bled, pource cy v^s II^{bo}.

Plus pour le dechet dud. froment, de celluy duquel il est demouré chargé par l'arrest de son compte dernier rendu, montant troys muydz sept septiers deux boisseaulx deux tiers de boisseau, a raison de

Aloué pour dix boisseaulx x^{bo}.

Plus pour le dechet de celluy froment duquel ced. recepveur tient compte, a raison

Plus se descharge ced. recepveur du nombre de cinq septiers de froment pour ung quarteron de la ferme des moulins de Vestin, escheu au jour Nostre Dame de mars an de ce compte, venduz avecques les bledz dont ced. recepveur estoit demouré chargé par l'arrest de son dernier compte, desquelz il s'est chargé en recepte de deniers pour vendition de froment, cy mise v^s.

Plus se descharge du nombre de trente cinq septiers deux bo. et demy venduz, et dont il s'est chargé en recepte de deniers pour vendition de froment, cy (xxxv^s ɪ$^{bo\ et\ demy}$).

(*Rayé, pource qu'il a quictance de Madame.*)

SOMME DE FROMENT, x^s ɪ^{bo}.

MISE ET DESPENCE DE SEIGLE ET MOULTURE VALLANT SEIGLE, EN L'AN DE CE PRESENT COMPTE.

CHARGES DE FIEF.

Au secretain de l'abbaye d'Aiguevive, a esté payé par ced. recepveur ung septier de seigle a luy deu chacun an de fondation annuelle, comme appert par sa quictance cy rendue, cy mise de seigle, ɪ^s.

Au curé de Chenonceau a esté payé par ced. recepveur, six septiers de seigle a luy deubz chacun an le jour et feste sainct Michel de fondation annuelle pour anniversaires par luy dictz pour le salut et remedde des ames des deffunctz seigneurs de Chenonceau, duquel curé (quictance) est cy rendue, pource cy vɪ^s.

Au secretain de l'abbaye de Villeloing, a esté payé

par ced. recepveur deux septiers de seigle a luy deubz par aulmosne et fondation annuelle, le jour et feste sainct Michel, sur la seigneurie des Ousdes, membre deppendant de la chastellenye de Chenonceau, comme appert par quictance dud. secrectain cy rendue, pource cy seigle   ii^s.

Au pitancier de l'abbaye dud. Villeloing, a esté payé par ced. recepveur troys septiers de seigle a luy deubz par aulmosne et fondation annuelle le jour sainct Michel, sur la seigneurie des Ousdes, membre deppendant dud. Chenonceau, comme appert par sa quictance cy rendue, cy mise seigle,   iii^s.

Au prieur de Montaussan a esté payé par ced. recepveur le nombre de onze septiers de seigle et ung quart de vin a luy deubz par aulmosne chacun an le jour et feste sainct Michel, a cause dud. prieuré de Montaussan, comme appert par sa quictance cy rendue, pource cy mise de seigle,   xi^s.

Ne faict ced. recepveur mise ne despence d'aulcun seigle pour la nourriture des vendangeurs, parce qu'il en a compté en mise de deniers pour vendanges, cy   *Neant.*

Ced. recepveur se descharge de neuf septiers ung boisseau de seigle, desquelz il s'est chargé cy davant en recepte de seigle ordinaire deu a cause de Chenonceau, lesquelz il n'a receuz pour les causes contenues es articles du chappitre de mise et despence de froment, cy mise de seigle,   ix^s i^{bo}.

Plus pour le dechet du seigle de ceste année a raison de

(*Il luy en sera faict raison a la livraison des bledz qui en sera faicte pour Madame.*)

Plus se descharge ced. recepveur du nombre de dix septiers de seigle pour ung quarteron de la ferme des moulins de Vestin escheu au jour et feste Nostre Dame, qui a esté vendu avecques les bledz desquelz led. recepveur estoit chargé par l'arrest et closture de son compte dernier rendu; desquelz bledz ensemble desd. dix septiers pour led. quarteron led. recepveur s'est chargé cy davant en recepte de deniers, cy mise seigle, x^s.

Plus se descharge cy ced. recepveur du nombre de unze muidz sept septiers cinq bo. et tiers de boisseau, desquelz il est demouré chargé par l'arrest de son dernier compte rendu, duquel il s'est chargé en recepte de deniers pour vendition de seigle, cy (XI^m VII^s V^{bo} I$^{trs\ de\ boisseau}$).

(*Rayé.*)

SOMME DE MISE DE SEIGLE, III^m II^s I^{bo}.

MISE ET DESPENCE D'ORGE EN L'ANNÉE DE CE COMPTE.

Ced. recepveur ne faict aulcune despence d'orge pour la despence des vendangeurs, pour les causes contenues es chappitres de mise de froment et de seigle, cy *Neant.*

Plus ced. recepveur faict mise et despence vingt deux boisseaulx d'orge, dont il s'est chargé en recepte ordinaire d'orge deue a Chenonceau sur les hoirs feu Martin Truchon, Pierre Bertherand et aultres, lesquelz il n'a receuz pour les causes contenues es chappitres de mise de froment et de seigle preceddans, pource cy mise XXII^{bo}.

Plus pour le dechet dud. orge vendu de l'année passée, a raison,....

Plus pour le dechet dud. orge receu en l'an de ce present compte, a raison....

(*Raison lui en sera faicte en livrant lesdictz orges.*)

Plus pour la nourriture de vingt chappons et huict poulles nourriz par l'espace d'un moys, troys boisseaulx orge, cy orge 　　　　　　　　　　　III^{bo}.

Se descharge ced. recepveur du nombre de trente neuf septiers troys boisseaulx orge, desquelz il s'est chargé cy davant en recepte de deniers pour vendition d'orge, cy 　　　　　　　　　　XXXIX^s III^{bo}.

(*Rayé. Aura quictance de Madame.*)

NOMBRE D'ORGE, II^s I^{bo}.

MISE ET DESPENCE D'AVOYNE.

Cedict recepveur se descharge de sept septiers onze boisseaulx d'avoyne, lesquelz n'ont esté receuz par ced. recepveur pour les causes contenues es articles preceddans couschez es chappitres de mise de froment et de seigle, cy mise d'avoyne 　　　　　　　VII^s XI^{bo}.

Aussi a esté employé par ced. recepveur pour la nourriture de vingt chappons et huict poulles yssuz de la presente recepte, nourriz par l'espace d'ung moys, avoyne 　　　　　　　　　　　　IIII^{bo}.

Plus pour le dechet de lad. avoyne de l'année precedant ced. compte, qui a esté vendue, comme appert par ced. compte, a raison de......

(*Il luy en sera faict raison.*)

Pour le dechet de l'avoyne qui est de present en nature, de laquelle ced. recepveur est de present chargé par ced. compte. . . . .

Plus se descharge cy ced. recepveur du nombre de quarente huict septiers vingt boisseaulx ung tiers de boisseau avoyne, venduz, comme appert en recepte de deniers pour vendition d'avoyne, cy mise avoyne (XLVIII^s XX^{bo} I $^{tiers\ de\ bo}$).

(*Aura quictance de Madame.*)

NOMBRE, V^e III^{bo}.

MISE ET DESPENCE DE PAILLE FAICTE PAR CED. RECEPVEUR EN L'ANNÉE DE CE COMPTE.

Ne faict aulcune despence de paille ced. recepveur en l'année de ce compte, fors du nombre de six fagotz de paille employez pour les chevaulx de monseigneur de Pontlevoy, quant il fut aud. Chenonceau pour mad. dame pour recepvoir les foyz et hommaiges a elle deubz a cause de sa chastellenie dud. Chenonceau; pource cy mise de paille VI ^{fagots}.

MISE ET DESPENCE DE VIN EN L'ANNÉE DE CE COMPTE.

Faict ced. recepveur despence et mise du nombre de quatorze traversiers des vins cueillyz ceste année es vignes des cloz des plan d'Orleans, Beaulne, Herboys et Anjou, sçavoir est troys traversiers de plan de Beaulne clairet, troys plan d'Herboys blancs, quatre traversiers plan d'Orleans et quatre traversiers de plan d'Anjou, qui ont esté envoyez pour Madame a Annet par le commandement de monseigneur de Pontlevoy, cy mise de vin du creu de l'année de ce compte XIIII ^{traversiers}.

Plus ced. recepveur faict mise d'ung traversier de vin d'Orleans de pressuraige employé a emplir tous lesd. vins clairetz jusques a ce que les quatorze pieces de vin susd. feussent envoyées a Annet, qui fut on moys de decembre mil cinq centz quarente sept, cy mise I ^{traversier}.

Plus se descharge ced. recepveur et faict mise d'ung quart de vin blanc et deux seillées du creu de l'année de ce compte, qui a esté employé a remplir lesd. vins jusques a ce qu'ilz ont esté tapponnez, cy mise et despence du creu de ceste année et de ce compte I $^{\text{qrt et deux seill}}$.

Plus faict ced. recepveur mise et despence d'ung quart et demy vin vieil pour les vendangeurs, et le reste a esté employé a emplir les aultres vins vieilz, cy mise I ^{traversier}.

Plus faict ced. recepveur mise et despence de troys traversiers de vin clairet et cinq poinczons de vin blancs vieilz, le tout de l'année preceddante, dont il est demouré chargé par l'arrest de son compte rendu, qui sont en nombre huict traversiers dont il s'est chargé cy devant en recepte de deniers pour vendition de vin, pource cy mise de vin, (VIII ^{traversiers}).

(*Aura quictance de Madame pource qu'il en a conté en recepte de deniers.*)

Plus se descharge ced. recepveur d'une pippe de vin clairet poussé, par luy vendue, dont il s'est chargé cy davant en recepte de deniers pour vendition de vins, cy   *une pippe*.

Plus se descharge ced. recepveur d'ung traversier de vin clairet baillé a madame Philippes[1] par le commandement de mond. sʳ de Pontlevoy, cy mise de vin,   ɪ traversier.

Plus ung traversier de vin clairet vieil qui est aigre, que led. recepveur a en sa possession, cy   ɪ traversier.

Nombre de vins despendus, xxviii poinsons et ung cart.

Mise et despence de chappons en l'année de ce compte.

Ced. recepveur mect en despence et mise vingt huict chappons dont il s'est chargé on chappitre de chappons, pource qu'il ne les reçoipt, pource cy chappons,   xxviii chappons.

Plus se descharge ced. recepveur de cent quinze chappons et demy venduz, desquelz il s'est chargé en

---

1. Les archives de Chenonceau ne nous indiquent point ce qu'étoit cette *madame Philippes*. Nous conjecturons, d'après les *Comptes de la fabrique de l'église de Dierre* (canton de Bléré), pour l'année 1542, que c'étoit la vivandière du régiment de Saint-André. Nous y lisons ces articles :

« 1542. Item plus payé la somme de viii sols iiii den. pour raison de certains poulletz lesqueulz furent baillés aux gensdarmes qui fut la bande de Mons. Sainct André, et fut le jour de quaresme prenant, pour ce . . . . viiiˢ iiiiᵈ.

Item plus payé xxii den. pour raison de certaines horanges lesquelles furent baillées a madame Phelipe qui estoyt pour la bande que dessus, cy . . . . xxiiᵈ. »

Il est donc probable que le poinçon de vin clairet a été baillé à madame Philippes pour régaler les gens d'armes de la bande de monsieur Saint-André.

recepte de deniers pour vendition de chappons, cy despence, chappons   CXV $^{\text{chappons et demy}}$.

NOMBRE DE CHAPPONS, VII^{xx}III CHAPP. ET DEMY.

MISE ET DESPENCE DE POULLES EN L'ANNÉE DE CE COMPTE.

Cedict recepveur faict mise et despence de quinze poulles, desquelles il s'est chargé en recepte de poulles parce qu'il n'a congnoissance des heritaiges subjectz ausd. poulles, cy mise de poulles,   XV ^{poulles}.

Plus se descharge ced. recepveur et mect en despence le nombre de quarente poulles vendues, desquelles il s'est chargé en recepte de deniers pour vendition de poulles, pource cy mise de poulles,   XL ^{poulles}.

NOMBRE DE POULLES, LV.

MISE DE POULLETZ EN L'ANNÉE DE CE COMPTE.

Se descharge ced. recepveur et faict mise de vingt sept poulletz venduz, desquelles il s'est chargé cy davant en recepte de deniers pour vendition de poulletz, cy mise poulletz,   XXVII ^{poulletz}.

MISE D'OAYES EN L'ANNÉE DE CE COMPTE.

Faict ced. recepveur mise et despence de neuf oayes desquelles il s'est chargé en recepte de deniers pour vendition d'oayes, cy mise   IX ^{oayes}.

MISE D'OEUFS EN L'ANNÉE DE CE COMPTE.

Cedict recepveur faict mise et despence de quatre douzaines d'oeufz venduz, et des deniers de la vente s'en est chargé en recepte de deniers pour vendition d'oeufz, cy mise oeufz, IIII XII^{nes}.

MISE DE CIRE EN L'AN DE CE COMPTE.

Se descharge ced. recepveur de demye livre de cire au terme d'anneuf, a cause des Ousdes, sur les hoirs feu Guion Pichon et P^{re} Massiot, laquelle il n'a receue, parce qu'il n'a congnoissance des heritaiges subjectz a lad. cire, mise demye livre cire.

Faict ced. recepveur despence d'une livre de cire laquelle a esté vendue la somme de quatre solz, de laquelle il s'est chargé en recepte de deniers pour vendition de cire, mise de cire I^l.

NOMBRE DE CIRE, I^l ET DEMYE

MISE DE CORVÉES EN L'ANNÉE DE CE OMPTE.

A esté employé par ced. recepveur en l'an de ce present compte, tant a fener, vendanger et curer les biez des moulins, le nombre de soixante quatre corvées, pource cy LXIIII^{corvées}.

MISE DE POISSON ON TEMPS DE CE COMPTE.

A esté faict recepte on chappitre de deniers pour

vendition de poisson, de treize solz quatre deniers tourn. pour quatre platz de poisson estimez troys solz quatre deniers tourn. chacun plat, pource cy IIII plats poisson.

MISE DE NOIX ON TEMPS DE CE COMPTE.

Ced. recepveur faict mise et despence de dix huict boisseaulx de noix en l'année de ce present compte, vendues au pris de deux solz six deniers chacun boisseau, depuys qu'elles furent mises en vente en jugement au plus offrant et dernier encherisseur, present mond. seigneur, et ne furent mises que a   deniers chacun boisseau, et ne furent vendues lors pour ce qu'elles ne furent mises a pris compectant, et depuys en a led. recepveur vendues dix huict boisseaulx aud. pris, cy mise   XVIII bo.

MISE DE POYVRE EN L'ANNÉE DE CE COMPTE.

N'a esté receu aulcun poivre par ced. recepveur pour les causes contenues es comptes preceddans, cy   *Neant.*

FOULLEURE DE DRAP.

Ced. recepveur faict mise de la foulleure de demy drap dont il s'est chargé en recepte de deniers muables, pource cy   la foulleure de demy drap.

MISE D'AGMANDES.

Cedict recepveur ne faict mise d'agmandes, parce que les agmandes cueillyes ceste année sont encores en nature entre ses mains, cy *Neant.*

MISE DE POURCEAULX.

Ced. recepveur faict mise d'ung porc que le fermier des moulins de Vestin doibt, estimé par son bail trente cinq solz tourn., desquelz il s'est chargé en recepte de deniers pour vendition de porcs, cy I^{porc}.

SOMME TOUTALE DE LA DESPENCE DE CE PRÉSENT CONTE.

Sçavoir est :
En deniers, VI^c XLIX^l XVII^s VI^d ob. tiers de denier.
Froment, X^s I^{bo}.
Seigle, III^m II^s I^{bo}.
Orge, II^s I^{bo}.
Avoyne, V^s III^{bo}.
Paille, VI^{boteaux}.

Partant doibt led. recepveur, deduction de mise a vente, sçavoir est :

En deniers, trois centz vingt et neuf livres six solz deux deniers;
Froment, II^m IX^s III^{bo}. II tiers de bo.
Seigle, VIII^m XI^s V^{bb}. et demy.
Orge, II^m VIII^s VII^{bo}.

Avoyne, II^m VII^s VIII^bo.
Vin, XIII poinsons.
Paille, XLIIII boteaux.
Foin, X certées.

Lesquelz blez, vin, paille et fouin, noix et amandes, demeurent entre ses mains, qui en tiendra conte et luy sera faict raison du deschet des dictz grains quand il les delivrera; laquelle somme de deniers, deschet declaré, est portée a son conte subsequent, et quand aux autres especes contenues en la recepte de ce present compte, ledit recepveur demeure quite. Ouy et clos par nous, Bernard de Rutye, abbé de Pontlevoy, conseiller et premier aulmosnier du roy, et noble homme Nicolas du Beix, mareschal des logys ordinaire du roy et maistre d'hostel de madame la duchesse de Vallentinois, dame de Chenonceau, ayant charge de madite dame de clore et arrester ce present conte, le XIIIme jour de septb. 1549.

BERN. DE RUTYE.   DUBEX.

(Registre in-4° en papier, comprenant CL feuillets.)

II.

COMPTE DE L'ANNÉE 1548, RENDU A MADAME MADAME DIANE DE POYTIERS PAR ANDRÉ BEREAU RECEPVEUR DUD. CHENONCEAU.

RECEPTES DE L'ANNÉE V^c XLVIII.

(*Résumé*[1].)

Recepte de deniers muables faicte par ce recepveur pour les fermes de la seigneurie de Chenonceau en l'année de ce compte, cy   cxviii^l xv^s.

Aultre recepte de deniers muables pour ferme des herbaiges et pasturaiges de la seigneurie de Chenonceau, deubz le jour et feste sainct Martin d'hyver, cy   xvi^l v^s.

Aultre recepte de deniers muables pour les fermes des dixmes des vins, pescheries et aultres menues fermes, cy   lxx^l xi^s.

Recepte de deniers pour vendition des herbes des

---

[1]. Les cinq premiers feuillets de ce compte ont été lacérés pendant la Révolution. — Nous ne donnons ici qu'un résumé des articles de recette, qui sont la reproduction en termes presque identiques des articles du compte de 1547.

prez de la seigneurie dud. Chenonceau, payables au jour st Martin d'hyver, cy viixxxil xixs vid.

Aultre recepte de deniers faicte pour les fermes des vignes de plan commung a pris d'argent, cy iiiixxvil vs.

Aultre recepte pour la ferme des sceaulx aux contractz de lad. chastellenye de Chenonceau, cy xs.

Recepte de deniers pour la ferme des droictz de prevosté, deffaulx, emendes gaigées et jugées en lad. chastellenye et taxées en l'année de ce compte, cy xlviiil.

Receu pour la vente d'ung petit mouton qui avoit esté trouvé espave, cy xvs.

Recepte de deniers pour heritaiges saisiz, cy
xil xixs viid.

Forfaictures et dommaiges advenuz en l'an de ce compte, cy vs.

Recepte de deniers pour vendition de quarente arpens de boys ou environ, venduz en jugement en dix neuf ventes et monstrées, cy iie lxl.

Recepte de deniers pour vendition de couppes de saulles et ploms en l'an de ce compte, cy xxxviil iis vid.

Recepte de deniers pour vendition de cinq charrettées de foing, fors et excepté ce qui a esté mangé par les chevaulx de mon sr de Pontlevoy, quant il vint recepvoir les foy et hommaiges des vassaulx nobles dud. Chenonceau, cy xviiil.

Recepte de deniers pour vendition des choses yssues de la presente recepte, sçavoir est:

Cent quinze chappons et demy, xiiiil.
Quarente poulles, lxiiiis viiid.
Vingt sept poulletz, xiiis vid.
Six oayes et troys oaysons, ayant ung ail pendu au col, xxxs.

Soixante cinq boisseaux de noix, ix¹ iiii ͬ.
Partie des vins, qui sont vingt traversiers, ont esté menéz a Paris, et les vieilz n'ont esté venduz; cy *Neant.*
Une livre de cire, iiii ͬ.
Quatre platz de poisson appreciez xiii ͬ iiii ͩ.
Un porc apprecié, xxxv ͬ.
Quatre douzaines d'oeufz, ii ͬ viii ͩ.
Trente boisseaux d'amangdes, iiii¹ v ͬ.
Foulleure de demy drap, v ͬ.

AULTRE RECEPTE DE DENIERS POUR LES RACHAPTZ, PROUFFICTZ DE FIEF, LOTZ ET VENTES EN L'ANNÉE DE CE COMPTE.

De M ͬᵉ Anthoyne Bohier, chevalier, seigneur baron de S ͭ Cirgue, pour ung roncin de service qu'il debvoit a Madame a cause de son fief de la Mauvoisin en la parroisse S ͭ Quantin[1], a esté receu la somme de soixante solz, comme appert par acte judiciaire faisant mention de sa foy et hommaige, cy LX ͬ.

(*Par extraict du greffe servant aux subsequëns.*)

De Françoys Le Chat, escuyer, seigneur de Ruyrie et de Thenay, pour la dixme qu'il tient en la parroisse dud. Thenay, appellée la Ruyrie, a esté receu pour ung roncin de service qu'il debvoit a mad. dame la somme de soixante solz tourn., cy LX ͬ.

Du seigneur de la Valliere, a esté receu pour deux roncins de service qu'il debvoit a mad. dame a cause

---

1. Ile du Cher, un peu au-dessus du pont de Bléré. La paroisse de la Croix, dans laquelle s'étendoit le fief de Mauvoisin, a porté longtemps le nom de Saint-Quentin des Prés.

de son fief de la Valliere sis en la varenne d'Amboyse près Negron la somme de six livres tourn., cy — vi^l.

A esté receu par ced. recepveur pour les lotz et ventes des contractz exhibez en l'an de ce present compte, et dont led. recepveur a esté payé, non comprins ceulx qui sont entre les mains du procureur de la cour de ceans, la somme de vingt trois livres troys solz et quatre deniers, comme appert par extraict du pappier du greffe signé Duboys, cy — xxiii^l iii^s iiii^d.

Somme, xxxv^l iii^s iiii^d.

Somme des deniers de ce conte tant ordinaires que immuables, ix^c lxxv^l xv^s iiii^d.

RECEPTE DES VINS EN L'AN DE CE COMPTE.

AUX OUSDES.

A esté cueilly on cloz de vigne plan d'Orleans et Auvernaz assis aux Ousdes quatre traversiers de vin, cy vin — IIII^{traversiers}.

A esté receu des fermiers des vignes du plan commung des Ousdes ung quart de vin pour bailler au prieur de Montaussan, cy vin — I^{quart}.

A CHENONCEAU.

A esté cueilly on cloz de vigne de la Roche, planté des plans de Beaulne et Herboys, contenant quatre arpens ou environ, six traversiers de vin clairet et ung quart de Beaulne, comprins le pressuré, et six traversiers vin d'Herboys; cy Beaulne, — vi^{tr} i^{qrt}.

Herboys, — vi^{tr}.

A esté cueilly on cloz de vigne plan d'Anjou neuf traversiers et ung quart de vin, cy vins d'Anjou,   ix^{tr} i^{qrt}.

A esté cueilly es treilles du jardin troys traversiers de vin, cy vins de treilles,   iii ^{traversiers}.

Aussi a esté cueilly ung quart de verjus, cy   i^{qrt verjus}.

NOMBRE DE VINS, XXIX POINSONS ET I QUART VERTJUS.

RECEPTE DE GRAINS EN LA SEIGNEURIE DUD. CHENONCEAU,
EN L'ANNÉE DE CE COMPTE.

(*Résumé.*)

Froment immuable,	xxiiie iii^b ii^{trs de b}.
Froment muable,	i^m viiie ii^b.
Seigle ordinaire immuable,	xxe v^h ii^{trs de b}.
Seigle muable ou moulture vallant seigle,	xii^m iiie i^b.
Orge immuable,	xxii^b.
Orge muable,	iii^m.
Avoyne immuable,	x^e xi^b.
Avoyne muable,	iii^m iie.
Corvées,	LXIIII.

MISE ET DESPENCE DE DENIERS FAICTE PAR CED.
COMPTABLE EN L'ANNÉE DE CE COMPTE.

ET PREMIEREMENT AULMOSNES ET CHARGES DE FIEFZ DE LA
CHASTELLENYE DUD. CHENONCEAU.

Au curé de Chenonceau a esté payé par ce recepveur la somme de six solz tourn. a luy deubz chacun an, comme appert par sa quictance cy rendue, pour ce cy . . . . vi^s.

Au boursier des anniversaires de l'esglise de Tours a esté payé par ced. recepveur la somme de soixante solz tourn. a luy deubz chacun an le jour saint Martin d'hyver, a cause des dixmes que Madame prend aud. Chenonceau, cy . . . . LX^s.

SOMME, LXVI^s.

GAIGES ET PENSIONS DES OFFICIERS DE LAD. CHASTELLENYE DE CHENONCEAU, PAYEZ EN L'ANNÉE DE CE COMPTE.

A Maistre Charles Tayrié, licencié es loix, bailly de lad. chastellenye dud. Chenonceau, pour ses gaiges d'une année d'avoir servi oud. estat, a esté payé par ced. recepveur la somme de cent solz tourn. comme appert par sa quictance cy rendue, cy . . . . c^s.

A Maistre René de la Bretonniere, aussi licencié es loix, juge chastellain dud. Chenonceau, pour avoir par luy exercé led. estat de chastellain par ung an entier escheu a Noel an de ce compte, a esté payé par ced. recepveur la somme de sept livres tourn., comme appert par sa quictance cy rendue, cy . . . . vii^l.

A Me Nicolle Bourgeau, procureur en ladicte chastellenye de Chenonceau, pour ses gaiges d'une année escheue a pareil jour que dessus, pour avoir par luy exercé led. estat, a esté payé par ced. recepveur la somme de cent solz tournoys, comme appert par sa quictance cy rendue, cy . . . . c^s.

A ce recepveur et concierge dud. Chenonceau, qui a fait la recepte et mise durant l'année de ce compte, aussi a eu l'oeil du chastel et autres bastimens dud. Chenonceau, s'est payé par ses mains de la somme de cent livres tournois, pour ce cy . . (c¹).

Rayé. Alloué soixante livres, cy LX¹.

A Estienne Desvaulx, sergent et garde des boys et garennes dud. Chenonceau, pour avoir par luy exercé led, estat par le temps et espace de ce compte, a esté payé par ced. recepveur la somme de quinze livres tourn. a luy ordonnée par Messeigneurs de Pontlevoy et de la Menardiere, comme appert par sa quictance, cy XV¹.

A Denys Fleury, aussi sergent et garde, luy a esté payé par ced. recepveur la somme de cent solz tourn. pour une année escheue aud. jour de Noel, comme appert par quictance, cy C⁵.

Somme, IIII׳˟ XVII¹.

MISE DE DENIERS ET DESPENCE FAICTE POUR LES FAÇONS DES VIGNES RETENUES ES MAINS DE LAD. SEIGNEURIE, POUR L'ANNÉE DE CE COMPTE.

A Mathurin Chicoisneau et Martin Bachelier, vignerons demourans aud. Chenonceau, pour les façzons ordinaires du cloz de vigne de la Roche dud. Chenonceau, contenant quatre arpens ou environ, planté de plan de Beaulne et Herboys, a esté payé par ced. recepveur la somme de vingt sept livres tourn., de pris faict avecques eulx par Monseigneur de la Menardiere, et pour chacun cent de proings la somme de dix solz tourn., comme appert par marché passé par Jacques

Mesnaige, notaire eu lad. chastellenye de ceans, stipullant en la personne dud. recepveur, comme appert par led. marché et quictance dud. Chicoisneau cy rendue, cy . . . . xxvii¹.

Ausd. Chicoisneau et Martin Bachelier, pour avoir par eulx faict oud. cloz de vigne le nombre de cinq centz et demy de proings, renduz terrassez et razez, aud. pris de dix solz par chacun cent, cy . . . . lv⁵.

Pour six gerbes de ploms employées pour lier les cherniers au cepe desd. vignes, et a icelles acoler, au prix de deux solz six deniers pour chacune gerbe, a esté payé la somme de . . . . xv⁵.

A Jehan Dupont et Loys Baillet, vignerons, pour avoir (faczonné) des quatre faczons ordinaires le cloz de vigne du plan d'Anjou, contenant trois arpens, assis au dessus du bourg dud. Chenonceau, de pris faict par Monsʳ de la Menardiere avecq eulx, a esté payé par ced. recepveur la somme de treize livres tourn., comme appert par marché passé par J. Mesnaige et quictance d'eulx cy renduz, cy . . . xiii¹.

Aux dessusd. Baillet et Dupont, pour avoir par eulx faict oud. cloz de vigne le nombre de quatorze centz de proings, iceulx terrassez, de pris faict a dix solz pour chacun cent, a esté payé la somme de sept livres tourn., comme appert par lad. quictance, cy vii¹.

A Guillᵉ des Champs pour avoir faict de toutes faczons le clos de vigne des Ousdes du plan d'Orleans, contenant trois arpens ou environ, de pris faict avecq mond. Sʳ de la Menardiere, a esté payé par ced. recepveur la somme de vingt deux livres tourn., comme appert par led. marché et quictance dud. Deschamps cy renduz, cy . . . . . xxii¹.

Aud. Deschamps pour avoir par luy faict oud. cloz de vigne le nombre de huict centz et demy de proings, iceulx terrassez et razez aud. pris de dix solz tourn. pour chacun cent, a esté payé par ced. recepveur la somme de quatre livres cinq solz tourn., comme appert par sad. quictance, cy IIII^l v^s.

Pour deux gerbes de ploms qu'il a convenu pour lyer lesd. cherniers, a esté payé v^s.

Pour la faczon de dix milliers de chernier employez esd. cloz de vigne de la Roche et d'Orleans, au pris de troys solz quatre deniers pour millier, a esté payé la somme de xxxIII^s IIII^d.

Pour le charroy de six milliers deux centz de chernier depuys le pavillon jusques a la Roche, payé au pris de deux solz millier, xII^s.

Pour l'achapt de soixante unze tomberées de terrier employées a terrasser lesd. dix neuf centz et demy de proings es cloz de la Roche et Anjou, cy dessus declarez, rendues sur les vignes au pris de deux solz chacune tomberée, a esté payé la somme de vIII^l xvII^s vI^d.

Pour l'achapt de trente deux tomberées de terrier employées a terrasser les proings du cloz de vigne du plan d'Orleans des Ousdes, aud. pris, et rendues sur led. cloz, a esté payé la somme de IIII^l.

Pour le double des marchez passez desd. vignes, contenant quatre roolles de pappier, et pour le sallaire du notaire qui les a passez vI^s.

Somme, IIII^{xx} xII^l vIII^s x^d.

MISE DE DENIERS POUR FACZONS DES TREILLES DU JARDIN DU PAVILLON ET DU JARDIN DES OUSDES.

Pour vingt une journée d'homme et pour leurs despens, employées a tailler lesd. treilles, icelles plyées, redressées et mis des paulx et travers ou il en estoit besoing, au pris de deux solz six deniers pour journée et despence, a esté payé la somme de cinquante deux solz six deniers tourn., cy LII^s VI^d.

Pour les gros ploms qu'il a convenu pour les paulx, lymendes et travers, III^s VI^d.

Pour cinq gerbes de ploms employées a lyer les ceps et verges, au pris de deux solz six deniers, XII^s VI^d.

Pour la journée d'ung homme et pour ses despens, qui a couppé les paulx, lymendes et travers, a esté payé II^s VI^d.

Pour la faczon de troys centz de plantaz de saulles pour faire du cercle, au pris de deux solz chacun cent, la somme de VI^s.

Pour la voicture et charroy desd. plantaz des Ousdes a Chenonceau, II^s.

Pour led. charroy et treize tours des couppes des saulles depuys la garenne des Hées au pavillon, et de ceulx qui sont le long le pastureau près la garenne du Ponceau, desquelz ont esté faictz les cherniers employez aux vignes et les plantaz, a esté payé la somme de XVI^s.

Pour la faczon de trente cinq liasses de sercles de saulle, au pris de neuf deniers pour chacune liasse, et pour leurs despens, cy payé la somme de XXVI^s III^d.

SOMME, VI^l I^s III^d.

MISE DE DENIERS ET DESPENCE FAICTE POUR LES VENDANGES ET CUEILLECTES DES VINS DE L'ANNÉE DE CE COMPTE.

Pour cinq journées de tonnellier qui ont relié tous les ancez, mis des aureilles et fonds ou ilz en ont eu besoing, rabillé deux quartz, en l'ung desquelz a esté mis le verjust, rebattu les ancez et mis deux sercles de boulle sur une cuve ayant quatre toyses de long, chacun au pris de quatre solz six deniers tourn. pour journée et despens, a esté employé vj liasses de sercle, xxii^s vi^d.

Pour deux journées de femme et d'ung garson qui ont cueilly le verjust au pris de vingt den. pour journée et pour despens, v^s.

Pour la faczon de six vingtz deux pintes de verjust, au pris de ung denier pour les deux pintes, payé v^s i^d.

Pour le charroy dud. quart de verjust depuys Francueil jusques au chastel dud. Chenonceau, payé xii^d.

Pour l'achapt desd. deux sercles de boulle de longueur de quatre toyses, comme dict est, pour mectre ausd. cuves, prins Amboyse, la somme de x^s.

Pour le charroy desd. sercles dud. Amboise jusques aud. Chenonceau, xii^d.

Pour une torche de grosse apreste pour relier lesd. cuves, xx^d.

Pour quatre torches d'apreste menue pour relier lesd. ancez, iii^s iiii^d.

Pour la journée d'ung homme et pour ses (despens), qui a abreuvé et lavé lesd. cuves, foulloueres et ancez, ii^s vi^d.

Pour les journées et despens de xviii couppeurs, non comprins le vin, qui ont vendangé le cloz de vigne de plan d'Orleans, contenant troys arpens, au pris de deux solz tourn. pour chacune journée, la somme de xxxvi^s.

Pour les journées et despens de troys hommes, non comprins le vin, qui ont porté les ancez, chargez et deschargez de la charrecte, au pris de troys solz six deniers tourn. pour chacune journée, cy x^s vi^d.

Pour deux journées d'hommes qui ont foullé la vendange d'Orleans, tiré le vin et porté, antonner et tirer le marc, chargé pour icelluy mener au pressouer, et aydé a pressurer, aud. pris, la somme de vii^s.

Pour les journées et despens de vingt sept couppeurs, non comprins le vin, qui ont vendangé la vendange noire du plan de la Roche, a esté payé aud. pris la somme de liiii^s.

Pour les journées et despens de dix hommes qui ont porté les ancez, chargez en la charrecte et deschargez, aud. pris de iii^s v^d, payé la somme de xxxv^s.

Item pour la despence de deux femmes qui ont faict la corvée une journée, au pris de neuf deniers chacune, non comprins le vin, xviii^d.

Pour les journées et despens de quatre hommes qui ont tiré le vin, porté en la cave, antonné, tiré le marc, chargé en la charrecte et aydé au pressouer, aud. pris de iii^s vi^d, xiii^s.

Pour les journées et despens de quarente neuf couppeurs qui ont vendangé les vendanges du plan d'Herboys et Anjou, au pris de xxii d. pour journée, non comprins le vin, a esté payé la somme de iiii^l l^s vi^d.

Pour les journées et despens de dix sept hommes qui ont porté les ancez, foullé la vendange sur le pressouer, antonné, chargé le vin en la charrecte et anchantellé, et pressuré le marc, aud. pris de III^s. VI^d, LIX^s VI^d.

Pour quinze journées de couppeurs qui ont vendangé les treilles du pavillon, au pris de xx d., payé XXV^s.

Pour quatre journées d'hommes qui ont porté les ancez a la cuve, foullé, tiré le vin, et antonné, au pris susd. de III^s VI^d, XIII^s.

Pour sept journées d'ung charrectier qui a charroyé lesd. vendanges des Ousdes a Chenonceau, la vendange tant blanche que noire, aux cuves et au pressouer, a esté payé au pris de douze solz six den. tourn., la somme de IIII^l VII^s VI^d.

Item pour troys livres de chandelle pour lesd. vendanges, VI^s.

Pour l'achapt de vingt neuf traversiers neufz, esquelz ont esté mis les vins cueillyz en l'année de ce compte, tant es vignes que treilles, dont en y a douze barrez de barres larges et sommez, et dix sept non sommez, au pris, sçavoir est, lesd. douze sommez au pris de dix solz six den. tourn., et dix sept au pris de huict solz six den. tourn., comprins cinq solz pour le charroy depuis Civray jusques aud. Chenonceau, a esté payé la somme de XIII^l X^s VI^d.

SOMME, XXXVII^l XIII^s VII^d.

MISE DE DENIERS POUR LES REPARATIONS DU CHASTEL ET AULTRES BASTIMENS DE LAD. CHASTELLENYE.

Pour les reparations des couvertures dud. chastel, des tectz et granges, maisons et aultres bastimens de lad. mestayrie de la Grange près led. chastel, a esté payé par ced. recepveur a Mathurin Leprebstre, couvreur, la somme de trente livres tourn., comme apert par bail a luy faict en jugement au rabais et moindre pris, comme apert par icelluy et quictance dud. Leprebstre cy renduz, cy xxx^l.

A J. Marset et Raoullin Binet, couvreurs, pour avoir par eulx veu et rapporté par escript les reparations necessaires ausd. bastimens, de taxe a eulx faicte par le chastellain dud. Chenonceau, a esté payé la somme de xii^s vi^d.

Aud. Leprebstre, pour quelques souldeures qu'il (auroit faictes) aux relays dud. chastel couverts de plom, a esté payé la somme de vingt solz tourn., comme appert par sa quictance cy rendue, cy xx^s.

A Jehan Freslon, serruzier, demourant a Bleré, pour avoir par lui levé la serruze de la porte par laquelle on va a l'escallier, et icelle avoir racoustrée, parce que l'on ne la pouvoit ouvrir ne fermer, parce que la clef estoit rompue, et pour avoir mis l'ung des gonds a la porte par laquelle l'on entre en la court de lad. mestayrie de la Grange, et atasché la bende qui estoit arraschée, a esté payé la somme de x^s.

Pour quatre journées d'hommes qui ont tiré les quartiers necessaires pour mettre soubz les pousteaulx des treilles, au pris de ii s. pour journée, la somme de viii^s.

Pour la taille desd. quartiers qui sont en nombre soixante quatorze au pris de vingt deniers piece, a esté payé au maczon la somme de vi^l iii^s iiii^d.

Pour trente troys journées de maczon qui ont faict les perthuys a la muraille du jardin pour loger les tirands, assis les perrons et quartiers de pierre dure soubz les pousteaulx et iceulx maczonnez en terre, et avoir retaillé des quartiers de Bon Roy[1] pour reffaire les chappeaulx des murailles ou ilz estoient rompuz, au pris de quatre solz tourn. pour journée, a esté payé la somme de vi^l xii^s.

Pour la journée d'ung homme qui a amené du sablon dedans le jardin, necessaire aud. maczon, ii^s vi^d.

Pour demy quarteron de quartiers de Bon Roy, appellez *parpins*, pour reffaire des chappeaulx ausd. murailles, ou elles en avoient besoing, la somme de xiii^s.

Pour troys traversiers de chaulx employez ausd. maczonneries, fors environ ung ancé que le fontainier a employé aux murailles de la fontaine, a esté payé lii^s vi^d.

Pour le sallaire d'ung homme que j'envoyai pour retenir la chaulx, ii^s vi^d.

A grand Jehan Rasteau, maistre cherpentier, demourant Amboise, pour la faczon des treilles de cherpenterye qu'il a faictes au jardin du pavillon, de pris faict par Monseign^r de Pontlevoy, a la somme de cinquante livres tourn., laquelle somme luy a esté payée, comme appert par sa quictance cy rendue, cy L^l ts.

A Nicolas Duvau, marchant de boys, demourant a

---

1. Bon Roy ou Bourré, village près de Montrichard, où se trouvent des carrières immenses de pierre tendre, exploitées depuis plusieurs siècles. En Touraine ces pierres portent le nom de *bourrés*.

Mont Richard, pour le boys convenable pour faire lesd. treilles qu'il a fourny sur le lieu, de pris faict par mond. seigneur de Pontlevoy a la somme de six vingtz livres tourn., laquelle lui a esté payée, comme appert par quictance, cy vi$^{xx l}$ ts.

Pour le double des deux marchez passez pour les faczon et cherpenterye desd. treilles, a esté payé v^s.

A ung homme qui les est allé querir vers le notaire a Pontlevoy, ii^s vi^d.

A Mathurin Leprebstre, couvreur, pour troys petitz d'ardoyse par luy faictz sur les troys poiseaulx des halles dud. Chenonceau, parce qu'il plouvoit dessus, a esté payé la somme de L s., comme appert par quictance dud. Leprebstre, cy L^s.

Somme, ccxxi^l xiii^s x^d.

MISE DE DENIERS COMMUNE FAICTE EN L'ANNÉE DE CE COMPTE.

Pour vingt neuf journées d'hommes qui ont tiré des foussez du jardin environ trois centz tomberées de terrier pour mectre aux vignes, ou bien ou il plaira a Madame et a Messrs ayant la charge de sa maison, au pris de deux solz six deniers pour chacune journée, a esté payé la somme de LXXII^s VI^d.

Pour quatre journées d'hommes qui ont battu les amangdiers des vignes, au pris de troys solz quatre deniers pour chacune journée, la somme de xiii^s iiii^d.

Pour vingt journées de femmes qui ont amassé lesd. amangdes et icelles eschallées, au pris de vingt den. pour chacune journée, a été payé la somme de xxxiii˙ iiii^d.

Pour le faulchaige du pré que Madame faict retenir et louer en ses mains, contenant troys arpens et demy quartier, au pris de xiiii s. pour arpent et une quarte de vin, a esté payé par ced. recepveur la somme de quarente troys solz neuf deniers et troys quartes de vin, cy xliii˙ ix^d.

Pour dix journées d'hommes et pour leurs despens, mis hors le vin, qui ont fené l'herbe dud. pré, emmulonné, chargé en la charrecte, mis ou grenier, au pris de troys solz tourn. chacune journée, cy xxx˙.

Pour la nourriture de sept corveurs qui ont faict la corvée à fener led. pré, au pris de huict den. piece, la somme de iiii˙ viii^d.

Pour douze journées de femmes et pour leurs despens, mis hors le vin, qui ont fené lad. herbe au prix de dix huict den. pour journée, la somme de xviii˙.

Pour le sallaire du charrectier qui a charroyé dix charrectées de foing jusques au fenil de Madame, au pris de deux solz six deniers chacun tour, a esté payé la somme de xxv˙.

Pour deux journées d'hommes qui ont busché les branches d'ung chesne versé par vent au grand boys, au pris de deux solz six deniers tourn. pour journée, v˙.

Item pour quatre tours de charroy desd. grands boys jusques au buscher de mad. dame, au pris de troys solz quatre den. ts. chacun tour, la somme de xiii˙ iiii^d.

Pour la faczon de partye d'ung noyer tombé par vent près le jardin des Ousdes, ou ont esté employées quatre journées d'hommes, au pris de deux solz six deniers tourn. pour journée, la somme de x^s.

Pour troys tours de charroy depuys lesd. Ousdes pour avoir amené led. noyer busché, au pris de deux solz six deniers chacun tour, la somme de vii^s vi^d.

Requiert ced. recepveur luy estre alloué la somme de   pour avoir vacqué par   journées a rendre ced. compte....

Pour quatre journées d'hommes qui (ont) bousché led. pré de Madame le long du chemin, qui ont couppé espines, paulx et lymendes, au pris de iii s. iiii d. pour chacune journée, la somme de xiii^s iiii^d.

Pour sept journées de tonnellier qui ont relié par diverses foys les vins de mad. dame, a quoy faire a esté employé dix liasses de sercles, au pris de quatre solz tourn. pour journée, a esté payé la somme de xxviii^s.

Pour six torches d'apreste employée a relier lesd. vins, a esté payé v^s.

Pour les coppies des marchez passez par monseigneur de Pontlevoy des fermes du port Ollivier, de la pescherie et des herbaiges de l'estang d'Argy, et des faczons des troys cloz de vignes, qui sont cinq marchez, payé au notaire xii^s vi^d.

Pour la coppie de celluy du parc des antes, afermé pour cinq années, payé ii^s vi^d.

Somme, xvii^l xvii^s ix^d.

MISE DE DENIERS FAICTE PAR CEDICT RECEPVEUR POUR LES FRAIZ DE LA JUSTICE EN L'ANNÉE DE CE COMPTE.

A esté payé par ced. recepveur a maistre Charles Tayrié, bailly de Chenonceau, pour la visitation du procès par luy vuydé entre le procureur de ceste chastellenye et le prieur de Montaussan, la somme de neuf livres tourn., cy . IX^l.

A luy pour les visitations de troys procès ou led. procureur de la chastellenye est partye, sçavoir est l'ung contre Jeh. Bezier l'aisné, ung aultre contre Jeh. Jacquin pour vingt solz tourn. de rente, ung aultre vers P^{re} Detaille, a esté payé la somme de sept livres dix solz tourn., cy VII^l X^s.

Au greffier du bailliaige d'Amboise pour la coppie des griefz baillez par led. prieur de Montaussan, lesquelz il falloit avoir pour y bailler responce, lesquelz coppies contenoient six roolles de pappier escriptz, a esté payé XII^s VI^d.

Aud. Tayrié, bailly susd., pour les responces aux griefz dud. Montaussan, baillées pardavant le bailly d'Amboise, contenant huict roolles, a esté payé la somme de . XX^s.

Au lieutenant general du bailly d'Amboyse pour la visitation dud. procès dud. procureur de ceans et le prieur de Montaussan, a esté payé par ced. recepveur la moictié des espices montant six escuz, cy VI^l XV^s.

Pour la despence es jours des assises et plectz de ceste chastellenye, qui ont esté expediées dix huict foys, par quatre desquelz plectz les assises ont esté expediées, qui sont quatorze plectz a quinze solz pour chacune despense de plect, et quatre foys l'assise a raison de trente solz tourn. pour chacune despence d'assise, qui reviennent en somme toute a la somme de seize livres dix solz, comme appert par extraict du greffe cy rendu, cy   xvi¹ x˙.

Pour six brevetz des proclamations des fermes de la chastellenie de ceans, faictes aux parroisses circumvoysines, cy   v˙.

A Anthoyne Picard, sergent de la chastellenye de ceans pour les adjournemens par luy faictz aux vassaulx nobles de ceste chastellenye, pour venir faire leurs foys et hommaiges, et pour les exploictz par luy baillez aux adjournez et pour leur sallaire, a esté payé par ced. recepveur, de taxe a luy faicte par led. chastellain de ceans, la somme de cent cinq solz tourn., comme appert par taxe et quictance cy renduz, cy cv˙.

Pour la faczon de ce present compte contenant   roolles de pappier escriptz, et pour la coppie d'icelluy, contenant pareil nombre au pris de ii s. pour roolle, la somme de....

SOMME, XLVI¹ XVII˙ VI^d.

___

DENIERS INUTILZ COMPTEZ ET NON RECEUZ, DESQUELZ CED. RECEPVEUR S'EST CHARGÉ CY DAVANT EN RECEPTE DE DENIERS ORDINAIRES ET NON MUABLES, TANT EN CENS QUE RENTES.

A esté faict recepte par ced. recepveur en recepte de deniers, de la somme de quarante huict livres dix huict solz troys deniers, qui ne sont payez pour les causes contenues es comptes preceddans, cy   xlviii^l xviii^s iii^d.

Somme, xlviii^l xviii^s vi^d.

Somme toutalle de ce conte en deniers mis et employez pour les affaires contenues en ce conte, vi^e iiii^{xx} iii^l viii^s, en ce comprins trante livres qui luy ont esté baillées et alouées pour deux voyaiges qu'il a faict pour Madame.

MISE ET DESPENCE DE GRAINS EN L'AN DE CE COMPTE.

ET PREMIEREMENT, FROMENT.

Ced. recepveur faict mise de dix septiers ung boisseau froment, lesquelz n'ont esté receuz pour les causes contenues es comptes precedans, cy froment,   x^s i^{bo}.

Pour le dechet dud. froment....
(*Luy en sera faict raison a la livraison des grains.*)

Somme, x^s i^{bo}.

MISE ET DESPENCE DE SEIGLE ET MOULTURE ON TEMPS DE CE COMPTE.

CHARGES DE FIEF.

Au secrectain d'Aiguevive, a esté payé par ced. recepveur ung septier de seigle a luy deu chacun an de fondation annuelle, cy seigle   i^s.

Au curé de Chenonceau a esté payé par ced. recepveur six septiers de seigle a luy deubz de fondation annuelle pour anniversaires pour le salut des ames des deffunctz seigneurs dud. Chenonceau, comme appert par sa quictance cy rendue, cy seigle, vi^s.

Au secrectain de l'abbaye de Villeloing pour fondation annuelle qu'il a droict d'avoir et prandre par chacun an le jour s^t Michel sur la seigneurie des Ousdes, a esté payé par ced. recepveur le nombre de deux septiers de seigle pour l'année de ce compte, comme appert par sa quictance cy rendue, cy seigle ii^s.

Au pitancier de Villeloing pour fondation annuelle qu'il a droict d'avoir chacun an aud. jour sainct Michel sur les Ousdes, a esté payé par ced. recepveur troys septiers de seigle, comme appert par sa quictance cy rendue, cy iii^s.

Au prieur de Montaussan pour rente et aulmosne a luy deue chacun an led. jour s^t Michel sur lad. seigneurie de Chenonceau, a esté payé le nombre de unze septiers de seigle, comme appert par sa quictance cy rendue.... — N'a riens esté payé, cy *Neant.*
(*Sera payé par le recepveur.*)

A esté faict recepte cy davant de sept septiers ung boisseau de seigle, lesquelz n'ont esté receuz pour les causes contenues ou chappitre de mise de froment, cy seigle vii^s i^{bo}.

Pour le dechet dud. seigle, a raison du muy la myne....
(*Luy en sera faict raison.*)

Somme, i^m vi^s i^{bo}.

MISE ET DESPENCE D'ORGE FAICTE PAR CED. RECEPVEUR EN L'AN DE CE COMPTE.

Ced. recepveur s'est chargé cy davant en recepte d'orge ordinaire de vingt deux boiss. orge sur les hoirs feu Martin Truchon, P^re Bertherand et aultres, lesquelz n'ont esté receuz pour les causes contenues es articles de froment precedans, cy   XXII^{bo}.

Aussi a esté employé pour la nourriture de trente deux chappons par l'espace de quatre jours, et huict poulles, orge   I^{bo}.

Plus pour le deschect dud. orge, a raison du muy la mine, cy

SOMME, XXIII^{bo}.

MISE ET DESPENCE D'AVOYNE PAR CED. RECEPVEUR FAICTE OU TEMPS DE CE COMPTE.

Ced. recepveur se descharge de huict septiers neuf boisseaulx avoyne, desquelz n'a riens esté receu pour les causes contenues es comptes precedans, cy VIII^c IX^{bo}.

Aussi mect et employe en despence deux boisseaulx d'avoyne pour avoir la nourriture de   chappons et   poulles, par l'espace de   jours, cy avoyne   II^{bo}.

Pour le dechet de l'avoyne dont il s'est chargé cy davant en recepte, au fur du muy la mine, cy

SOMME, VIII^c XI^{bo}.

MISE DE CORVÉES EN L'AN DE CE COMPTE.

A esté employé en l'an de ce compte le nombre de corvées. . . . . .

MISE DE POISSON OU TEMPS DE CE COMPTE.

Ced. recepveur se descharge du nombre de quatre platz de poisson, desquelz il s'est chargé en recepte de deniers pour vente de poisson, cy   IIII$^{\text{platz poisson}}$.

MISE DE NOIX OU TEMPS DE CE COMPTE.

Mect ced. recepveur en mise le nombre de soixante cinq boisseaulx de noix, desquelz il s'est chargé cy davant en recepte de deniers pour vendition de noix, cy mise de noix   LXV$^{\text{bo noix}}$.

MISE DES VINS FAICTE EN CESTE ANNÉE DE CE COMPTE.

Faict ced. recepveur mise et despence du nombre de vingt traversiers de vin, sçavoir est cinq traversiers du plan de Beaulne, clairet, et troys du plan d'Orleans, cinq du plan d'Herboys et sept du plan d'Anjou, le tout du creu dud. Chenonceau, lesquelz led. recepveur a faict mener a Orleans suivant le mandement a luy faict par monseigneur de Pontlevoy d'ainsi le faire, cy mise des vins :

Beaulne,   V^{traversiers}.

Orleans, III traversiers.
Herboys, V traversiers.
Anjou, VII traversiers.

Plus faict ced. recepveur mise d'ung quart de vin de Beaulne, employé a remplir les vins clairetz quant ilz ont eu boullys et esté taponnez, cy vin clairet   I quart.

Plus faict ced. recepveur mise d'ung traversier de vin blanc d'Anjou, qui a esté employé a emplir les vins blancs quant ils ont esté reliez pour mener a Orleans et de la a Annet, cy vin blanc,   I traversier.

Pour remplir les vins clairetz quant ils ont (esté) emmenez a Orleans, a esté mis et employé ung aultre quart de vin d'Anjou, cy   I qrt.

Ced. recepveur n'a baillé aulcun vin au prieur de Montaussan, ains le tient encores en sa charge.

Ced. recepveur faict mise d'ung traversier de vin blanc vieil qui a esté beu en fenaisons et vendanges, cy vin blanc vieil   I traversier.

NOMBRE DE VINS, XXIII POINSONS EN MISE.

MISE ET DESPENCE DE CHAPPONS EN L'AN DE CE COMPTE.

Ced. recepveur faict despence de trente huict chappons couschez on chappitre de recepte de chappons deubz a Chenonceau, qu'il fault desduire pour les causes contenues es articles preceddans, cy XXXVIII chapp.

Plus se descharge ced. recepveur du nombre de cent cinq chappons et demy, desquelz il s'est chargé en recepte de deniers pour vendition de chappons, cy   CV chapp. et demy.

NOMBRE, VII^{xx} III CHAPPONS ET DEMY.

MISE ET DESPENCE DE POULLES EN L'ANNÉE DE CE COMPTE.

Ced. recepveur se descharge du nombre de quinze poulles, desquelles il s'est chargé, lesquelles ced. recepveur n'a receues pour les causes contenues es comptes, cy poulles,   XV poulles.

Plus se descharge cy et faict mise ced. recepveur du nombre de quarente poulles dont il s'est chargé cy davant en recepte de deniers pour vendition de poulles, cy   XL poulles.

NOMBRE DE POULLES EN MISE, LV.

MISE DE POULLETZ EN L'ANNÉE DE CE COMPTE.

Ced. recepveur faict mise et despence de vingt sept poulletz, desquelz il s'est chargé cy davant en recepte de deniers pour vendition, cy   XXVII poullets.

NOMBRE DE POULLETZ EN MISE, XXVII.

MISE D'OAYES EN L'ANNÉE DE CE COMPTE.

Ced. recepveur se descharge de neuf oayes desquelles il s'est chargé cy davant en recepte de deniers pour vendition d'oayes, cy mise   IX oayes.

MISE D'OEUFZ.

Ced. recepveur se descharge de quatre douzaines d'oeufz, desquelles il s'est chargé cy davant en recepte de deniers pour vendition, cy mise,   III XII^{ees}.

MISE DE CIRE EN L'ANNÉE DE CE COMPTE.

Ced. recepveur se descharge de demy livre de cire au terme d'an neuf aux Ousdes sur les hoirs feu Guion Pichon et P^{re} Massiot, cy mise   demye livre.

Ced. recepveur faict mise et despence d'une livre de cire parce qu'il s'en est chargé cy davant en recepte de deniers pour vendition de cire, cy   I^l.

MISE D'AMANGDES.

Ced. recepveur faict mise et despence du nombre de trente boisseaulx d'amangdes par luy vendues, comme il appert cy davant on chappitre de recepte de deniers pour vendition d'amangdes, cy   XXX^{bo}.

MISE ET DESPENCE DE PORCS.

Se descharge ced. recepveur d'ung porc deu par le fermier des moullins de Vestin, duquel il s'est chargé

cy davant en recepte de deniers pour vendition de
porcs, cy mise   I^{porc}.

SOMME TOUTALLE DE LA MISE DE CE COMPTE

Sçavoir est en deniers   VI^c IIII^{xx}II^l VIII^s.

Partant doibt ledit recepveur pour avoir plus receu que mys la somme de six centz vingt et une livre treize soulz six deniers.

Froment,   II^m IX^s III^{bo}.
Seigle,   XII^m V^s VI^{bo}.
Orge,   II^m XI^s XI^{bo}.
Avoyne,   III^m IIII^s.
Vin,   VI^{poinsons}.
Paille de ce conte,   C^{fagots}.
Fouin,   X^{chartées}.

et de tout le surplus cy contenu ledit recepveur en demoure quite, sauf en tout et par tout l'erreur du calcul; et par le conte precedent il est demouré redevable de, en froment, deux muitz, neuf^s, trois boiseaux, deux tiers de boyseau; seigle, VIII muitz, XI^s V^{bo} et demy; orge, deux muitz, VIII^s VII^{bo}; avoyne, II muitz VII^s VIII^{bo}; vin, XIII poinsons; paille, XLIII fagotz; desquels grains contés au present conte et arrest demeurent ès mains dudit receveur; et quand aux deniers et blez contez et non receuz, tant de ce conte que du precedent, demoureront a madame; et quand aux noix et amandes des deux contes en demeure quite pour s'en estre chargé en ce present conte. Ouy, cloz et arresté par nous, Bernard de Rutye, abbé de Pontlevoy, conseiller et premier aulmosnier du Roy, et noble homme Nicollas Bex, mareschal des logis du Roy et maistre d'hostel de madame la duchesse de

Vallentinois et dame de Chenonceau, ayant de ce faire charge et pouvoir de par madite dame de clore et arrester ce present conte. Faict a St Germain en Laye le xvme de septb. mil cinq cens quarante neuf.

DIANNE DE POYTIERS.

Bern. de Rutye.   Dubex.

(Registre in-4° en papier, comprenant LVIII feuillets.)

III.

POUR MADAME.

COMPTE DU RECEPVEUR DE CHENONCEAU, RENDU EN L'AN CINQ CENS CINQUANTE QUATRE, LE VINGT TROYSIESME JOUR D'AVRIL APRÈS PASQUES.

1549-1554.

PRESENTÉ AUX AUDITEURS DEPUTEZ PAR MADAME AU LIEU DE CHENONCEAU, LE XXIme JOUR D'APVRIL MIL CINQ CENS CINQUANTE ET QUATRE APRÈS PASQUES. (*Integral.*)

Compte en brief que rend et baille a vous haulte et illustre dame, dame Dyane de Poictiers, duchesse de Vallentinoys, dame d'Annet et de Chenonceau, André Bereau, recepveur fermyer aud. lieu, de la recepte des grains et vins desquelz il est demouré chargé et reddevable par l'arrest de son dernier compte, et de la mise par luy faicte des deniers provenuz d'iceulx, depuis le mois de juing mil cinq cens quarente neuf, lesquelles mises et ventes ledict recepveur a faictes par le commandement de monseigneur de Pontlevoy, conseiller du roy nostre sire et son grand aulmosnyer, pour le present compte estre oy, cloz et arresté par messieurs les commissaires a ce depputez de par vous, madicte dame.

RECEPTE.

Premierement, par l'arrest dud. dernyer compte commanczant le premier jour de janvier mil cinq cens quarente sept (1548, n. s.), et finissant le dernier jour de decembre mil cinq cens quarente huict, lesd. jours excluz et passez, led. recepveur est demouré redevable de cinq muydz six septiers sept boisseaulx ung tiers de boisseau de froment, cy froment $\text{v}^\text{m}\ \text{vi}^\text{s}\ \text{vii}^\text{bs}\ \text{i}^\text{trs de bois}$.

(*Par affirmacion du recepveur, et sera veu l'arrest du compte mencionné au present article.*)

Plus par l'arrest dud. dernier compte led. recepveur est demouré chargé et redevable de vingt ung muydz quatre septiers unze boisseaulx et demy seigle ou moulture, cy $\text{xxi}^\text{m}\ \text{iiii}^\text{s}\ \text{xi}^\text{bo. et demy}$.

Plus par l'arrest dud. dernier compte led. recepveur est demouré chargé et redevable de cinq muydz huict septiers six boiss. orge, le tout cy dessus mesure dud. Chenonceau, orge $\text{v}^\text{m}\ \text{viii}^\text{s}\ \text{vi}^\text{bo}$.

Plus par l'arrest dud. compte led. recepveur est demouré chargé et redevable de cinq muydz et unze septiers huict boisseaulx avoyne, avoyne $\text{v}^\text{m}\ \text{xi}^\text{s}\ \text{viii}^\text{bo}$.

Plus led. recepveur par l'arrest dud. dernier compte est demouré chargé et redevable de treize poinczons de vin, vin $\text{xiii}^\text{poinczons}$.

Plus led. recepveur par l'arrest dud. dernier compte

est demouré chargé et redevable de dix charrectées de foing, cy foing x ^{charrectées}.

Plus led. recepveur est demouré chargé et redevable de quarante quatre fagotz de paille, cy paille XLIIII ^{fagotz}.

RECEPTE DE VINS ET FOING.

RECEPTE DE VINS EN L'AN CINQ CENS QUARENTE NEUF :

A esté cueilly par led. recepveur en lad. année, trente poinczons de vin, desquelz appartient la moictié a madame par retemption faicte par le bail afferme, qui est cy pour sa moictié quinze poinczons, cy vin xv ^{poinczons}.

(*Par afirmacion et serment dud. recepveur.*)

RECEPTE DE VINS EN L'AN MIL V$^\text{c}$ CINQ$^\text{te}$.

A esté cueilly par led. recepveur en lad. année des vignes de la seigneurie non baillées a ferme, trente ung traversiers desquelz appartient la moictié a madame, cy pour les causes que dessus, cy vin xv $^{\text{poinczons et demy}}$.

RECEPTE DE FOING EN L'AN MIL V$^\text{c}$ CINQUANTE.

A esté cueilly en lad. année on pré de madame huict charrectées de foing, cy foing vIII ^{charrectées}.

RECEPTE DE VINS EN L'AN MIL V^c CINQ^{ie} UNG.

A esté cueilly par led. recepveur esd. vignes en lad. année trente ung poinczon de vin, qui est pour la part de madame quatorze poinczons et demy, cy . . . . vin XIIII ^{poinczons et demy}.

RECEPTE DE FOING EN LAD. ANNÉE.

A esté cueilly on pré de madame en lad. année sept charrectées de foing, cy . . . . foing VII ^{charrectées}.

RECEPTE DE VINS EN L'AN MIL V^c CINQ^{ie} DEUX.

A esté cueilly en lad. année es vignes que dessus vingt neuf poinczons et demy qui est pour madame quatorze et demy pour les causes susd., cy . . . . vin XIIII ^{poinczons et demy}.

RECEPTE DE FOING EN LAD. ANNÉE M. V^c LII.

A esté cueilly on pré de madame en lad. année huict charrectées de foing, cy . . . . . . foing VIII ^{charrectées}.

RECEPTE DE VIN EN L'AN MIL V^c CINQUANTE TROYS.

A esté cueilly en lad. année es vignes que dessus

vingt deux poinczons desquelz appartient a madame unze poinczons, cy ... vin xi ᵖᵒⁱⁿᶜᶻᵒⁿˢ.

RECEPTE DE FOING EN LAD. ANNÉE M Vᵉ CINQᵗᵒ TROIS.

A esté cueilly en lad. année on pré de mad. dame huict charrectées de foing, cy ... foing viii ᶜʰᵃʳʳᵉᶜᵗᵉ́ᵉˢ.

RECEPTE DE DENIERS FAICTE PAR LED. RECEPVEUR DE LA VENTE DES BLEDZ PAR LUY VENDUZ ET DISTRIBUEZ COMME DICT EST PAR LE COMMANDEMENT DE MOND. Sʳ LE GRAND AULMOSNIER, ABBÉ DE PONTLEVOY, COMME IL APPERT PAR LECTRE MISSIVE DUD. Sʳ CY RENDUE.

(*Il est aparu de la lectre dud. sʳ grand aumosnier, portant mandement, laquelle a esté rendue au recepveur pour ce qu'elle luy sert en d'autres affaires, et quant au prix de la vendicion dudit bled il a esté afermé par le serment dud. comptable.*)

Et premierement a esté receu par led. recepveur pour le nombre de dix neuf muidz trois septiers huict boisseaulx de moulture par luy faicte des froment, seigle et orge, par luy venduz au pris de vingt sept solz ts. chacun septier, qui est seize livres quatre solz tourn. chacun muyd, la somme de trois cens douze livres quinze solz, et pour dix muydz ung septier quatre boisseaulx moulture au pris de vingt huict solz ts. chacun septier, qui est seize livres seize solz ts. chacun muyd, la somme de huict vingtz neuf livres dix sept solz quatre deniers, qui est en somme toute la somme de quatre cens quatre vingtz deux livres douze solz quatre deniers, cy IIII^c IIII^{xx}II^l XII^s IIII^d.

Plus a esté receu par led. recepveur la somme de quatre vingtz dix neuf livres unze solz six deniers pour la vente de cinq muydz unze septiers trois boisseaulx avoyne, au pris de vingt huict solz chacun septier, cy IIII^{xx}XIX^l XI^s VI^d.

A esté receu par led. recepveur de Buscheron dix sept livres pour la vendition de deux pippes de vin de Beaulne; du consentement de monseigneur le grand aulmosnyer, cy XVII^l ts.

A esté receu par led. recepveur de Claude Demortiers, vigneron, soixante solz ts. pour vendition d'une pippe de vin blanc vieil, gras et poussé, cy LX^s.

De Charlot Delagrange a esté receu par led. recepveur la somme de soixante dix solz pour vendition de vin vieil, blanc et clairet, poulsé, cy LXX^s.

De Guillaume Vauhardy a esté receu par led. recepveur la somme de trente solz ts. pour vendition d'ung poinczon de vin blanc vieil, cy XXX^s.

SOMME DE LA RECEPTE DE CE PRESENT COMPTE

est en deniers, comprins les choses vendues et aprecyés, la somme de six cens sept livres troys soulz dix deniers, pource cy VI^{c}VII^l III^s X^d.

Plus bled en essence, tant froment, seigle que orge, IIIme IIIIst II^b et ung tiers de boysseau.

Avoyne, V^b.

Vin, pour ce cy LXXIIII pieces et demye.

Foing, XLII chartées.

Paille, XLIIII fagots.

MISE ET DESPENCE FAICTE PAR ANDRÉ BEREAU, RECEVEUR DE CHENONCEAU, POUR MADAME LA DUCHESSE DE VALLENTINOYS, DEPUIS L'AN MIL CINQ CENS QUARANTE NEUF.

PREMIEREMENT, pour ce que la nuict de la feste Dieu en l'an mil cinq cens quarente neuf, le tonnerre cheut sur le contour du chastel, fut besoing reparer la couverture, et reparer quelque peu de couverture qui avoit esté rompue aux petites maisons du pavillon en levant les treilles de charpente, laquelle fut baillée au rabais et moindre pris en jugement a la somme de douze livres tourn. a Florentin Pelletier, couvreur, comme appert par le bail judiciaire et quictance dud. Pelletier cy rendue, cy   xii^l ts.

(*Il est aparu de l'acte judiciaire, signé Viollet, et de la quictance signé Le Large, notaire, cy rendue.*)

Pour la reparation de la couverture des moullins de Vestin, suivant le rapport de Florentin Pelletier, couvreur, livré au rabais et moindre pris a André Vacherot, charpentier, comme appert par acte judiciaire, a esté paié aud. Vacherot la somme de douze livres tourn., comme appert par led. acte et quictance cy rendue, cy   xii^l ts.

Pour l'achapt de quinze traversiers esquelz a esté mise la moictié des vins cueilliz en lad. année es cloz de Beaulne, Herboys, Anjou et Orleans, que mad. dame a retenuz pour chacun an, oultre la ferme de deniers que led. Bereau luy est tenu bailler, laquelle a promis fournir aud. recepveur de fustz par chacune desd. années, a esté paié par led. recepveur la somme de six livres unze solz trois deniers tourn. au pris de huict solz neuf deniers ts. chacun fustz, cy   vi^l xi^s iii^d.

Pour le charroy desd. quinze traversiers depuis le bourg de Civray ou ilz furent achaptez a esté paié par led. recepveur sept solz, cy vii^s.

Par le commandement et mandement de monseigneur le grand aulmosnyer, led. recepveur a faict rellyer dix traverciers de vins blancs a bac, couvers de sercles, sommez et barrez de barres larges a la mode d'Orleans pour iceulx envoyer a Annet, ausquelz ont esté employées quatre liasses de sercles de saulle et quatre liasses de chasteigner ; lesquelles dix pieces de vins ne furent envoyées pour le contremandement faict par mond. s^r le grand aulmosnier aud. recepveur; pour chacune liasse de saulle a esté paié deux solz six deniers ts., et pour chacune liasse de chasteigner, trois solz quatre deniers tourn., cy xxiii^s iiii^d.

Pour trois torches d'apreste qu'il a convenu pour lyer lesd. dix pieces de vin à raison de vingt deniers chacune torche, a esté paié v^s.

Pour une livre de chandelle qu'il a convenu a la cave pour esclairer aux tonnelliers a rellyer led. vin, a esté payé ii^s.

Pour le bois de vingtz barres grosses et larges pour barrer lesd. vins, a esté payé iiii^s.

Pour trois journées de tonnellyer qui ont rellyé lesd. vins a raison de sept solz six den. tourn. pour journée et despens, a esté payé la somme de xxii^s vi^d.

Ledict recepveur faict cy mise et requiert luy estre alloué pour le remuage de deux années trois mois les bledz de la seigneurye dud. Chenonceau, qui montent par chacun an le nombre de unze vingtz septiers de bledz ou environ, pour cinq^{te} neuf journées d'hommes a raison de trois solz pour journée et despens, la somme de   viii ͫ xvii ˢ.

(*Alloué, pour ce que le recepveur n'a nulz gaiges et qu'il est fermier et par son bail n'est tenu garder les blés.*)

Aussi led. recepveur faict mise de la somme de dix solz ts. pour trois journées d'hommes a arracher des cheveluz es rochetz et iceulx planter et terrasser au pied ou jardin du pavillon es lyeulx ou les ceps des treilles du jardin du pavillon estoient mors, et ce par le commandement de mond. sʳ le grand aulmosnyer, pour ce cy   x ˢ.

Par le commandement et rescription de mond. seigneur le grand aulmosnier ont esté faictz aux moullins de Vestin deux eschenaulx très necessaires, par lesquelz l'eaue desd. moullins descend dessus les roues, et pour ung gros potteau de bois qui soustient l'ung desd. moullins, a esté paié p. led. recepveur la somme de trente une livre tourn. de pris faict par mond. seigneur le grand aulmosnyer aud. Pʳᵉ Mollet, cherpentier, comme appert par le marché faict par led. recepveur avec led. Mollet et quictance dud. Mollet, cy   xxxi ˡ ts.

Plus a esté paié au notaire qui a passé led. marché vingt deniers tourn., cy   xx ᵈ.

A Mathurin Delalende, maczon, a esté paié par led. recepveur pour avoir par luy faict ung pinacle de quartiers de pierre dure a cymentz et chaulx a la haulteur du chaffault desd. moullins de Vestin du cousté des roues, et pour avoir faict ung gros pillier soubz le coing de la maison desd. moullins près l'avambec de quartiers de pierre dure a chaulx et cyments a raison d'une escu pour toise, la somme de vingt six livres neuf solz tourn., et pour avoir reparé l'avambec dud. moullin et le mur estans soubz le pont d'icelluy moullin, la somme de vingt trois soulz, de pris faict par mond. s^r le grand aulmosnier, laquelle besongne contient unze toises et demie, cy xxvii^{l}xiii^s.

Item pour deux journées de maczon et de son manoeuvre qui a blotté les tirans mis au jardin du pavillon et iceulx a maczonnez dessus le mur dud. jardin, et pour la chaulx qu'il y a convenu, a esté paié par led. recepveur la somme de xviii^s.

En febvrier mil v^e quarente neuf, ont esté remplyz les vins vieilz estans en nombre dix pieces de l'une d'icelles, partant ne reste que neuf pieces, cy

Pour le reliage desd. vins vieilz et deux traversiers de vin nouveau, ont esté employées deux journées d'hommes a raison de sept solz six deniers tourn. pour journée et pour despens, a esté paié par ced. recepveur la somme de xv^s.

Pour deux liasses de sercle de saulle a deux solz six deniers chacune a esté paié v^s.

Pour ugne torche d'apreste, a esté paié par ced. recepveur xx^d.

Pour la chandelle qu'il a convenu pour esclairer ausd. tonnelliers, a esté paié viii^d.

Oud. mois ont esté remplis lesd. vins nouveaulx de madicte dame, desquelz a esté prins deux traversiers, comprins ung et demy employez après qu'ilz eurent bouillyz a les remplyr avant que les tapponnez, parce ne reste que dud. vin que douze pieces.

Led. recepveur faict cy mise de la somme de vingt cinq livres dix solz tourn. deue par Jacques Viollet, fermier du greffe de Chenonceau, pour laquelle led. Viollet plaide, et est le procès devollu par appel en la court de parlement a Paris, cy　　　　　　　　xxx^l x^s.

(*Alloué, et sera le procès poursuyvy pour faire rembourser Madame de la partye contenue au present article.*)

Pour la proceddure faicte contre led. Viollet par led. recepveur ou nom de mad. dame, tant escriptures, responces, advertissemens, dictz de lois, sommations et inventaires, tant au greffier du bailly d'Amboise ou a esté le procès intanté que au procureur et advocat pour madicte dame aud. lieu, la somme de douze livres, cy　　　　　　　　xii^l ts.

Après la sentence donnée par le bailly d'Amboise ou son lieutenant au proffict dud. Viollet contre mad. dame, le bailly dud. Chenonceau mena au conseil led. recepveur a Bloys avecques le procès, veoir s'il y avoit matiere d'appel, lequel conseil fut d'advis que madicte dame ou son procureur debvoit appeller de lad. sentence, et que l'on luy avoit faict tort; pour lequel voyage a esté paié par led. recepveur, tant pour les advocatz qui ont veu led. procès que pour la despence dud. bailly et recepveur aud. Bloys, la somme de c ii^s.

Pour ung rellief d'appel obtenu par led. recepveur pour mad. dame pour rellever l'appel par mad. dame interjecté de lad. sentence, suivant la deliberation du conseil, a esté paié pour la faczon, seing, seel et portaige d'icelluy, trente cinq solz ts., cy　　　　　xxxv^s.

Pour le sallaire du sergent qui a adjourné le bailly d'Amboise et inthimé led. Viollet en cas d'appel, a baillé coppie dud. rellief et de son exploict, a esté paié la somme de　　　　　　　　　　　　　　　　xv^s.

Pour ung committimus que led. recepveur a eu en lad. année m v⁰ quarante neuf pour et ou nom de mad. dame, a esté paié pour la faczon, seing, seel et portaige d'icelluy, trente cinq solz, cy xxxv⁴.

Led. recepveur faict cy mise de la somme de douze livres tournoys pour son voyage d'estre allé du lieu de Chenonceau jusques au lieu de Fontainebleau vers mad. dame luy porter la somme de neuf cens livres pour la ferme dud. Chenonceau, suivant le commandement a luy faict par mond. sieur le grand aulmosnier, ou led. recepveur a vacqué pour unze journées et demye, tant a aller, venir que sesjourner, cy XII*.

(*La partye alloué pour la somme de douze livres pour ce que le recepveur a afermé avoir eu quelques pertes sur les especes de l'argent contenu au present article qu'il a porté Madame.*)

Pour l'admendement faict es vignes d'Orleans en l'an mil cinq cens cinquante, suivant le marché faict aud. recepveur, requiert luy estre deduict et alloué en mise la somme de dix livres tournoys, actendu led. mandement faict, comme appert par quictance cy rendue, x¹ ts.

(*Il est aparu de la quitence cy rendue, et a esté le present article veryfié par mond. s' le grand aumosnier.*)

En l'an mil cinq cens cinquante, a esté bousché le pré que mad. dame retient entre ses mains, estans le long du chemyn d'entre le chastel et bourg dud. Chenonceau, pour lequel bouscher que pour coupper des espines, icelles porter, et faict paulx et lymendes, a quoy faire ont esté employées trois journées d'hommes a raison de trois solz quatre deniers tourn. pour journée et despens, a esté paié par led. recepveur la somme de x^s.

Pour le faulchaige dud. pré contenans deux arpens et demy ou environ, a esté paié par led. recepveur la somme de trente sept solz six deniers tourn. et cinq pinttes de vin, cy xxxvii^s vi^d.

Vin, v ^{pinttes}.

Pour le fenaige de l'herbe dud. pré, et pour icelluy avoir mis au fenil, a esté paié quarente deux solz six deniers tourn., cy xlii^s vi^d.

Pour huict tours dud. foing charroyé au fenil de mad. dame au pris de trois solz quatre den. chacun tour et six pinttes de vin, a esté paié la somme de vingt six solz huict den. et six pinttes vin, cy xxvi^s viii^d.

Vin, vi ^{pinttes}.

A Pierre Quartier, couvreur demourant a Bleré, pour avoir par luy recouvert et regarny le chastel dudict Chenonceau d'ardouaize et de chaulx, et principallement sur le grand pavillon, a esté paié la somme de quatorze livres, comme appert par quictance cy rendue, xiii^l ts.

(*Par quitence et pour l'avenir le recepveur ne fera auscune mise sans mandement.*)

En aougst mil cinq cens cinquante, ont esté remplyz les vins vieilz, esquelz il a failluy le reste du traversier ou avoient esté prinses les unze pinttes de vin cy devant, fors environ vingt cinq pinttes qui après devient aigre; par ce ne reste que huict traversiers, et pour le remplissage des douze poinczons et demy de vin nouveau a esté prins une piece; par ce ne reste que unze et demye; pour le relliage desd. vins a convenu deux

7

journées de tonnellier auquel a esté paié pour journée et despens six solz tourn., cy   xii^s.

Pour deux liasses de sercle de saulle a raison de deux solz six deniers tourn. chacune liasse, a esté paié   v^s.

Pour l'apreste et chandelle a esté paié par led. recepveur,   xviii^d.

Oud. an mil cinq cens cinquante a esté achapté quinze traversiers neufz pour mectre la part de vin nouveau de madicte dame, cueilly en lad. année v^c cinq^{te}, et ung traversier vieil appartenans a Madame et aud. recepveur, qui fut emply de vin blanc, duquel vin lesd. vins en commung furent remplyz après qu'ilz eurent boully, a esté paié pour lesd. quinze traversiers neufz a raison de neuf solz chacun traversier, la somme de six livres quinze solz ts., cy   vi^l xv^s.

                                        i^{traversier}.

Pour le charroy desd. quinze traversiers a esté paié sept solz six deniers tourn., cy   vii^s vi^d.

Pour le remplissage desd. vins nouveaulx a esté employé ou mois de mars ensuivant ung traversier de vin blanc en commung,   i^{traversier}.

A André Mollet, cherpentier qui a mis ung solliveau aux treilles du jardin parce qu'il y en avoit ung rompu, et reparé ung accoudouer du grand pont entrée du chastel, la somme de   v^s.

Mond. seigneur le grand aulmosnyer marchanda a ung menuzier a faire et reparer l'entrée des planches de la salle et deux chambres du chastel, a la somme de douze livres treize solz, comme appert par mandement de mond. s^r le grand aulmosnier et quictance dud. menuzier, cy   xii^l xiii^s.

Plus en lad. année a esté reparé le bouzillage et reblanchy ou galletas dud, chastel où il estoit rompu, par le mandement de mond. s^r le grand aulmosnyer, pour lequel a esté paié par led. recepveur la somme de soixante et dix solz ts., comme appert par quictance cy rendue, cy . . . . LXX^s.

A Mery Robert, victrier demourant a Amboise, pour les reparations de victres faictes au chastel dud. Chenonceau, suivant le mandement de mond. sieur le grand aulmosnier, comme appert par les parties dud. victrier et quictance, a esté paié . . . . VIII^l VI^s II^d.

A Jehan Freslon, serreuzier, pour plusieurs besongnes faictes de son mestier de serreuzier aux huys et fenestres du chastel et tourt dud. Chenonceau, comme appert par ses parties, a esté paié la somme de centz neuf solz unze deniers tourn., comme appert par quictance et parties cy rendues, cy . . . . CIX^s XI^d.

A Gabriel Jardeau, fermyer du moullin a fouller draps, pour ung somme et deux tirans par luy mis au moullin où il demoure, et pour le chomaige dud. moullin pendant qu'il a mis lesd. tirans et somme, de pris faict par led. recepveur, a esté payé la somme de . . . . XIIII^l X^s.

(Il est aparu de la quitance et pour l'avenir ne payera le recepveur auscune chose sans mandement.)

Oud. an mil cinq cens cinquante, a convenu aud. recepveur avoir ung comittimus ou nom de mad. dame, pour le seing, seel, portaige et faczon d'icelluy, a esté paié la somme de . . . . XXXV^s.

Pour quatorze journées de Pierre et Claude les Molletz, menuziers qui ont faict six selles de bois de chesne longues, habillé les escabeaulx et treteaulx velluz, suivant le commandement de mond. sieur le grand aulmosnyer, au fur de cinq solz ts. pour journée et despens, a esté paié LXX^s.

Pour une toise et ung quart de bois de syage pour faire lesd. selles, a esté paié au pris de dix solz toise la somme de XII^s VI^d.

Pour le boys dont ont esté faictz les piedz desd. selles, et mis des piedz a d'aulcuns desd. escabeaulx, a esté paié X^s.

Pour trois journées de maczon qui a carrellé les foyers des chemynées dud. chastel ou il en estoit besoing, a esté paié XV^s.

Pour demy cent de carreau d'Autresche[1] au pris de cinquante cinq solz ts. chacun cent, et pour ung quarteron de grand carreau au pris de trente cinq solz ts. chacun cent, a esté paié la somme de XXXV^s.

Pour ung boisseau de chaulx qu'il a convenu aud. maczon, a esté paié XX^d.

Faict led. receveur mise de deux septiers sept boiss. et demy de bled, sçavoir, dix boisseaulx et demy froment, vingt ung boisseau de seigle, et de huict solz neuf deniers tourn. pour le chomaige de quinze jours que les moullins de Vestin ont chommé pendant que le maczon a faict led. pinacle dont cy davant est faicte mention, lesquelz moullins estoient lors affermez a cinq muydz un septier de bled, sçavoir est le tiers froment et les deux tiers seigle ou moulture vallant seigle, dix livres dix solz ts. en deniers, quatre chappons, six poulletz, ung porc vallant trente cinq solz

---

1. Bourg situé entre Amboise et Châteaurenault (Indre-et-Loire). Les carreaux fabriqués avec les terres de ce canton, connus sous le nom de *carreaux de Châteaurenault*, sont fort estimés et recherchés au loin.

et douze boisseaulx noix, lequel bled revient a la raison de soixante solz le froment, et quarente solz ts. le septier de seigle que led. recepveur l'a vendu, a la somme de six livres deux solz six deniers tourn. et huict solz neuf deniers ts. pour le regard desd. dix livres cinq solz ts. et trente cinq solz tourn. pour le porc, la somme de unze solz huict deniers tourn., cy vi^l xiiii^s vi^d.

(*Par affirmacion et serment du recepveur, lequel a juré et afermé que le monsnier estoyt fugitif et pour l'avenir ne paira auscune chose sans mandement et sans quitance, sur payne de perdre la partye.*)

Pour pareil temps que led. moullin a fouller draps a chommé, a esté deduict au fermier dud. moullin qui en faict trente quatre livres, quatre chappons et quatre poulletz, a la somme de vingt six solz quatre deniers tourn., cy xxvi^s iiii^d.

A la venue du roy aud. Chenonceau, il convint oster les boys des vieilles offices et les boys des treilles qui ont esté menez a la cave de la mestairie ou le charrectier a faict dix huict tours, et pour la despence de luy, son vallet et de ses boeufz, a esté paié xv^s.

Pour trois journées d'homme qui a aydé aud. charrectier a charger et descharger lesd. boys, mectre hors du jardin du pavillon, et icelluy mectre esd. caves, a esté paié trois solz quatre den. ts. pour journée et despens, cy x^s.

Pour avoir par deux fois paré le jardin du pavillon a la venue du roy, ou il a esté employé quinze journées d'homme au fur de trois solz quatre deniers ts. pour journée et despens, cy l^s.

Pour avoir nectoié le chastel dud. Chenonceau et

les Ousdes a la venue dud. sʳ roy, a esté employé douze journées d'homme a lad. raison, cy   xlˢ.

Pour l'achapt de dix escuelles de bois pour mectre aux chandelliers de bois au fur de quatre deniers piece, a esté paié   iiiˢ iiiiᵈ.

Pour dix cloux d'ung denier piece pour mectre ausd. escuelles pour mectre les flambeaulx, et pour demy cent de petit clou pour attacher lesd. escuelles, au fur de six deniers tourn. le cent, a esté paié   xiiiᵈ.

Pour les fraiz des juges, greffier, sergent et tesmoings qui ont vacqué tant a faire le procès de mad. dame contre Alexandre Thomas et aultres, que pour estre allé querir les tesmoings en divers lieulx, pour la mort intervenue en la personne de Estienne Desvaulx, dict La Mothe, a esté paié par led. recepveur, comme appert par taxe de monsʳ le chastellain, la somme de   xxˡ xvˢ ts.

(*Il est aparu de la declaracion des frez contenu au present article, verifiée par le chatellain de Chenonceau, signe de la Bertonniere, le tout cy rendu.*)

Pour neuf journées du recepveur qui a vacqué par deux voyages, l'ung a aller a Bloys et l'aultre a Cheverny[1], dud. Cheverny aud. Bloys, au mandement de Madame, tant pour porter deniers de sa ferme, que pour entendre la volunté de monsieur le general de la Chesnaye des affaires dud. Chenonceau, comme appert par mandement, a raison de trente cinq solz pour journée et despens de luy et de son cheval, la somme de   (xiiiˡ xˢ).

---

1. Petite ville située à trois lieues au sud de Blois. Bernard de Rutie, abbé de Pontlevoy, mandataire général de Diane, en étoit seigneur.

Pource cy alloué viii^l.

(*Il a esté alloué au recepveur la somme de huict livres ts. pour les journées contenues au present article, pour ce qu'il est aparu d'une lectre de mons^r le grand aumosnier portant mandement.*)

Pource que en lad. année partie de la maison basse de la Gueille tomba, convint aud. recepveur faire serrer le boys et thuille, ou il a esté employé six journées d'homme au fur de deux solz six deniers ts. pour journée et despens, cy xv^s.

En l'an mil cinq cens cinquante ung, le pré de mad. dame a esté bousché, ou il a esté employé trois journées d'homme, tant a coupper espines, paulx et lymendes que icelles porter et faire la haye, au fur de trois solz quatre deniers tourn. pour journée et despens, cy x^s.

Pour le faulchaige dud. pré en lad. année, a esté paié trente sept solz six deniers tourn. et six pinttes de vin, cy xxxvii^s vi^d.

Vin, vi^{pinttes}.

Pour le fenaige d'icelluy, et pour l'avoir mis et serré au dedans du fenil a esté paié xxxv^s.

Pour sept charrectées de foing a esté paié, comprins le vin qu'il a convenu bailler ausd. charrectiers, au fur de troys solz et quatre deniers pour charrectée, cy xxiii^s iiii^d.

En lad. année cinq cens cinquante ung, a esté cueilly es vignes de la seigneurie de ceans trente ung poinczon de vin, qui est pour la part de Madame quinze et demy, ausquelz poinczons de vins blancs a esté employé ung poinczon pour emplyr lesd. vins nouveaulx jusques a ce qu'ilz eussent boully, parce ne reste dud. nombre que quatorze et demy, qui est deux poinczons qu'il a convenu aud. recepveur achapter au pris de neuf solz chacun poinczon, cy xviii^s.

Pour l'abillage de treize traversiers qui avoient esté vuydez a la venue du roy aud. Chenonceau de vin de madicte dame, ou il y a eu trois journées de tonnellier qui a habillé lesd. traversiers, a esté payé pour chacune journée et despens la somme de xxii^s vi^d.

Pour une torche et demye d'apreste pour rellyer lesd. traversiers, a esté paié iii^s.

Pour quatre liasses de sercle de saulle employez a rellier lesd. traversiers au pris de deux solz six deniers chacune liasse, cy x^s.

Le vingt huictiesme jour de decembre l'an mil cinq cens cinquante ung, madicte dame estant a Bloys envoya son train a Chenonceau, penssant y venir disner, ce qu'elle ne fist pour l'indisposition de sa personne, ou le sommellier de mad. dame print vin blanc et vin clairet jusques au nombre de quarente pinttes et plus, cy vin (XL^{pinttes}).

(*Rayé, pource que la partye sera couschée cy après.*)

Par le commandement de monseigneur le grand aulmosnyer ont esté envoyez a Bloys dix poinczons de vin de Chenonceau pour mener a Annet; pour iceulx rellier ont esté employées trois journées de tonnellier qui a rellié lesd. vins et iceulx sommez et barrez a la mode d'Orleans, suivant le commandement de mond. sieur le grand aulmosnyer, au pris de sept solz six deniers tourn. pour journée et despens, cy xxii^s vi^d.

Pour cinq liasses de sercle, sçavoir est trois liasses de saulle et deux liasses de chasteigner, au pris le saulle de deux solz six den. piece, et le chasteigner au pris de trois solz six deniers piece, cy xiii^s vi^d.

Pour deux torches d'apreste a esté paié iiii^s.

Pour la chandelle pour veoir rellyer led. vin, a esté paié xii^d.

Pour la voicture par terre desd. dix traversiers de vin depuis Chenonceau jusques au port d'Amboise, au pris de sept solz six deniers tourn. chacune pippe, a esté paié xxxvii^s vi^d.

Pour la voicture par eaue desd. cinq pippes de vin depuis Amboise jusques a Bloys au pris de sept solz ts. chacune pippe, a esté paié a Gabriel Percerault la somme de xxxv^s.

Pour la despence de celluy qui a conduict led. vin depuis Chenonceau jusques aud. Bloys ou il a vacqué par cinq journées, a esté paié xxvii^s vi^d.

Pour ung traversier neuf qu'il convint achapter aud. Bloys, rellyé tout a bac, sommé et barré comme les aultres, parce que l'ung ou estoit le vin de Beaulne ne valloit riens et estoit vieil, a esté paié xx^s.

Pour vingt six pinttes de vin pour remplyr lesd. cinq pippes de vins, au pris de six deniers pintte, a esté paié xiii^s.

Pour le charrectier qui a charroyé lesd. cinq pippes de vin depuis le port viel jusques en la maison de mons^r le lieutenant general, a esté paié x^s.

Pource que mons^r le lieutenant general n'estoit aud. Bloys, convint au conducteur dud. vin envoyer ung homme jusques a trois lieues de Bloys ou estoit mond. sieur le lieutenant a qui led. conducteur debvoit livrer led. vin, fut paié v^s.

En l'an mil cinq cens cinquante deux, ont esté employées trois journées d'homme qui ont couppé des espines, paulx et lymendes pour bouscher le pré de mad. dame, au fur de trois solz quatre den. pour journée et despens, cy x^s.

Pour le faulchaige dud. pré a esté payé xxxvii^s vi^d.

Pour le fenaige dud. pré a esté payé par led. recepveur la somme de xl^s.

Pour le charroy dud. foing montant en nombre huict charrectées, a esté paié au fur de trois solz quatre deniers tourn. pour chartée, cy xxx^s.

Pour la cueillette de vins pour l'an mil cinq cens cinquante deux, a esté achapté par led. recepveur vingt neuf poinczons pour mectre led. vin cueilly esd. vignes de Chenonceau, sçavoir est six poinczons vin d'Herboys, huict poinczons de Beaulne, quatre poinczons d'Orleans et dix poinczons de plan d'Anjou, qui sont quatorze poinczons pour la part de Madame, pour chacun desquelz poinczons a esté paié a raison de huict solz chacun; de l'ung desquelz poinczons de vin blanc ont esté remplyz lesd. vins en commung, cy pour lesd. xiiii pieces cxii^s.

Parce que par mandement de mond. sieur le grand aulmosnyer, convint aud. recepveur envoyer les six pieces de vin d'Herboys pour Madame a Annet, pour ce faire les convint faire rellyer a bac, sommez et barrez a la mode d'Orleans pour iceulx envoyer en la maison de mons^r le contrerolleur Ardon a Bloys, aiant charge d'iceulx faire conduire jusques aud. lieu d'Annet, auquel relliage ont esté employées deux journées de tonnellier pour chacune desquelles a esté paié a raison de sept solz six deniers tourn. pour journée et despens, cy xv^s.

Pour trois liasses de sercle, sçavoir est l'une de chasteigner au pris de trois solz quatre deniers tourn., et les deux aultres de saulle au pris de deux solz six deniers chacune liasse, a esté paié   VIII^s IIII^d.

Pour d'apreste et chandelle pour rellyer lesd. vins a esté paié   III^s.

Pour douze barres grosses et larges mises ausd. six poinczons, a esté payé   VI^s.

Pour la voicture par terre desd. six poinczons de vin depuis Chenonceau jusques Amboise, au pris de sept solz six deniers ts. pippe, a esté payé   XXII^s VI^d.

Pour la voicture par eaue dud. vin depuis Chenonceau jusques a Bloys a esté paié au voicturier qui pour ce faire y est allé expres, a esté payé   XX^s.

Pour le peaige de Chaulmont[1], parce que le peageur ne se voullut contanter du mandement, fut paié   XVIII^d.

---

[1]. Le château de Chaumont-sur-Loire appartenoit alors à Catherine de Médicis, qui venoit de l'acheter, en 1550, d'Antoine de la Rochefoucauld et de sa femme Antoinette d'Amboise. Catherine semble avoir voulu profiter de l'occasion de faire subir une petite vexation à sa rivale, en lui refusant la franchise du péage par eau. Dans un arrêt du Parlement rendu, le 28 octobre 1544, contre messire Loys de Clèves, chevalier, et dame Catherine d'Amboise, sa femme et dame de Chaumont, veuve de messire Philibert de Beaujeu, arrêt relatif au péage de Chaumont-sur-Loire, nous remarquons les articles suivants :

« Pour tonneau et pippe de vin chargé entre le pont de Blois et le pont d'Amboise, IV deniers tournois;

« Et pour la pippe de vin chargée au-dessus dudict pont de Blois et au dessoubz dudict pont d'Amboise, VI deniers tournois;

« Et au default de payer lesdicts peages, aura ledict seigneur de Chaumont la somme de soixante sols un denier tournois d'amende, ensemble les frais de la poursuite. »

Arrest par lequel est declaré le droict de peage sur la riviere de Loire ou lieu de Chaumont, a cause des marchandises qui y sont redevables; extraict des registres de Parlement. — A Orleans, par Fabian Hotot, imprimeur ordinaire du roy, a l'imprimerie. MDCV.

Pour le charroy desd. six pieces de vin depuis la riviere de Loyre jusques en la maison de mons' le contrerolleur Ardon, a esté paié au fur de quatre solz ts. pippe, cy xii'.

Pour le remplissage dud. vin aud. Bloys, a esté employé dix pinttes de vin au fur de six deniers pintte, cy v'.

Pour la despense faicte par celluy qui a conduict led. vin dud. Chenonceau aud. Bloys, la somme de xxiiii'.

Pour quatre journées d'homme pour coupper des espines, paulx et lymendes, faict la haye et bouscher le pré de Madame, au fur de iii' iiii^d ts. pour journée et despens, la somme de xiii' iiii^d.

Cedict receveur faict mise de la somme de soixante quinze solz ts. pour le port des sacs et procès d'Amboise a Paris d'entre Madame appellante contre Jacques Viollet inthimé, comme appert par quictance cy lxxv'.

A mons' Mignon, procureur de madicte dame en Parlement, luy a esté envoyé par deux fois pour le procès de mad. dame contre led. Viollet la somme de (iii^l xii').

(*Rayé, pource que led. procureur est aux gaiges de Madame.*)

A M° Charles Lormeau pour led. procès a esté paié (xlv').

(*Nihil.*)

Aussy faict led. recepveur mise de la somme de treize livres dix solz pour ung voyage par luy faict a Paris lors que led. procès fut porté pour icelluy faire veoir au conseil de mad. dame, qui fut veu par Mons' d'Escorchevel et Mons' Perricart qui rezollurent ensemble que mad. dame estoit bien fondée en son appellation, auquel voyage led. recepveur a vacqué, tant a aller, venir que sesjourner par l'espace de neuf jours a raison de trente solz ts. par jour, cy (xiii^l x^s).

(*Rayé, pource que cy après il est alloué ung voyaige au recepveur.*)

A esté paié au greffier de Parlement pour faire mectre led. procès es mains d'ung huissier, la somme de v^s.

Pour aultre voyage dud. recepveur qui fut a Paris exprès en mars mil cinq cens cinquante deux pour faire faire les griefz pour mad. dame contre led. Viollet, auquel voyage il a vacqué par dix journées, cy xiii^l x^s.

(*La partye est allouée suyvant l'apostille de l'article cy dessus ou l'article est rayée.*)

A Mons' Perricart qui a faict lesd. griefz, a esté paié xlv^s.

(*Par afirmacion et pour l'avenir ne payera auscuns sans l'exprès commandement de Madame.*)

Pour le faulchaige du pré de madicte dame en lad. année a esté paié xlii^s vi^d.

Pour le fenaige d'icelluy a esté paié la somme de xxxvii^s vi^d.

En juillet mil cinq cens cinquante deux est tombé de la grange des Ousdes douze coubles de chevrons et rompu une filliere, les tirans sortiz hors des essellieres, a la cheutte desquelz douze coubles de chevrons a esté rompu grand nombre de thuille, le fermier de laquelle mestairie des Ousdes auroit sommé et requis led. recepveur de faire reparer lad. grange, parce qu'il ne pouvoit loger ses bledz estans près a cueillyr, par quoy led. recepveur auroit marchandé a P⁽ʳᵉ⁾ Mollet de faire lesd. reparations pour la somme de vingt cinq livres tourn. qui a esté paié par led. recepveur, comme appert par sommation, marché et quictance dud. Mollet cy rendue, pource cy xxv¹ ts.

(*Il est aparu des sommacions, visitacions, marché et quitance, le tout cy renduz, et est defendu au recepveur de ne rien payer pour l'avenir sans ordonnance, sur payne de payer lesd. choses a son propre et privé nom.*)

En lad. année mil cinq cens cinquante deux, auroit esté reparé le chasteau de Chenonceau de couverture, et tour d'icelluy es lyeux necessaires a reparation, laquelle a esté baillée au rabais et moindre pris aux pletz dud. Chenonceau, suivant le mandement de mond. seigneur le grand aulmosnier, a Claude Binet, couvreur, a la somme de quarente huict livres qui a esté payée par led. recepveur, comme appert par visitations, proclamation, bail et quictance, cy xlviii¹ ts.

(*Par affirmacion et est aparu du mandement de Monsʳ le grand aumosnier et des marchés et quitances, le tout cy rendu.*)

1553.

Pour huict charrectées de foing cueilly en lad. année m v⁽ᶜ⁾ liii, a esté payé au fur de trois solz quatre den. ts., cy xxxˢ.

En vandanges mil cinq cens cinquante trois ont esté cueillyz es vignes dud. Chenonceau non affermées quatre poinczons vin plan de Beaulne, trois poinczons et ung quart vin plan d'Herboys, quatre poinczons ung quart vin plan d'Orleans, vin plan d'Anjou dix poinczons, qui sont en nombre vingt deux poinczons, l'ung desquelz poinczons vin blanc a esté prins pour remplyr les aultres, après qu'ilz ont eu boully, qui est pour la part de Madame unze poinczons, pour lesquelz poinczons a esté paié, sçavoir est six a douze solz ts. piece, parce qu'ilz sont tous couvers de sercles, sommez, chevillez et barrez de barres grosses et larges a la mode d'Orleans, et pour les aultres cinq a raison de huict solz six den. ts. piece, qui est pour la part de mad. dame dix poinczons et demy, cy . cxiiii^s vi^d.

(*Par afirmacion et serment dud. recepveur.*)

Le dix septiesme jour de janvier l'an mil cinq centz cinquante trois, par mandement de mond. s^r le grand aulmosnyer, led. recepveur a envoyé a la Mothe trois poinczons de vin d'Herboys et ung poinczon de vin plan d'Anjou cueillyz en lad. année м v^c cinq^te trois, pour iceulx envoyer dud. lieu de la Mothe a Annet avecques aultres de ses vins que mond. sieur y envoyoit, lesquelz quatre poinczons led. recepveur a faict remplyr dud. quart de vin de plan d'Herboys, pour la voicture par terre desquelz quatre poinczons de vin depuis Chenonceau jusques Amboise au pris de dix solz ts. chacune pippe, parce qu'il faisoit tans incommode, a esté paié la somme de · xx^s.

(*Verifié par mond. s^r le grand aumosnier.*)

Pour la voicture par eaue desd. quatre poinczons de vin depuis Amboise jusques aud. lieu de la Mothe, a esté paié la somme de ·· xiii^s.

Pour la despence de celluy qui a conduict led. vin depuis Chenonceau jusques aud. lieu de la Mothe, a vacqué par trois jours, a esté paié la somme de xviii^s.

A esté paié par ced. recepveur au juge cha.tellain de Chenonceau la somme de quatre livres douze solz ts. pour les espices et consultation d'ung procès intanté a la requeste du procureur de la seigneurie de ceans a l'ancontre de Jacques Viollet, cy davant fermier du greffe de ceans, pour recouvrer de luy toutes les declarations, aultres tiltres et enseignemens a luy baillés par les subgetz de ceans pendant qu'il estoit greffier, lesquelz tiltres il a reffuzé bailler, par quoy auroit esté adjourné a la requeste dud. procureur par davant led. chastellain, par lequel a esté condampné iceulx representer, dont il auroit appelé et rellevé son appel Amboise, pource cy iiii^l xii^s.

Pour quatre journées d'hommes qui ont bousché le pré de Madame en l'an cinq centz cinquante quatre, employées tant a coupper des espines, paulx, lymendes, et faire les hayes et boucheures, a esté payé par ced. recepveur au pris de troys solz quatre deniers pour journée et despens la somme de treize solz quatre deniers, cy xiii^s iiii^d.

Pour la faczon des escriptures de ce present compte, contenant vingt deux feuilletz de pappier escript, au fur de   pour chacun feuillet, la somme de   l^s.

Pour le sallaire du recepveur qui depuis cinq ans ancza a gouverné le chasteau de Chenonceau, entretenu nectement durant led. temps de cinq années, qui est seullement fermier sans en estre chargé, requiert luy estre alloué la somme de....

(*Rayé.*)

PREMIÈRE SOMME DE LA MISE ET DESPENSE de ce present compte est en deniers quatre cens soixante

sept livres unze solz sept deniers, pour ce cy
est $\text{IIII}^c\text{ LXVII}^l\text{ XI}^s\text{ VI}^d$.

MISE ET DESPENCE FAICTE PAR LED. RECEPVEUR DES CHOSES SUSD.

Premierement au prieur de Monthoussan, a esté baillé par led. recepveur le nombre de unze septiers de bled seigle et ung quart de vin, a luy deubz par chacun an, duquel vin cy après sera faict mise, cy seigle XI^s.

(*Par mandement de mons*^{r} *le grand aumosnier, abbé de Pontlevoy, cy rendu.*)

Aussi faict ced. recepveur cy mise du nombre de dix sept septiers de bled pour le dechet de dix sept muydz ung septier ung tiers de boisseau de froment, seigle et orge, receuz par led. recepveur aux jours sainct Michel et Toussaincts cinq cens quarante sept, et l'avoir gardé jusques en decembre et janvier mil cinq cens quarante neuf (1550) qu'ilz les a venduz et distribuez par le commandement de mond. s^r le grand aulmosnyer, qui sont deux ans et deux moys, qui requiert a raison du muy la myne, dix sept septiers, cy XVII^s.

(*Alloué, pour ce que le recepveur l'a gardé deux ans.*)

Plus faict led. recepveur mise de dix septiers pour le dechet de vingtz ung muydz six septiers huict boisseaulx, tant froment, seigle et orge, receuz par led. recepveur aux jours sainct Michel et Toussaincts cinq cens quarante huict, et l'avoir gardé jusques en decembre et janvier cinq cens quarante neuf (1550), qu'il les a venduz et distribuez par le commandement de mond. s^r le grand aulmosnyer, qui est ung an et deux moys, requiert a raison de muy la myne, cy x^t.

(*Item, comme dessus.*)

Plus faict led. recepveur mise de trente huict boisseaulx avoyne par luy comptez deux foys en recepte es comptes commanczans m v^c quarante six et m v^c quarante sept, comme appert par iceulx, cy avoyne (xxxviii^{bo}).

(*Rayé, pour autant que le dechet est contenu aux deux articles precedentes cy dessus.*)

Plus faict led. recepveur mise du nombre de vingtz neuf muidz cinq septiers de froment, seigle et orge susd., desquelz il auroit faict moulture, et iceulx venduz a pluseurs personnes au pris de vingt sept solz ts. chacun septier de moulture, dont il s'est chargé cy après en recepte de deniers, cy (xxxix^m v^s).

(*Rayé, pour autant que l'article est allouée et deduyte au chapitre de recepte.*)

Plus faict led. recepveur mise de cinq muydz unze septiers trois boisseaulx d'avoyne par luy venduz aux subjectz, comme dict est, a raison de vingt huict solz ts. chacun septier, dont il s'est chargé en recepte de deniers cy après, cy avoyne (v^m xi^s iii^{bo}).

(*L'article est rayée.*)

Ledict recepveur faict mise de dix charrectées de foing parce que les chevaulx de l'escurie de Madame les ont mangées pendant que le roy fut a Blois, Amboise et a Chenonceau, en partie du mois de decembre, janvier, febvrier, mars et apvril mil cinq cens cinquante ung, et en deux voyages que Madame fut aud. Chenonceau pendant qu'elle fut Amboise et au retour de Bretaigne, cy foing, x ᶜʰᵃʳʳᵉᶜᵗᵉᵉˢ.

(*Alloué, pour ce que mons͏ʳ le grand aumosnier a verifié le contenu au present article.*)

Plus faict cy mise de sept charrectées de foing qui ont esté despendues par les chevaulx de l'escurie de mad. dame durant le temps contenu en l'article preceddant, cy foing, vii ᶜʰᵃʳʳᵉᶜᵗᵉᵉˢ.

Led. recepveur faict mise du nombre de quarante quatre fagotz de paille qui furent employez pour les chevaulx de madicte dame, durant le temps que dessus, cy paille xliiii ᶠᵃᵍᵒᵗᶻ.

Ced. recepveur faict pareillement mise de treize poinczons de vin, comme appert cy après :

A la venue du roy aud. Chenonceau furent beuz treize poinczons de vin cueilly en l'an mil cinq cens cinquante, cy vin, xiii ᵖᵒⁱⁿᶜᶻᵒⁿˢ.

Aux hommes qui faisoient les buttes a lad. venue, fut baillé vin vieil deux poinczons, cy vin, ii ᵖᵒⁱⁿᶜᶻᵒⁿˢ.

A lad. venue fut despendu deux poinczons de vin vieil de l'an mil cinq cens quarante neuf, par ce que ceulx qui lardoyent les viandes de Madame, estoyent en la cave ou estoyent lesd. vins, cy vin, ii ᵖᵒⁱⁿᶜᶻᵒⁿˢ.

Es années m vᶜ li, m vᶜ lii, m vᶜ liii, a esté envoyé a Annet pour Madame par le commandement de mond. s͏ʳ le grand aulmosnyer, sçavoir est, oud. an m vᶜ cinq ᵗᵉ ung, dix poinczons de vin ; oud. an m vᶜ cinq ᵗᵉ deux, six poinczons de vin, tout led. vin du meilleur qui feust; et oud. an m vᶜ cinquante trois, trois poinczons de vin d'Herboys et ung poinczon de vin d'Anjou, qui sont en nombre vingt poinczons, comme appert cy devant en mise de deniers, cy vin, xx ᵖᵒⁱⁿᶜᶻᵒⁿˢ.

(*Veryfié par monsr le grand aumosnier.*)

A ung aultre voyage que Madame vint avec monsr le cardinal de Savoye d'Amboise disner icy, et a ung aultre voyage qu'elle fist a son retour de Bretaigne acompaignée de monsr le duc de Buillon[1], a esté employé deux poinczons, cy — vin, II poinczons.

(*Alloué, et pour l'avenir le recepveur aportera a son compte descharge du maistre d'hotel de Madame.*)

Faict ced. recepveur mise de neuf poinczons de vin par luy venduz, dont il s'est chargé cy davant en recepte de deniers pour vendition de vin, cy — vin, IX poinczons.

(*Rayé, pour ce que l'article a esté deduyte au chapitre de recepte.*)

Plus faict cy mise du nombre de quarente potz de vin despenduz le vingt huictme jour de decembre l'an mil cinq cens cinquante ung par les officiers et train de Madame, qu'ilz vindrent led. jour a Chenonceau envoyez de par Madame, esperant madicte dame y venir disner, ce qu'elle ne fist parce qu'elle se trouva mal, cy — vin, XL potz.

Plus faict led. recepveur mise d'ung poinczon de vin, moictié blanc et moictié clairet, despendu a la venue de Madame aud. Chenonceau, en aougst mi ve cinquante trois, comme appert par descharge de monsr le mareschal Dubex, cy — vin, I poinczon.

(*Il est aparu de la descharge, signé Dubaix, cy rendue.*)

Plus faict led. recepveur mise du nombre de

---

1. Robert de la Marck, duc de Bouillon, prince de Sedan, qui avoit épousé en 1538 Françoise de Brézé, fille aînée de Diane de Poitiers.

poinczons de vin, tant vieilz que nouveaulx, employez depuis l'an mil v^c quarente huict jusques a presant, a remplyr les vins cueillys depuis l'an mil cinq cens quarente sept. . . . .

(*Rayé.*)

Plus faict led. recepveur mise de neuf poinczons de vin employez a remplyr les vins de cinq années en vendanges pendant qu'ilz ont boully, et quant il les a faillu taponner, le nombre de neuf poinssons de vin, pour vin   ix poinssons.

(*Par afirmacion du recepveur.*)

Plus faict cy mise d'ung traversier de vin baillé aux faulcheurs et feneurs, durant cinq années quant ilz ont faulché et fené led. pré, cy mise   vin, i poinçon.

Plus faict cy mise de unze poinczons de vin vieil, baillez aux ouvriers manoeuvres qui besongnoient au jardin en l'année m v^c cinquante, par le commandement de mond. sieur le grand aulmosnier, comme appert par le compte dud. jardin, cy mise,   vin, xi poinczons.

IIe Somme de la mise et deppense

est tant bled froment, seigle que orge,   iii^m ii^s.
   Foing,   xvii chartes.
   Paille,   xLiiii fagotz.
   Vin,   Lxi poinsson.

Somme total

de la mise et deppence de ce present compte est : en deniers, quatre cens soixante sept livres unze solz sept deniers; bled, tant froment, seigle que orge, troys muyctz, deulx septiers; foing, dix sept charteez; paille, quarante quatre fagotz; vin, soixante et ung poinsson;

Et la recepte dud. compte est : en deniers, six cens sept livres troys solz dix deniers tournoys; bled en essance, tant froment, seigle que orge, est troys muyctz quatre septiers deux boisseaulx et demy et ung tiers de boisseau; avoyne, cinq boisseaulx; vin, soixante et quatorze pieces; foing, quarante et une chartée; paille, quarante quatre fagotz;

Partant, tout compte deduit et rabattu, le recepveur doibt a Madame par la clausion de ce present compte, pour avoir plus receu que mys, c'est assavoir : en deniers, cent trente neuf livres douze solz deulx deniers; bled, tant froment, seigle que orge, deulx septiers, deulx boisseaulx et demy et ung tiers de bo.; avoyne, cinq boisseaulx; vin, treze poinssons et demy; foing, vingt-quatre charteez; lequel nombre de vin et foing sont demeurez aulx garniers et caves de mad. dame au lieu de Chenonceau, entre les mains dud. recepveur, pour la provision de mad. dame, et par compte precedent rendu a Pontlevoy le vingt deuxiesme jour de ce present moys, led. recepveur est demeuré redebvable, tant par son compte precedent dessusd., que par ce present compte de la somme de troys cens trente cinq livres huict solz deulx deniers; bled, tant froment, seigle que orge, deulx septiers, deulx boisseaulx et demy, et un tiers de boisseau; avoyne, cinq boisseaulx; vin, treze poinssons et demy; foing, vingt quatre charteez. Pour ce cy,

En deniers, iii^c xxxv^l viii^s ii^d.
Bled, froment, seigle et orge, ii^s ii$^{bo.}$ et deяy et ung tiers de bo.
Avoyne, v ^{boisseaulx}.
Vin, xiii $^{poinssons\ et\ demy}$,
Foing, xxiiii ^{charteez}.

(*Le recepveur demeure quicte du nombre de cinq boisseaulx d'avoyne contenu au present article, pour ce qu'il n'en a compté aulcun deschet d'avoyne par ced. present compte.*)

Ce present compte et estat a esté ouy et examiné, cloz et arresté par nous, soubz signez, commis, ordonnez et depputez par Madame a ce faire, en la presence et du consentement dud. André Bereau, recepveur, au lieu de l'abbaye de Pontlevoy, le vingt troysiesme jour d'avril, l'an mil cinq cens cinquante quatre après Pasques, sauf tout erreur et vice de calcul.

Bern. DE RUTYE,   LA MENARDIERE,
Grand aulmosnier.

Benoyst GUY.   BEREAU.

(Registre in-4°, en papier, comprenant xxv feuillets.)

IV.

COMPTE DU JARDIN DE CHENONCEAU, QUE MADAME A FAICT DE NOUVEL EDIFFIER, PRESENTÉ AUX AUDITEURS DEPUTÉS PAR MADAME AU LIEU DE CHENONCEAU, LE XVIIIme JOUR D'APVRIL MIL CINQ CENS CINQUANTE ET QUATRE APRÈS PASQUES.

COMPTE DE L'OEUVRE DU JARDIN.

1551-1553.

(Extraict et résumé.)

Compte que rend et baille André Bereau, recepveur fermier de la chastellenye de Chenonceau, a haulte et illustre dame dame Diane de Poictiers, duchesse de Valentinoys, dame dud. Chenonceau, des receptes et mises par led. recepveur faictes pour l'ediffication, invention et construction du jardin que mad. dame, estant aud. Chenonceau ou moys d'apvril mil cinq centz cinquante ung après Pasques, ordonna et commanda a monseigneur de Pont-Levoy, conseiller du Roy nostre sire, et son grand aulmosnier, estre faict aud. Chenonceau, lesquelles mises led. recepveur a faictes par le commandement de mond. s' de Pontlevoy, pour led. compte estre examiné, oy, cloz et arresté.

Premierement, led. jardin, suivant le voulloir de mad. dame, a esté faict en une piece de terre sise pres le chastel dud. Chenonceau, contenant deux arpents et demy (xxxi chesnée et demye ou environ), joinct d'ung long a la riviere de Cher, d'aultre long a la garenne de davant le chastel, d'ung bout aux foussez et douves dud. chastel et basse court dud. chastel, et d'aultre bout aux terres de la mestayrie de la.Grange et appartenances de lad. seigneurie, lequel jardin est cloz a grandz foussez, profondz et larges, perrez et muraillez a perre seiche es endroictz necessaires, et en aulcuns lieux perrez a deux paremens, et au bout du foussé abutant a la riviere, et joignant lesd. terres y a ugne escluse et chaussée de cherpenterye et de conroy pour retenir l'eaue dud. foussé a ce qu'elle voise a l'entour dud. jardin, a laquelle chaussée y a troys eschenaulx pour mectre l'eau dedans led. foussé et hors d'icelluy; les terrasses et levées desquelz foussez sont au dedans dud. jardin, qui ont troys toyses de large aultant qu'emporte le circuit dud. jardin, et le dedans d'icelles sont faictes de gazons, pour lesquelles choses faire a convenu plusieurs arbres, pierres et gazons.

(*Veryfyé par mons^r le grand ausmonier, abbé de Pontlevoy.*)

RECEPTE FAICTE PAR LED. RECEPVEUR.

De monseigneur de Pontlevoy a esté receu par led. recepveur fermier oud. moys d'apvril mil cinq centz cinquante ung, la somme de troys centz quarente livres tourn., cy iij^c xl^l ts.

(*Veryfié comme dessus.*)

Plus le dix neuf^{me} jour de septembre mil cinq centz cinquante ung a esté receu de mond. s^r de Pontlevoy deux centz livres tourn., cy ij^c ^{l} ts.

Ced. recepveur se charge cy en recepte de deniers de la somme de deux mil sept centz livres tourn. pour la ferme de troys années de la chastellenie, terre et seigneurie de Chenonceau, escheues au jour et feste de Noel mil cinq centz cinquante troys a raison de neuf centz livres tournoys pour chacune desd. années a lui affermées de par mad. dame a lad. somme, pource cy ij^m vij^c ^{l} ts.

(*Veryfié comme dessus, et aportera le comptable son bail a ferme a son prochain compte.*)

Aussi se charge ced. recepveur en recepte de deniers de la somme de unze livres tournoys faisant les quatre cinq^{mes} parties de la somme de treize livres quinze solz pour les lotz et ventes d'ung contract d'acquest faict par Pierre Boisgaultier du fief et terre de la Bouterye, aultrement la Mazere ou Courrandon, exhibé par led. Boisgaultier qui en a payé aud. recepveur lad. somme de treize livres quinze solz, dont la cinq^{me} partie, montant cinquante cinq solz apartient aud. recev. pour lad. cinq^{me} partie de tous les aultres fiefz venduz durant le temps de sad. ferme, comme appert par son bail a ferme, ci xi^l.

(*Veryfié par mond. s^r le grand aumosnier.*)

Somme de la recepte de ce present compte est en deniers, iij^m ij^c li^l.

MISE ET DESPENCE FAICTE PAR CEDICT RECEPVEUR DURANT
LE TEMPS DU PRESENT COMPTE.

Pour seize centz de quartiers de pierre dure a raison de sept livres tournoys chacun cent de pris faict par monseigneur le grand aulmosnier et quatre deniers pour charrectée de moison, et oultre et pardessus deux pieces de vin, a esté payé a Math. Dangé et P^{re} Mariet par ced. recepveur la somme de cent douze livres tourn. et lesd. deux pieces de vin; cy pour lesd. quartiers comme appert par quictance cy rendues, cy   cxii^l.
                    Vin   ij ^{pieces}.

A deux bessons, l'ung nommé grand Jeh. Chaillou et Françoys Dugué, a esté marchandé par mond. s^r le grand aulmosnier a faire le foussé d'entre la garenne et le lieu ou se faict led. jardin au pris de neuf solz tourn. la toyse en carré et deux pieces de vin, sur laquelle besoigne leur a esté payé par ced. recepveur la somme de cinquante livres tourn. et deux pieces de vin; cy   L^{l}ts.
                   Vin   ij ^{pieces}.

(*Veryfié par mons^r le grand aumosnier.*)

A Pierre Hurlu, maczon, pour faire le corps de maison ou doibvent estre les offices, pour ung entre deux faict de quartiers au pavillon, et pour aultres huisseries qu'il doibt faire, et condampner d'aultres huisseries et fenestres estans aux bastimens dud. pavillon, auquel a esté marchandé par mond. s^r le grand aulmosnier a la somme de cent dix livres tourn. et ung poinczon de vin, sur laquelle besoigne a esté payé par ced. recepveur la somme de cinquante sept livres cinq solz tournoys et led. poinczon de vin, cy LVII¹ vˢ.

Vin   I poinczon.

Aux couvreur et cherpentier qui ont descouvert le corps de maison des estables de la Gueulle, contenant dix toyses, et sont tenuz abatre la cherpenterye et icelle mectre avec les aultres estoffes necessaires sur le corps de maison neuf basty près led. pavillon, pour lesquelles besoignes ils doibvent avoir la somme de seize livres tourn. et une piece de vin, sur laquelle somme ilz ont eu dud. recepveur la somme de sept livres cinq solz et poinczon de vin; cy   VII¹ vˢ.

Vin   I poinczon.

Au jardinier que Madame laissa a Chenonceau a esté baillé deux escus d'or soleil, cy   iiij¹ xijˢ.

Pour neuf vingtz quinze livres de fer employées aux chevilles mises aux paulx et traverses de la terrasse estant jouxte la riviere pour tenir la terre serrée entre lesd. paulx et lymendes, au pris de quinze deniers la livre mise en oeuvre, marchandé par led. Guy, a esté payé la somme de douze livres tourn., cy XII¹ ts.

Pour l'achapt d'une longue reelle de troys toyses, et d'ung plomb reelle, cy   IXˢ.

Plus a deux perriers a esté advancé par mond. sʳ le grand aulmosnier sur les sommes par luy a moy baillées, cy davant couschées en recepte la somme de quatre livres douze solz en deux escuz d'or soleil sur la pierre qu'ilz debvoient tirer; cy mise quatre livres douze solz tourn., cy   iiij¹ xijˢ.

En la terre en laquelle est faict le jardin en lad. année mil cinq centz cinquante ung, estoit enfruictée en orge, partie duquel orge auroit esté gasté et endommaigé en faisant les terrasses et levées dud. jardin, le dommaige duquel orge mons' des Carroys, conducteur dud. jardin, auroit faict visiter par gens ad ce congnoissans, lequel dommaige auroit esté estimé neuf septiers orge a la mesure de Chenonceau, lesquelz neuf septiers orge, au pris de cinquante solz le septier qu'il a esté vendu au pays, reviennent a la somme de vingt deux livres dix solz tourn., cy XXII^l x^s.

SOMME, II^c LXX^l XIII^s.

VIN VIEIL, VI pieces.

Je soubz signé certiffie le contenu cy dessus soubz mon seing cy mis le jour de may mil v^e cinquante ung.

BENOYST GUY.

COMMENCEMENT DES JOURNÉES

employées a clorre led. jardin que mad. dame faict faire aud. Chenonceau, commanczans le vingt^{me} de may mil v^e cinquante ung, et finissans ou mois de juing mil v^e cinquante et troys [1].

Ont esté employées :

Deux centz trente quatre journées de cherpentiers, tant a faire la levée devers la riviere, que a construire l'escluse et les eschenaulx; lesquelz sont :

---

1. Nous ne pouvons présenter ici qu'un résumé de cette partie du compte qui n'est qu'un *livre de journées*. Les noms, l'état et le salaire des ouvriers y sont marqués jour par jour. Les journaliers sont payés à la fin de chaque semaine, le samedi soir, et l'état des dépenses est vérifié, contrôlé et approuvé par le conducteur de l'œuvre du jardin, Benoyst Guy, s^r des Carroys, maître d'hôtel de l'abbé de Pontlevoy. Ce compte est tenu avec un ordre et une régularité admirables.

Mathurin Guibert,
Jehan Dupond,
Pierre Mollet,
Claude Mollet,
Robin Boussard,
Colin Torfou,
Math. Besnard,
Gilles Dangé,
Et Estienne Bouestard.

Seize cents soixante et quinze journées de maczons pour perrer les foussez dud. jardin a pierre seiche, et tailler les quartiers de pierre dure pour faire les pilliers desd. murs; lesquelz sont:
Pierre Boucanille,
Guill^e Boucanille,
Math. Boucanille,
Jeh. Boucanille,
Martin Boucanille,
Math. Delalende,
René Delalende,
Thomas Aucher,
Leobon Meillault,
Jehan Laboureau,
Et Jehan Oliveron.

Sept mil six centz quatre vingtz dix sept journées de manoeuvres, tant a marrer et gecter la terre sur la levée pour faire la terrasse le long de la riviere, que a abattre des chesnes aux boys pour faire paulx pour mectre aux antes, et aultres besoignes;

Cinq centz cinquante sept journées de bessons[1];

---

1. Bécheurs.

Cent quatre journées de gazonneurs, pour gazonner les levées;

Dix journées a Nicquet et son filz, planteurs d'arbres, a raison de quatre solz par jour;

Cinq centz quatre vingt une journée de jardiniers;

Et trois centz cinquante quatre journées employées a faire divers charroys;

Ensemble unze mil deux centz douze journées, aux pris cy après, c'est asscavoir :

Les cherpentiers, iiij solz par journée pour besoignes ordinaires, et v solz pour l'oeuvre des escluses;

Les maczons, iiij solz par jour, et les maistres maczons, v solz;

Les manoeuvriers, au pris de deux solz vj deniers par chacun jour depuys le premier jour d'octobre jusques au xvme de mars; iij solz jusques a la feste s^t Jehan Baptiste; iij solz iiij deniers jusques a la feste Notre Dame d'aougst; et iij solz jusques au premier jour d'octobre;

Les bessons et gazonneurs, iiij solz;

Et les jardiniers, iiij solz.

Il a esté faict en charroys :

Unze centz treize tours de gazon;

Quarante et ung tour de gros bois pour l'escluse et la levée joignant la riviere;

Et six mil neuf centz soixante et dix huict tomberées de moysons, non comprins en ce les quartiers de pierre dure, pour faire les perrés dud. jardin.

Depuys le vingtiesme jour de may mil v^c cinquante ung jusques au douze^{me} de septembre, a esté baillé aux journalliers, oultre les sommes de deniers cy davant couschées, du vin par le commandement de mond.

sʳ de Pontlevoy, qui monte au nombre de cinq pieces ou cinq poinczons de vin vieil, cy vin   v poinczons.

A ceulx qui ont amené avec leurs charrectes a beufz des grands boys les grosses pieces de boys jusques au jardin, pour faire paulx et lymendes, traverses et contrepaulx, pour mectre a la levée et terrasse dud. jardin estant joignant lad. riviere, pour tenir la terre enserré, a esté payé par ced. recepveur a raison de quatre solz pour chacun tour, la somme de trente six solz tourn., cy   xxxviˢ.

Pour la nourriture des laboureurs qui ont charroyé desd. grands boys les chesnes pour faire paulx et lymendes, a esté payé pour leur despence seullement, la somme de vingt cinq solz tourn., cy   xxvˢ.

Pour l'achapt d'ung ays que led. Guy a prins pour faire ung engin a trainer la terre de lieu en aultre, a esté payé par ced. recepveur la somme de neuf solz six deniers tourn., cy   ixˢ viᵈ.

Pour les charroys de trente ung chesneau prins en la tousche des Ousdes et iceulx avoir menez sur le port Olivier, a esté payé par ced. recepveur pour sept voyaiges a quinze den. pour tour, la somme de   viiiˢ ixᵈ.

Pour la voicture par eaue desd. trente ung chesneau depuys le port jusques au port dud. jardin,   xˢ.

Pour douze tomberées de moyson prinses aux Granges, oultre la riviere de Cher, a la perriere estant aud. lieu, pour commancer a perrer led. jardin devers la riviere, a esté payé, tant pour la voicture d'icelluy moison, tant par eaue que par terre, et pour l'achapt d'icelluy, la somme de vingt solz tourn. qui est a raison de vingt deniers chacune tomberée, sçavoir est douze den. pour la voicture par terre, quatre deniers pour la voicture par eaue, et quatre den. pour tomberée, cy xxe.

Je soubz signé ayant la charge de la construction et ediffication du jardin de Chenonceau, de par mons^r le grand aulmosnier, mon maistre, certiffie la mise cy davant notée, estre vraye, soubz mon seing cy mis les jour et an cy davant declerez. (xii septembre mil v^c li.)

Benoyst Guy.

Le vendredy deux^{me} jour d'octobre v^c li, les cherpentiers, Math. Guibert et Gilles Dangé, commancent a besoigner a la cherpente pour l'escluse estant au bout du foussé pour mectre l'eaue de la riviere dedans les foussez du jardin par troys eschenaulx.

MOYSON PRINS POUR PERRER LED. JARDIN DURANT LES BESOIGNES CY DAVANT FAICTES, TANT AUX PERRIÈRES DES GRANGES OULTRE LA RIVIERE DE CHER QUE DECZA ES PERRIERES DE CEANS.

De la perriere de Pierre Mariet estant au dessoubz du boys des Ousdes, a esté prins le nombre de six centz trente une charrectée de moyson qui ont esté mesurées et comptées par Denys Fleury, sergent de Chenonceau, pour chacune desquelles a esté payé aud. Mariet quatre deniers, suivant le pris faict a luy par mond. s^r de Pontlevoy, qui est la somme de dix livres dix solz quatre deniers tourn., comme appert par la quictance dud. Mariet quant aud. payement, et par la certiffication dud. Fleury quant aud. nombre, cy x^l x^s iiij^d.

De la perriere de Anth. Bessé, qui est oultre la riviere près le lieu susd., a esté prins le nombre de troys centz soixante une charrectée ou tomberée de moyson, mesurées et comptées par led. Fleury, pour lesquelles a esté payé par led. recepveur aud. Bessé, a raison de quatre deniers tourn. pour chacune tomberée la somme de six livres quatre deniers tourn., cy vi^l iiii^d.

De la perriere de Jacob Delagrange, estant près le lieu susd., a esté prins le nombre de quatre centz dix tomberées de moyson, pour chacune desquelles luy a esté payé par led. recepveur quatre deniers tourn., et douze deniers tourn. pour le charroy de chacune d'icelles depuys lad. perriere jusques au port Olivier, de pris faict par led. Guy, conducteur de l'oeuvre, comme appert par la quictance dud. Delagrange; lesd. moysons ont esté mesurez et comptez par led. Fleury a ce commis par led. Guy, qui est cy la somme de xxvii^l vi^s viii^d.

De la perriere de Quantin Boissé, estant près le lieu susd., a esté prins par led. Guy le nombre de cent treize charrectées de moyson, mesurées et nombrées par led. Fleury, pour lequel moyson a esté payé au pris de quatre deniers chacune charrectée la somme de trente sept solz huict deniers, cy xxxvii^s viii^d.

De la perriere de Damian Hurtault a esté prins vingt deux charrectées de moyson pour led. pris de quatre deniers piece, mesurées et comptées par led. Fleury, pour lequel moyson prins près le lieu

susd. a esté payé sept solz quatre deniers ts.,
cy° vııˢ iiij ᵈ.

Nombre de moyson prins oultre la riviere, xvᶜ xxxvıı *tomberées, non comprins les* xıı *premieres*.

Pour la voicture par terre et charroy de unze centz vingt sept tomberées de moyson, qui font le parfaict desd. quinze centz trente sept tomberées cy dessus declerées, depuys les perrieres des Granges estans oultre la riviere de Cher du cousté de Francueil jusques au port Olivier, a raison de douze den. chacune tomberée, a esté payé a Françoys Delafons, Charles Delagrange et aultres charrectiers, la somme de cinquante six livres sept solz tourn., cy LVI ˡ VII ˢ.

Plus pour la voicture par eaue desd. xvᶜ xxxvıı tomberées de moyson depuys led. port Olivier jusques au droict dud. jardin, au pris de quatre deniers tourn. chacune tomberée, a esté payé aud. Delagrange, fermisr dud. port Olivier, la somme de vingt six livres dix sept solz quatre deniers tourn., de pris faict par led. Guy, conducteur de l'oeuvre dud. jardin, cy xxvı ˡ xvıı ˢ ııı ᵈ.

Pour quatre centz quatre vingtz une charrectée de moizon prins et tiré a la perriere de la Roche du cousté dud. jardin près Chenonceau, sçavoir quatre deniers pour le tiraige de chacune tomberée, et douze deniers pour le charroy de chacune tomberée, de pris faict par mond. sʳ le grand aulmosnier, qui est a raison de seize deniers tourn. chacune tomberée, a esté payé par led. recepveur a Math. Dangé, perrier, et aux charrectiers, la somme de trente deux livres dix solz quatre deniers tourn., cy xxxıı ˡ x ˢ ıııı ᵈ.

A Denys Fleury, sergent, qui a assisté par trente

deux journées a faire mesurer et charger par les charrectiers lesd. tomberées de moizon cy dessus declerées, au fur de troys solz tourn. pour journée, a esté payé la somme de quatre livres seize solz tourn., cy . iiii¹ xviˢ.

Pour l'achapt de cinquante sept toyses de menue corde que led. Guy, conducteur dud. jardin, a faict achapter pour prandre les longueurs et largeurs dud. jardin, et tirer led. jardin au cordeau, au pris de quatre deniers tourn. chacune la toyse, a esté payé la somme de dix neuf solz, cy xixˢ.

Pour l'achapt de quinze toyses de grosse corde que led. conducteur a faict ouvrer pour trainer engins a mener la terre dud. jardin de lieu en aultre, au fur de deux solz six den. ts. la toyse, a esté paié par ced. recepveur la somme de xxxviiˢ vi ᵈ.

Pour vingt une toyse de gros ays de sciage, d'espesseur de deux poulces, pour faire l'escluse et chaussée faisant la separation de la riviere et foussé, par dedans laquelle l'eaue de la riviere entrera oud. foussé, marchandée par led. conducteur au pris de unze solz quatre den. chacune toyse, a esté paié par ccd. recepveur la somme de unze livres dix huict solz tourn., cy xi¹ xviiiˢ.

Pour l'achapt de cinq centz cloux de demy Gyen, de deux pour denier, que led. conducteur dud. jardin a faict achapter pour clouer lesd. gros ays, a esté payé xxˢ xᵈ.

Pour treize journées et demye d'ung harnoys a chevaulx, employées a charroyer le gazon des pastureaulx de la mestairie jusques aud. jardin, au pris de huict solz tourn. pour journée, de pris faict par led. conducteur, a esté payé la somme de . CVIII'.

A Gabriel Jardeau, foullon, pour deux centz tours de charroy de gazon faict par son cheval au pris de six deniers tourn. pour chacun voyaige et tour, employez a charroyer du gazon desd. pastureaulx jusques aud. jardin, a esté payé c'.

A Jehan Hurtault pour sept journées de luy et de sa sentine, au pris de sept solz six deniers chacune journée, et pour une journée et demye de luy et de son basteau au pris de dix solz journée, employées a conduire et mener le moyson par eaue le long du jardin pour perrer le cousté dud. jardin joignant la riviere, de pris faict par led. conducteur, a esté payé par ced. recepveur la somme de soixante sept solz six deniers tourn., cy LXVII' VI^d.

A Amaurry Brandon et Jehan Gaillard, pour chacun tour de leur charroy a beufz, employez a charroyer les chesnes abattuz aux Ousdes, escarryz pour faire lad. escluse, depuys la tousche des Ousdes jusques au bourd de la riviere davant led. jardin, au pris de seize den. ts. chacun charroy, a esté payé par ced. recepveur la somme de XIII' IIII^d.

A Loys Jousset, mestayer, Guill^e Vaslin et P^{re} Houssard, laboureurs, qui ont amené les troys chesnes des boys pour faire les eschenaulx par lesquelz l'eaue estant au tour dud. jardin entrera et sortira de la riviere ou fousse dud. jardin, au pris de quatre solz tourn. pour tour, a esté payé la somme de XII'.

Aud. Vaslin pour avoir charroyé depuys la maison de la Gueulle, estant au droict de Civray, jusques aud. jardin, ung tour de cherpenterye pour faire eschauffault aud. jardin, et pour avoir charroyé troys tours de pallys du boys au marchal jusques aud. jardin, sçavoir celluy de la Gueulle au pris de xx d., et les aultres au pris de dix den., cy iiiɪˢ iiᵈ.

Pour une scie pour scier les chesnes, paulx, lymendes, traverses et aultres boys necessaires aud. jardin, a esté payé la somme de xˢ.

A Guillᵉ Vaslin pour troys chevilles de fer par luy fournies et mises aux paulx auxquelz les chevilles estoient rompues, lesd. chevilles pezans troys livres troys quarterons, au pris de quinze deniers la livre mise en oeuvre, cy iiiɪˢ viiiᵈ.

Pour ugne petite marre large pour parer la terre dud. jardin ou il est besoing, a esté payé au mareschal viˢ.

Pour troys traversiers mis et employez en aulcuns endroictz de la terrasse de devers la riviere, au pris de cinq solz piece, la somme de xvˢ.

Plus a esté fourny demy cent de clou de Gyén iiiɪˢ iiᵈ.

Pour la nourriture des cherpentiers quant ilz ont levé la cherpente de lad. chaussée et escluse, qui estoient cinq solz ts., payé xxvˢ.

A Jehan Hurtault pour ugne journée de luy et de son basteau quant il a mené du conroy a lad. escluse et chaussée, payé la somme de xˢ.

Pour l'achapt de demy cent de petit clou a basteau, payé xᵈ.

Plus a esté payé a Mathurin Dangé, perrier, pour quarente tomberées de moizon par luy tirées a la Roche, oultre le nombre cy davant contenu, aud. pris de quatre den. la tomberée, la somme de xiiiˢ iiiiᵈ.

Pour le charroy d'icelluy moizon au pris de douze deniers tourn. tomberée, xlˢ.

Aussi a esté livré aud. conducteur de l'oeuvre dud. jardin, par Anth. Bessé de sa perriere, oultre le nombre par luy cy davant livré, quarente troys tomberées aud. pris de quatre den., payé   xiiii˟ iiii^d.

Pour le charroy d'icelluy aud. pris de douze den. ts., payé la somme de   xliii˟.

Pour la voicture par eaue au pris de quatre den. la tomberée, payé   xiiii˟ iiii^d.

Je certiffie la mise et despence contenue cy davant avoir esté faicte, et icelle avoir este payée par André Bereau, recepveur de Chenonceau. Faict soubz mon seing le vingt huict^{me} jour de novembre mil v^e cinquante ung.

Benoyst GUY.

Cy cesse la besoigne jusques au jour des Innocens.

Le mardy xxixe jour de decembre mil v^e cinq^{te} ung, le train de mad. dame fut a Chenonceau a la disnée esperant que mad. dame y vint, ce qu'elle ne feist. Ains monseigneur le grand aulmosnier y vint, et mons^r de St Germain[1], et par leur advis cessa la besoigne.

1552.

Le jeudy viie jour de janvier an susd. v^e li (1552, n. st.) mond. s^r de St Germain vint aud. Chenonceau, lequel

---

1. Il s'agit probablement ici de Julien de Saint-Germain, gentilhomme de Normandie, qui fut plus tard abbé de Charlieu et confesseur de Henri III. Ce fut lui qui assista Catherine de Médicis au lit de mort, comme pour justifier la prédiction des astrologues qui lui avoient donné l'avis de se défier d'un Saint-Germain. — De Thou, *Hist. univ.*, t. X, p. 502. — *Lettres d'Estienne Pasquier*, l. xiii, l. 8. — Mézerai, *Hist. de France :* Henry III.

le lendemain emmena led. recepveur a Bloys avecq luy vers Madame, pour recepvoir argent, ainsi que mond. sʳ de Sᵗ Germain disoit, pour faire la gallerye allant du chasteau aud. jardin, ou led. recepveur, tant a aller, venir, que sejourner, a vacqué par troys jours entiers pendant lesquelz led. recepveur a despendu la somme de cinquante solz tourn., cy   Lˢ.

Le dimanche dix septᵐᵉ jour de janvier an susd. vᶜ cinquante ung, led. Guy, maistre d'hostel de mond. sʳ de Pontlevoy, vint a Chenonceau, apporta lectres dud. sʳ aud. recepveur contenant que l'on besoignast aud. jardin, suivant lesquelles le lendemain dix huictᵐᵉ jour dud. moys l'on besoigna comme s'ensuict. Aussi mond. sʳ envoya lectres aud. recepveur adroissans a monsʳ de Turpenay[1], ayant la charge pour monseigneur de Tours[2] aud. Tours.

Le lundy xxvᵐᵉ dud. moys oud. an vᶜ LI, le recepveur fut a Tours porter les lectres a mond. sʳ de Turpenay pour avoir les antes promises par monsʳ de Tours a mad. dame, lequel sʳ de Turpenay me feist sejourner aud. lieu pour actendre le secrectaire de mond. sʳ de Tours qu'il me dist qui viendroit ced. jour, auquel il falloit parler pour le recouvrement desd. antes, et pource que led. secrectaire qui estoit absent ne vint

---

1. Abbaye fondée en 1107, au milieu de la forêt de Chinon, dans la paroisse de Saint-Benoît de Lac-Mort. Jehan de Selva, vicaire général d'Étienne de Poncher, fut abbé de Turpenay de 1547 à 1554. C'étoit un homme instruit et ami des savants : il accueillit fort bien Bernard Palissy, lorsque l'illustre potier de terre vint à Tours en 1547, durant les *grands jours* de Paris, et il lui fit visiter les curieuses *caves-gouttières* de Savonnières, en le conduisant à son abbaye de Turpenay. — B. Palissy, *Recepte veritable par laquelle tous les hommes de France peuvent apprendre a multiplier et augmenter leurs thresors*.

2. Étienne de Poncher, archevêque de Tours.

ced. jour, mond. sʳ de Turpenay me dist que je retournasse a huictaine, et que je trouveroys lesd. antes; ce que je feiz, ou je sejournay par deux aultres jours qui sont troys jours, tant pour porter lesd. lectres que pour recepvoir lesd. antes, icelles faire charroyer a Sᵗ Advertin sur la riviere de Cher, et les faire mectre au basteau, ou j'ay despendu lesd. troys jours la somme de LXˢ.

A ung homme que led. recepveur mena avecq luy a Tours pour choisir lesd. antes et recepvoir, et icelles receues les planter, auquel a esté payé sept solz et troys pintes de vin, qui sont huict solz tourn., et y a esté par deux journées, cy XVIˢ.

A ung charrectier qui a charroyé lesd. antes estans en nombre deux centz depuys la maison archiepiscopal dud. Tours jusques au lieu de Sᵗ Advertin sur la riviere de Cher, payé XIIˢ VIᵈ.

A ung homme qui alla chercher ung basteau qui amenast lesd. antes dud. Sᵗ Advertin jusques aud. Chenonceau, a esté payé IIˢ VIᵈ.

Au bastellier qui amena par eaue lesd. deux centz antes depuys Sᵗ Advertin jusques aud. Chenonceau, a esté payé XVIIˢ VIᵈ.

Du lundy VIIIᵉ *jour de febvrier mil* Vᶜ LI *au samedy* XIIIᵉ *dud. moys an susd.*

A Guillᵉ Vaslin pour deux charroys de son harnoys qui a esté aux boys de ceste seigneurie querir des chesnes que l'on avoit abattuz pour faire des paulx aux antes, a raison de quatre solz tourn. pour charroy, a esté payé VIIIˢ.

A Pierre Houssard pour deux charroys faictz pour pareille cause, viii'.

A Loys Jousset pour ung tour de son harnoys faict pour pareil cas, iiii'.

Aud. Vaslin pour quatre journées de son harnoys employées a mener du terrier pour mectre aux piedz des antes, a raison de huict solz tourn. pour journée, de pris faict par led. s' des Carroys, conducteur de l'oeuvre, a esté payé la somme de trente deux solz ts., cy xxxii'.

A Loys Jousset pour six journées de son harnoys, employées a mener du terrier prins au bourg pour mectre aux piedz des antes aud. pris, a esté 'yé xlviii'.

A Françoys Delafons pour une journée de son harnoys employée a mener dud. terrier aud. pris, payé viii'.

Pour sept boisseaulx avoyne mis aux piedz desd. antes pour les faire enraciner, au pris de dix huict den. chacun boisseau, payé x' vi^d.

A Charlot Delagrange, pour dix journées de son harnoys employées a mener du terrier dud. bourg aux fousses et piedz des antes aud. pris, a esté payé la somme de quatre livres tourn., cy iiii'.

A Loys Cahier, pour soixante unze tomberées de terrier par luy baillées et vendues, lesquelles ont esté employées aux piedz et fousses des antes, au pris de deux solz six deniers tourn. la tomberée, de pris faict par led. s' des Carroys, conducteur de l'oeuvre, a esté payé par led. recepveur la somme de huict livres dix sept solz six deniers tourn., cy viii' xvii' vi^d.

Pour cinq quarterons de perches de saulle qui ont

esté mises aux antes pource que les paulx de chesne n'estoient en nombre suffisant, a esté payé au fur de deux solz six den. le cent la somme de iiis id.

Pour ugne gerbe de ploms employez a lyer les paulx et perches ausd. antes, payé iis vid.

Plus led. recepveur fut a la Bourdaiziere pour avoir des antes, vers mond. sr de la Bourdaiziere; en voullut bailler aud. recepveur deux centz, mays pource qu'il suffisoit d'ung quarteron pour parachever de planter led. jardin avecq aultres que l'on avoit recouvertes; auquel lieu led. recepveur paya pour sa disnée vs.

Pour le louaige d'ung cheval qui alla querir lesd. antes aud. lieu de la Bourdaiziere, iis vid.

Pour la journée et despens d'ung homme et dud. cheval, quant il fut querir lesd. antes, a esté payé iiis.

Pource que oud. jardin avoit grandes fousses qu'il eust (esté) impossible de les combler, sinon a force de charroys, lesd. Guy, sr des Carroyz, et recepveur, auroient marchandé a Françoys Delafons, Guille Vaslin et Loys Jousset, a combler lesd. fossés pour la somme de trente sept livres dix solz tourn., qui leur a esté payée par led. recepveur, cy xxxviil xs.

Pour l'achapt d'ung cent de drageons d'artichaulx a esté payé par led. sr des Carroys trente solz tourn., cy xxxs.

Pour l'achapt de quarente toyses de menue corde pour tirer les allées dudict jardin au fur de quatre den. la toyse, a esté payé xiiis iiiid.

Le samedy deuxme jour d'apvril an susd. pour l'achapt de deux gamions a esté payé par le recepveur la somme de neuf livres quatre solz, de pris faict par led. sʳ des Carroys, conducteur de l'oeuvre, cy ⁣ IX ⁣ˡ ⁣IIIIˢ.

Le mercredy unz^me de may v^c LII, a Macé Laboureau et Macé Gaulteron, menuziers, pour chacun quatre journées qu'ilz ont employées a faire une porte de grosseur a l'huys dud. jardin, a esté payé au pris de cinq solz ts. pour journée et pour despens, la somme de quarente solz tourn., cy ⁣ ⁣ ⁣ ⁣ ⁣ ⁣ ⁣ ⁣ ⁣ ⁣ ⁣ ⁣ XLˢ.

Pour ung cent de gran clou mis a lad. porte, a esté payé ⁣ VIIIˢ IIII^d.

Pour ⁣ ⁣ ⁣ ⁣ de boys de repartaige pour faire lad. porte, au pris de ⁣ ⁣ a esté payé XIIˢ VI^d.

A Jehan Freslon, serruzier demourant a Bleré, pour la ferreuze de lad. porte et pour la serreuze et clef d'icelle, a esté payé par le recepveur la somme de ⁣ XXVˢ.

Pour deux tonneaulx mis au jardin pour mectre de l'eaue pour arrouser les plantz d'artichaulx et aultres choses plantées, a esté payé a Denys Fleury dix solz ts., cy ⁣ Xˢ.

A Loys Jousset pour deux ancez mis aud. jardin pour porter de l'eaue pour arouser lesd. plantz, payé ⁣ VIIIˢ.

A Loys Jousset pour sept tomberées de fumier par luy fournies et livrées aud. jardin, lesquelles ont esté employées au parterre estant près la porte dud. jardin, au pris de cinq solz tournoys pour tomberée, a esté payé la somme de trente cinq solz tourn., cy ⁣ XXXVˢ.

A Guill^e Vaslin pour huict cercles de fer mis aux boutons des roues des gamions, a raison de deux solz tourn., a esté payé la somme de ⁣ ⁣ ⁣ ⁣ ⁣ ⁣ ⁣ ⁣ ⁣ ⁣ XVIˢ.

Aud. Vaslin pour ung platris de fer qu'il a mis et cloué a ung engin de boys pour trainer la terre, led. platris de quatre piedz de long, a esté payé par led. recepveur quatre solz tourn., cy IIII^s.

A Denys Fleury, sergent, pour soixante journées qu'il a vacquées depuys le dix huict^{me} jour de janvier mil cinq centz cinquante ung, jusques au vingt ung^{me} jour de may v^c LII, a faire charger les moysons cy davant employez par les maczons durant led. temps, avoir cherché les charrectiers quant il a esté besoing d'en avoir, cherché des plantz d'herbes et plantz de pruniers et cerisiers, au pris de troys solz tourn. pour journée, luy a esté payé la somme de neuf livres tourn., cy IX^l ts.

Led. recepveur a faict tirer aux perrierres de Madame aux garennes oultre lad. riviere, trente cinq tomberées, mesurées par led. Fleury, pour lesquelles il a payé aud. pris XVII^s VI^d.

A esté marchandé ce jourd'huy quatr^{me} jour de juing mil v^c cinquante deux, a Charlot Guerin, jardinier, gouverner le parterre qui est faict oud. jardin et les antes y estans, a quatre solz par jour de chacun jour ouvrable, par mond. s^r le grand aulmosnier, jusques a ce que Madame y ait commis ung jardinier.

Cy cesse la besoigne jusques au premier jour d'augst.

A Vaslin pour avoir habillé la marre large, a esté payé quatre solz ts., IIII^s.

Ce dix septiesme jour de septembre mil cinq centz deux, a esté payé a Charlot Guerin, jardinier, pour soixante quatorze journées ouvrables qu'il a vacquées aud. jardin depuys la feste de Penthecoste, qui a esté le cinq^{me} de juing v^e cinquante deux, jusques a ce jourd'huy xvie sept^{bre} v^e lii, a raison de quatre solz tourn. pour journée ouvrable, de pris faict avecq led. jardinier par led. s^r des Carroys et led. recepveur, la somme de quatorze livres seize solz tourn., cy . . . xiiii^l xvi^s.

A Guill^e Vaslin, marchal, pour vingtz grands clouz employez aux ays qui tiennent la terre de la chaussée des eschenaulx, au fur de deux deniers, a esté payé la somme de . . . . iii^s iiii^d.

Pour l'achapt d'une marre large pource que l'aultre marre contenue cy davant a esté desrobée aud. jardin avec les cordeaulx, a esté payé par led. recepveur la somme de treize solz tourn., cy . . . . xiii^s.

Pour l'achapt d'une civiere roulleresse pour servir aud. jardin, a esté payé par led. recepveur xi^s iiii^d.

Pour ugne serfouette pour servir aud. jardin, a esté payé . . . . iiii^s.

Pour cinq tomberées de fumier qu'il a convenu mectre aux piedz des artichaulx, rendues près led. jardin, au pris de . . . . xxx^s.

Plus pour ung cent de fagotz de chaulme employez a couvrir lesd. artichaulx et viollettes dud. jardin, renduz sur le lieu, a esté payé par led. recepveur la somme de dix huict solz tourn., cy . . . . . xviii^s.

Pour ugne pasle besse pour led. jardin, a esté payé par led. recepveur la somme de douze solz six den. ts., cy . . . . xii^s vi^d.

Pour ugne hotte necessaire aud. jardin, payé v^s.

Pour deux pesles de boys pour led. jardin, payé au fur de vingt den. piece . . . . iii^s iiii^d.

Pour ugne cerpe pour curer les antes, iii^s iiii^d.

Pour ung goy pour esguiser les paulx des antes, payé v^s.

Pour vingt cinq toyses de petit cordeau pource que celluy qui avoit esté achapté, avoit esté desrobbé, au fur de quatre den. la toyse, la somme de huict solz quatre den. ts., cy VIII^s IIII^d.

Pour (ung) arrousouer pour led. jardin, a esté payé XII^d.

A Heliot Bonnette qui a faulché les grandes herbes venues aud. jardin, et icelles mectre hors led. jardin, a esté payé la somme de vingt cinq solz tournoys, cy XXV^s.

Je, Benoist Guy, s^r des Carroys, maistre d'hostel de monseigneur le grand aulmosnier, abbé de Pontlevoy, ayant la charge et commandement de par mond. seigneur de faire construire et ediffier le jardin pour madame la duchesse de Valentinoys ou champ des chastaigners en ce lieu de Chenonceau, certiffie les besoignes et journées cy davant contenues, avoir este faictes, et les matieres contenues en ce present compte avoir esté mises et employées ainsi qu'il appert cy davant, et le tout cy davant decleré avoir esté fourny et payé par André Bereau, recepveur fermier dud. Chenonceau, la mise duquel present compte jusques a ce jour monte la somme de deux mil soixante treize livres dix neuf solz six deniers tourn., et unze poinczons de vin fournyz par led. Bereau jusques a ced. jour vingt cinq^{me} de septembre mil cinq centz cinquante deux, sauf en tout l'erreur de calcul. Faict aud. Chenonceau soubz mon seing led. jour et an que dessus.

Benoyst Guy.

1553.

Et le lundy six^me jour de mars oud. an mil cinq centz cinquante deux (1553. n. s.) par le commandement de mond. s^r le grand aulmosnier, a esté de rechef besoigné ou jardin dud. Chenonceau, comme appert cy après, et pour cest effect mond. seigneur le grand aulmosnier a envoyé aud. Chenonceau led. s^r des Carroys.

La sepmaine duquel lundy, premiere sepmaine de ceste besoigne, a commancé le six^me jour dud. moys de mars oud. an, et y a eu six jours ouvrables durant lesquelz ont esté employées quarente huict journées de maczons, tant a tailler quartiers de pierre dure que a maczonner a pierre seiche, sçavoir est douze journées pour les deux maistres maczons a cinq solz tourn. chacune, et les aultres a quatre solz, qui vallent aud. pris la somme de dix livres quatre solz tourn., cy   x^l iiii^s.

Durant lesd. six jours ont esté employées quatre vingtz quatorze journées de manoeuvres, tant a faire la vuydange des fossez que a servir les maczons, comme creuser le roch pour asseoir le fondement de lad. muraille, a troys solz tourn. pour chacune journée d'homme, a esté payé la somme de quatorze livres deux solz par ced. recepveur, cy   xiiii^l ii^s.

La deux^me sepmaine de lad. besoigne a commencé le treize^me jour de mars an susd., en laquelle y a eu six jours oeuvrables, durant lesquelz ont esté employées soixante neuf journées de maczon a faire muraille seiche et a tailler quartiers de pierre dure pour faire les pilliers qui sont en icelle muraille de sept toyses en sept toyses, pour lesquelles a esté payé par ced. recepveur aud. pris, sçavoir est douze journées a cinq solz chacune, et les aultres aud. pris de quatre solz tourn., cy la somme de XIII^l XVI^s.

Aussi durant lesd. vi jours ont esté employées neuf vingtz cinq journées de manoeuvres qui ont servy les maczons, faict le foussé pour asseoir le fondement du mur assis en roch, et faict des clayes au Raffou, aud. pris de troys solz chacune journée, a esté payé par ced. recepveur la somme de XXVII^l XV^s.

Durant lad. sepmaine ont esté employées huict journées de charron pour racoustrer les gamions et les civieres a brachs, pour lesquelles journées leur a esté payé aud. pris de quatre solz pour chacune journée la somme de XXXII^s.

Pour l'achapt de huict civieres a brachs au pris de cinq solz piece, payé XL^s.

Pour quatre coupples de happes mises aux gamions, payé VII^s VI^d.

Pour ugne civiere rouleresse, XI^s IIII^d.

Pour deux chevilles de fer mises a lad. civiere, II^s.

Pour ung cent de plantaz de saulle mis en plusieurs pieces, plantez le long de la riviere entre la muraille du jardin et lad. riviere, XXV^s.

Pour l'achapt d'ung gamion a esté payé par ced. recepveur IIII^l XII.

Pour l'achapt d'ung charronneau pour mener les quartiers de la riviere a l'astelier des maczons; pour une cheville de fer qui traverse led. charronneau; pour deux happes et deux esses qu'il a convenu aud. charronneau, et pour une journée du charron a faire ung escieu pour l'ung des gamions, et rabiller des civieres, a esté payé par ced. recepveur de pris faict par led. s' des Carroys, conducteur dud. jardin, la somme de   cxii° vi^d.

Pour unze tomberées de terrier achaptées pour mectre aux piedz (des antes) qui ont esté replantées ou en avoit de mortes, au pris de deux solz six deniers chacune tomberée, rendues sur le lieu, a esté payé   xxvii° vi^d.

En la dix^{me} sepmaine qui a commancé le lundy huict^{me} de may, pour dix tomberées de fumier mises aud. jardin pour sepmer des melons, au pris de six solz chacune tomberée rendue sur le lieu, payé la somme de   lx°.

Pour demy cent de clou de Gyen mis aux aiz de la chaussée de la bonde, a esté payé   iiii° ii^d.

Pour l'achapt de deux pellottes de fisselle pour faire ung dedalus aud. jardin et aultres pourtraictz, a esté payé   xii^d.

En la muraille dud. jardin durant ceste besongne ont esté mis et employez le nombre de troys centz quarente ung quartier de pierre dure, oultre ceulx contenuz ou commancement de ce present compte, et sans comprandre environ de cinq cens quartiers de pierre dure que l'on avoit trouvez sur le chantier de la riviere en marrant la terre dud. lieu pour la gecter sur la levée dud. jardin, excepté environ de trente cinq qui sont encores près dud. jardin ; chacun centz desd. quartiers couste et a esté paié, prins es perrieres des Granges oultre la riviere, la somme de six livres dix solz chacun cent prins a la perriere, cy payé   xxii^l ii° vi^d.

A Pierre Mariet, pour trente quatre grosses pierres

dures, longues et larges en forme de pavez pour donner liaison a la muraille seiche, au prix de six den. piece, a esté payé la somme de xvii'.

A Loys Jousset pour son sallaire d'avoir esté querir les clayes que l'on avoit faict faire pour les maczons au lieu du Raffou, payé ii'.

Pour ung plain gamion de terrier par led. Jousset fourny pour mectre aux popons¹, a esté payé xii^d.

L'astellier des maczons a esté rompu le mercredy septiesme jour de juing.

Pour deux traversiers qu'il a faillu au jardin pour mectre de l'eaue pour arouser les plantz dud. jardin, a esté payé la somme de x'.

Item pour l'achapt d'ung ancé pour porter l'eaue ausd. traversiers, payé v'.

A esté achapté pour planter aud. jardin pour dix solz tourn. de pourreaulx, cy x'.

Item pour l'achapt de six tomberées de fumier employé a planter lesd. pourreaulx, au pris de cinq solz tourn. chacune tomberée rendue sur le lieu, a esté payé la somme de xxx'.

Item pour le dommaige faict es prez de la mestayrie près le chastel, et pour la recompence de la terre qu'il a esté prinze pour faire led. jardin, qui ont esté arpentez et mesurez, comme appert par le procès verbal de l'arpenteur, lesquelles terre et pré ont esté estimez par gens ad ce congnoissans, eu esgard a la ferme que paye Loys Jousset, fermier de lad. mestayrie, a quatre septiers de bled tel qu'il doibt par le marché de sa ferme, qui est les deux tiers seigle et l'aultre tiers

---

1. Concombres, du latin *pepo*.

orge et avoyne, qui est pour une année escheue au jour et feste de Toussainctz mil cinq centz cinquante deux, la somme de cent dix huict solz huict den. ts., cy cxviii* viii^d.

A esté payé par ced. recepveur pour la despence et sallaire de l'arpenteur qui a arpenté lesd. prez et terre endommaigées pour led. jardin, et pour le sallaire des hommes arbitrateurs et pour l'acte du notaire qui a baillé acte, a esté present aud. arpentage, comme appert par acte dud. notaire, a esté payé la somme de xlv*.

Pour l'achapt de deux seilles pour puiser l'eaue pour arouser led. jardin, a esté payé iii* iiii^d.

A ung bâstellier qui a apporté une douzaine d'antes de poiriers qu'il disoit une dame nommée envoyoit pour planter aud. jardin, a esté payé la somme de v*.

Pour cinquante journées d'hommes employées a marrer, desfrischer les aronces, artebeufz et chiendent des quartes parties dud. jardin, qui contient environ deux arpens, mis hors les levées, a esté payé par ced. recepveur au pris de troys solz tourn. pour chacune journée, la somme de sept livres dix solz tourn., cy vii^l x*.

(*Par ordonnance de mond. s^r le grand aumosnier.*)

Pour les despens de deux journées dud. recepveur et de son cheval, qui par deux voyaiges est allé a Tours vers mons^r de la Bourdaiziere, par le commandement de mond. s^r le grand aulmosnier, la premiere foys pour recouvrer des arbres fruictiers que led. recepveur n'eut pource que la saison estoit tarde, et la deux^{me} pour recouvrer des meuriers blancs, esquelz voyaiges led. recepveur a payé la somme de trente deux sols, cy xxxii'.

(Par afirmacion et serment dud. recepveur.)

Pour la souppée dud. voicturier et de son cheval qui a amené dud. Tours par le commandement de mond. s' de la Bourdaiziere, cent cinquante meuriers blancs pour planter oud. jardin, la somme de v'.

Item pour quatre journées d'hommes qui ont aydé au jardinier a planter lesd. meuriers blancs oud. jardin, au pris de troys solz quatre deniers pour chacune journée; lesd. meuriers ont esté plantez au cordeau, fumez et arousez par pied, cy xiii'.

Item pour troys tomberées de fumier qui ont esté mises aux piedz desd. meuriers au pris de cinq solz tourn. chacune tomberée, a esté payé la somme de xv'.

Pour une aultre tomberée de fumier qui a esté mise aud. jardin pour sepmer des mellons, aud. pris, a esté payé la somme de v'.

Pour la faczon et escripture de ce present compte, contenant neuf vingtz deux roolles et feuilletz de pappier, et pour la coppie d'icelluy, contenant pareil nombre, au fur de chacun feuillet, la somme de

Il a esté alloué au comptable pour l'escripture du compte et du contre compte troys escus sol, vallant viⁿ xviii'. . . . . vi' xviii'.

Pour le sallaire, journées et vaccations dud. recepveur fermier, qui s'est rendu comptable en faisant la mise de ced. compte, ou il luy (est) convenu soy rendre subject depuys le jardin est commancé le vingt^{me} jour de may mil cinquante ung, jusques a present qu'il a rendu ced. present compte, requiert luy estre alloué la somme de

(*Remys le contenu au present article soubs le bon plaisir de Madame.*)

Somme total de la mise et deppense de ce present compte, est troys mil cinquante cinq livres quatre solz, et la recepte est troys mil deux cens cinquante une livres, et quant au vin couché aulx chappitres de la mise et deppense, n'en est couché aulcune chose par la clausion de ce present compte, pour autant que le nombre dud. vin est couché et alloué au recepveur en ung aultre compte qu'il rend cy après; partant, tout compte deduit et rabatu, led. Bereau recepveur doibt a Madame par la clausion de ce present compte, pour avoir plus receu que mis, la somme de neuf vingtz quinze livres seize solz tourn., pource cy ix^{xx} vx^l xvi^s.

Ce present compte et estat a esté ouy et examiné, cloz et arresté par nous soubz signez, commis, ordonnez et depputez par Madame a ce faire, en la presence et du consentement dud. André Bereau, recepveur, au lieu de Pontlevoy, le vingt deulxiesme jour d'apvril l'an mil cinq cens cinquante quatre après Pasques, sauf tout erreur et vice de calcul.

   Bern. de Rutye,
     grand aulmosnier.   La Menardiere.
        Benoyst Guy.   Bereau.

(Registre in-4° en papier, comprenant ix^{xx} v feuillets.)

V.

COMPTE RENDU PAR ANDRÉ BEREAU, RECEPVEUR DE CHENONCEAU, POUR LES MISES FAICTES AU GRAND JARDIN DUD. CHENONCEAU, LE VINGT-QUATRE^{me} JOUR D'APVRIL L'AN M V^c CINQUANTE SIX.

PRÉSENTÉ AUX AUDITEURS COMMIS, ORDONNEZ ET DEPPUTEZ A CE FAIRE PAR MADAME, AU LIEU DE PONTLEVOY, LE VINGT TROYSIESME JOUR D'APVRIL L'AN MIL CINQ CENS CINQUANTE SIX.

(*Extrait et résumé.*)

1554-1555.

POUR MADAME.

Mise faicte par André Bereau, recepveur de Chenonceau et cy davant fermier, pour faire le fossé et mur a pierre seiche d'entre le jardin que Madame a faict faire aud. Chenonceau et la garenne estant joignant led. jardin.

Premierement, led. recepveur suivant le commandement a luy faict par monsieur le grand aulmosnier, a faict faire le fossé d'entre led. jardin et lad. garenne, et partie de la terre dud. fossé l'a faict gecter au dedans du jardin sur la levée, et a faict faire le mur de la longueur dud. jardin, ouquel y a treize pilliers, comprins les deux coings et le pillier du meilleu, qui sont de quartiers de pierre dure taillez, assis a chaulx et sable, a quoy faire a convenu unze pippes de chau a raison de quarente solz tournois la pippe, pour ce cy xxii¹ ts.

(*Veriffié du commandement de mond. s^r le grand aulmosnier, et quant aux matieres contenuz au present article, par serment et affirmation dud. comptable.*)

Et pour faire led. fossé, servir les maczons, porter de la pierre de la riviere sur le chantier d'icelle, chaffaulder et deschaffaulder, lequel fossé est de profondité en aulcuns lieulx et endroictz de deux piedz en rocq, et les vuydanges d'icelluy qui par plusieurs fois ont esté mainées et gectées de main en main, pour les gecter partie sur la levée, comme dict est, et l'aultre partie vers la garenne, lequel fossé contient en longueur plus de quatre vingts six toises, et a icelle besongne faire a esté commancé le lundy vingt ungiesme jour d'aougst l'an mil cinq centz cinquante quatre, en laquelle sepmaine y a eu cinq jours ouvrables durant lesquelz ont esté emploiées cinquante une journée de manoeuvres, a raison de trois solz tournois pour journée, a esté paié la somme de sept livres douze solz tournois, comme appert par leur quictance du septiesme jour d'octobre m v^c cinq^{te} quatre, estant au bout, pour ce cy vii¹ xii^s

Pendant le temps de ce present compte, ont esté employées :

Quatre centz soixante et troys journées de maczons,

payées quatre vingtz quatorze livres et quatorze solz;
pource cy iiii^{xx}xiiii^l xiiii^s.

Dix huict centz soixante et dix neuf journées de manoeuvres, payées deux centz cinquante six livres quatre solz et six deniers; pource cy cclvi^l iiii^s vi^d.

Et cent soixante treize journées de charrectiers a ung cheval, payées quatre vingtz six livres et dix solz; pource cy iiii^{xx}vi^l x^s.

En la troisiesme sepmaine ont esté emploiées six journées de charron a habiller les gamions, mectre des essieulx, des estellieres, et les foncer, et pour faire trois civieres neufves, habiller trois boiars[1] a porter les quartiers, a esté paié a raison de six solz pour journée la somme de trente six solz, pource cy xxxvi^s.

Aussy a esté paié par led. recepveur pour deux toises de siage d'ays a foncer les gamions et mectre aux costez d'iceulx, au pris de dix solz chacune toise la somme de vingt solz tournois, pour ce cy xx^s.

Pour quatre vingts cloux de demy Gien emploiez a clouer lesd. ais ausd. gamions, a raison de deux au denier, a esté paié la somme de trois solz quatre deniers, pour ce cy iii^s iiii^d.

Pour seize appes emploiées aux essieulx desd. gamions au fur de douze deniers piece, la somme de seize solz tournois, pour ce cy xvi^s.

La cinqiesme sepmaine a commancé le lundy premier jour d'octobre an susd., en laquelle y a eu six jours ouvrables durant lesquelz ont esté emploiées

---

1. Boiart ou bayart, espèce de civière connue encore sous ce nom dans plusieurs parties de la France, et qui servoit, comme aujourd'hui, à porter les matériaux nécessaires aux constructions.

quarante six journées par Mathurin Boucannille, m²
maczon, Jehan Boucannille, Guillaume Boucannille,
René Delalende, Pierre Mosny, Claude Blondeau,
Leobon Meillault et Thomas Aucher, maczons, tant a
tailler quartiers que a faire led. mur, sçavoir est quarente journées a quatre solz tournois piece, et six
journées a cinq solz tourn., a esté paié par led. recepveur la somme de neuf livres diz solz tournois,
comme appert par leur quictance randu en l'article
subsequant, et quant a la quictance de Aucher et
Meillault, elle est au bout de la quictance du treizeiesme
septembre, pour ce cy ix¹ x¹.

A esté paié pour seize toises de ficelle pour servir
de cordeau aux maczons, a raison de quatre deniers
pour toise, a esté payé la somme de quatre solz,
cy iiii².

Pour la souldeure du bourdonneau d'ung des gamions a esté paié douze den. ts., cy xii^d.

Pour l'achapt de deux seilles pour gecter l'eaue
dud. fossé ouquel elle suivoyt, a esté paié au pris
de vingt deniers piece, la somme de trois solz quatre
den., cy iii¹ iiii^d.

Pour trois journées de charron qui a mis des jantes
et retz aux gamions et racostré ung des boiars, a esté
paié la somme de six solz pour journée, pource
cy xviii¹.

EN LA NEUFIESME SEPMAINE a esté employée une journée de charron qui a mis ung essieu, rataché les appes
aux gamions et racostré trois civieres, a esté paié par
led. recepveur aud. pris de six solz tourn. pour journée, cy vi¹.

A Anthoine Bessé, perrier, pour iii^m v^c xl charrectées de pierres et moisons par luy fournies a sa perriere aud. recepveur pour faire le mur a pierre seiche entre le jardin et la garenne, a raison de six deniers chacune charrectée, a esté paié par led. recepveur la somme de quatre vingts unze livres tournois, comme appert par sa quictance cy rendue, pour ce cy iiii^{xx} xi^l ts.

Aud. Bessé pour cinq centz de quartiers de pierre dure emploiez a faire les coings et parties des chesnes dud. mur, a esté paié a raison de six livres chacun cent la somme de trente (livres) tournois, comme appert par sa quictance, pour ce cy xxx^l.

Pour la voicture par eaue desd. trois mil six cens quarente charrectées de moisons depuis le port jusques près le jardin, a esté paié a raison de quatre deniers chacune charrectée la somme de soixante livres treize solz quatre deniers tournois, pour ce cy lx^l xiii^s iiii^d.

Pour le charroy desd. iii^m vi^c xl charrectées de pierres et moisons, charroyées depuis les Granges oultre la riviere jusques au port Ollivier, a raison de dix deniers tourn. chacune charrectée, a esté paié a François Delafons, Loys Bailly, Jeh. Pasquier et autres denommez en la quictance, la somme de sept vingts unze livres treize solz quatre deniers tournois, pour ce cy vii^{xx} xi^l xiii^s iiii^d.

Pour le charroy par terre desd. cinq centz quartiers de pierre dure depuis la perriere jusques au port Ollivier, a raison de vingt cinq solz tourn. chacun cent, a esté paié aud. Delafons la somme de six livres cinq solz tournois, pour ce cy vi^s v^s.

Pour la voicture par eaue desd. cinq centz quartiers de pierre dure depuis led. port jusques au bord de la riviere près led. jardin, a raison de vingt solz tourn. chacun cent, a esté paié par led. recepveur la somme de cent solz ts., pour ce cy c^s.

A Pierre Boucannille, maczon, pour deux journées par luy faictes à bouscher les pertuis du mur'esquelz on avoit mis le bout des pieces portant le chaffauldaige, a esté paié a raison de quatre solz pour journée, comme appert par sa quictance, la somme de huict solz, cy viii^s.

Pour ce que l'hiver estoit venu, led. recepveur fut contrainct laisser la besongne, et bailla a tailler a ung maczon ung quarteron de quartiers de pierre dure, a douze deniers chacun quartier, a esté paié la somme de xxvi^s.

Pour trois journées d'hommes emploiées a rompre une chaussée que led. receveur avoit faict faire au coing de la garenne pour passer les gamions qui menoient les quartiers et moisons de la riviere a l'hastellier des maczons, parce que l'eaue qui tombe aud. coing de la garenne eust emmené lad. chaussée dehors les fossez dud. jardin, a esté paié a raison de deux solz pour journée, la somme de six solz tournois, pour ce cy vi^s.

Pour deux journées d'hommes qui ont couppé dix huit chesneaulx secs et morts a la Tousche des Housdes, pour faire des paulx aux antes dud. jardin, et aussy chargé es charrectes et deschargé lesd. chesneaulx au port Ollivier, a esté paié la somme de quatre solz tournois, pour ce cy iiii^s.

Pour trois tourds de charroy a mener lesd. chesneaulx de la Tousche au port Ollivier, a esté paié a raison de deux solz chacun tour la somme de six solz tournois, pour ce cy   vi^s.

Pour la voicture par eaue desd. chesneaulx depuis led. port jusques au bout de la riviere près led. jardin, a esté paié vingt deniers tourn., cy   xx^d.

Pour dix huict tomberées de terrier emploiées et mises au piedz des antes et muriers blancs que l'on plantoit aud. jardin, a esté paié a raison de deux solz chacune tomberée la somme de trente six solz ts., cy   xxxvi^s.

Pour le charroy desd. dix huict tomberées de terrier depuis le bourg jusques a la porte du jardin, a esté paié a raison de douze deniers chacune tomberée la somme de dix huict solz tournois, pour ce cy   xviii^s.

Pour ce que les claies sur lesquelles on chaffauldoit estoient rompues et pourries, led. recepveur en achapta ung quarteron pour lesquelles il a paié a raison de trois solz quatre deniers chacune, a esté paié la somme de quatre livres six solz huict deniers tournois, pour ce cy   iiii^l vi^s viii^d.

Pour trois journées d'hommes qui ont fendu lesd. chesneaulx et faict des paulx pour mectre ausd. antes, a raison de deux solz six deniers chacune journée, pour ce cy   vii^s vi^d.

Le lundy douzriesme jour de juing, l'an m v^c cinquante cinq, ont esté emploiées tant cested. sepmaine que l'aultre suivant, le nombre de soixante sept journées, par Jehan Raimbault et autres desnommez en la quictance, tant a reffaire la chaussée estant au coing de la garenne pour passer et repasser les gamions, que porter des moisons de la riviere sur le chantier ou l'on chargeoit lesd. gamions, a raison de deux solz six deniers chacune journée, a esté paié la somme de huict livres sept solz six deniers tournois, comme appert par leur quictance cy rendue, pour ce cy viii^l vii^s vi^d.

Durant lad. sepmaine ont esté emploiées deux journées d'hommes et d'ung cheval a mener des pierres et moisons de la riviere a l'astellier des maczons, a raison de dix solz pour homme et cheval, la somme de xx^s.

En lad. sepmaine ont esté emploiées dix journées de charron a habiller les gamions, y faire des essieulx et emboister l'ung d'iceulx, et racostrer six civieres, a raison de six solz pour journée et despens, la somme de trente six solz tournois, pour ce cy xxxvi^s.

Pour quatre anneaulx de fer mis aux boutons des gamions, a esté paié a raison de deux solz piece, la somme de viii^s.

LA SEPMAINE COMMANCZANT le lundy deux^{me} jour de septembre m v^c cinquante cinq, y a eu cinq jours ouvrables durant lesquelz les maczons ont recommancé a besongner aud. jardin pour parachever ce qui estoit encommancé, durant lesquelz ont esté emploiées trente journées, par Pierre Boucannille, René Delalande, Pierre Cherlant, François et Leonard Bazy, maczons, desquelles y a eu cinq journées dud. Pierre a cinq solz tournois piece, et les aultres a quatre tournois piece, leur a esté paié par led. recepveur la somme de six livres six solz tournois, comme appert par leur quictance servant cy après, pour ce cy vi^l vi^s.

En ceste sepmaine y a eu quatre journées de charron a rabiller les civieres roulleresses, et faict cinq neufves a brachs, cy xxiiii^s.

A esté mis aux roues des gamions quatre liens de fer, pour lesquelz a esté paié la somme de quatre solz tournois, pour ce cy   IIII^s.

A Anthoine Bessé, perrier, pour avoir par luy fourny et livré aud. Bereau, oultre le nombre des moisons cy davant, depuis la my aougst M V^c cinquante cinq jusques au   decembre oud. an, le nombre de douze cents quatre vingts cinq charrectées de moisons a sa perriere des Granges oultre la riviere, a raison de six deniers ts. chacune charrectée, a esté paié par led. recepveur la somme de trente deux livres deux solz six deniers tournois, comme appert par sa quictance, cy   XXXII^l II^s VI^d.

A luy pour cinq centz de quartiers de pierre dure que led. Bereau a achaptez par le commandement de mons^r le grand aulmosnier pour reffaire le mur du jardin du costé de la riviere, a esté paié par led. recepveur la somme de quatre livres quinze solz tournois pour cent, qui est pour ce cy la somme de vingt trois livres quinze solz tournois, pour ce cy   XXIII^l XV^s.

A Jehan La Loue et Denys Fleury, sergens, pour trente trois journées par eulx vacquées a faire charger les charrectes qui chargeoient le moison a lad. perriere et tenir compte desd. charrectées, a raison de trois solz tourn. chacune journée, leur a esté paié par led. Bereau la somme de quatre livres dix neuf solz tourn., comme appert par leur quictance cy rendue, pour ce cy   IIII^l XIX^s.

A François Delafons, Charles Delagrange, Lois Bailly, Gabriel Jardeau, le vefve Jehan Doreau, pour la voicture par charroy par eulx faicte des perrieres des Granges au port Ollivier le nombre desd. XII^c IIII^{xx} V charrectéés de moisons, a raison de dix deniers chacune charrectée, a esté paié par ced. recepveur la somme cinquante trois livres dix solz dix deniers tournois, comme appert par leur quictance, pour ce cy $\text{LIII}^l \text{x}^s \text{x}^d$.

Pour ce que les herbes estoient grandes jusques a la haulteur du genoil sur les levées, led. recepveur eut trois journées d'hommes pour lesquelles il a paié a raison de deux solz six den. chacune, la somme de sept solz six deniers tourn., pour ce cy $\text{VII}^s \text{VI}^d$.

Aud. Delagrange pour la voicture par eaue desd. douze centz quatre vingts cinq charrectées de moisons depuis led. port jusques au bourd de la riviere près le jardin, et pour la voicture de trois mil six centz quarente charrectées voicturées auparavant, qui sont en nombre quatre mil neuf centz vingt cinq charrectées, a este paié a raison de quatre deniers pour chacune charrectée, la somme de vingt une livre huict solz quatre deniers tournois, comme appert par leur quictance cy rendue, pour ce cy pour le parpain, $\text{XXI}^l \text{VIII}^s \text{IIII}^d$.

Pour ce que ou mois d'apvril M V^c cinq^{te} cinq, la riviere fut si grande qu'elle emmena presque toute la levée du jardin du costé de la riviere, ou elle fist grand dommaige parce qu'il ne demoura gazon, il a convenu reffaire lad. levée par le commandement de mond. s^r le grand aulmosnier, par quoy led. recepveur fist faire des gazons au lieu moings dommageable qu'il peult, ont esté employées vingt neuf journées et demye de maczons a gazonner lad. levée, qui sont Pierre Boucannille, Martin Boucannille et René Delalende, ausquelz a esté paié a raison de quatre solz pour journée, la somme de cent dix huict solz tournois, comme appert par leur quictance, pour ce cy cxviii^s.

A Jehan Cahier, Gatian Dangé, qui ont gazonné avec lesd. maczons par vingt deux journées a raison de deux solz six deniers, a esté paié la somme de cinquante cinq solz tournois, comme appert par leur quictance, pour ce cy LV^s.

Pour sept vingts une journée de manoeuvres a porter les gazons et gecter les prés dessus la levée, et reffaire et recombler les bresches, faire les fossez pour asseoir le gazon, leur a esté paié a raison de deux solz pour journée, la somme de quatorze livres deux solz tournois, comme appert par quictance, pour ce cy xiiii^l ii^s.

Pour une palle besse baillée au jardinier, a esté paié unze solz quatre deniers tournois, pour ce cy xi^s iiii^d.

A Pierre Boucannille, Martin Boucannille et René Delalende, pour trente journées qu'ilz ont vacqué a gazonner en la sepmaine commanczant le lundy dix huictiesme de novembre aud. an, et finissant le vingt neuf^{me} dud. mois, a esté paié par led. recepveur a raison de quatre solz pour journée la somme de six livres tournois, pour ce cy vi^l.

A Jehan Cahier et Gatian Dangé pour vingt journées par eulx faictes durant led. temps a gazonner, leur a esté paié aud. pris de deux solz six deniers tournois, comme appert par leur quictance, pour ce cy L^s.

Aux manoeuvres qui ont porté les gazons, gecté des terres des allées sur la levée, qui ont vacqué par sept vingts dix journées en lad. sepmaine, a raison de deux solz pour journée, leur a esté paié la somme de quinze livres tourn., comme appert par leur quictance, pour ce cy xv¹ ts.

A Loys Jousset, Guillaume Vaslin, Pierre Petit, Mathurin Vaslin, Gervaise Desvais et Pierre Houssard, pour le charroy de seize mil huict cens de gazons depuis la vallée du bois jusques au jardin, a raison de deux solz six den. pour le charroy de chacun cent, leur a esté paié la somme de vingt une livre tournois, comme appert par leur quictance servant cy après, pour ce cy xxi¹ ts.

A Pierre Petit, Denis Heau, pour la faczon desd. seize mil huict cens de gazons, a raison de huict deniers chacun cent, a esté paié par led. recepveur la somme de cent douze solz tournois, comme appert par leur quictance cy rendue, pour ce cy cxiiˢ.

En la sepmaine de davant Noel dernier, en la sepmaine du premier jour de janvier et en la sepmaine commenczans le dix^me febvrier, ont esté emploiées quatre vingts dix neuf journées de manoeuvres, pour avoir par eulx durant lesd. sepmaines par le commandement de Monsieur le grand aulmosnier, paré les allées tant haultes que basses, amené les terres de lieu en aultre avec le gamion et civieres, et icelles esgallées, porté douze centz de gazons aux maczons qui refaisoient les bresches a lad. levée, aussi regectoient les terres tombées dessus lad. levée, et avoir regarny le gazon d'icelle ainsi que l'on refaisoit lad. levée estant joignant la riviere ou mois de janvier dernier passé, laquelle a esté si grande qu'elle est entrée dedans led. jardin au travers de la levée de devers la riviere, qu'elle auroit faict fondre en deux endroictz environ douze toises de la terre de lad. levée et rompu le gazon, lequel a esté reffaict par le commandement de Madame qui ainsi le commanda aud. recepveur, ensemble de faire esgaller les allées dud. jardin, ce que led. Bereau feist faire par les dessusd. manoeuvres, ausquelz il a paié a raison de deux solz tournois pour journée la somme de neuf livres dix huict solz tournois, comme appert par leurs quictances cy rendues, cy ⋯⋯⋯⋯⋯⋯⋯⋯⋯⋯⋯⋯⋯⋯⋯⋯⋯ ix^l xviii^s

Pour trois journées de maczons qui ont mis et assis lesd. douze cens de gazons aux bresches fondues, a esté paié a raison de quatre solz tournois pour journée la somme de douze sols tournois, pour ce cy xii^s.

Pour la faczon desd. douze cens de gazons emploiez aux bresches dud. jardin, et pour le charroy d'iceulx a raison de huict deniers pour cent et deux solz six deniers pour le charroy de chacun cent, a esté paié par led. recepveur la somme de vingt huict solz tournois, comme appert par quictance, pour ce cy xxviii^s.

Plus pour huict journées d'hommes a parer la court de davant le chastel, et faict ung chemin pour aller au jardin par le pont faict de neuf, et a coupper des frisches, des buissons, et mener du sable joignant le bout du pont dud. jardin, mené les paroueres, buissons, espines et arronces hors la court du chastel, a esté paié a raison de deux solz pour journée la somme de seize solz, cy xvi^s.

Pour quinze tomberées de fumier emploiées au jardin et baillées au jardinier pour faire les sepmances et planter des choux, pourreaulx, et faire aultres potaiges, a raison de cinq solz six deniers chacune charrectée rendue sur le lieu, a esté paié la somme de quatre livres deux solz six deniers, pour ce cy iiii^l ii^s vi^d.

A Charlot, jardinier, pour cinq journées du mois d'apvril en l'an mil v⁰ cinquante quatre, commanczant le vingt troisiesme jour dud. mois que les comptes dud. receveur furent renduz a Pontlevoy led. jour, et lors fut ordonné par monsieur le grand aulmosnier et monsieur de la Menardiere que led. jardinier n'auroit a l'advenir que soixante dix sols tourn. par mois, qui commenceroient le premier jour de may lors ensuivant, par quoy restoit dud. moys cinq jours ouvrables qui commenceoient le vingt troisiesme jour d'apvril, qui vallent au pris de quatre solz pour journée, comme le jardinier avoit auparavant, la somme de vingt solz tournois, comme appert par quictance dud. jardinier, pour ce cy xx ͩ.

Aud. Charlot, jardinier, pour une année de ses gaiges escheue au dernier jour d'apvril m v⁰ cinq⁰ cinq, a raison de soixante dix solz par mois a luy ordonnez pour entretenir led. jardin, a esté paié par led. recepveur la somme de quarente deux livres tournois, comme appert par sa quictance cy rendue. Pour ce cy XLII ͩ.

(*Alloué. Pour l'advenir lesd. gaiges du jardinier seront couchez aux comptes de la recepte de lad. chastellenie de Chenonceau, avecques les autres gaiges des officiers dud. lieu, et fera aparoir de quictance dud. jardinier.*)

Pour une année de sesd. gaiges escheue le dernier jour d'apvril m v⁰ cinquante six a la raison susd., a esté paié la somme de quarante deux livres ts., comme appert par sa quictance cy rendue. (*Comme dessus.*) Pour ce cy XLII ͩ.

A messire Michel Cabarat, prebstre curé de Chenonceau, qui a controllé la besongne cy davant contenue, assisté a faire besongner les ouvriers, present a veoir faire les paiemens d'icelle besongne, a quoy faire il a vacqué par plusieurs journées, lequel curé led. recepveur a prié et requis assister a lad. besongne et paiemens pour sa seuretté et service de controlleur en cest endroit, a esté paié la somme de cent solz. (*Alloué.*) Cy   c^s.

A esté paié par led. recepveur pour journées faictes a marrer le jardin et pour aultres choses contenues en certaines parties signées Barbier controlleur de la maison de Madame, et par luy arrestées le quinzeiesme jour d'apvril mil cinq cens cinq^{te} six après Pasques, a la somme de cinq^{te} une livre huict solz deux deniers tourn., comme appert par icelles parties cy rendues. (*Il est aparu des parties signez et veriffiez par Anthoine, fourrier de Madame.*) Pour ce cy   LI^l VIII^s II^d.

Pour le sallaire et vaccations dud. recepveur, lequel durant lesd. mises et aultres mises par luy faictes pour led. jardin puis cinq ans en ça estoit fermier dud. Chenonceau, lequel neantmoings auroit faict faire lesd. besongnes, faict les paiemens, assisté a icelles faire, mesmement durant la besongne de ce present compte, a laquelle il auroit assisté ung chacun jour depuis le matin jusques au soir, delaissant ses aultres affaires propres, lequel auroit requis a l'audition du compte preceddant dud. jardin par luy rendu en apvril v^c cinquante quatre, luy estre faicte quelque taxe de sesd. sallaires et vaccations, ce qui luy auroit esté remis soubz le bon plaisir et voulloir de mad. Dame, estant encores led. recepveur a present a l'expectative de ce bon voulloir, requiert led. recepveur et supplie mad. Dame et Messieurs les auditeurs du present compte, luy en faire recompance jusques a la somme de deux centz livres ou ce que de raison.

(*L'article est remise soubz le bon plaisir et voulloir de Madame.*)

Pour le sallaire et vaccations de celluy qui a mynutté et droissé ce present compte et mis en grosse ainsy qu'il est, contient   feuilletz de pappier escriptz, et pour la coppie d'icelluy qui demoure entre les mains dud. recepveur, et contient pareil nombre de   feuilletz, a raison de deux solz pour feuillet, la somme de cent solz, cy   c^s.

Je soubz signé, curé de Chenonceau, certiffie les journées de maczons, manoeuvres et chevaulx cy davant, avoir esté faictes pour le jardin de Madame, et icelles avoir esté paiées par le recepveur, comme ayant compté les journées chacun jour ainsi que les ouvriers les faisoient, et avoir esté present au paiement desd. journées. Faict soubz mon seing le premier jour d'apvril l'an mil cinq cens cinquante et six après Pasques.

M. CABARAT.

Somme total des mises et despences de ce present compte est unze cens quatre vingtz quinze livres cinq solz dix deniers t., pour ce cy   xi^c iiii^{xx} xv^l v^s x^d.

Ce present compte et estat a esté veu et examiné, cloz et arresté par nous soubz signez, commis, ordonnez et depputez a ce faire par Madame, en la presence et du consentement dud. André Bereau, comptable, au lieu de Pontlevoy, le vingt quatreiesme jour d'apvril l'an mil cinq cens cinquante six, sauf tout erreur et vice de calcul.

DIANNE DE POYTIERS.

Bernard DE RUTYE.　　　　　LA MENARDIERE.
BEREAU.

(Registre in-4° en papier, comprenant XXVIII feuillets.)

VI.

COMPTE RENDU PAR ANDRÉ BEREAU, RECEPVEUR DE CHENONCEAU, POUR LES ANNÉES COMMANÇANS LE JOUR DE NOEL M V° CINQUANTE TROIS ET FINISSANT A PAREIL JOUR MIL V° CINQUANTE CINQ.

PRESENTÉ AUX AUDITEURS DEPPUTEZ PAR MADAME A CE FAIRE, AU LIEU ET MAISON ABBACIALLE DE PONTLEVOY, LE VINGT QUATRE^{me} JOUR D'APVRIL L'AN M V° CINQUANTE SIX.

1554-1555.

(Intégral.)

POUR MADAME.

ompte que André Bereau, recepveur fermier de la chastellenie de Chenonceau, rend et baille a haulte dame et princesse Madame Madame la duchesse de Vallentinois et Dyois, contesse d'Albon, baronne d'Ivry, dame de Sainct Vallier, Annet, Chenonceau et Chisseau, des receptes et mises par led. Bereau faictes de lad. chastellenie de Chenonceau, depuis le jour de Noel м v᷈ cinquante troys que led. Bereau a rendu compte a mad. dame pardavant monss᷈ le grand aulmosnier, abbé de Pont Levoy, et monsieur de la Menardiere, panetier ordinaire du Roy et l'ung de ses gentilzhommes, maistre d'hostel de la maison de mad. dame, commissaires de par mad. dame en ceste partie, jusques au jour de Noel mil cinq cens cinquante cinq, lesd. jours comprins, pour icelluy compte estre examiné, oy, cloz et arresté, comme s'ensuict.

RECEPTE.

ET PREMIEREMENT,

Faict led. recepveur cy recepte de la somme de trois cens trente cinq livres huict solz deux deniers tournois, en laquelle il est demouré redevable par l'arrest de son dernier compte, pour ce cy   III᷈ xxxv¹ vIIIˢ II⁴.

Faict led. recepveur recette de la somme de soixante seize solz tournois pour la vente de deux septiers, deux boisseaulx ung tiers de boisseau de bled froment, seigle et orge, par luy venduz en lad. année, a raison de trente cinq solz le septier qui valloit lors, et desquelz led. recepveur est demouré chargé par l'arrest de son dernier compte, cy   LXXVIˢ.

Aussy faict led. recepveur recepte de la somme de neuf centz livres tourn. par luy deue pour la ferme d'une année de Chenonceau, escheue au jour de Noel м v᷈ cinquante quatre, pour ce cy   IX᷈ l. ts.

Aussi faict led. recepveur recette de la pareille somme de neuf cens livres ts. par luy deue pour la ferme d'une année dud. Chenonceau, escheue au jour de Noel ᴍ vᶜ cinquante cinq, pour ce cy ɪxᵉ l. ts.

Plus faict led. recepveur recepte de la somme de seize livres dix solz tourn. pour la vente de unze poinczons de vins vielz, faisant partie de treize poinczons et demy, desquelz led. receveur est demouré chargé par l'arrest de son dernier compte, lesquelz unze poinczons led. recepveur a venduz a raison de soixante solz pippe, pour ce cy xvɪˡ xˢ.

RECEPTE DE VINS

Faicte par led. recepveur durant le temps de ce compte, et desquelz il est demouré chargé par l'arrest de son dernier compte.

Led. recepveur est demouré chargé par l'arrest de son dernier compte de treize poinczons et demy de vin, pour ce cy vin xɪɪɪᵖ et dʳ.

A esté cueilly par led. recepveur es vignes des plants estranges en l'année vᶜ cinquante quatre, quarente poinczons de vin, tant blancs que clairetz, desquelz la moictié appartient a Madame, comme appert par le bail a ferme dud. Chenonceau, qui est cy pour mad. dame, vin xxᵖ.

(Par affirmation, et pour l'advenir fera veriffier le nombre et quantité de vin qui proviendra des vignes de Madame par les vignerons qu'ilz feront les vins de Madame.)

En l'année ᴍ vᶜ cinqᵗᵉ cinq, a esté cueilly par led. recepveur esd. vignes trente poinczons de vins blancs et clairetz, qui est pour mad. dame vin, quinze poinczons, cy vin xv^c.

(*Comme dessus.*)

RECEPTE DE FOING DURANT LE TEMPS DE CE COMPTE.

En l'année m v^c cinq^{te} quatre, a esté cueilly ou pré que mad. dame a reservé par le bail dud. Chenonceau faict aud. recepveur, cinq charrettées de foing, pour ce cy, foing v^{ch}.

(*Par affirmation, et pour l'advenir fera veriffier le foing qui proviendra desd. prays par les bottelleurs.*)

En l'année m v^c cinquante cinq, a esté cueilly ou pré retenu par mad. dame, le nombre de dix charrettées de foing, cy foing x^{ch}.

Led. recepveur, par l'arrest de son dernier compte, est demouré chargé de vingt quatre charrettées de foing, pour ce cy foing xxiiii^{ch}.

SOMME TOTAL DE LA RECEPTE de ce present compte est :

En deniers ii^m clv^l xiii^s ii^d.
Vin xlviii poinssons et demy.
Foing xxxix chartées.

MISE ET DESPENCE.

Faicte pour les affaires de madame en son lieu de Chenonceau, par André Bereau, son recepveur fermier aud. Chenonceau, depuis le vingt deuxiesme jour d'apvril m v° cinquante quatre, que led. Bereau a rendu ses comptes par davant monsieur le grand aulmosnier, abbé de Pontlevoy, et Monsieur de la Menardiere, panetier ordinaire du Roy et l'ung de ses gentilzhommes, et maistre d'hostel de mad. dame, jusques au xxiiii° jour d'apvril mil cinq centz cinquante six.

Et premierement,

En lad. année il a convenu faire bouscher le pré que mad. dame a retenu en ses mains en faisant le bail de la ferme dud. Chenonceau aud. Bereau, a quoy faire ont esté emploiées quatre journées d'hommes, tant a coupper paux, espines, limendes, que iceulz porter aud. pré, ausquelz a esté paié a raison de trois solz quatre deniers tourn. pour journée, la somme de treize solz quatre deniers, pour ce cy   xiii° iiii°.

Item pour le faulchaige dud. pré en lad. année, a esté paié par led. receveur la somme de trente solz tourn., pour ce cy   xxx'.

Pour huict journées d'hommes et huict journées de femmes qui ont esté employées a fener l'herbe dud. pré, et icelluy serrer et mectre au fenil, a raison de trois solz quatre deniers pour journée d'homme et de vingt deniers pour journée de femme, a esté paié par led. recepveur la somme de quarente solz tourn., pour ce cy   xl°.

Pour le charroy de cinq charrectées de foing cueilly aud. pré, a raison de deux solz six deniers pour chacun tour, a esté paié par led. recepveur la somme de douze solz six deniers tourn., pour ce cy   xii° vi°.

En lad. année ont esté cueilliz es vignes de plan de

Beaulne, d'Orleans, d'Anjou et Herbois, qui contiennent environ neuf arpans, quarente traversiers ou poinczons de vin, moictié desquelz appartient a mad. dame par reserve par elle faicte en faisant le bail dud. Chenonceau, qui sont vingt poinczons pour lesquelz enfuster il a convenu aud. recepveur achapter vingt fustz de poinczons, sçavoir est six relliez a bac, tous couvers de sercles, foncez et barrez de barres larges, ayant chacun vingt chevilles grosses, pour mectre les vins d'Herbois qu'on envoye chacun an a Annet, lesquelz six coustent chacun unze solz tournois, qui vallent la somme de soixante six solz tourn.; et quatorze fustz, sçavoir est sept a raison de huict solz piece renduz sur le chantier de la riviere, que led. recepveur avoit achaptez auparavant vendanges, et sept autres fustz achaptez par led. recepveur en la saison de vendanges, a raison de neuf solz six deniers piece, vallent la somme de six livres treize solz, qui est en somme toute neuf livres huict solz six deniers, pour ce cy $IX^l\ VIII^s\ VI^d$.

Par ce qu'il avoit esté cuilly huict poinczons de vin d'Herbois, et le receveur n'en n'avoit achapté que six poinczons barrez et reliez a bac, en fist rellier deux autres comme les dessusd., esquelz a esté emploié une liasse sercle de saulle et demye torche d'apreste, et quatre grosses barres de quartier, a esté paié au tonnellier pour les choses susd. et pour sa journée et despens la somme de dix solz tourn., pour ce cy X^s.

A esté paié par led. recepveur au fontanier de Tours[1] pour desbouscher la fontaine qui ne fluoit

---

1. C'étoit Cardin de Valence, dont nous parlerons plus loin.

plus au jardin, la somme de soixante solz tourn., pour ce cy `Lx'.`

En lad. année a esté fourny au jardinier cinq charrectes de fumier pour planter des saveurs au grand jardin, a raison de cinq solz ts. chacune charrecte rendue au jardin, a esté paié trente solz ts., pour ce cy `xxx'.`

(*Rayé pour ce que l'article est couché en autre compte.*)

Par le mandement de mond. sieur le grand aulmosnier led. recepveur a faict charroier lesd. huict pieces de vin d'Herbois dud. Chenonceau jusques a la Mothe chez ung bastellier qui est sur la riviere de Loire, a trois lieues de Blois, pour lesquelz led. recepveur a paié ausd. charrectiers, a raison de vingt cinq solz tourn. chacune pippe, la somme de cent solz ts., pour ce cy `c'.`

(*Il est aparu du mandement dud. s^r grand aulmosnier, et pour ce qu'il n'est apparu de quictance, le comptable en fera apparoir pour l'advenir, sur paine de perdre la partie couchée en article, et luy a esté alloué lad. partie par serment et affirmation, pour ceste fois.*)

Paié aud. bastellier, comme appert par led. mandement de mond. s^r le grand aulmosnier, et quictance dud. bastellier, la somme de quatre livres tourn., pour ce cy `IIII'.`

Pour la despence de celluy qui a conduict lesd. vins jusques aud. lieu de la Mothe et baillé lad. somme aud. bastellier, a esté paié la somme de dix solz, pour ce cy `x'.`

En l'année M V^c cinq^{te} cinq ont esté emploiées qua-

178   COMPTES

tre journées d'hommes a bouscher le pré que madame tient en ses mains, tant a coupper des espines, paulx et lymendes, et iceulx porter et faire les haies aud. pré, pour lesquelles choses a esté paié la somme de treize solz quatre den., pour ce cy   xııı^s ııı^d.

Pour le faulchaige dud. pré en lad. année cinq cens cinquante cinq, a esté paié par led. recepveur la somme de quarente solz tourn., pour ce cy   xl^s.

Pour quinze journées d'hommes et dix journées de femmes qui ont fené l'herbe dud. pré, a raison de trois solz quatre deniers pour journée et despens d'hommes, et celles de femmes a vingt deniers chacune journée, a esté paié la somme de soixante six solz huict deniers tourn., pour ce cy   lxvı^s vııı^d.

Pour dix charrectées de foing menées au fenil, a esté paié par led. recepveur, a la raison de deux solz six den. chacun tour, la somme de vingt cinq soz tourn., pour ce cy   xxv^s.

Pour ung pressouer que led. recepveur a faict faire et mectre en la grange par le commandement de monsieur le grand aulmosnier, a esté paié par led. recepveur la somme de vingt huict livres tourn., comme appert par quictance cy randue, pour ce cy   xxvııı^l.

En lad. année a esté abatue ou parc de la Fuye davant le chastel une petite maison, de laquelle partie des chevrons et thuille estoient tombez, que led. recepveur a faict abattre par le commandement de mond. sieur le grand aulmosnier, pour laquelle abaptre a esté paié a Gilles Dangé la somme de quarante six solz tourn.,   xlvı^s.

(*Par affirmation et pour l'advenir fera led. recepveur veriffier telles mises par luy faictes.*)

Pour le charroy du bois d'icelle qui a esté mené aux Ousdes, a esté paié a François Delafons la somme de trente solz tourn., pour ce cy xxx^s.

Aux tectz de la mestairie de la Bezerie sont tombez six chevrons de la couverture, que led. recepveur a faict descharger, serrer la thuille et chevrons dedans la grange dud. lieu, a quoy faire a esté emploiée une journée et demye d'homme, pour laquelle il a esté paié a raison de deux solz six deniers pour journée, la somme de trois solz neuf deniers tourn., pour ce cy III^s IX^d.

Ou mois d'octobre mil cinq centz cinquante quatre et en juing mil cinq centz cinquante cinq et autres jours, ont esté emploiées six journées de tonnellier, tant a rellier les vins vieilz desquelz led. recepveur est demouré chargé par l'arrest de son dernier compte, que les vins de l'an cinq cens cinquante cinq, parce que l'eaue qui a esté par l'espace de deux mois en la cave ou estoient lesd. vins de l'an cinq cens cinquante cinq, a pourrys les sercles, a raison de cinq solz pour journée et despens, a esté paié la somme de trente solz tourn., pour ce cy xxx^s.

Pour sept liasses de sercle de saulle emploiées a rellier lesd. vins, a raison de deux solz six deniers chacune liasse, a esté paié par led. recepveur la somme de dix sept solz six deniers, pour ce cy xvii^s vi^d.

Pour quatre torches d'apreste et chandelle emploiées à rellier lesd. vins, a esté paié la somme de cinq solz tourn., pour ce cy v^s.

Pour six journées d'hommes, moictié de douze journées, pour avoir osté es mois d'apvril, may et partie de juing, l'eaue de la cave ou estoient les vins soubz les greniers a bled, a raison de trois solz pour journee et despens, la somme de dix huict solz, pour ce cy xviii^s.

Pour les reparations de menuzerie faictes aus croisées et chassis dormans des chambres et galleries dud. chastel, speciffiées es parties baillées par le menuzier et arrestées par monsieur le chastellain de Chenonceau en presence du procureur de la seigneurie dud. lieu, et pris par eulx faict avecq led. menuzier, a esté paié par led. recepveur a Macé Laboureau la somme de dix sept livres dix solz tournois, comme appert par lesd. parties et quictance signée dud. chastellain et procureur, pour ce cy xvii^l x^s.

Pour le sallaire de Freslon, serreurier demourant a Bleré, qui a defferré lesd. fenestres et chassis dormans, iceulx refferrez et fourny de plastre et autres choses necessaires, et pour ses vaccations, comme appert par ses parties arrestées par lesd. chastellain et procureur, et quictance dud. serreurier, a esté paié la somme de huict livres sept solz deux deniers tournois, pour ce cy viii^l vii^s ii^d.

Pour le sallaire et vaccation de Mery Robert, victrier, qui a levé les paneaulx desd. croisées des chambres et galleries, mis des liens et ozanges ou il en estoit besoing, comme appert par ses parties arrestées par lesd. chastellain et procureur, et quictance de luy au bas, a esté paié la somme de dix livres quinze solz trois deniers, pour ce cy x^l xv^s iii^d.

Pour le charroy de la charpente estans près le pavillon jusques en la grange, fors les chevrons lesquelz l'on voulloit mectre sur le corps de maison encommancé estant derriere le jardin du pavillon, a esté paié par led. recepveur a Loys Jousset, mestayer, la somme de huict solz, pour ce cy   vııı'.

Pour la despence faicte par mess" les officiers d'Amboise qui vindrent a Chenonceau avec monsieur Lopin, pour prandre possession de la chastellenie dud. Chenonceau, et des fiefz de Deffais, de Thoré et Coullommiers[1], a esté paié par ced. recepveur la somme de cent neuf solz quatre deniers tournois, comme appert es parties arrestées et signées dud. sieur Lopin, cy rendues, cy   cıx' ıııı^d.

(Il apparu des parties signées de Loppin, secretaire et solliciteur de madame, cy renduz.)

A Denis Davy, bouzilleur et blanchisseur, qui a bouzillé et blanchy la gallerie du galletas, et bouzillé et blanchy en aultres endroictz ou il en estoit besoing, a esté paié par led. recepveur la somme de soixante solz tournois, comme appert par quictance de luy cy rendue, pour ce cy   ʟx'.

Pour la rescription de monsieur le m" de Mailly, je fuz a Blois avec Jehan, lacquays de madame, pour parler a madame du linge qui estoit aud. Chenonceau, ou il convint aud. recepveur et lacquays couscher par

---

1. Il s'agit ici de la seconde prise de possession, faite au nom de Diane de Poitiers par Geoffroy Lopin, le 25 septembre 1555, après l'adjudication prononcée en sa faveur le 8 juin précédent, dans le procès d'État qui fut intenté à Anthoine Bohier.
Les fiefs du Defais, de Thoré et de Coulommiers, situés à Francueil et à Civray-sur-Cher, n'avoient pas été compris dans la cession faite au Roy par Anthoine Bohier en 1535; mais après la procédure entamée et poursuivie contre lui par le procureur général, il fut forcé de les abandonner pour le payement des dettes de son père, par acte du 21 décembre 1553. — Le Defais et Coulommiers relevoient à foi et hommage simple du comté de Montrésor; Thoré relevoit du roy à cause de sa baronnie d'Amboise.

les chemins, parce qu'il plut tout le jour, et led. recepveur aiant receu les lectres de mond. sieur de Mailly, qui estoit environ les unze heures, partyt avec led. lacquays, ou il paia pour la souppée de luy et son cheval, la somme de huict solz six deniers au lieu de la Mothe, pour ce cy . . . . VIII^s VI^d.

Pour ce qu'il convint envoyer led. linge a Blois vers mad. dame et suivant son commandement, led. recepveur y envoya son filz pour le rendre par inventaire et prendre descharge, auquel voyage il paia a aller et venir la somme de dix solz tournois, pour ce cy . . . . X^s.

Led. recepveur estant a Bloys, le vent fut si grand qu'il descouvrit partie de la grange ou estoit le foing de madame, et abastit festeaulx et thuille, pour laquelle faire recouvrir led. recepveur feist venir Gilles Dangé, couvreur, qui a vacqué trois journées, et ung homme qui le servoit de chau et thuille, pour ses trois journées a esté payé a raison de cinq solz tournois pour journée et despens, la somme de quinze solz tourn., pour ce cy . . . . XV^s.

Pour les journées de son homme qui luy bailloit les matieres durant lesd. trois jours, a raison de trois solz pour journée, a esté paié la somme de neuf solz tourn., pour ce cy . . . . IX^s.

Et quant a la thuille et festeaulx, ont esté prins de la thuille prinse a la Guillonny[e], et la chau est le reste de celle qui a esté achaptée pour le jardin.

Pour trois journées de cherpentier qui a faict une barriere davant le pont levis du chastel, et pour ce faire a abattu ung petit chesne mort et secq, a esté paié par led. recepveur a raison de cinq solz ts. pour journée et despens, la somme de quinze solz ts., pour ce cy xv^s.

Pour la serreure a cheville et clef de lad. barriere, et une clef faicte a l'huys de la descente de la Tour ou il n'y en avoit point eu, a esté paié par ced. recepveur la somme de quinze solz, pour ce cy xv^s.

Pour la faczon du pont de bois que madame a commandé aud. recepveur a faire faire entre la cours du chastel et le jardin, a esté paié a Jehan Bredif, cherpentier, la somme de dix sept livres dix solz, comme appert par sa quictance cy rendue, pour ce cy xvii^l x^s.

Pour huict toises et demye gros siage employées a fonder ledit pont de bois, a esté paié a P^re Mollet a raison de quinze solz la toise, la somme de six livres sept solz six deniers, pour ce cy vi^l vii^s vi^d.

(Alloué, et fera apparoir de quictance dedans dimanche prochain. — De puis la postille de ce article, le recepveur a fourny de quictance cy rendue.)

Pour la faczon de l'huis, pour bois et clou, a esté paié par led. recepveur la somme de trente solz tourn., pour ce cy xxx^s.

Pour la ferreure dud. huys qui sont deux gonds, deux vertevelles chacune de trois piedz, et pour la serreure et clef, paié la somme de trente solz tournois, pour ce cy xxx^s.

Pour deux journées de menuzier qui a estroissy l'huis de la fruicterie, faict trois fenestres neufves, a esté paié a raison de deux solz six deniers parce qu'il a esté nourry, la somme de cinq solz tourn., pour ce cy v^s.

(Raié pource que la partie est couchée cy après.)

Faict led. recepveur mise de la somme de six livres

dix huict solz par luy faicte pour les manoueres et rastelliers des escuries, et pour le bottellaige du foing, comme appert par parties certiffiées par monsieur le mareschal du Bex, maistre d'hostel de madame, pour ce cy $\text{vi}^{l}\text{xviii}^{s}$.

Aussy faict led. recepveur cy mise de la somme de treize livres cinq solz pour quelques fenestres faictes a la fruicterie, pour la ferreuze d'icelles et pour quelques clefz, bois et journées emploiées a faire le paille-maille, comme appert par parties certiffiées par mond. sieur le mareschal du Bex, pour ce cy treize livres cinq solz, cy $\text{xiii}^{l}\text{v}^{s}$.

Pour ung tour pour rooller es allées du jardin, faict par le commandement de mad. dame, a esté paié par led. recepveur la somme de cinq solz ts., pour ce cy v^{s}.

Pour quatre journées d'hommes qui ont couppé les arronces, espines et buissons de la court du chastel, icelle paré et faict une allée pour aller dud. chastel aud. jardin par le pont faict de nouveau, et gecté hors la cours les paroueres, a raison de deux solz (six deniers) chacune, la somme de huict solz, cy viii^{s}.

Paié a M° Pierre Hurlu, maczon, la somme de quatre livres tournois pour ses vaccations faictes par luy, tant a Chenonceau que Chevergny, par commandement de monsieur d'Ivry[1], comme appert par icelluy et quictance dud. Hurlu, cy rendue, pour ce cy iiii^{l}.

A ung homme qui a esté envoyé par le fourrier de madame a Pontlevoy pour avoir l'arpenteur dud. lieu, pour arpenter les boys de Chenonceau, a esté payé $\text{ii}^{s}\text{vi}^{d}$.

---

1. Philibert de l'Orme, abbé d'Ivry.

A esté paié a Lois Berry, couvreur demourant a Blois, la somme de vingt cinq livres tourn., comme appert par sa quictance, pour avoir recouvert le chastel dud. Chenonceau en plusieurs endroictz, garny de mortier ou il en estoit necessaire, aussy avoir recouvert les logis du jardin du pavillon en plusieurs endroictz, de marché faict par mons' le grand aulmosnier en presence du fourrier de madame, comme appert par sad. quictance cy rendue, pour ce cy xxv¹ ts.

Pour la despence faicte par led. receveur et son cheval, quant il alla a Tours vers mons' de la Bourdaiziere luy porter lectres de mad. dame et de monsieur le grand aulmosnier pour le faict de Chisseau¹, comme appert par rescription de mond. sieur le grand aulmosnier, a esté paié par led. recepveur la somme de seize solz ts., pour ce cy xvɪˢ.

Pour la faczon de vingt cinq cordes de gros bois que led. recepveur a faict faire pour la venue de madame, et pour le charroy d'icelles, a raison de vingt deniers chacune corde, pour ce cy xLɪˢ vɪɪɪᵈ.

Pour trente journées d'hommes qu'il a convenu a nestoier le chastel et austres bastimens dud. Chenonceau, tant aux venues du Roy que de mad. dame, et mesmement après l'apartement du Roy dud. lieu, a esté paié par led. recepveur, a raison de deux sols six deniers pour journée, la somme de soixante quinze solz tournois, pour ce cy Lxxvˢ.

(*Alloué, et pour l'advenir est deffendu au recepveur de paier aulcune chose, et laisser paier icelles parties a l'argentier de madame.*)

---

1. L'achat de la seigneurie de Chisseau fait par Diane de Poitiers.

Pour neuf poinczons et demy de vins des meilleurs, prins et emploiez pour mad° a ses venues aud. Chenonceau que venues du Roy, comme appert par certifficat de mond. sieur le mareschal du Bex, requiert led. recepveur luy estre paié a raison de quinze livres pour pippe, la somme de soixante unze livres cinq solz, pour ce cy (LXXI^l V^s.)

(*Raié, et fera paier lad. partie mons^r le m^{al} du Baix a l'argentier, ou bien fera pris avec le recepveur du vin contenu aud. article, et en apportant mandement de madame, la partie sera alloué au recepveur.*)

Pour quatre autres poinczons de vin moindre emploiez aux voiaiges et venues de mad. dame, requiert led. recepveur luy estre alloué la somme de douze livres, qui (sont) a raison de six livres les deux poinczons, pour ce cy XII^l ts.

(*Raié comme dessus.*)

A esté paié par led. recepveur aux bastelliers qui ont amené leurs basteaulx au droict du chastel de Chenonceau par le commandement de mons^r d'Ivry lors qu'il estoit aud. lieu, pour par luy faire sonder le fons de la riviere ou madame entend faire faire le pont en lad. riviere, a esté paié la somme de six solz tourn. par le commandement dud. s^r d'Ivry, cy VI^s.

En apvril M V^c cinquante six, ont esté emploiées quatre journées d'hommes, tant a coupper des espines, paulx et lymendes pour bouscher le pré que mad. dame a retenu, que a faire les hayes dud. pré, a esté paié par led. recepveur, a raison de trois solz quatre deniers pour journée et despens, la somme de treize solz quatre den., pour ce cy XIII^s IIII^d.

Pour avoir et recouvrir de Jacques Viollet, cy davant fermier du greffe des contractz, baulx a fermes et declarations par luy receues lors qu'il estoit greffier dud. greffe, led. recepveur, par l'advis du procureur de la chastellenie dud. Chenonceau, l'auroit mis en action pardavant le chastellain dud. Chenonceau, lequel chastellain auroit condamné led. Viollet fournir et bailler les tiltres demandez par led. procureur, dont led. recepveur auroit paié les espices montant quatre livres, dont led. Viollet auroit appellé et son appel rellevé pardavant mons^r le bailly d'Amboise, pardavant lequel pour avoir par led. Viollet follement faict inthimer led. procureur, il auroit este condamné es despens, pour les espices de lad. sentence led. Bereau auroit paié aud. bailly six escuz soleil, et pour la grosse de lad. sentence, seing et seel d'icelle, cinq^{le} cinq solz tournois, comme appert par lad. sentence au dos d'icelle, la somme de quatorze livres tournois, non comprins les espices baillées au chastellain de Chenonceau, ne la grosse de la sentence, cy xiiii^l v^s.

Pour quatre voiaiges que led. recepveur a faict Amboise pour led. procès, tant pour porter l'inthimation, paier les espices que lever la sentence, requiert luy estre taxé la somme de soixante quatre solz, pour ce cy LXIIII^s.

A Pour dix neuf journées d'hommes faictes es voiaiges que madame a faictz aud. Chenonceau, mesmes les dimanches, lundy, mardy et mercredy que le Roy est venu aud. Chenonceau, tant a porter bois aux cuisines, chambres, que porter eaue ausd. cuisines, a raison de deux solz pour journée, leur a esté paié la somme de trente huict solz, cy xxxviii^s.

(*Rayé, pource que la partie est couchée aux articles*

cy davant, ou elle faict mention des venuz de madame au lieu de Chenonceau.)

Pour douze journées de femmes emploiés ausd. voiaiges, tant a laver les escuelles et nectoyer les ustancilles de cuisine, a raison de douze deniers par journée, a esté paié la somme de douze solz, cy   xii^s.

Pour le sallaire et vaccation de celluy qui a droissé et mynutté ce present compte et mis en grosse, contenant   feuilletz de papier escriptz,   iiii^l.

Pour la despence de mons^r de la Menardiere et autres officiers de mad. dame, pour quatre journées qu'il a demeuré aud. Chenonceau pour les affaires de mad. dame, pour ce cy   vi^l.

MISE DE VIN FAICTE PAR LED. RECEPVEUR DURANT LE TEMPS DE CE COMPTE.

Se descharge cy led. recepveur du nombre de unze poinczons de vins vielz qu'il a vendu, desquelz il estoit chargé par l'arrest de son dernier compte, et desquelz il s'est chargé en recepte de deniers cy davant; pour ce cy mise de vin   xi ^{poincs}.

(*Veriffié par la recepte de ced. compte.*)

Depuis l'arrest dud. compte, ont esté emploiez deux poinczons dud. vin desd. treize, a remplir les autres vins vielz jusques ou mois d'aougst dernier passé que led. receveur les a venduz, comprins quelque peu qui s'en est allé et perdu, pour ce cy mise de vin   ii ^{poincs}.

Depuis que lesd. vins de l'an v^e cinquante quatre eurent boully jusques ou mois de febvrier mil v^e cinq^{te} cinq, ont esté emploiez a remplir les vins de lad. année quatre poinczons de vins qui sont deux sur la part de Madame, pour ce cy mise de vin　　　ıı poincz.

A esté prins pour la despence de Madame, tant a ses venues aud. Chenonceau que du Roy, le nombre de cinq poinczons de vin, comme appert par certifficat de mond. s^r le mareschal; pour ce cy, vin　　v poincs.

(*Il est aparu du certifficat de mons^r du Baix, maistre d'hostel de Madame, lequel a esté rendu au recepveur pour soy se faire paier du surplus contenu aud. certifficat, qui n'est couché en ce compte.*)

A esté prins et mené Amboise, pendant que Madame y a esté, le nombre de douze pieces de vin nouveau, comme appert par certifficat de mond. sieur le mareschal; pour ce cy, mise de vin　　　xıı poincs.

A esté emploié par le sommellier de Madame deux pieces de vin nouveau pour remplir lesd. vins nouveaulx de l'année cinq centz cinq^{te} cinq, qui est sur la part de mad. dame ung poinczon vin; pour ce cy, mise de vin　　　ı poincs.

En l'année v^c lıııı, a esté par le commandement de mons^r le grand aulmosnier, envoyé par la riviere a la Mothe soubz Blois, huict poinssons de vin d'Herbois qui furent envoyez Annet, pour ce cy　　vııı poinss.

Faict cy mise led. recepveur du nombre de deux septiers, deux boisseaulx ung tiers de boisseau de bled froment, seigle et orge, desquelz il est demouré chargé par l'arrest de son compte, desquelz il s'est chargé cy davant en recepte de deniers; pour ce cy, mise　　　ıı^s ıı^{bx} ı $^{t.}$ ^{de} ^{bo}.

(*Alloué, pour ce que led. comptable en a tenu compte en deniers.*)

MISE DE FOING DURANT LE TEMPS DE CE COMPTE.

A esté prins pour la despence des chevaulx et mulletz de Madame pendant qu'elle a esté a Blois, et a plusieurs voiaiges qu'elle a faict aud. Chenonceau, et mess^{rs} ses officiers, et a ung aultre voiaige que mad. dame feist en aougst v^e cinquante quatre aud. Chenonceau, le nombre de trente neuf chartées, cy xxxix^{cb}.

(Alloué et veriffié par la recepte, et pour l'advenir fera botteller led. foing du poix de sept a huict livres, et tiendra compte du nombre qui en proviendra aux prochains comptes qu'il rendra.)

L'article cy dessoubz decluirée est alloué au recepveur pour autant qu'il a juré et affirmé avoir mys led. nombre de bois contenu aud. article en la maison de mad. dame et qu'il a esté bruslé par mad. dame et ses officiers, reservé deulx cenz et demy qui sont encores en lad. maison, qui sont gardez pour quant mad. dame ou ses officiers yront.

En novembre mil v^e quarente sept, Madame tenoit en ses mains le revenu de Chenonceau et en faisoit la recepte (par) led. recepveur; ouquel mois furent venduz plusieurs bois taillis qui furent mis par ventes et monstres, l'une desquelles fut laissée aud. recepveur par monsieur le grand aulmosnier a la charge que led. recepveur rendroit au chasteau dud. Chenonceau a ses despens douze centz de fagotz parez, ce qu'il a faict, lesquelz avec huict centz d'aultres fagots que led. recepveur a mis ou chasteau dud. Chenonceau par quatre couppes de bois qu'il a faictes durant sa ferme, qui est deux centz de fagotz pour chacune couppe que led. recepveur debvoit oultre les deniers de sa ferme a mad. dame, ont esté bruslez aux voiaiges que mad. dame a faictz aud. Chenonceau, depuis lad. année cinq cent quarante sept, fors et reserve d'environ demy cens de secqs et environ deux centz de vertz mis par led. recepveur ceste année ou chastel de la couppe par luy faicte, desquelz fagotz led. recepveur ne faict aultre recepte ne mise que ceste cy pour les causes contenues cy dessus.

SOMME TOTAL DE LA RECEPTE de ce present compte est en deniers, comprins les choses venduz, II^{m} CLV$^\text{l}$ XIIII$^\text{s}$ II$^\text{d}$.

Vin   XLVIII $^{\text{poinssons et demy}}$.

Foing   XXXIX ^{charretées}.

ET LA MISE ET DESPENCE dud. compte est en deniers deulx cens trente livres dix huict solz dix den. ts., cy   II^{c} XXX$^\text{l}$ XVIII$^\text{s}$ X$^\text{d}$

Vin   XLI ^{poinssons}.

Foing   XXXIX ^{charretées}.

Bled froment, seigle, orge   II^{sp} II^{bx} I $^{\text{tiers de bo}}$.

Et par autre compte rendu ced. jour pour les fraiz et mise que led. comptable a faictz par le commendement de Madame et de mons$^\text{r}$ le grand aulmosnier pour le grand jardin de Chenonceau, luy est deu unze cens quatre vingtz quinze livres cinq solz dix deniers ts., pour ce cy   XI$^\text{c}$ IIII^{xx} XV$^\text{l}$ V$^\text{s}$ X$^\text{d}$.

Partant tout compte desduit et rabattu, comprins lesd. deulx comptes, led. André Bereau recepveur est demeuré redebvable pour avoir plus receu que mys,

en deniers sept cens vingt neuf livres neuf solz six den.
ts., pour ce cy   vii^c xxix^l ix^s vi^d.
Vin   vii $^{poinssons\ et\ demy}$.

Ce present compte a esté veu et examiné, cloz et arresté par nous soubz signez, commis, ordonnez et depputez a ce faire par Madame, en la presence et du consentement dud. Bereau recepveur, au lieu et maison abbacialle de Pontlevoy le vingt quatr^{me} jour d'apvril l'an mil cinq cens cinquante six, sauf tout erreur et vice de calcul.

DIANE DE POYTIERS.

BERNARD DE RUTYE.   LA MENARDIERE.
                                    BEREAU.

Depuis la clausion de ce present compte, il est aparu ung extraict du pappier du greffe de la chastellenie de Chenonceau de la vente des boys que led. André Bereau recepveur a faict en l'an dernier mil v^c cinquante cinq, montant la somme de deux cens quatre vingtz unze livres six solz, dont luy en est laissé une moitié pour autant que aud. an il estoit fermier de lad. chastellenie, et l'autre moitié montant sept vingtz cinq livres treze solz est deue a Madame par led. Bereau recepveur, de laquelle somme de vii^{xx} v^l xiii^s ts. il fera recepte et en tiendra compte a son prochain compte qu'il rendra.

Faict a Bloys, le vingt sept^{me} jour d'apvril l'an mil v^c cinq^{te} six.

DIANNE DE POYTIERS.

LA MENARDIERE.   GUILLOMON.
                                    BEREAU.

Pour la somme toute du debet et reliqua du present compte est, en deniers   VIII^c LXXV^l II^s VI^d.
Vin   VII ^{poinssons et demy}.

(Registre in-4º en papier, comprenant XVI feuillets.)

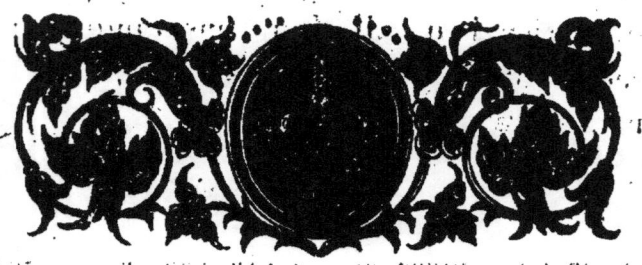

VII.

COMPTE DU BASTIMENT DE CHENONCEAU RENDU PAR ANDRÉ BEREAU, L'AN M. V° LVII.

1556-1557.

(Intégral.)

PRÉSENTÉ AUX AUDITEURS A CE COMMIS ET DEPPUTEZ PAR MADAME AU LIEU D'ANNET LE VIme JOUR DE FEVRIER M Ve CINQUANTE SEPT.

POUR MADAME.

Compte que rend et baille André Bereau, recepveur de Chenonceau, par davant vous . . . . commis de par Madame Madame la Duchesse de Vallentinoys, Dame de Chenonceau, a oyr et examyner le present compte des receptes et mises faictes par led. recepveur pour le bastiment du pont que Madame faict faire aud. Chenonceau, que pour aultres reparations de maisons, jardins et fontaines dud. lieu, pour l'année commenczans le vingt quatreiesme jour d'apvril M V^e cinquante six, et finissant le dernier jour de janvier l'an mil cinq cens cinquante sept, pour icelluy compte estre cloz et arresté.

Et premierement,

RECEPTE DE DENIERS FAICTE PAR LED. RECEPVEUR.

Ledict recepveur a receu de mad. Dame le nombre de huit cens cinq^{te} escuz d'or soleil, a quarente huict solz piece, vallant la somme de deux mil quarente livres tournois, pource cy   II^m XL^l ts.

Plus a esté receu par led. recepveur par les mains de monsieur le controlleur Barbier le nombre de trois cens escuz d'or soleil qui vallent a quarente huict solz piece, la somme de sept centz vingt livres tournois, cy   VII^c XX^l ts.

Plus a esté receu par led. recepveur de mad. Dame la somme de huict cens soixante quinze livres deux solz six deniers tournois, comme appert par recepissé baillé a mad. Dame par led. Bereau recepveur, cy   VIII^c LXXV^l II^s VI^d.

Plus a esté receu de Me Symon Goille, tresaurier de mad. Dame, la somme de six centz livres tourn. pour employer au bastiment de mad. Dame en son lieu de Chenonceau, cy   VI^c l. ts.

Somme total de la recepte, quatre mil deux centz trente cinq livres, deux solz six deniers,   IIII^m II^c XXXV^l II^s VI^d.

MISE DE DENIERS

Faicte par led. Bereau recepveur durant le temps de ce compte pour les bastimens et reparations susd.

A esté paié par led. recepveur aux maczons, cherpentiers, perriers, chaussonniers, chartiers, voicturiers par eaue, sablonniers, bouzilleurs, plombeur, fontainer, fousseyeurs, thuilliers, charrons et mareschaulx, pour les besongnes par eulx faictes et matieres par eulx fournies a divers jours et divers paiemens, et par marchez et prix faictz tant par mons^r d'Ivry que par mons^r le controlleur Barbier pour lesd. bastimens et choses qui en deppendent, comme appert par le menu d'ung cahier de pappier comme s'ensuict.

ET PREMIEREMENT,

A Me Pierre Hurlu a esté paié a diverses fois, comme appert par sa quictance, jusques au cinquiesme jour de decembre M V^c cinquante six, la somme de cinq cent soixante livres cinq solz huict deniers tourn., et par autre paiement la somme de cent seize solz trois deniers tournois, qui est la somme de cinq cens soixante et six livres ung sol unze deniers tournois, cy   V^c LXVI^l I^s XI^d.

A Me Jehan de Vienne, appareilleur envoyé par mons^r d'Ivry, a esté paié cent huict journées et demye, a dix solz chacune journée, depuis la magdaleyne jusques a huy, la omme de cinq^{te} quatre livres cinq solz tournois, comme appert par sa quictance, cy   LIII^l V^s.

Aux cherpentiers pour leurs escluses sur le marché par eulx faict a esté paié la somme de cinq cens livres tournois, pour ce cy   V^c l. t.

Pour la coppie du marché a eulx passé, payé au notaire . xx^d.

A Mathurin Dangé, perrier de Chisseau, a esté paié pour quinze cents de quartiers prins a la perriere de Chisseau, et seize cens chartées de moisons, la somme de six vingtz deux livres dix solz tournois, cy . vi^{xx} ii^l x^s.

Plus aud. Dangé sur les quartiers qu'il doibt tirer à lad. perriere suyvant le marché avec luy faict, a esté paié la somme de vingt neuf livres tourn., sur laquelle somme a esté seullement livré par led. Dangé sur le marché par luy faict huict vingts dix quartiers, cy . xxix l. t.

A Pierre et Gillot les Richards pour sept cens cinquante quartiers de pierre desd. perrieres, comprins les moisons par eulx tirez, la somme de cinq^{te} neuf livres dix sept solz six deniers, comme appert par leur quictance, cy . lix^l xvii^s vi^d.

A eulx sur les quartiers qu'ilz doivent tirer, suyvant le marché a eulx faict le vingt cinquesme jour de novembre an present, a esté paié la somme de huict livres tournois, cy . viii l.

A eulx sur led. marché a esté paié la somme de huict livres tourn., depuis lequel marché a esté seullement par eulx livré quarente ung quartier de pierre desd. perrieres, comme du tout appert par leur quictance, cy . viii l. t.

A Anthoine Bessé pour deux cens cinq^{te} quartiers de pierre, a esté paié la somme de treize livres dix solz tourn., a raison de cens dix solz chacun cens, et pour cinq cens quatre vingts quinze chartées de moisons a raison de six deniers chacune chartée, la somme

de vingt huict livres sept. solz. six deniers tourn.,
cy   xxviii^l vii^s vi^d.

A Jacob Bessé, Mathurin Bessé, comperes, et Jehan Boullet, pour soixante quartiers par eulx livrez a leurs perrieres, comprins les moisons qu'ilz ont tirez, a esté paié par led. recepveur quatre livres huict deniers tournois, cy   iiii^l viii^d.

A Martin Procès et Mathurin Galerne, chaussonniers de Bleré, pour neuf pippes et demie de chau a raison de trente deux solz six deniers tourn. chacune pippe livrée sur le bourd de la riviere près le chastel, a esté paié la somme de quinze livres huict solz neuf deniers tourn., comme appert par leur quictance, cy xv^l viii^s ix^d.

A François Pinard et Nicollas Bouré, chaussonniers de Foucharre près Loches, pour douze pippes et demye chau a raison de trente deux solz six deniers chacune pippe, a esté paié par led. recepveur la somme de vingt livres six solz trois den., comme appert par quictance, cy   xx^l vi^s iii^d.

Aux chaussonniers de Foucharre pour dix pippes de chau a lad. raison, a esté paié par led. recepveur la somme de quinze livres dix sept solz six deniers tourn., cy   xv^l xvii^s vi^d.

A Lhomme Bricet, chaussonnier de Choussy, pour quarente neuf pippes de chau a lad. raison de trente deux solz six deniers ts. chacune pippe, a esté paié par led. recepveur la somme de soixante dix huict livres sept solz six deniers tourn., comme appert par ses quictances, cy   lxxviii^l vii^s vi^d.

A Jehan Dubois, chaussonnier de Pontlevoy, pour trente cinq pippes de chau a raison de trente cinq solz six den. tourn. chacune pippe prinse aud. Pontlevoy, a esté paié par led. recepveur la somme de quarente troys livres douze solz six deniers ts., comme appert par sa quictance, cy XLIII^l XII^s VI^d.

A Gabriel Pontlevoy, François Delafons, Lois Bailly, pour avoir par eulx charroié depuis les perrieres de Chisseau jusques au bord de la riviere, le nombre de neuf cens vingt quartiers de pierre qui ont esté trouvés ausd. perrieres, a esté paié par led. recepveur la somme de treize livres seize solz tourn., comme appert par leur quictance, cy XIII^l XVI^s.

A Pierre Meslier, voicturier par eaue, pour avoir par luy voicturé led. nombre de neuf cens vingts quartiers de pierre dud. port jusques aud. chantier de la riviere près l'hastelier des maczons, a esté paié la somme de dix huict livres huict solz tournois, comme appert par sa quictance, cy XVIII^l VIII^s.

A Maurice Boucqueau, voicturier par eaue, pour avoir par luy mené par eaue du chantier en droict les perrieres de Chisseau jusques au droict du chantier du jardin près l'hastellier des maczons, dix huict cens de quartiers de pierre dure, et mil dix sept charrectées de moisons, a raison de trente solz chacun cent de quartiers, et six deniers chacune charrectée de moisons, et pour avoir mené trois cens de quartiers du port Ollivier aud. hastellier, a esté paié par led. recepveur la somme de cinquante trois livres dix huict solz six deniers tourn., comme appert par deux quictances, cy LIII^l XVIII^s VI^d.

A luy pour avoir voicturé par eaue le nombre de huict cens cinq quartiers du chantier de la riviere au droict de la perriere jusques au droit du jardin, en ce comprins vingt cinq quartiers par luy prins au droict du Moullin Fort, et quatre cens quatre vingts deux chartées de moisons a lad. raison, sur lesquelz nombres luy a esté paié la somme de vingt deux livres huict solz six deniers tourn., pour ce cy   xxii^l viii^s vi^d.

A Jehan Cartais, voicturier par eaue, pour avoir par luy voicturé le nombre de trois cens chartées de moisons du chantier de la riviere au droict de la perriere jusques au bourd du jardin de Chenonceau, a raison de cinq deniers tourn. chacune chartée, a esté paié la somme de six livres cinq solz tourn., comme appert par sa quictance, cy   vi^l v^s.

Plus aud. Cartais pour avoir par luy voicturé par eaue le nombre de trois cens chartées de moisons a lad. raison, a esté paié la somme de six livres ung sol six deniers tourn., cy   vi^l i^s vi^d.

A Jehan Blanchet pour avoir par luy voicturé des perrieres de Chisseau jusques a la riviere le nombre de cinq cens dix sept charrectées de moisons, prins, partie ausd. perrieres, et partie aux perrieres des Hosdes, a esté paié la somme de dix livres neuf solz ung denier tournois, cy   x^l ix^s i^d.

A Gabriel Jardeau pour avoir par luy voieturé et charroié par terre cinq cens cinq quartiers de la perriere des Hosdes au port Ollivier a raison de dix huict solz tourn. chacun cent, et vingt une chartée de moisons a raison de huict deniers tourn. pour chacune charrectée, et pour avoir par luy charroyé six vingts quartiers de pierre dure de lad. perriere des Hosdes par les prez jusques au droict du chastel, a raison de vingt huict solz ts. chacun cent, a esté paié sept livres tourn., comme appert par sa quictance, cy   vii l. t.

A Charles Delagrange pour avoir par luy voicturé

par eaue du port Ollivier jusques au chantier ou est l'hastellier des maczons, le nombre de quatre cens quinze chartées de moisons a quatre den. chacune chartée depuis le port aud. lieu, a raison de dix solz chacun cent de quartiers, a esté paié la somme de huict livres trois solz quatre deniers tournois, cy viii^l iii^s iiii^d.

A Jehan Billault et Anthoine Auger, pour avoir par eulx fourny le nombre de sept vingts dix centinées de sable, a vingt deux deniers chacune centinée, a esté paié par led. recepveur la somme de treize livres quinze solz tourn., cy xiii^l xv^s.

Ausd. Billault et Auger pour quatre vingts quinze centinées de sable par eulx fournies a l'hastellier des maczons a lad. raison, a esté paié la somme de neuf livres six solz neuf deniers tourn., cy ix^l vi^s ix^d.

Pour sept pippes de cyment, comprins la despence et voicture en l'allant querir Amboise, a esté paié la somme de cent dix sept solz six den. tourn., cy cxvii^s vi^d.

A Jehan Freslon, serruzier demourant a Bleré, pour six boucles et anneaulx de fer mis aux pilliers du pont, paié trente-cinq solz tourn., cy xxxv^s.

A Denis David, bouzilleur, pour avoir par luy bouzillé en chambrillaige aux galletas du chasteau le nombre de six vingts dix toises a raison de cinq solz chacune toise, a esté paié cinquante deux livres tourn., comme appert par sa quictance, cy lii l. t.

A Pierre Garille, m^e plombeur, a esté paié pour la plomberie et journées par luy faictes a la couverture du chasteau, suyvant le marché a luy faict par mons. d'Ivry, cinquante livres deux solz six deniers tourn., cy l^l ii^s vi^d.

Pour le pesaige du vieil plomb a esté paié deux solz trois deniers ts., cy   II^s III^d.

A Cardin de Vallance, m^e fontainier demourant a Tours, a esté paié sur la besongne de lad. fontaine, la somme de quinze escuz d'or soleil vallans trente six livres tourn., cy   XXXVI l. t.

Plus en l'acquit dud. de Vallance paié au maistre du fourd a chau la somme de soixante douze solz, neuf deniers tournois, cy   LXXII^s IX^d.

A Pierre Boucannille et Denis Crochard, maczons, sur le marché a eulx faict pour faire le mur et perray par eulx entreprins a faire autour des foussez du jardin, a esté paié la somme de trente deux livres treize solz tournois, comme appert par leur quictance, cy   XXXII^l XIII^s.

A grand Jehan Guy pour avoir par luy faict les vuydanges du foussé du jardin nouvellement basty, estans entre le port Ollivier et le chasteau, a esté paié par led. recepveur la somme de dix huict livres tourn., comme appert par sa quictance, cy   XVIII^l t.

A Jehan Payart, thuillier, Mathurin Besnard et Maurice Boucqueau, thuilliers, pour quatre milliers de thuille et ung millier de carreau, et demy cent de festeaulx, a esté paié la somme de neuf livres deux solz tourn., comme appert par leur quictance, cy   IX^l II^s.

A Pierre Bergeron et Leonard Baillet, maczons, pour vingt quatre journées et pour douze journées de leurs manoeuvres par eulx emploiées aux bastimens des mestairies, et pour huict journées desd. maczons, et quatre journées et demie de leurs d. manoeuvres, paié la somme de huict livres neuf solz tourn., comme appert par leur quictance, cy   VIII^l IX^s.

A Mery Souldée pour la reparation par luy faicte a la couverture du Moullin Fort, paié la somme de quatre livres seize solz ts., comme appert par quictance, cy   IIII^l xvi^s.

Plus a luy pour les couvertures par luy faictes et reparées a aulcunes des mestairies de Chisseau, paié neuf livres dix huict solz, cy   IX^l XVIII^s.

A Mathurin Bessé, mestayer des Hosdes, pour trente deux voiaiges par luy faictz, tant a mener sable, chau, que terre pour les reparations des Hosdes, a esté paié quarente solz t., comme appert par quictance, cy XL^s.

A Mathurin Gillet, maczon, pour avoir par luy habillé le puy de la mestairie de la Grange qui estoit fondu, a esté paié quatorze solz ts.; cy   XIIII^s.

A Denis Delafons, Jehan Blanchet, Helliot Dauberon, Jehan Guerre, Guillaume Jardeau, Jehan Jardeau, et autres, pour la voicture de trente cinq pippes de chau, que pour l'aller querir a Pontlevoy et mener aud. Chenonceau, a esté paié ensemble pour la despense de celluy qui y est allé pour la recepvoir, seize livres cinq solz six deniers ts., cy   XVI^l V^s VI^d.

Pour l'achapt de unze mil trois cens quatre vingts douze plantatz d'aubespine et deux cents quatre sauvageaulx qui ont esté plantez au jardin, a esté paié a Pierre Moreau, Jehan Petit, Mathurin Chemyn, Anthoine Fourrault et Jehan Gallays, la somme de cent seize solz cinq deniers tourn., cy   CXVI^s V^d.

A messire Jehan Hesnault, Gilles Boutard, Toussaincts Pichard et Lois Pontlevoy, pour le foing par eulx vendu a mons^r le controlleur pour les chevaulx, depuis le douze^{me} d'octobre jusques a ce jourdhuy vingt septiesme jour de decembre, a esté paié la somme de dix sept livres ung sol neuf deniers ts., cy xvii^l i^s ix^d.

Pour demy cent d'ardouaize et clou pour recouvrir le chasteau ou le plombeur avoyt besongné, paié cinq solz six deniers ts., cy v^s vi^d.

A ung cherpentier pour avoir habillé une filliere pour porter a la mestairie des Frisches, paié quatre solz ts., cy iiii^s.

A ung homme qui alla querir du plant a Vernou[1], tant pour le plant que pour la despence qu'il a faicte, a esté paié unze solz quatre deniers tourn., cy xi^s iiii^d.

A Jehan Lespaignol, charron, pour une paire de roues neufves pour ung tombereau, avoir rabillé les vieilles roues dud. tombereau, fourny de trois essieulx, dix livres clou a charrecte, neuf fers et demy de cheval, que led. charron paia au marchal par le commandement de mons^r le controlleur, paié la somme de neuf livres trois solz ung denier ts, cy ix^l iii^s i^d.

A Jehan Truchon pour avoir habillé les roues des gamyons, paié dix solz tourn., cy x^s.

Pour la despence faicte par mons^r le controlleur, led. recepveur, Me Jehan de Vienne et Me Pierre Hurlu, m^e maczon, quant ilz ont esté a la perriere d'Escorcheveau[2] près Tours, et aux perrieres de St-Aignan[3],

---

1. Bourg du canton de Vouvray, dans la vallée de la Brenne, dans une position charmante. Les archevêques de Tours y avoient un château de plaisance.

2. Carrière à Saint-Avertin : la pierre, fort dure, est toute pétrie de coquilles fossiles. On fait dériver le nom d'Ecorchevau, ou mieux de Concheveau, de *concharum vallis*.

3. Les carrières de Saint-Aignan sont connues sous le nom de *Belleroche*. La pierre en est fort estimée.

et pour le vin baillé aux perriers desd. perrieres, a esté paié la somme de trente neuf solz quatre deniers tourn., cy $\quad$ xxxix^s iiii^d.

A Guillaume et Mathurin les Vaslins, marchaulx demourans a Chenonceau, pour avoir ambaptu une paire de roues, faict cinq liens de fer aux vieilles roues, six crochets de manoeres, et deux liens aux retz des roues, ung lien de fer au bassineau du tombereau, avoir alongé le poinczon dud. tombereau, et fourny de quatre cloux de charrette, a esté paié la somme de vingt quatre solz dix deniers tourn., cy $\quad$ xxiiii^s x^d.

Pour avoir mis par eulx vingt six fers aux chevaulx de Madame, a esté paié la somme de trente sept solz six den., cy $\quad$ xxxvii^s vi^d.

A Lois Jousset pour quatre journées de ses boeufz faictes a mener de la thuille de la Gueille a la Bezerie, que pour avoir mené du sable, a esté paié trente ung solz six den., cy $\quad$ xxxi^s vi^d.

Pour une sceelle a charecte a la Lourde, avalloueres, mancelles, chesnettes et autres harnois necessaires a charroyer, a esté paié la somme de quatre livres tourn., et seize solz, cy $\quad$ iiii^l xvi^s.

Pour deux longes et avoir faict rembourer la sceelle du grand cheval, a esté paié trois solz ung denier tourn., cy $\quad$ iii^s i^d.

Pour douze milliers de clou a latte achaptez depuis le moys d'aougst a diverses fois, emploiez aux couvertures des bastimens de Chenonceau et appartenances, a esté paié la somme de soixante dix huict solz ts., cy $\quad$ lxxviii^s.

Pour deux cens et demy de clou de chantlatte, a esté paié dix solz ts., cy $\quad$ x^s.

Pour deux milliers de latte a esté paié soixante unze solz six deniers ts., cy LXXI^s VI^d.

A esté paié pour clou a charrecte emploié aux roues des tombereaulx et pour vieil oingt, paié vingt quatre solz huict den. tourn., cy XXIIII^s VIII^d.

Pour six festeaulx fourniz par Marc Guenault, a esté paié cinq solz ts., cy V^s.

Pour une paire de troitz payé six solz t., cy VI^s.

Pour seize happes mises aux tombereaulx et charronneaulx, payé dix huict solz t., cy XVIII^s.

Pour quatre fers mis a la Lourde Amboise, a esté paié six solz tourn., cy VI^s.

Au garson du jardinier de mons^r de Tours [1], qui est allé chercher du plant, payé quatre solz tournois, cy IIII^s.

Au garson de la poste pour faire tenir des lectres de la court, paié XX^d.

Pour la quictance du chaussonnier de Pontlevoy, paié a ung notaire de Montrichard, dix den. ts., cy X^d.

A Guillaume et Pierre les Cherpentiers, Pierre et Clement les Mellotz, et Guill. Gadin, pour les foussez

---

1. Étienne de Poncher, qui avoit été archevêque de Tours du 6 avril 1551 au 15 mars 1553, avoit envoyé des arbres fruitiers à la duchesse de Valentinois, comme nous l'avons vu plus haut. Après Alexandre Farnèse, dont l'épiscopat dura à peine un an, Simon de Maillé de Brizay occupa le siége de Tours : c'est lui qui envoya à Chenonceau son jardinier de Vernou pour diriger l'établissement des jardins du château.

C'est à tort que les frères Sainte-Marthe et d'après eux la *Gallia christiana*, tome XIV, donnent à Simon de Maillé le nom de *Brézé* et en font un parent de Diane de Poitiers, dont la faveur l'auroit appelé de l'évêché de Viviers à l'archevêché de Tours. Simon de Maillé portoit le nom de *Brizay*, tiré d'un château situé près de l'Ile-Bouchard (Indre-et-Loire). La chute de ce château écrasa toute sa famille et n'épargna que lui seul. Il y mourut le 11 janvier 1597, âgé de quatre-vingt-deux ans.

des garennes qu'ilz ont entreprins a rellever et planter d'espines a raison de six deniers pour toise, a esté paié la somme de seize livres six solz trois deniers tournois, cy $\text{xvi}^\text{l}\text{ vi}^\text{s}\text{ iii}^\text{d}$.

A Estienne Tesnyer le jeune, Math. Bessé, et Pierre Delataille, pour les vuidanges du foussé d'entre la garenne et le jardin qu'il ont entreprins a faire, leur a esté paié la somme de vingt trois livres six solz ts., cy $\text{xxiii}^\text{l}\text{ vi}^\text{s}$.

A Lois Bailly pour cinq toises de gros ais par luy fournies tant pour le moullin de Vestin, ensemble pour deux huis garniz de ferreures, ung solliveau mis aud. moullin de Vestin, paié la somme de quatre livres dix solz ts., cy $\text{iiii}^\text{l}\text{ x}^\text{s}$.

Pour cinq livres chandelles employées soir et matin aux estables pour veoir panser les chevaulx, payé dix solz, cy x^s.

A Denis Fleury pour quinze fagotz de paille par luy fourniz pour faire litiere aux chevaulx de mad. Dame, a esté payé la somme de sept solz six deniers tourn., cy $\text{vii}^\text{s}\text{ vi}^\text{d}$.

A Mathurin Vaslin, marchal, pour les fers mis aux chevaulx de mad. Dame durant le moys de decembre, a esté paié quinze solz neuf deniers tournois, cy $\text{xv}^\text{s}\text{ ix}^\text{d}$.

PREMIERE SOMME DE LA MISE est deux mil soixante dix sept livres unze deniers tourn., cy $\text{ii}^\text{m}\text{ lxxvii}^\text{l}\text{ xi}^\text{d}$.

Je soubz signé certiffie a toutx ceulx qu'il appartiendra que les paiemens et mises cy dessus escriptes, ont esté paiées par le recepveur susd. en ma presence.

Faict le vingt et septiesme jour de decembre mil cinq cens cinquante six.

A. BARBIER.

MISES FAICTES

Par André Bereau, recepveur de Chenonceau, ayant charge pour madame madame la Duchesse de Vallentinois, Dame dud. Chenonceau, depuis le seizeiesme jour de may l'an M. cinq cens cinquante six jusques au cinqiesme jour d'aougst oud. an M v^c cinquante six, en presence de Anthoine Barbier ayant charge pour mad. Dame de controller les mises du bastiment que mad. Dame faict faire audict Chenonceau.

PREMIEREMENT pour ung collier pour le cheval du fourrier, que pour une avallouere, mancelles, chesnettes et une bride, que pour avoir rabillé la sceelle du grand cheval de harnois, a esté paié la somme de quatre livres cinq solz tourn., cy   IIII^l v^s.

Paié a ung homme qui a esté loué par ledict fourrier a Blois pour amener le charryot branlant[1] aud. lieu de Chenonceau la somme de douze solz ts., cy   XII^s.

Remboursé led. fourrier pour sept fers de cheval qu'il avoyt paiez en chemin au marchal de Montrichard, la somme de treize solz ts., cy   XIII^s.

---

1. Les carrosses, d'une origine alors fort récente, étoient encore fort peu répandus. Au commencement du règne de Henri II, on n'en comptoit que trois : celui de la royne, celui de Diane de Poitiers et celui de Jehan de Laval. Le quatrième fut fait pour Diane de France, fille naturelle de Henri II et d'une damoiselle piémontoise nommée Duc.

Pour ung licoul achapté au cheval dud. fourrier, paié six solz ts., cy vi*.

Pour le pesaige du plomb que le plombeur avyot faict venir de Tours, et pour ce faire led. fourrier alla exprès a Montrichard, que pour icelluy faire charger et descharger et icelluy faire peser, lequel plomb pesoit en nombre cinq cens quarante sept livres et demie, a esté paié sept solz ts., cy vii*.

Led. fourrier fut exprès a Montrichard pour marchander cent pippes de chau que pour marchander a des batelliers a mener des pierres, moisons et sable, ce qu'il fist, auquel lieu il luy convint disner, et paié le vin de marché aux marchans, a esté remboursé par led. recepveur de la somme de neuf solz ts., cy ix*.

A esté paié aux notaires qui ont passé les marchez et obligations aud. Montrichard, qui est l'ung d'iceulx marchez pour cent pippes de chau a ung chaussonnier, et l'aultre a ung homme pour voicturer par eaue tous les quartiers et moisons qu'il conviendra pour faire les pilliers dud. pont, a esté paié sept solz ts., cy vii*.

Pour la despence faicte par led. fourrier ou jour qu'il fust aux Roches St Quantin[1] chercher des perriers pour tirer de la pierre dure, et pour argent baillé ausd. perriers pour venir aud. lieu de Chenonceau veoir la perriere, la somme de huict solz six deniers ts., cy viii^s vi^d.

Pour ung demy millier de lattes pour les couvertures des fermes, paié xvi^s vi^d.

---

[1]. Fief sis à Saint-Quentin, près de Loches. Ce fief appartenoit à la famille Fumée, qui jeta un certain éclat au quinzième et au seizième siècle, et dont un membre posséda Chenonceau quelques années.

Pour cinq milliers de clou de latte, et autre clou de chantlatte, a esté paié la somme de quarente solz quatre den. ts., cy xlˢ iiii^d.

Pour ung collier achapté au grand cheval de harnois, que pour avoir faict rabiller sa scœlle, a esté paié xxixˢ ii^d.

Pour l'achapt d'ung tombereau, ung charronneau, ensemble pour le fer et garnitures d'iceulx, et autres ferreures et essieulx fourniz aud. tombereau et charronneau par diverses fois, payé a Jehan l'Espaignol, charron, la somme de huict livres quatorze solz deux deniers ts., cy viii^l xiiii^s ii^d.

Pour la despence du cheval dud. fourrier, et grand cheval que avons ceens aud. Chenonceau, le seize^me jour de may qui ont amené la pierre de la perriere durant led. temps jusques au xiie juillet oud. an m v^c liv, qui sont en nombre cent quatre journées de cheval en despence, durant lesquelz pour la nourriture d'iceulx a esté achapté pour quatre livres unze solz six deniers ts. de foing, pour unze livres huict solz ts. avoyne, et pour neuf solz ts. de paille, qui est en somme toute seize livres huict solz six deniers ts., cy xvi^l viii^s vi^d.

Pour la despence faicte par le guarson d'escurie qui a aydé a mener lesd. chevaulx en ce lieu de Chenonceau, et avoir esté present a veoir comter les tomberées de pierre et moisons aux perrieres ains qu'ils les chargerent, ensemble pour avoir esté a Fontainebleau porter des lettres a mons^r d'Ivry pour le faict dud. bastiment durant deux mois, paié la somme de quatre livres ts., cy iiii^l.

Pour une paire de roues neufves, ensemble pour l'embataige d'icelles que pour quinze livres de fer, a esté paié au charron et marchal la somme de soixante dix solz ts., cy LXX^s.

Pour deux milliers de clou a latte et clou de chantlatte, a esté paié la somme de vingt solz unze den. ts., cy XX^s XI^d.

Pour les reparations des couvertures de plusieurs des bastimens de Chenonceau, comme des tectz a bestes de la mestairie de la Grange, maisons, estables, greniers, port Ollivier, moullins a bledz, les maisons des Hosdes, mestairies dud. lieu et de la Gommandiere, ont esté emploiées plusieurs journées de couvreurs, comme appert par icelles mises par le menu par ung cahier de papier signé et arresté dud. Barbier controlleur susd., pour lesquelles a esté paié la somme de quarente livres ung sol six deniers ts., cy XL^l I^s VI^d.

AULTRE MISE

Faicte par led. recepveur pour les journées des manoeuvres qui ont vacqué durant les mois de may, juing, juillet, aougst, septembre, octobre, nov^{bre}, decembre M V^e cinquante six pour les affaires des bastiments durant led. temps a Chenonceau, que pour avoir labouré aux jardins.

Lesquelles ont esté paiées en la forme et maniere qui s'ensuict, comme appert par ung cahier de pappier escript par le menu cy rendu a la fin de ce chappitre, montant cent sept livres quatorze solz ung denier tourn., signé, arresté et signiffié par Me Anthoine Barbier, controlleur de la maison de Madame le vingt quatreiesme jour de decembre an M V^e cinquante six, cy CVII^l XIIII^s I^d.

AULTRE MISE

Faicte par led. Bereau recepveur susd., depuis le vingt septiesme jour de decembre m v^c cinquante six pour les causes cy après.

Premierement baillé a Mathurin Dangé, perrier, et ses compaignons a diverses fois la somme de soixante unze livres tournois, comme appert par quictance, cy LXXI^l.

A Pierre Bellot, les Richards, autres perriers, leur a esté paié a diverses fois la somme de trente deux livres tourn. pour les quartiers qu'ilz sont tenuz tirer, cy XXXII^l.

A Pierre Boucannille, Martin Boucannille, Pierre et Guillaume Cherpentier et autres perriers, a esté paié a diverses fois dix neuf livres dix solz tourn. pour deux centz et demy de quartiers qu'ilz sont tenuz tirer, et iceulx faire livrer et recepvoir, cy XIX^l X^s.

Au fontaynier luy a esté baillé par led. recepveur la somme de huict vingt quatre livres faisant le parfaict et entier paiement de deux cents livres tourn., comme appert par sa quictance cy rendue, cy VIII^{xx} IIII^l.

(*Par marché que ce comptable fera apparoir, et neantmoings a fourny de quictance.*)

A mons^r le controlleur baillé vingt neuf livres quatre solz ts., comme appert par son certifficat, cy XXIX^l IIII^s.

A Françoys Dugué pour deux cens dix toises de foussez faictes au bout du pont que Madame faict faire, a esté paié par led. recepveur, a raison de vingt deniers pour chacune toise, et quarante solz tournois pour avoir recomblé ung foussé et refaict plus loing,

la somme de dix neuf livres neuf solz huict deniers
ts., cy   XIX^l IX^s VIII^d.

AULTRE MISE

Faicte pour les journées et autres choses contenues cy après, par André Bereau, recepveur de Chenonceau, depuis le jour des Innocens M V^e cinquante six.

DECEMBRE.

Les mardy vingt neufviesme decembre, mercredy, jeudy et sabmedy ensuivans en lad. sepmaine, qui sont quatre jours, ont esté emploiez a planter des hées en la garenne de davant le chastel, pour lesquelles ont esté paiées a raison de deux solz pour journée la somme de huict solz ts., cy   VIII^s.

JANVIER (1557).

La sepmaine commanczans le lundy quatreiesme et mardy cinq^{mes}, ont esté emploiées les journées de René Baillot, Laurend Lussaudeau, Gatian Dangé et Estienne Tesnier, qui sont six journées par eulx emploiées a charger les quartiers taillés estans en l'isle et ceulx estans le long du jardin en la centine et les descharger sur le chantier, les anlever et les amener ou l'on les reculloit de la riviere, pour lesquelles leur a esté paié a raison de deux solz ts. par jour la somme de douze solz, cy   XII^s.

En lad. sepmaine René Buisson a esté cinq journées a planter des hées en la garenne, pour lesquelles luy a esté paié la somme de dix solz ts., cy   X^s.

Pour deux journées que Meslier a esté avecq sa centine pour mener lesd. quartiers taillez sur le chantier du costé des prez, pour lesquelles deux journées a esté paié aud. Meslier a raison de quatre solz pour journée, la somme de .... viii^s.

Au garson du jardinier de mons^r de Tours, lequel est venu par trois diverses fois pour cuyder besongner, ce qu'il ne peult faire pour les grands froiz, et apporta a deux fois des lectres pour avoir des ormeaulx, auquel garson led. recepveur a donné par trois fois a soupper et troys solz a trois fois, cy .... vi^s.

Au jardinier de mons^r de Tours pour sa despence qu'il a esté a besongner au jardin de Chenonceau a raison de quatre solz pour journée par ordre de Madame, a esté paié la somme de dix sept livres huict solz t., cy .... xvii^l viii^s.

Pour vingt sept antes, demie douzaine d'albergiers, trois cens pommyers de paradis, huict faiz de groselliers, ung cens de rosiers musquins et oignons de liz, a esté paié au jardinier de mons^r de Tours en presence dud. controlleur la somme de quatre livres seize solz ts., cy .... iiii^l xvi^s.

Au chartier que led. jardinier a amené qui a charroié lesd. choses, a esté paié par ordonnance dud. controlleur la somme de vingt solz ts., cy .... xx^s.

Baillé aud. chartier ung boisseau avoyne, cy 1^{bo avoyne}.

Le sabmedy seize^{me} jour dud. mois, pour cinq journées dud. René Buisson de la presente sepmaine, emploiées a planter des aubespines, a esté paié a lad. raison de deux solz par jour, cy .... x^s.

Le vingt trois^{me} jour dud. mois, paié a Guillaume Martin en presence dud. controlleur la somme de quarente ung solz trois deniers ts., pour trois sepmaines qu'il a vacquées en ce mois tant a mener les chevaulx a la court que a besongner au jardin a lad. raison de cinquante cinq solz par mois, paié   XLI' III^d.

FEBVRIER.

Le septiesme jour de febvrier oud. an M v^e cinquante six, a esté paié a René Buisson pour trois journées de ceste sepmaine finyes ce jourdhuy, par luy vacquées a planter des aubespines et arrascher des genevres a lad. raison de deux solz, paié la somme de   VI'.

Les unze et douze^{mes} jours dud. mois an susd. ont esté employées treize journées d'hommes a arrascher des ormeaulx, et pour ce faire furent les journalliers a Noizay[1] distans de Chenonceau de deux lieues ou environ, ausquelz a esté paié la somme de trente neuf solz ts., cy   XXXIX'.

Pour l'achapt d'ung cent cinquante deux ormeaulx beaulx que led. recepveur alla chercher et achapter avecq le jardinier chez mons^r de Noizay a raison de deux solz ts. piece, a esté paié la somme de quinze livres quatre solz tournois, cy   XV^l IIII'.

Pour la disnée dud. recepveur, de son cheval et dud. jardinier a Luzillé, du jour qu'ilz allerent chercher lesd. ormeaulx, a esté paié la somme de   VII' VI^d.

---

1. Fief sis à Luzillé. Pierre d'Érian, sieur de la Rochère, en étoit alors seigneur. Sa fille, Françoise d'Érian, épousa Claude de Marolles, aïeul de l'abbé de Marolles. — Les ormeaux ne se sont bien propagés en France que dans le courant du seizième siècle ; ils prospèrent d'une manière remarquable dans les terrains de Luzillé et de Sublaines.

A neuf chartiers qui ont charroié lesd. ormeaulx depuis led. lieu de Noizay jusques près Chenonceau, distans de deux lieues ou environ, sçavoir est trois a chevaulx a raison de six solz ts. piece, et six a beufz a raison de sept solz six deniers tournois piece, cy a esté payé la somme de LXIII^l.

Pour l'achapt de deux civieres roulleresses pour les jardins de Madame, a esté paié XV^s.

Pour neuf journées de Buisson, Dagault et Tesnyer, de la deuxiesme sepmaine de febvrier, des lundy, mardy et mercredy, emploiées tant a planter des hées aux garennes, mener du fumier aux piedz des antes du jardin, a esté paié a lad. raison de deux solz ts. pour journée, la somme de XVIII^s.

Le quinze^{me} jour dud. mois paié a Denis Dandé pour cinq cens de plant d'aubespine a raison de douze deniers pour cent la somme de V^s.

Led. jour y a eu lesd. journalliers a planter lesd. ormeaulx en l'allée du pont, sçavoir est de Anthoine Bessé, Jehan Delagrange, Jacob Bessé, Pierre Delataille, Pierre Viollet, Chretien Trepin, Jehan Cahué, Math. Chicouesneau, Anthoine Fourrault, G^e Martin et Pierre Brachet, a raison de deux solz six deniers ts. pour journée, a esté paié par led. recepveur la somme de vingt sept solz six deniers, cy XXVII^s VI^d.

Le seize^{me} jour dud. mois y a eu assemblable unze journées d'hommes a faire pareille besongne a lad. raison, a esté paié XXVII^s VI^d.

Le XVIIe jour dud. mois y a eu dix sept journées d'hommes a faire pareille besongne a lad. raison, a esté paié XV^s.

Le dix huict^{me} jour dud. mois y a eu six journées

d'hommes a faire pareille besongne que dessus, paié xv'.

Le vendredy dix neufiesme jour dud. mois de febvrier, ont esté emploiées six journées d'hommes, et le sabmedy six journées qui sont douze journées, sçavoir est a planter des ormeaulx, arrascher les meuriers blancs du jardin, et iceulx replanter en la garenne, recombler les foussez dud. jardin, fumer le parquet pour sepmer des oignons, icelluy marrer et enterrer le fumyer dessusd., a raison de deux sols ts. chacune journée, paié la somme de vingt quatre solz tourn., cy xxiiii'.

Pour deux journées d'hommes qui ont arrasché quarante deux ormeaulx de la garenne des Hosdes, a la raison dessusd., paié iiii'.

Pour la voicture d'iceulx depuis led. lieu jusques au chasteau de ceans a trois fois et trois voiaiges, a esté paié vii' vi^d.

Le vingt quatre^{me} jour de febvrier paié a Denis Dandé pour six cens de plant d'aubespine, a la raison de douze deniers chacun cens, paié la somme de vi'.

Le dernier jour de febvrier paié a Guill^e Martin, Pierre Delataille et Pierre Brachet, pour chacun cinq journées de ceste sepmaine derniere passée, emploiées a planter des ormeaulx, couldres et autres plantatz au tour des cabinetz que l'on faict faire a la garenne, porté du fumier au jardin pour sepmer les poix et oignons, a lad. raison de deux solz pour journée a esté paié la somme de xxx'.

MARS.

Le sept^{me} jour de mars oud. an pour sept journées

de Guill. Martin et autres, par eulx emploiées a arrascher et marrer les ysoluers du dedalus, et mené du fumier dedans led. jardin a raison de deux solz six den., paié xvii{^{s}} vi{^{d}}.

Le quatorze{^{me}} jour de mars oud. an baillé a Guill. Martin pour six journées de ceste sepmaine passée, a Toussaincts Pichard pour trois journées, a Lois Dagault pour trois journées, le tout de cested. sepmaine, emploiées a gueretter les parquetz aux artichaulx, et marré deux autres parquetz esquelz il n'y avoit rien, a raison de deux solz six deniers pour journée, cy xxx{^{s}}.

Le vingt ung{^{me}} jour dud. mois an susd., pour six journées de Guillaume Martin, et pour quatre journées de Lois Dagault, emploiées a marrer les deux parquetz du jardin ou sont les poix sepmés, gueretter lesd. poix, mener le fumier en iceulx, a la raison de deux solz six deniers pour journée, a esté paié la somme de quinze solz tournois, cy xv{^{s}}.

Le vingt cinq{^{me}} jour dud. mois pour cinq journées, sçavoir est trois de G. Martin et deux de Lois Dagault, emploiées a mener du fumier pour faire des ponpons et esgallir deux des parquetz dudict jardin aud. pris, a esté paié la somme de xii{^{s}} vi{^{d}}.

Baillé au jardinier de mons. de Tours cinq solz ts. pour achapter des graines, cy v{^{s}}.

Pour deux journées de l'ung desd. garsons qu'il avoit faict venir de Vernou pour luy aider a planter lesd. terres, parce que la saison se passoit, paié a raison de deux solz six deniers, cy v{^{s}}.

Pour deux livres de graines d'oignons a esté paié a raison de dix solz la livre xx{^{s}}.

A Lois Jousset pour soixante unze tomberées de

fumyer menées depuis les estables jusques au jardin, sçavoir est soixante cinq du fumier des chevaulx de harnois de Madame, et six du fumier du recepveur, pource qu'il n'y en avoit assez pour planter les mellons, a esté paié la somme de vingt neuf solz sept deniers pour led. fumier, et pour led. charroy de six tourds de rame, cinq solz cinq den., qui est la somme de xxxv^s.

Pour six tomberées de fumier fournies par led. recepveur, requiert luy estre taxées a raison de cinq solz chacune tomberée, la somme de xxx^s.

APVRIL.

Le unze^{me} apvril a G^e Martin et Lois Dagault pour chacun six journées de lad. sepmaine emploiées a parer les dedans des parterres du jardin, a raison de deux solz six deniers, paié xxx^s.

Le douze^{me} jour dud. mois, j'ay baillé au garson du jardinier de mons^r de Tours pour la despence de ceste sepmaine qui commance ced. jour, paié ix^s.

Cy led. jardinier de mons. de Tours a laissé ung garson pour tondre les plants des parterres, auquel il est baillé neuf solz par sepmaine.

Paié au jardinier de mons. de Tours douze deniers tourn. pour des eschallottes qu'il a plantées au jardin, cy xii^d.

Le jeudy quinze^{me} jour dud. mois a G^e Martin et Lois Dagault, pour chacun trois journées emploiées a coupper de la rame lad. sepmaine, a raison de deux solz six deniers tourn., cy xv^s.

Le sabmedy xviie jour dud. mois d'apvril oud. an,

ont esté emploiées six journées de femmes a sercler les oignons, ausquelles a esté paié par led. recepveur a raison de seize deniers pour journée et despens, la somme de huict solz ts., comme appert par quictance desd. femmes, cy　　　　　　　　　　　viii˟.

Led. jour baillé au garson du jardinier de mons^r de Tours, pour la sepmaine finissant led. jour, cy　ix˟.

Le vingt deux^{me} jour dudict mois oudict an, ont esté emploiées les journées de la femme du jardinier de la Regratiere, et son filz a serclé les oignons, qui sont six journées desd. deux jours qui sont le mercredy des fairies de Pasques et le jeudy, ausquelles a esté paié a lad. raison de seize den. ts., la somme de　　　viii˟.

Ausd. Dagault et G^e Martin pour cinq milliers ung cens de fresiers et viollettes qu'ilz ont fournies au jardinier de mons^r de Tours qui icelles a plantées aud. jardin, a raison de deux deniers par cent, a esté paié par led. recepveur, present led. jardinier, la somme de huict solz six deniers ts., cy　　　　viii˟ vi^d.

Ausd. G^e Martin et Lois Dagault pour leurs journées de jeudy, vendredy et sabmedy, emploiées a coupper de la rame, asguiser les rameaulx, iceulx portez, ramer les poix, a raison de deux solz six deniers pour journée qui sont six journées, a esté paié la somme de　　　　　　　　　　　　　　　　　　　xv˟.

Le vingt sept^{me} jour dud. mois d'apvril oud. an, a esté baillé par led. recepveur au garson du jardinier de mons^r de Tours, qu'il a laissé pour tondre les plantz des parterres dudict jardin, pour sa sepmaine la somme de neuf solz ts., cy　　　　　　　　　　　　ix˟.

MAY.

Le premier jour de may oud. an m v^c cinq^{te} sept, a esté paié au garson du jardinier de mons^r de Tours pour sa despence de lad. sepmaine pour avoir tondu les parterres dud. jardin, cy ix^s.

Ausd. Dagault et G^e Martin pour sept journées par eulx emploiées la premiere sepmaine de may a coupper de la rame pour ramer les poix, iceulx a chener de rames, a raison de deux solz six den. par journée, a esté paié la somme de xvii^s vi^d.

Le neufiesme jour de may baillé au garson du jardinier de mons^r de Tours pour la despence de lad. sepmaine d'avoir tondu lesd. parterres, cy ix^s.

Pour vingt journées de femmes qui ont serclé les oignons a la raison de seize deniers pour journée et despens, la somme de xiii^s viii^d.

Le seize^{me} jour de may oud. an paié a G^e Martin pour cinq journées d'avoir pioché et marré l'ung des parquetz des artichaulx, a esté paié a raison de deux solz six den., la somme de xii^s vi^d.

Led. jour paié au garson du jardinier de mons^r de Tours neuf solz ts. pour la sepmaine qui commance le lundy xviie dud. mois, paié ix^s.

Le vingt deux^{me} jour dud. moys paié au garson du jardinier mons^r de Tours neuf solzts. pour la sepmaine qui commance le xxiiiie dud. mois, cy ix^s.

A G^e Martin pour trois journées par luy emploiées a serfouetter les oignons avec le jardinier de mons^r de Tours, ensemble sercler les aubespines, a lad. raison, paié vii^s vi^d.

Au garson dud. jardinier pour la despence de la

sepmaine commanczans le dernier jour de may, paié ix^s.

JUING.

Aud. garson pour la despence de la sepmaine commanczans le septiesme jour dud. mois oud. an, a esté paié ix^s.

Le dix neuf^{me} jour dud. mois oud. an paié aud. garson du jardinier de mons^r de Tours la somme de neuf solz pour la sepmaine qui finist led. jour, cy ix^s.

Le sabmedy vingt sixiesme jour dud. mois paié aud. garson du jardinier de mons^r de Tours neuf solz pour icelle sepmaine, cy ix^s.

A esté paié a Me Jehan de Vienne, appareilleur de la maczonnerie de Chenonceau, la somme de cent solz ts. pour dix journées par luy emploiées a la besongne dud. Chenonceau, comme appert par quictance dud. de Vienne, controllée dud. Barbier, cy c^s.

A Maurice Boucqueau, voicturier par eaue, pour cinq cens quarente trois chartées de moisons par luy menées en son basteau depuis le chantier près la perriere de Chisseau au droict de la riviere, jusques au droict du jardin, a raison de six deniers par tomberée, a esté paié la somme de treize livres unze solz six deniers ts., comme appert par sa quictance cy rendue, lequel nombre de chartées led. controlleur a compté et receu les tailles, cy xiii^l xi^s vi^d.

Faict cy led. recepveur mise de la somme de unze livres deux solz ts. pour deux centz vingt deux escuz renduz a Madame a raison de quarente sept solz piece, lesquelz deux cens vingt deux escuz led. recepveur a baillez et eulx a luy baillez par mad. dame a quarente huict solz ts. piece, cy xɪ' ɪɪ'.

(*Par affirmation et fera veriffier le contenu en cest article par mons' Dubex.*)

Plus faict led. recepveur mise de six solz tourn. pour six escuz baillez a M° P^{re} Hurlu a raison des quarente sept solz piece, cy vɪ'.

Plus pour la faczon du present compte, contenant trente deux roolles et pour la coppie d'icelluy contenant pareil nombre de trente deux roolles de pappier escriptz, a raison de pour chacun desd. roolles, requiert led. recepveur luy estre alloué la somme de, cy

Item pour le sallaire dud. recepveur d'avoir vacqué durant le temps de ce compte, tant a faire besongner les ouvriers cy davant nommez, que a faire lesd. paiemens, requiert luy estre alloué la somme de

Pour les estatz en pappier, couschez par le menu, des besongnes contenus en ce present compte, signez dud. Barbier, controlleur susd., contenans vingt feuillctz de pappier escriptz, et pour plusieurs autres brouillatz contenans lesd. mises, requiert luy estre alloué la somme de

A M° Jacques Chanterel et Claude Lenfant, maczons qui ont entreprins la maczonnerie du pont de Chenonceau, leur a esté paié a divers jours et paiemens la somme de huict cens quatre vingts neuf livres tourn. sur la somme de six mil livres tourn. qu'ils doibvent avoir comme appert par marché a eulx faict et leurs quictances, cy vɪɪɪ^c ɪɪɪɪ^{xx} ɪx'.

Au notaire qui a receu led. marché de maczonnerie contenant trois feuillets de grand pappier, et baillé

ung double aussy a mons^r, contenant aussy trois feuilletz, cy vii^s vi^d.

A Mathurin Boucanille, maczon, pour avoir faict le fourd de la mestairie près le chastel, reffaict la voulte de celluy dud. chastel, et recarrelé, de pris faict en presence des chastellain et procureur, a esté paié la somme de huict livres tournois, comme appert par sa quictance et bail a luy faictz, cy viii^l.

Aud. Chanterel paié la somme de six cens livres sur et tant moings des ouvrages que faict aud. pont, comme appert par marché et ordonnance de mons^r d'Ivry, et quictance dud. Chanterel soubz le nom de Me Symon Goille, tresaurier de mad. Dame, dactée du xxiiie jour de septembre mil cinq cens cinquante sept, cy vi^c l.

A Raphael Chaillou, marchant demourant a Rugny[1] pour l'achapt faict par led. recepveur en presence de mons^r le chastellain de Chenonceau, de douze cens toises d'aiz en faiar, sçavoir est six cens de douze poulces d'epaisseur et de quatorze a quinze poulces de largeur, sur lequel a esté advancé aud. Chaillou la somme de deux cens livres tourn., cy ii^c l.

Au notaire qui a passé le marché, pour la coppie d'icelluy, paié iiii^s iiii^d.

A Sebastian Michault pour la vendaison par lui faicte aud. recepveur de deux cens toises de menbrures et repartaige, sçavoir est cent toises de poulces de largeur et deux poulces d'epaisseur, et les autres cent toises de quatre poulces de large et d'un

---

1. Reugny, bourg du canton de Vouvray (Indre-et-Loire), dans le charmant vallon de la Brenne. Près de là s'élève le château de la Vallière, d'où la famille de la Baume le Blanc avoit pris son nom.

poulce et demy d'epaisseur, paié douze livres tourn., comme appert par quictance, cy xii^l.

A Thomas Guenault pour la vendaison par luy faicte aud. recepveur du nombre de deux cens toises de repartaige, sçavoir est cent toises de cinq poulces de large, et deux poulces d'epaisseur, et cent toises de quatre poulces de large et d'ung poulce et demy d'epaisseur, a esté paié la somme de quatorze livres ts., cy xiiii^l x^s.

Au notaire qui a passé les deux marchez desd. repartaiges, a raison de vingt deniers chacun, paié trois solz quatre deniers, cy iii^s iiii^d.

Pour le charroy desd. quatre cens toises de repartaige, depuis la riviere de Cher jusques au jardin du pavillon, paié dix solz tourn., cy x^s.

A Jehan Maulpouet, cherpentier, sur la somme de trente deux livres dix sept solz six deniers qu'il doibt avoir pour la cherpenterye qu'il doibt faire au moullin Boizon, lui a esté paié la somme de dix livres tourn., comme appert par led. marché, cy x^l.

A Mery Souldée, couvreur, a esté paié par led. recepveur la somme de cent douze solz tourn., faisant le parfaict paiement de la somme de quinze livres dix solz tourn. qu'il debvoit avoir pour les reparations de cherpenterie et couverture qu'il estoit tenu faire es mestairies de la Berangerie et les Fruisches, comme appert par le marché et quictance, cy cxii^s.

Pour trois cens de latte par luy emploiée oultre la preceddante ausd. couvertures, paié v^s.

Pour ung poinczon de chau qu'il a convenu ausd. reparations, oultre la preceddante, paié xvi^s iii^d.

Pour le charroy d'icelle et sable qu'il a convenu

mener de la riviere jusques ausd. lieux distans d'une lieue, luy a esté paié par led. recepveur v^s.

A Macé Guenault, couvreur, pour avoir descouvert la maison de la Cherviere et descendu la cherpente, de pris faict par led. recepveur avec led. couvreur a la somme de cinquante solz tourn., en presence de Pierre Boucannille et Guillaume Cochon, paié la somme de cinquante solz ts., cy L^s.

Pour dix journées d'hommes qui ont receu la thuille et cherpente, icelle chargée en la charrette, deschargée et mise en la grange des Fruisches, en laquelle elles ont esté mises, a esté paié la somme de vingt solz ts., cy xx^s.

A Jacques Guiette, mestaier dud. lieu des Frisches, pour vingt tours de charroy faictz dud. lieu de la Cherviere aud. lieu des Frisches a charroyer partie des bois et thuille cy après, sçavoir est sept vingts cinq pieces de coullombaige, plus trente huict solliveaulx, six arbalestiers, dix estelloueres, vingts chevrons, le faiz et surfaiz, quatre travées, deux sablieres et cinq milliers et demy de thuille, leur a esté paié a raison de quinze deniers pour tourd, sçavoir est aud. Dupond pour dix tours, et aud. Guiette pour vingt six tours, la somme de trente deux solz six deniers tourn., paié cy xxxii^s vi^d.

A Estienne Dupond, mestaier de la Berangerye pour douze tours par luy faictz a charroier le nombre de cinq cens de lad. thuille, depuis led. lieu de la Cherviere jusques a la Bruandiere, celluy de la Bruandiere a vingt deniers, et les unze a quinze deniers, paié la somme de unze solz cinq deniers, cy xi^s v^d.

A Macé Guenault, pour quatre journées de luy et de

son homme emploiées a couvrir la fuye et coullombier de Chenonceau et aux Ousdes, et pour demy millier de clou et demy poinczon de chau, paié la somme de trente huict solz tourn., comme appert par sa quictance cy rendue, cy xxxviii^s.

A Mathurin Vaslin, marchal, paié quatre boucles par luy faictes, poizans trente trois livres, qui ont esté mises aux pilliers du pont, a raison de vingt deniers la livre, paié la somme de cinquante cinq solz, cy lv^s.

A Jehan Freslon et Denis Jouslain, serruziers, pour quatre vingtz quinze livres de fer emploiées en dix boucles de fer mises ausd. pilliers, a lad. raison, paié la somme de sept livres dix neuf solz deux deniers, cy vii^{l}xix^{s}ii^d.

A François Delafons, pour la fraction et ruyne d'une ysle estant près le pont parce qu'elle nuysoit aux basteaulx, que mons^r d'Ivry a commandé estre demollie, et suyvant ce led. recepveur l'a faict proclamer aux parroisses circonvoisines, icelle ysle estre a bailler au rabais et moindre pris, a esté livrée judiciairement, comme appert par bail, a la somme de cinquante livres tourn., de laquelle somme led. recepveur a seullement baillé quarente livres parce qu'elle n'est achevée de rompre, comme appert par quictance, cy xl^l.

A Mathurin et Jehan les Boucannilles, maczons, a esté paié sur la maczonnerye qu'ils sont tenuz faire au moullin Boizon la somme de quinze livres ts., comme appert par quictance cy rendue, cy xv^l.

Pour la coppie du contract contenant feuilletz, paié la somme de

A Guill^e Martin pour cinq journées par luy faictes

au jardin a fumer et enterrer les artichaulx, et marrer ung parquet pour sepmer des poix, a raison de deux solz pour journée, paié dix solz ts., cy x^s.

Pour trois mil trois cens de fraiziers et viollettes plantés au jardin, a raison de deux deniers pour chacun cent, paié cinq solz six deniers, cy v^s vi^d.

Pour le charroy de douze tomberées de terre que l'on a faict tirer des foussez du grand champ, depuis led. grand champ jusques au jardin, qui ont esté mises aux pieds des arbres aud. jardin, a esté paié neuf solz ts., cy ix^s.

Pour deux tomberées de fumier que l'on a mises au jardin, et aultre fumier pour sepmer des poix et mis es aultres lieux pour sepmer des graines, paié x^s.

Pour sept journées d'hommes employés a lever du terrier d'un foussé pour mener au jardin, icelle mectre aux piedz des antes, et mener huict tomberées de fumyer dedans led. jardin, aussi et sepmer des poix, et en a esté sepmé deux boisseaulx, a esté paié a raison de deux solz pour journée, paié la somme de quatorze solz ts., cy xiiii^s.

Pour une livre de grene d'ongnons pour sepmer au jardin, paié au jardinier dix solz tourn., cy x^s.

Pour deux tomberées de fumyer mises au jardin pour sepmer des poix, et pour le charroy d'icelle a raison de cinq solz la tomberée, paié dix solz, cy x^s.

Pour la fasson dud. compte, cy iiii^l vi^s.

DEUX^e ET DERNIERE SOMME est deux mil quatre cens soixante livres huict solz neuf den., cy ii^m iiii^c LX^l viii^s ix^d.

SOMME TOUTAL de la mise de ce present compte et estat est de quatre mil cinq cens trente sept livres neuf solz et huict den., iiii^m v^c xxxvii^l ix^s viii^d.

Et la recepte est IIII^m IIe XXXV^l II^s VI^d.

Par ainsy est deu aud. Bereau, recepveur, pour avoir plus mis que receu III^c II^l VII^s II^d.

Ce present compte et estat a esté veu, oy, arresté et examiné par nous soubz signez a ce commis et depputez par Madame, en la presence et du consentement dud. André Bereau, comptable, au lieu d'Annet, le VIIIe jour de febvrier M V^c cinquante sept, sauf tous erreurs, obmission et vice de calcul.

DIANNE.

De la Menardiere.   Jacques de Poytiers[1].
    Goille.
    Delisle.   Bereau.

(Registre in-4° en papier, comprenant XXXVIII feuillets.)

1. Il fut abbé d'Ivry.

VIII.

COMPTE DE 1557.

(*Extrait et résumé.*)

POUR MADAME.

Compte que rend et baille a vous, haulte et puissante dame, madame la Duchesse de Vallentinois et Dyois, dame des chastellenies, terres et seigneuries de Chenonceau, Chisseau, Moullin Fort, le Deffais, Thoré, la Cherviere, Coullommiers, Vrigny et Bois de Pont, André Bereau, recepveur desd. chastellenyes, terres et seigneuries, des receptes et mises par luy faictes du revenu d'icelles, pardavant vous, commissaires ordonnez et deleguez et commis quant a l'examen, audition et closture de ce compte, pour l'année commanczans le premier jour de janvyer l'an mil cinq cens cinquante six, led. jour exclu, et finissant le dernier jour de decembre oud. an mil cinq cens cinquante sept, l'an et jour revolluz, lesd. jours comprins excluz et passez.

Presenté aux auditeurs a ce commis et depputez par

Madame au lieu d'Annet, le ixe jour de fevrier m v^c cinq^{te} sept.

RECEPTE.

RECEPTE DE DENIERS IMMUABLES POUR L'AN DE CE COMPTE.

ET PREMIEREMENT CENS, TAILLES, ET RENTES FON-
CIERES.

Cette premiere partie, que nous ne pouvons ni reproduire ni analyser, comprend, en lxvi feuillets, les noms de tous les censitaires et le chiffre des cens qu'ils devoient a la chastellenie de Chenonceau. Nous y relevons les noms suivants :

La vefve Guill^e de Seigne, xx solz viii den. en x articles.

Jehan de Champeaulx l'aisné, vi solz ii den.

Emard Berthelot, xxxi s. et x den. en xii articles.

Les hoirs feu Pierre Du Mesnil, xxiii solz.

Dam^{elle} Guillemyne Du Mesnil, vi den.

Guillaume Briçonnet, ii den.

Les hoirs feu Me Jacques Gallocheau, en son vivant chanoyne de l'esglise mons^r St Martin de Tours, et feue Jehanne Mervelles, sa seur, xxv s. ung denier.

Mess^e Jehan du Fenix, prebstre, xvii s. vii den.

Les hoirs feu Me Jehan Bourreau d'Amboise, ii den.

Les hoirs feu Gilles Hollefeuille, s^r de la Pillette[1], ii den.

Me Geoffroy Le Vasseur, xxxii s. ung den.

---

1. Fief sis à Chisseau.

Messire Adrien Tiercelin, s^r de Brosse [1], vi s. vi den.

Messire Thomas de la Brosse, ii den.

Cristofle de la Brosse, iij den.

Me Jehan Bruzac et sa femme, iv livres, xviii solz et vi deniers.

Le s^r de Chissé, vi den.

Le curé de Bleré, xvii s. et x den.

Les chappellains de Bleré, xvi s. viii den.

Le chappellain de la chappelle Ste Agnès, a Bleré, vi den.

L'administrateur de la malladerie de Bleré, v den.

L'abbé d'Esguevives, i den.

Les vicaires perpetuelz en l'esglise mons^r St Martin de Tours, iiii den.

Le curé de Francueil, xx den. en troys articles.

Le prieur de Francueil, xxi den.

Le procureur de la boiste des trespassez de Francueil, ii den.

Les chartreux de Loches, vi den.

Le curé de St George, xxii den.

La fabrice de St George, i den.

La confrairie de la feste Dieu en l'esglise de St George, i den.

Le curé de Vallieres, iii den.

Les procureurs de la fabrique de Sublaines, ii s. vi den.

Jehan Brunet, ferrandinier, vii s.

Jehan Pasquier, xvi den. et *la cource de l'esteuf au iour de Penthecoste.*

---

1. Fief sis à Luzillé.

**RECEPTE DE DENIERS MUABLES FAICTE PAR LED. BEREAU, RECEP-
VEUR SUSD., POUR LES FERMES ET CHOSES CY APRÈS POUR LE
TEMPS DE CE COMPTE.**

Et premierement,

De Gabriel Jardeau, fermier du moullin a foullon appellé le moullin de la Fuye, avec les terres deppendans d'icelluy et le pré des Morices, affermé aud. Jardeau pour neuf années et neuf cuillettes, dont ceste cy est la six^{me}, la somme de quarente quatre livres par les quatre quartiers de l'an, sçavoir Nostre Dame de Mars, St Jehan, St Michel et Noel, et poulletz a la Penthecoste et quatre chappons a Noel, desquelles poulles il a fait recepte cy après, a esté receu la somme de quarente quatre livres tourn., pour ce cy   XLIIII^l.

De Lois Dau, fermier de la maison de la Gueille, terres, prez, chenevraulx et pastureaulx et appartenances d'icelle, sises en la parroisse de Civray, a luy affermée pour cinq années et cinq cueillettes, dont la presente est la quatre^{me}, pour la somme de vingt livres tourn. et quatre chappons, paiable au jour de Toussaincts, a esté receu par ced. recepveur la somme de vingt livres tourn., pour ce cy   xx^l ts.

De Charles Delagrange, fermier du port Ollivier, terres, chenevraulx, prez, pastureaulx et appartenances d'icelle, a luy affermée pour cinq années et cinq cuillettes, dont la presente est la quatre^{me}, pour la somme de quarente deux livres cinq solz, paiable par les quatre quarterons de l'an, et quatre platz de poisson ou trois solz quatre den. pour chacun plat, et oultre deux septiers douze boisseaux avoyne au jour de Toussaincts, deux oayes grasses, quatre chappons et dix huict poulletz au jour de Penthecoste, desquelles et autres especes il a fait recepte cy après, cy receu, xlii^l v^s.

De Lois Bailly, fermier des moullins de Vestin et appartenances d'icelluy pour cinq années qui ont commancé au jour St Jehan Baptiste m v^c cinquante cinq, a six muyds de bled, sçavoir est six septiers froment, cinq muydz et demy seigle ou moulture vallant seigle, mesure de Chenonceau, et oultre la somme de sept livres tournois par les quatre quartiers de l'an, soixante dix solz au jour et feste St Martin d'hiver pour le pré Jahan, ung porc ou trente cinq solz pour la valleur d'icelluy, unze boisseaux noix a la Sainct Michel, quatre chappons a Noel et six poulletz a la Penthecoste, desquelles especes est faict recepte cy après, a esté receu par ced. recepveur en deniers, comprins le pré Jahan, la somme de dix livres dix solz, pour ce cy x^l x^s.

De Mathurin Vaslin, fermier des fruictz et champeage de la Roche, près le plan de Beaulne, a luy affermé pour trois années et trois cuellettes, dont la presente est la deux^{me}, pour la somme de cinquante deux solz six deniers, cy receu lii^s vi^d.

De François Delafons, fermier du parc aux antes, autrement le parc de la Fuye, oultre la riviere de Cher, pour cinq années dont la presente est la cinq^{me} et derniere, pour en paier au jour de Toussaincts la somme de vingt livres tourn., pource cy xx^l ts.

AULTRE RECEPTE DE DENIERS POUR LES FERMES, HERBAIGES ET PASTURAIGES DE CERTAINS HERITAIGES DEPPENDANS DE CESTE SEIGNEURYE.

De Collas Gerbault, fermier des herbaiges et champeaiges des heritaiges d'Enfernet pour trois années et trois cueillettes, dont ceste cy est la premiere, pour la somme de soixante solz tournois, receu par ced. recepveur pour l'an present la somme de soixante solz, pour ce cy   LX^s.

De Jehan de Nazelles, pour la ferme des herbaiges et champeaiges des landes et bruieres de Chenonceau, a luy affermez pour trois années et trois cuillettes dont ceste cy est la deux^{me}, pour la somme de huict livres dix solz, cy receu pour l'an present la somme de huict livres dix solz, pour ce cy   VIII^l X^s.

De la vefve Cristofle Rocheron, pour l'herbaige et champeaige de l'estang d'Argy, affermé aud. feu Rocheron pour neuf années et neuf cueillettes dont la presente est la derniere, pour la somme de huict livres ts. et deux chappons, cy receu pour la presente,   VIII^l ts.

De l'isle de Chisseau ne faict cy led. recepveur aulcune recepte, parce qu'elle a esté baillée a Noel Daullin avec le Moullin Fort, cy neant   *Neant.*

De Mathurin Gerbault, pour l'herbe et champeage de trois arpans de terre sis au lieu d'Enfernet, qui furent a feu Denis Regratier, affermez aud. Gerbault pour trois années dont la presente est la premiere, receu dix solz ts. pour l'an present, pour ce cy   X^s.

AULTRE RECEPTE DE DENIERS POUR FERMES DES DIXMES DES VINS, MESTAIRIES ET AUTRES CHOSES.

De Gabriel Quenard, fermier des dixmes des vins de la parroisse de Chenonceau pour l'an present, a luy affermé pour la somme de dix livres dix solz ts. pour l'an present, cy receu   x$^\text{li}$ x$^\text{s}$.

De Jehan La Loue, sergent, pour les dixmes de vins de la parroisse de Chisseau, a luy affermée pour l'an present, a la somme de quarente livres dix solz tournois, pour ce cy   XL$^\text{li}$ x$^\text{s}$.

De la ferme du Deffais ne faict cy ced. recepveur recepte en deniers, parce qu'elle a esté affermée a Lois Bailly a cinquante huict septiers de bled dont sera faict recepte cy après ou chappitre des grains, cy neant quant a present,   *Neant.*

De Denis Fleury, sergent, pour les menues dixmes de Chenonceau affermées pour ceste année pour la somme de cinquante solz tournois, nonobstant l'appellation interjecttée par le curé dud. Chenonceau, qui empesche lesd. dixmes et aultres, pour ce cy   L$^\text{s}$.

De François Jousset pour la ferme des deux tiers des menues dixmes de la parroisse de Chisseau, a luy affermées pour ceste année pour la somme de huict livres dix solz tournois, cy   VIII$^\text{l}$ x$^\text{s}$.

De Mathurin et Nycollas les Thibaulx, pour la mestairie de Coullommiers a eulx affermée pour sept années et sept cueillettes, pour la somme de quatre vingtz livres tourn. paiables a la Toussaincts et Pasques par moictié chacun an, a esté receu la somme de quatre vingtz livres tourn., pour ce cy   IIII$^\text{xx\,l}$ ts.

De Lois Jousset pour la mestairie de la Bezerie a luy affermée pour cinq années et cinq cueillettes, pour la somme de vingtz livres chacun an au jour de Toussaincts, cy receu pour l'an de ce compte xx^l ts.

De René Jamet pour la paisson et glandée et chasteignes de la seigneurye, a luy affermée pour l'an present pour la somme de trente solz et six boisseaulx de chasteignes qui sont baillées aux officiers, parce qu'il n'y avoit glandée a esté receu par ced. recepveur la somme de trente solz, pour ce cy xxx^s.

De Denis Fleury pour le fruict estant en trois quartiers de vigne deppendans du moullin Boizon, a esté vendu et affermé l'an present parce qu'il n'y avoit monsnier, cy xl^s.

De Anthoine Bessé pour la fuye et collombier des Ousdes a luy affermée pour trois années pour la somme de neuf livres et six douzaines de pigeonnaulx, sera faict recepte cy après, cy en deniers la somme de neuf livres, pour ce cy ix^l.

De Siret Espierre pour le deffais, braye et pescherie dud. Chenonceau, a luy affermez pour dix années dont la presente est la dixiesme et derniere, pour la somme de vingtz livres tournois pour lesd. braye et pescherie, a esté receu par ced. recepveur pour l'an present la somme de vingtz livres tourn., pour ce cy xx^l.

De Jeh. Auger de Bidet pour le droict des eaues et pescheries de la seigneurye de Chisseau a luy affermées pour cinq années dont la presente est la premiere qui a commancé au jour de Toussaincts mil cinq cens cinq^te six et a finy a pareil jour mil cinq cens cinquante sept, pour la somme de trente sept livres et quatre platz de poisson vallant dix solz, et deux lemproyes au mois de mars, cy poisson et deniers — xxxix¹ ts.

De Mathurin Carré, sergent, pour une petite piece de terre et noue estant en icelle, contenant demy quartier, ouquel y a une maison en ruyne sise près le chantier de la riviere de Cher, a luy affermée pour troiz années et trois cueillettes, dont la presente est la deuxiesme, pour la somme de quinze solz tourn. paiable au jour St. Jehan Bapt⁰ et Noel par moictié, cy receu pour l'an present, xvˢ.

De Jehan Deschamps pour la ferme du greffe de Chenonceau a luy affermé pour trois années dont la presente est la derniere, pour en paier par an la somme de trente livres tournois, cy pour l'an present, xxx¹ ts.

MESTAIRYES DEPPENDANS DE CHISSEAU.

De Gabriel Pontlevoy pour la mestairie de la Bruandiere a luy affermée pour sept années dont la presente est la premiere, pour la somme de vingtz livres, deux chappons et quatre pouilletz par an, commanczans au jour de Toussaincts mil cinq cens cinquante six et finissans a pareil jour mil cinq cent cinquante sept, receu par led. recepveur pour l'an present la somme de vingts livres tournois, pour ce cy xx¹ ts.

De Lois Blanchet pour la mestairie des Frisches en la parroisse de Chisseau, à luy affermée pour sept années commanczans au jour declairé en l'article preceddant, dont ceste année est la premiere, pour la somme de vingt quatre livres par an, receu pour l'an present la somme de vingt quatre livres tournoys, pour ce cy xxiiii¹.

De Georges Audebert pour la ferme de la mestairie de la Berangerie a luy affermée pour pareilles années que les preceddantes, pour la somme de vingt sept livres ts. par an paiable au jour de Toussaincts, dont la presente est la premiere, cy receu par ced. recepveur l'an present la somme de xxvii¹.

De Mathurin Burault pour la ferme de la mestairie de la Grange, parroisse de Chissay, a luy affermée pour pareilles années que les preceddantes, commanczans a pareil jour, pour en paier la somme de trente quatre livres tournois par an, dont la presente est la premiere, et oultre six chappons au jour de Toussaincts, et au jour de Penthecoste six poulletz, receu par led. recepveur pour l'an present xxxiiii¹.

RECEPTE DE DENIERS POUR VENDITION D'HERBES DES PREZ DE CESTE SEIGNEURIE ET DE CHISSEAU ET LE DEFFAIS, QUI SE DOIBVENT PAIER AU JOUR S. MARTIN.

De Siret Espierre pour l'herbe et tonture du pré estant entre la garenne des Hées et le pavillon, et pour la maison ou il demoure deppendant du dommaine de la seigneurie de Chenonceau a luy affermée pour dix années et dix cueillettes pour la somme de sept livres tournois par an, dont l'an present est la dix^{me} et derniere année, cy receu vii¹.

De Mathurin Vaslin pour l'herbe et tonture de trois quartiers de pré prins en ung arpant trois quartiers assis près les gains de Chenonceau, a iceulx prandre du costé de Chisseau, a luy vendue et affermée pour trois années dont la presente est la trois*, pour la somme de cinquante sept solz six deniers et trois poulletz par chacun an au jour et feste S. Martin d'hiver, cy   LVII' VI^d.

De Jehan Douart pour l'herbe et tonture de deux tiers d'arpans de prez en deux pieces près la Veronniere, a luy affermé pour trois années dont la presente est la trois^me, pour la somme de soixante deux solz six deniers par an et trois poulletz, cy deniers   LXII' VI^d.

De François Delafons pour l'herbe et tonture des gains de Chenonceau a luy affermez pour trois années et trois cueillettes, dont la presente est la deux^me, pour la somme de vingt cinq livres tourn. par an, a esté receu par ced. recepveur la somme de vingt cinq livres ts., pour ce cy   xxv^l ts.

De Gabriel Pontlevoy pour l'herbe et tonture du pré de Bourdebure, contenant ung quartier et demy, a luy affermé pour trois années dont la presente est la trois^me, pour la somme de quarente six solz ts., pour ce cy   XLVI'.

De Jehan Douart pour la couppe de l'herbe et tonture du pré appellé l'arpant de Chissay, a luy affermé pour trois années, pour la somme de soixante cinq solz ts., dont la presente est la trois^me, et deux poulletz, cy receu deniers   LXV'.

De Jehan Lhomme pour trois quartiers de prez estans près la Veronniere a luy affermée pour pareilles années, dont ceste cy est la trois^me, pour en paier par an la somme de quarente cinq solz tourn. et deux poulletz, cy en deniers   XLV'.

De Jehan Douart pour l'herbe de trois quartiers de prez appelez les prez Charenton, a luy affermée pour pareilles années dont ceste cy est la derniere, pour la somme de soixante deux solz six deniers et trois poulletz, cy en deniers, LXII' VI^d.

De Martin Burault pour l'herbe et tonture d'ung arpant de pré en deux pieces qui soulloit estre on vieil moullin, a luy affermé pour trois années comme les preceddantes, pour la somme de soixante solz et quatre poulletz, cy en deniers LX'.

De Lois Bailly pour l'herbe du pré du vieil moullin oultre la riviere, a luy affermé pour pareilles années, dont ceste cy est la IIIe, pour la somme de neuf livres ts. et six poulletz, cy en deniers IX^l ts.

De Mathurin Debenoist pour une piece de pré sise oultre la riviere de Cher, contenant VIII arpans ou environ, a luy affermée comme les preceddans et pour pareilles années, dont ceste cy est la derniere, pour la somme de soixante douze livres et quatre vingtz poulletz, ouquel pré a esté faicte l'allée pour aller du pond au parc, cy en deniers LXXII^l.

De François Delafons pour l'herbe des prez Arthin, contenant III arpans ung quartier, a luy affermé pour pareilles années, pour la somme de unze livres dix solz, cy XI^l X'.

De luy pour l'herbe du pré des Vallées, contenans deux arpans et demy, a luy affermé comme les preceddans, pour la somme de treize livres diz solz, cy XIII^l X'.

De Jehan Pasquier pour l'herbe du pré du Gué Bruant a luy affermé durant les preceddantes années pour la somme de six livres dix solz et deux chappons, desquelz chappons il a faict recepte cy après, cy en deniers, vi^l x^s.

De Jehan Velline pour l'herbe de trois quartiers de prez assis au dessoubz de Mauchamps, a luy affermé comme les preceddantes a la somme de sept livres ts. et deux poulletz, cy en deniers, vii^l.

De Jehan Pasquier pour l'herbe de trois quartiers de prez de ferme faicte avec luy pour l'année pour la somme de six livres dix solz, cy vi^l x^s.

De luy pour trois quartiers de pré de preasle, affermée comme dict est pour trois années, dont la presente est la deuxiesme, pour la somme de six livres tourn., cy vi^l ts.

De Pierre Jousset pour l'herbe et tonture des prez des acquestz et patrimoniaulx a luy affermée pour trois années comme les preceddans, dont la presente est la deuxiesme, pour la somme de trente cinq livres tourn., pource cy xxxv^l.

De Estienne Bereau pour l'herbe et tonture des Maugains, contenant sept quartiers sis en la prairie de Pont, a luy affermée pour trois années dont ceste cy est la deux^{me}, pour la somme de sept livres dix solz ts., cy vii^l x^s.

De René Pochet pour l'herbe de trois quartiers de pré assis près le moullin neuf, et ung quartier de pré assis à Pisseoyson, à luy affermées pour trois années dont celle cy est la trois^{me}, pour la somme de huict livres et trois poulletz, desquelz poulletz sera faicte recepte cy après, cy deniers, viii^l.

Et quant est du grand pré estant entre le bourg et le chasteau dud. Chenonceau, en trois demyz quartiers, n'en faict recepte led. recepveur en deniers, parce qu'ils ont esté levez pour madame, duquel led. recepveur se charge cy après en recepte de foings, cy *Neant.*

PREZ DE CHISSEAU.

De Jehan Lespaignol pour l'herbe et tonture de trois arpans de prez sis en la parroisse de St George sur Cher, près les Roches, a luy affermée pour seize livres dix solz tourn. durant trois années, dont la presente est la premiere, cy receu xvi^{l}x^s.

De Lois Bailly pour trois arpans de prez appellez les Ganches, a luy affermée pour quatorze livres tourn. durant trois années, dont la presente est la premiere, a esté receu par ced. recepveur pour l'an present, la somme de xiiii^l ts.

De luy pour l'herbe et tonture de cinq quartiers de prez appellez les Rouzeaulx, a luy affermée durant led. temps pour la somme de douze livres dix solz tournois, cy xii^{l}x^s.

De Pierre Brochard pour l'herbe et tonture de trois quartiers de prez assis aux Boires, a luy affermée pour led. temps, pour la somme de huict livres tournois, cy viii^l ts.

De Estienne Bereau pour l'herbe et tonture de demy arpant de pré appellé le pré cloz, a luy affermé comme les preceddans et pour pareilles années, la somme de cent dix solz tourn., pour ce cy cx^s.

De François Gibourg pour l'herbe et tonture de demy arpant de pré et noues en deux pieces, assis entre Chissay et Montrichard, a luy affermé comme

les preceddantes, pour la somme de cinquante solz,
cy L'.

De Jehan Blanchet pour l'herbe et tonture de demy quartier de noue assis près la Cherviere, a luy affermé led. temps a la somme de vingt solz, cy pour l'an present xx'.

Dud. Blanchet pour le champeaige et herbaige des Fourrieres, sis près les Versoirs, a luy affermez comme dict est le temps susd., la somme de quarente solz ts., cy receu pour l'an present XL'.

De Gervaise Desnoues pour le champeage et pasturaige des bruyeres près l'aistre feu Lois, a luy affermez led. temps pour la somme de vingt ung solz, a esté receu par ced. recepveur pour l'an present lad. somme de vingt ung solz, pour ce cy XXI'.

De Jehan Laloue, sergent de ceste seigneurye, pour l'herbe d'ung quartier de pré deppandans du moullin Boizon, a luy affermez ceste année pource qu'il n'y a nul fermier a ced. moullin, pour la somme de quarente solz tournois, ce qui est pour la part de mad. dame, parce que Emard Berthellot y a la moictié, la somme de vingt solz ts., cy xx'.

RECEPTE DE DENIERS POUR LOTZ, VENTES ET PROUFFICTZ
DE FIEF EN L'AN DE CE COMPTE.

Ne faict ced. recepveur aulcune recepte pour lotz et ventes des fiefz de ceste seigneurie, parce qu'il n'a eu congnoissance ne avoir esté venduz aulcun, ne avoir gaigé aulcun rachapt, cy *Neant.*

Faict ced. recepveur recepte de la somme de dix

neuf livres neuf solz deux deniers pour les lotz et ventes des contracts et biens desquelz il a eu congnoissance depuis le xviii° jour de juillet dernier jusques au jour que ced. recepveur a compté en son compte preceddant, lesquelz acquestz montent la somme de deux cents trente trois livres dix solz tourn., lesquelz reviennent, a vingt den. pour livre, a lad. somme de xix^l ix^s ii^d.

(*Il est apparu de l'extraict des contractz signé du greffier.*)

RECEPTE DE DENIERS POUR LES FRUICTZ DE VIGNE DE CESTE SEIGNEURIE DE CHENONCEAU, BAILLÉES A PRIS D'ARGENT.

De Anthoine Bessé pour le cloz de vignes des Ousdes, plant commung, contenant de huict a neuf arpans, a luy affermé pour six années et six cuillettes, dont la presente est la dern^{re}, pour la somme de quarante sept livres dix solz tourn. et ung quart de vin qu'il est tenu bailler chacun an au prieur de Monthoussan en acquict de Madame a cause de la seigneurie de Chenonceau, avec unze septiers seigle, duquel seigle sera faict recepte cy après, cy xlvii^l x^s.

De Pierre Chambriere, pour les vignes du Poirier Bodard de plant commung, contenant de sept a huict arpans, a luy affermé pour trois années a la somme de trente livres par an et ung poinczon de vin, dont la presente est la premiere, duquel vin sera faict recepte cy après, cy xxx^l.

De luy pour la ferme du cloz de vigne du plant blanc contenant sept quartiers, a luy affermée la somme de dix livres tournois par an, cy receu   x^l ts.

De Denis Fleury pour le fruict de trois quartiers de vigne qui sont deppendans du moullin Boizon, auquel moullin il ne demoure personne, vendu aud. Fleury pour la somme de quarente solz ts., cy   xl^s.

Des vignes acquises par Madame a Amboise [1], affermées a plusieurs personnes, comme appert par l'extraict des baulx faict au plus offrant, a esté receu pour l'année escheue a Noel dernier, la somme de deux cents vingt sept livres ung solz six deniers, cy   ɪɪ^c xxvɪɪ^l ɪ^s vɪ^d.

(*Il est apparu de l'extraict des baulx signez des notaires.*)

RECEPTE DE DENIERS POUR LES DEFFAULX ET EMANDES ET DROICT DE PROVOSTÉ ET SCEAULX A CONTRACTZ.

De Estienne Bereau pour la ferme de la provosté, deffaulx, forfaictures et amendes, a luy affermée pour trois années, dont ceste cy est la deux^{me}, pour la somme de trente trois livres, cy receu par led. recepveur   xxxɪɪɪ^l.

Du revenu des sceaulx a contractz de la chastellenie dud. Chenonceau, la somme de sept solz six den., cy   vɪɪ^s vɪ^d.

RECEPTE DE DENIERS POUR HERITAIGES SAISIZ ET BAILLEZ A FERME.

De Olivier Chenet pour ung arpant de terre assis

---

1. Ce sont les vignes du Chastellier, sises près du château d'Amboise, et où Diane vouloit construire un hôtel.

au Buisson Brochard, a luy affermé pour cinq années dont la presente est la cinqiesme, pour la somme de neuf solz tournois, cy ix^s.

RECEPTE DE DENIERS POUR VENDITION DE BOIS FAICTE EN L'AN MIL CINQ CENS CINQUANTE SIX, ET LES DENIERS RECEUZ EN L'AN DE CE COMPTE.

De Simon Raoulleau et autres marchans pour la vente de la couppe et tonture de dix arpans de bois taillis assis aux Versoirs près la Cherviere, mis en dix ventes vendues judiciairement, la somme de sept vingts quinze livres dix solz ts., comme appert par l'extraict du greffe de Chenonceau, que led. recepveur a receu en l'an de ce compte, cy vii^{xx} xv^l x^s.

Dud. Raoulleau, Decours, Pierre Blanchard, Prothais Beguin et Blanchet, pour la vente de la couppe de quinze arpans de bois de haulte fustaie de Chenonceau, vendues en l'an mil cinq cens cinq^{te} six, et les deniers receuz en l'an present, a esté receu par led. recepveur la somme de treize cens vingt six livres, comme appert par l'extraict des baulx faict judiciairement, cy xiii^c xxvi^l ts.

Des couppes des saulles led. recepveur ne faict recepte en l'an present, parce que le terme de paier lesd. couppes est a paier a la Nostre Dame de mars,
Neant.

(*Le comptable fera recepte en son prochain compte du contenu en cest article.*)

RECEPTE DE DENIERS POUR VENDITION DE BLEDZ, EN L'AN DE CE COMPTE.

De Lois Bailly, fermier des moullins de Vestin, pour l'appreciation a luy faicte de quatre vingts seize septiers de seigle au pris de soixante solz chacun septier, et neuf septiers froment a raison de soixante quinze solz chacun septier, le tout pour la ferme d'une année et demye desd. moullins escheue au jour S¹ Jehan Baptiste an present, a esté receu par ced. recepveur la somme de trois cens vingt une livre quinze solz tournois, cy   III^c XXI^l XV^s.

(*Par commandement de Madame led. blé a esté vendu, et y fut envoyé pour faire lad. vente le controlleur Barbier.*)

De François Delafons pour l'apreciation a luy faicte de vingt quatre septiers neuf boisseaux seigle aud. pris de soixante solz chacun septier, douze septiers, deux boisseaux orge au pris de cinq^{te} cinq solz le septier, et unze septiers quatre boisseaux avoyne aud. pris de cinq^{te} cinq solz, qui vallent aux pris susd. la somme de six vingts dix huict livres treize solz quatre deniers, cy   VI^{xx} XVIII^l XIII^s IIII^d.

De Gabriel Jardeau, pour l'apreciation a luy faicte de six septiers deux boisseaulx seigle, six septiers deux boisseaulx orge, et six septiers quatre boisseaulx avoyne, qui vallent aux pris preceddans la somme de cinquante deux livres huict solz quatre deniers, cy receu par ced. recepveur la somme de cinquante deux livres huict solz quatre deniers, cy   LII^l VIII^s IIII^d.

De Jehan Pasquier pour l'apreciation a luy faicte de

soixante quinze septiers seigle aud. pris de soixante solz chacun septier, pour les arreraiges de deux années et demye de trente septiers de seigle de rente escheue au jour S{^t} Jehan Bap{^e} an de ce compte, a esté receu la somme de deux cens vingt cinq livres tournois, cy   ıı{^c} xxv{^l} ts.

De Mathurin Bessé pour l'appreciation a luy faicte de vingt quatre septiers six boisseaux seigle aud. pris de soixante solz le septier, et de cinq septiers deux boisseaux orge au pris de cinquante cinq solz le septier, et de ung septier dix boisseaux avoyne aud. pris de cinquante cinq solz tourn., la somme de soixante dix sept livres trois solz quatre deniers tourn., pour ce cy   lxxvıı{^l} ııı{^s} ıııı{^d}.

De la vefve feu René Pochet pour l'apreciation a elle faicte de trente septiers de seigle aud. pris de soixante solz tourn. chacun septier, pour les arreraiges de deux années et demye de douze septiers de bled de rente escheue au jour S{^t} Jehan Bapt{^te} an de ce compte, receu cy la somme de quatre vingts dix livres, pour ce cy   ıııı{^xx} x{^l} ts.

De Noel Daullin, fermier du Moullin Fort, pour l'appreciation a luy faicte de treize septiers six boisseaulx seigle ou moulture vallant seigle aud. pris de soixante solz le septier, a esté receu la somme de quarente livres dix solz tourn., pour ce cy   xl{^l} x{^s}.

De Guillaume Vaslin, pour l'appreciation de six boisseaux seigle aud. pris de soixante solz le septier, et douze boisseaulx orge et avoyne par moictié aud. pris de cinquante cinq solz chascun septier, a esté receu par ced. recepveur la somme de quatre livres cinq solz, cy   ıııı{^l} v{^s}.

De Lois Jousset pour l'apreciation de dix huict boisseaulx et demy de seigle aud. pris de soixante solz ts., pour ce cy la somme de quatre livres douze solz six den. IIII^{lt} XII^s VI^d.

De plusieurs personnes pour la vente de dix septiers ung boisseau seigle aud. pris, receu trente livres cinq solz ts., pour ce cy XXX^{lt} V^s.

Pour la vente de trois septiers ung boisseau froment aud. pris de soixante dix huict solz le septier, receu XII^l VI^d.

Pour la vente d'ung muy de froment vendu par led. recepveur au pris de soixante quinze solz ts., la somme de soixante xv livres ts., cy LXXV^l ts.

RECEPTE DE DENIERS POUR VENDITION DE CHAPPONS, POULLES ET POULLETZ, OAYES, NOIX, CIRE, VINS, POISSON, POIVRE, PORCS ET OEUFZ.

CHAPPONS.

Cedict recepveur se charge de la somme de XXVIII^l XIII^s I d. ob. pour l'appreciation de II^c XXIX et I quart chappons provenuz tant des rentes que des fermes susd., a raison de II s. VI d. piece, qui revyennent a la somme de cy XXVIII^l XIII^s I^d ob.

POULLES.

Aussy se charge de la somme de CXIX s. III d. pour l'appreciation de soixante dix neuf et demye poulles des rentes que des fermes des seigneuries susd., a lad. raison de XVIII d. piece, qui reviennent a lad. somme, cy CXIX^s III^d.

POULLETZ.

Aussi se charge de la somme de vi^l xix^s ii^d pour l'apreciation de huict vingts sept poulletz provenuz des rentes et fermes susd., qui reviennent a lad. somme susd., cy vi^l xix^s ii^d.

OAYES.

Aussi se charge de la somme de quarente solz tourn. pour l'appreciation de huict oayes grasses, et de la somme de neuf solz pour l'apreciation de trois oaysons deubz a la my oust au lieu de la Carte, qui reviennent a la somme de quarente neuf solz ts., pour ce cy XLIX^s.

NOIX.

Aussy se charge ced. recepveur de la somme de quatre livres deux solz huict deniers pour la vendition faicte judiciairement de soixante douze boisseaulx de noix, a raison de seize deniers le boisseau, cy iiii^l ii^s viii^d.

VIN.

Aussy se charge led. recepveur de la somme de   pour l'appreciation d'ung traversier vin vieil du pais receu de la ferme des vignes du Poirier Bodart qu'il remect a la discrettion de mess^{rs}.

(*Le vin sera compté ci après.*)

CIRE.

Se charge cedict recepveur de la somme de xii^s vi^d pour appreciation de deux livres et demye cire provenue du revenu desd. seigneuries, cy xii^s vi^d.

POISSON.

Se charge de la somme de treize sols quatre deniers pour l'extimation de quatre platz de poisson pour la ferme du port Ollivier, cy xiii^s iiii^d.

PORCS.

Se charge de la somme de trente cinq solz pour l'appreciation d'ung porc deu pour les moullins de Vestin, cy xxxv^s.

POYVRE.

Se charge ced. recepveur de la somme de   pour appreciation de   onces de poivre provenu des rentes desd. seigneuries, a raison de xii^s vi^d la livre, cy i^l iiii^{onces}.

A cause de la seigneurie de Chisseau, trois quarterons poivre, cy iii^{qterons}.

OEUFZ.

Se charge ced. recepveur de la somme de deux solz huict deniers pour quatre douzaines d'oeufz deubz par les mestairies des Ousdes, cy ii^s viii^d.

AMANGDES.

Se charge ced. recepveur de la somme de   pour (cinquante) boisseaulx d'agmendes cueillies es vignes de la seigneurie et au Perray, cy

POYS.

Se charge ced. recepveur de la somme de xxiiii^s. pour iii boisseaulx de poix cueilliz au jardin, xxiiii^s.

A esté receu par ced. recepveur la somme de vingt quatre solz tourn. pour vendition de trois boisseaulx de poix de ceulx qui ont esté cueilliz en l'année passée.

OZIERS ET APRESTE.

A esté receu par cedict recepveur la somme de pour torches d'oziers et apreste.
(*Neant, pour ce qu'ilz ont esté prins pour les vignes de madame.*)

RECEPTE DE FROMENT MUABLE POUR LE TEMPS DE CE COMPTE.

De Lois Bailly, fermier des moullins de Vestin a luy affermez pour cinq années, a esté receu par cedict recepveur le nombre de six septiers froment qu'il doibt par chacun an, par les quatre quartiers de l'an, cy froment. vi^s.

RECEPTE DE SEIGLE MUABLE ET MOULTURE VALLANT SEIGLE, FAICTE EN L'AN DE CE COMPTE.

De Lois Bailly, fermier des Moullins de Vestin a luy affermez, pour en paier chacun an par les quatre quarterons de l'an le nombre de cinq muydz six septiers seigle ou moulture vallant seigle, et six septiers froment, a esté receu pour l'an de ce compte cinq muydz six septiers seigle ou moulture, cy v^m vi^s.

De Noel Daullin, fermier du Moullin Fort, a luy affermé pour trois années avec les brayes, pescheries, ysles, ysleaux, prez et terres accoustumées, pour en paier par chacun an par les quatre quarterons de l'an, quatré muytz six septiers seigle ou moulture vallant seigle, qui ont commanczé au jour Nostre Dame de mil cinq cens cinquante six, a esté receu pour trois quartiers de l'an present escheuz a Noel an de ce compte, le nombre de trois muydz quatre septiers six boisseaulx seigle ou moulture, cy   III^m IIII VI^{bo}.

De Lois Jousset, fermier de la mestairie de la Grange de Chenonceau près le chastel pour sept années et sept cueillettes dont la presente est la premiere, pour en paier chacun an au jour de Toussaincts, trente cinq septiers, sçavoir est les deux tiers seigle et l'aultre tiers orge et avoyne par moictié, qui est cy pour les deux tiers seigle, vingt trois septiers quatre boisseaulx, cy seigle   XXIII^s IIII^{bo}.

De Mathurin Bessé, fermier de la mestairye des Ousdes, a luy affermée pour cinq années et cinq cueillettes dont la presente est la deux^{me}, pour en paier chacun an au jour de Toussaincts vingt six septiers seigle, huiet septiers orge et six grands septiers avoyne, cinquante boisseaux noix et trente fagotz de paille seigle a lyens de gerbe, six chappons, deux oayes grasses et six poulletz, desquelz orge et avoyne et vollailles sera faict recepte cy après, cy seigle   XXVI^s.

De François Delafons, fermier de la mestairie de la Gommandiere, a luy affermée pour six années et six cueillettes, dont la presente est la premiere, pour en paier au jour de Toussaincts quarente septiers seigle, dix septiers orge et dix septiers avoyne, six chappons, six poulles, deux oayes grasses, ung quarteron de fagotz de paille a lien de gerbe, desquelles choses sera faict recepte cy après, cy seigle xl.

De Lois Bailly, fermier de la mestairie du Deffais, a luy affermée pour sept années et sept cuillettes, pour en paier chacun an au jour de Toussaincts cinquante huict septiers, sçavoir est les deux tiers seigle, et l'autre tiers orge et avoyne par moitié, et vingt quatre boisseaulx pour chacun septier d'avoyne, ung quarteron de fagotz de paille seigle a lien de gerbe, six chappons et six poulletz, a esté receu pour l'an de ce compte trente huict septiers huict boisseaulx seigle, cy seigle xxxviiie viii^{bo}.

De Guillaume Vaslin, pour la ferme des dixmes de bledz de Chenonceau, a luy affermée ceste année pour en paier au jour de Toussaincts treize septiers, sçavoir est tiers seigle, tiers orge et tiers avoyne, qui est cy pour le seigle iiiie iiii^{bo}.

De François Jousset et Mathurin Pontlevoy, pour les dixmes de bledz de la paroisse de Chisseau, a eulx affermée ceste année pour le nombre de cinquante septiers, sçavoir est tiers seigle, tiers orge et tiers avoyne, a la charge de paier les gros au curé de Chisseau, a esté receu le nombre de seize septiers huict boisseaulx seigle, cy xvie viii^{bo}.

De Anthoine Bessé pour la ferme des terraiges des Ousdes, a lui affermez ceste année pour en paier le nombre de sept septiers deux boisseaux bled par tiers, sçavoir est tiers seigle, tiers orge et tiers avoyne, a esté receu sept septyers et deux boisseaux seigle, cy viie ii^{bo}.

De Denis Fleury pour la ferme des terraiges d'Argy, a luy affermez pour ceste année seullement, pour le nombre de six septiers six boisseaux bled par tiers, sçavoir seigle, orge et avoyne, cy pour le tiers dud. seigle, III^s II^{bo}.

De Anthoine Bessé, pour les terraiges du Deffays, a luy affermez pour ceste année seullement pour le nombre de neuf septiers six bouesseaux de bled, sçavoir seigle, orge et avoyne par tiers, cy pour le tiers seigle, III^s II^{bo}.

De Anthoine Bessé, pour la ferme des terraiges de Juschepye a luy affermez ceste année seullement, pour en paier au jour de Toussaincts le nombre de dix boisseaux de bled par tiers, sçavoir est seigle, orge et avoyne, qui est cy pour led. tiers seigle, III^{bo} I$^{trs\ de\ bo}$.

RECEPTE D'ORGE MUABLE AU TEMPS DE CE COMPTE.

De Lois Jousset pour la mestairie de la Grange près le chastel, receu orge cinq septiers dix boisseaulx, cy orge V^s X^{bo}.

De Mathurin Bessé, fermier de la mestairie des Ousdes, receu huict septiers orge, cy VIII^s.

De François Delafons, fermier de la Gommandiere, receu pour l'an present dix septiers orge, cy X^s.

De Lois Bailly, fermier du Deffais, receu orge neuf septiers huict boisseaux, cy orge IX^s VIII^{bo}.

De Guillaume Vaslin pour les dixmes de bledz de Cherlonceau, receu IIII^s IIII^{bo}.

De François Jousset et Mathurin Pontlevoy pour les dixmes de bledz de Chisseau, pour l'an present, orge XVI^s VIII^{bo}.

De Anthoine Bessé pour les terraiges des Ousdes affermez a bled par tiers, receu pour le tiers orge   vii^s ii^{bo}.

De Denis Fleury pour les terraiges d'Argy, affermez comme dict est a bled par tiers, orge   ii^s ii^{bo}.

De Anthoine Bessé, pour les terraiges du Deffais, affermez comme dict est a bled par tiers, receu trois septiers deux boisseaux orge, cy   iii^s ii^{bo}.

De Anthoine Bessé, pour les terraiges de Juschepie, affermez a bled par tiers, comme dict est, receu trois septiers ung tiers de boisseau, orge cy   iii^s i$^{trs\ de\ bo}$.

Plus se charge ced. recepveur de vingt boisseaulx orge prestez l'an preceddant au fermier de la Fuye pour nourryr les pigeons, cy orge   xx^{bo}.

RECEPTE D'AVOYNE MUABLE EN L'AN DE CE COMPTE.

De Lois Jousset pour la ferme de la mestairie près le chastel de Chenonceau, receu avoyne cinq septiers dix boisseaux, cy avoyne   v^s x^{bo}.

De Mathurin Bessé, fermier de la mestairie des Ousdes, comme dict est, receu avoyne six septiers, cy avoyne   vi^s.

De François Delafons pour la mestairie de la Gommandiere, receu avoyne dix septiers, cy avoine   x^s.

De Lois Bailly pour la ferme de la mestairie du Deffais, receu avoyne neuf septiers huict boisseaulx, cy avoyne   ix^s viii^{bo}.

De G^e Vaslin, fermier des dixmes de la parroisse de Chenonceau, receu avoyne quatre septiers quatre boisseaux, cy avoyne   iiii^s iiii^{bo}.

De François Jousset et Mathurin Pontlevoy pour les dixmes des bledz de Chisseau, a esté receu avoyne seize septiers seize boisseaux, cy avoyne xvi^s xvi^{bo}.

De Denis Fleury, sergent, pour les terraiges des Ousdes, receu avoyne sept septiers quatre boisseaux, cy avoyne vii^s iiii^{bo}.

De Denis Fleury pour les terraiges d'Argy, receu avoyne deux septiers deux boisseaux, cy avoyne ii^s ii^{bo}.

De Anthoine Bessé pour les terraiges du Deffais, receu avoyne trois septiers deux bouessaulx, cy avoyne iii^s ii^{bo}.

De Anthoine Bessé pour les terraiges de Juschepie, receu avoyne trois boisseaux ung tiers de boisseau, cy avoyne iii^{bo} i^{trs}.

De Charles Delagrange, fermier du port Ollivier, oultre les deniers et aultres choses contenues en son bail, a esté receu avoyne deux septiers douze boisseaulx, cy avoyne ii^s xii^{bo}.

RECEPTE DE CORVÉES.

Est deu tant a Chenonceau que aux Ousdes soixante quatre corvées que led. recepveur n'a faict faire, parce qu'il fault nourrir les corveeurs, et ne font gueres.

RECEPTE DE VINS EN L'AN DE CE COMPTE.

AUX OUSDES.

A esté cuilly ou plant d'Orleans siz aux Ousdes, treize poinczons de vin, cy vin XIII^{poinczons}.

(*Il est apparu de la veriffication de la cuyllette.*)

De Anthoine Bessé, receu ung quart de vin qu'il est tenu bailler du cloz du plant commung qu'il tient a ferme, cy vin I^{qrt}.

CHENONCEAU.

En l'an de ce compte a esté cuilly ou cloz de vigne de plant de Beaulne sis a la Roche, vin clairet seize poinczons, cy vin XVI^{poincz}.

Oud. cloz vin d'Herbois a esté cuilly dix poinczons vin, cy vin X^{poinczons}.

Ou cloz de vigne plant d'Anjou a esté cuilly vingt poinczons de vin, cy vin XX^{poincz}.

A la clouzerie de la Toüsche deppendant de Chisseau, a esté cuilly cinquante ung poinczon de vin clairet, cy vin LI^{poinczon}.

VIN, CX PIECES ET D^{le}.

RECEPTE DE PAILLE.

Des mestairies des Ousdes et de la Gommandiere, receu cinq^{te} cinq fagotz de paille de seigle, cy LV^{fagotz}.

Des fermiers des dixmes des bledz de Chisseau, receu cinquante fagotz de paille, cy paille L^{fagotz}.

NOMBRE DE PAILLE, CV FAGOTZ.

RECEPTE DE FOING.

A esté cuilly ou grand pré et es trois demiz quartiers retenuz pour Madame le nombre de six chartées foing, cy foing VI^{chart}.

NOMBRE DE FOING, VI CHARTÉES.

RECEPTE DE POYS.

A esté cuilly en l'an de ce compte le nombre de quatre boisseaux gros poix, et trois boisseaux de menuz poix, cy poix VII^{bo}.

RECEPTE DE PIGEONS.

Ced. recepveur se charge de six douzaines de pigeons, cy pigeons VI XII^{nes}.

RECEPTE DE SERCLES ET PLONS
PROVENUZ DES SAULLES COUPPEZ EN L'AN DE CE COMPTE.

A esté faict en l'an de ce compte des saulles couppez, soixante liaces de cercle, et cinq mil cinq cens cherniers, trois faiz de perches, et trente cinq torches d'apreste et oziers, cy

    Sercles, LX^{liaces}.
    Perches, III^{faiz}.
    Cherniers et eschallatz, V^m V^c.
    Oziers et apreste, XXXV^{torches}.

DEFFAIS, POIVRE.

De Jacques Mesnaige, la vefve Estienne Guillery et autres, a esté receu une livre quatre onczes et 1 tiers d'oncze, cy .... I^l et $^1/_2$ I$^{trs\ oncze}$.

CHISSEAU.

De Lois Piphe, receu trois quartiers de poivre, cy poivre .... III^{qtermns}.

SOMME TOTAL DE LA RECEPTE DE CE PRÉSENT COMPTE EST :

EN DENIERS, comprins les choses venduz et apreciez, cy .... III^m IX^c LXVIII^l XVIII^s VI^d II$^{tiers\ de\ denier}$.

BLED FROMENT,	III^m VI^{sept} IIII^{bo} II^{tiers} et ung qrt de bo.
SEIGLE,	XXVIII^m VIII^{sept} III^{bo}.
ORGE,	VI^m II^{sept} VI^{bo} tiers.
AVOYNE,	VI^m VI$^{s\ pt}$ XXI^{bo} I^{tiers}.
VIN,	CX$^{pieces\ et\ demye}$.
PAILLE,	CV^{fagotz}.
FOING,	VI^{chartées}.
POIX,	VII^{bo}.
PIGEONS,	VI XII^{aines}.
ESCHALLATZ,	V^m V^c.
OZIERS,	XXXV^{torches}.
SERCLE,	LX^{liasses}.
AMENDES,	XVIII^{bo}.
OZIERS ENTIERS,	V^{fagotz}.

MISE ET DESPENCE DE DENIERS FAICTE PAR LEDICT RECEPVEUR OU TEMPS DE CE COMPTE.

ET PREMIEREMENT

AULMOSNES ET CHARGES DE FIEFZ desd. chastellenies de Chenonceau et seigneuries susd.

Au curé de Chenonceau, a esté paié par ced. recepveur six solz tournois a luy deubz chacun an, comme appert par sa quictance, cy .VI^s.

Au boursier des annyversaires de l'esglise de Tours, a esté paié par ced. recepveur la somme de soixante solz ts., deubz a lad. bourse chacun an le jour St Martin d'hiver, comme appert par quictance cy rendue, cy .LX^s.

GAIGES ET PENSIONS D'OFFICIERS OU TEMPS DE CE COMPTE.

A Me Jacques Savart, licencié es loix, bailly desd. chastellenies et seigneuries, pour ses gaiges dud. estat ordonnez par Madame chacun an pour l'exercif dud. estat, a esté paié par ced. recepveur pour l'année de ce compte, la somme de cent solz tournois, comme appert par sa quictance, cy .C^s.

A Me René de la Bretonniere, licencié es loix, chastellain desd. seigneuries, pour ses gaiges a luy ordonnez par mad. dame pour l'exercif dud. estat, a esté paié par ced. recepveur pour l'année presente la somme de sept livres tourn., comme appert par ses quictances, cy .VII^l.

A Me Raoul Gaudron, licencié es loix, procureur fiscal de lad. seigneurie, pour ses gaiges a luy ordonnez par mad. dame, pour l'exercif dud. estat, a esté paié par ce dict recepveur la somme de cent solz tourn. pour l'année presente, comme appert par sa quictance, cy c^s.

A Jehan Laloue, sergent et garde des bois de lad. chastellenie et seigneurie susd., pour ses gaiges a luy ordonnez par mad. dame pour l'exercif dud. estat, luy a esté paié par ced. recepveur pour l'an de ce compte la somme de douze livres tournois, comme appert par sa quictance, cy xii^l.

A Anthoine Picard, sergent et garde des bois susd., pour ses gaiges de l'an present, a esté paié par ced. recepveur la somme de douze livres tournois, comme appert par sa quictance cy randue, cy xii^l ts.

A Denis Fleury, sergent et garde des bois, a esté paié pour neuf mois de ses gaiges a luy ordonnez comme aux preceddans pour avoir exercé l'estat susd. durant led. temps depuis lequel il est deceddé, a esté paié neuf livres ts., cy ix^l ts.

A Pierre Serrazin, commis par provision a l'exercif de sergent et garde desd. bois desd. seigneuries ou lieu dud. feu Fleury, actendans que mad. dame aye pourveu, pour avoir servy par l'espace de trois mois, a esté paié a la raison de douze livres par an la somme de quarente huict solz, cy xlviii^s.

A Charlot Guerin, en son vivant jardinier aud. Chenonceau, pour ses gaiges d'avoir par luy besongné aud. jardin l'espace de six mois, paié la somme de vingt une livre tournois, comme appert par sa quictance cy rendue, cy xxi^l.

A Jacques Dutertre, a present jardinier aud. Chenonceau, pour la mort survenue aud. Guerin, paié ses gaiges de pareil temps escheu le dernier jour de decembre an de ce compte, a esté paié vingt une livre tournois, comme appert par sa quictance, cy   xxi^l.

Ced. recepveur, pour avoir par luy faict et exercé les receptes dud. Chenonceau, Chisseau, la Cherviere, Bois de Pont, Vrigny, le Deffais, Coullommiers et Thoré, qui sont seigneuries distantes assez loing les ungnes des autres et jusques a plus d'une lieue dud. Chenonceau ou reside led. recepveur, esquelles led. recepveur est tenu aller aux jours que les cens et rentes, tant en deniers, grains que chappons, lesquelz grains il fault faire charroyer au chastel dud. Chenonceau; aussy avoir esté par diverses (foys) et a divers jours a Amboize, distant dud. Chenonceau de trois lieues, pour recepvoir de plusieurs personnes la somme de deux cens vingt sept livres ung solz six deniers pour les fermes des vignes deues a Noel, acquises par mad. Dame aud. Amboize, comme appert par l'extraict des baulx a ferme cy davant representé en la recepte de deniers pour la ferme desd. vignes, signé Mes Innocent Bereau et Florentin Cormier, notaires royaulx ou bailliage d'Amboize, et pour avoir faict en l'an de ce compte plusieurs voiaiges aux bois de fustaie pour iceulx mectre par ventes que pour recepvoir les deniers desd. ventes, qui monte treize cens vingt six livres tournois qui est une recepte extraordinaire, requiert luy estre alloué la somme de deux cens livres tournois. — *Alloué cent livres, cy*   c^l.

MISE ET DESPENCE DE DENIERS FAICTE PAR CED. RECEPVEUR EN L'AN DE CE COMPTE, TANT POUR LES FACZONS DES VIGNES QUE MAD. DAME FAICT FAIRE EN SES MAINS, ET POUR LES VENDANGES D'ICELLES.

A Guillaume Deschamps, vigneron, pour les faczons ordinaires du cloz de vigne des plant de Beaulne et d'Herbois, contenans quatre arpans ou environ sis a la Roche de Chenonceau, a esté paié la somme de vingt cinq livres tournois, et pour trois cens de proings faictz ausd. vignes en l'an de ce compte a raison de dix solz tourn. pour cent, comme appert par le marché, et pour avoir porté le terrier en lad. vigne, a esté paié la somme de trente solz tourn., qui est en somme vingt six livres dix solz tournois, cy $xxvi^l x^s$.

Oud. clouz de vigne a esté mis et employé trois milliers de chernier qui est du revenu des saulles couppé l'an passé, cy III^{m} chernier.

Pour quatre gerbes de plombs, neant, par ce qu'ilz ont esté prins a la plonnaye que l'on a retenue pour le mesnaige, parce que l'on fut contrainct advancer lad. couppe parce que le fontainier avoit a faire a la plonnaye pour besongner a lad. fontaine, cy plombs IIII gerbes ozier.

A Gatian Dangé et Estienne Tesnier, vignerons, pour les quatre faczons ordinaires du cloz de vigne de plant d'Anjou contenant trois arpans ou environ, faictes oud. clouz en l'an de ce compte, la somme de treize livres tournois, et pour les faczons de trois cens de proings faictz oud. cloz, de pris faict comme appert par le marché, a esté paié la somme de quatorze livres dix solz tournoiz, cy $xIIII^l x^s$.

Pour l'achapt de douze tomberées de terrier achaptées pour terrasser lesd. proings et ceulx de la Roche, sçavoir est, de Jeh. Jamet trois tomberées, de René Buisson trois, de Lois Jousset trois, de Guillaume Deschamps trois tomberées, a raison de deux solz six den. piece, a esté payé la somme de trente solz tournois, pour ce cy   xxx^s.

A Anthoine Bessé, vigneron, pour les faczons ordinaires du cloz de vigne de plant d'Orleans sis aux Ousdes contenant trois arpans ou environ, a esté paié la somme de dix huict livres tourn., et pour ung millier trois quarterons de proings faictz esd. vignes par le commandement du controlleur, a raison de huict solz quatre deniers pour chacun cens, le tout suyvant le marché faict par led. controlleur, la somme de quatre livres neuf solz sept deniers, comme appert par quictance, cy   xxii^l ix^s vii^d.

A Mathurin Bessé, pour quarente tomberées de terrier par luy fournies et menées joignant led. cloz de vigne, a raison de trois solz quatre deniers chacune tomberée, a esté paié la somme de six livres treize solz quatre deniers, comme appert par quictance, cy   vi^l xiii^s iiii^d.

Plus a esté fourny deux milliers cinq cens de cherniers qu'il a emploiez aux vignes de la cueillette de la maison, cy   ii^m v^c ^{chernyers}.

Aussi luy a esté fourny par ced. recepveur deux fagotz de ploms cuilliz en la plonnaye de la fontaine, cy   ii ^{fagotz}.

A François Jousset, vigneron demourans a la Tousche, pour les faczons ordinaires de neuf arpans de vigne sis en quatorze pieces a la Tousche et es environs, a esté paié quarente cinq livres, et pour neuf cens de proings par luy faictz, renduz, terrassez et razez, la somme de cent douze solz six deniers, le tout de pris faict par led. controlleur, qui est en somme toute la somme de cinquante livres douze solz six deniers tourn. par luy receuz dud. Bereau, comme appert par quictance, cy la somme de L^l XII^s VI^d.

Aux vignerons, pour parer les allées basses par trois fois l'année, oultre les sommes pour les faczons des vignes cy davant, leur a esté paié la somme de quarente solz tourn., cy XL^s.

Pour le rabilliage et relliage de six poinczons vielz, a raison de douze deniers piece, cy paié la somme de six solz tourn., cy VI^s.

Pour deux journées de tonnellier emploiez a rellier les ancez et rebaptre les cusves et foullaure, a raison de cinq solz pour journée, a esté paié la somme de dix solz, cy X^s.

A esté emploié ausd. six poinczons et douze ancez six liaces de sercle de saulle VI liaces sercle.

Aussy a esté emploié trois torches d'apreste qui sont cent plombs, III torches osier.

Pour dix sercles de cuves, sçavoir est quatre de cinq toises et six sercles de quatre toizes et demie, qui (ont) esté mis sur les cusves de la Tousche, paié cinq^te cinq solz tourn., cy LV^s.

Pour l'achapt de trois poinczons neufz a raison de neuf solz piece, a esté paié vingt sept solz, cy XXVII^s.

A esté fourny par ced. recepveur une torche d'apreste pour lesd. cusves I torche osier.

A François Jousset, tonnellier, pour son sallaire d'avoir baptu et rellié lesd. cusves et mis les sercles, a esté paié ensemble pour le charroy des sercles, a esté paié la somme de cinq solz tourn., cy v^s.

Pour l'achapt de douze ancez pour la clozerie de la Tousche, de pris faict par monseigneur de la Menardiere, paié a raison de quatre solz six den., la somme de LIIII^s.

Pour ung sercle mis a la cusve moyenne de Chenonceau, de quatre toizes et demie, a esté paié x^s.

Pour l'achapt de quarente fustz de poinczons neufs ou mois de febvrier mil cinq cens cinquante six, a raison de sept solz piece, paié la somme de quatorze livres tournois, et pour l'achapt de vingt ung poinczon neufz en vendanges, a raison de neuf solz piece, a esté paié la somme de neuf livres neuf solz tournois, qui est cy vingt trois livres neuf solz, comme appert par quictance, cy XXIII^l IX^s.

A Nicollas Xpian[1], tonnellier demourans a Bleré, pour l'achapt faict par ledict recepveur ou mois d'apvril, de quarente poinczons neufs renduz sur le chantier de la riviere près le chastel, a raison de sept solz six deniers piece, comme appert par le marché et quictance cy renduz, a esté paié la somme de quinze livres tourn., cy xv^l ts.

Pour faire vendanger le raizin noir de Beaulne sis a la Roche en l'année presente, ont esté emploiées trente deux journées de couppeurs, a raison de dix deniers piece, a esté paié la somme de vingt six solz huict den., cy XXVI^s VIII^d.

Pour quatorze journées d'homme emploiées a porter la vendange, fouller, anthonner et pressurer, a

---

1. Christian.

raison de deux solz tournois pour journée, a esté paié la somme de vingt huict solz, cy .... xxviii*.

Pour vendanger le fruict du cloz de vigne d'Orleans sis aux Ousdes, ont esté emploiées trente six journées de femmes, a raison de dix deniers piece, paié la somme de trente solz tourn., cy .... xxx*.

Pour treze journées d'hommes a porter la vendange, icelle fouller, pressurer, tirer et anthonner aud. pris de deux solz pour journée, paié la somme de .... xxvi*.

Pour la vendange et recollection du fruict des vignes de la Tousche, sises en la parroisse de Chissé, a une lieue dud. Chenonceau, estans en quatorze pieces, ont esté emploiées cent neuf journées de femmes a coupper, des quelles y a quatre vingts a quinze deniers piece, et vingt neuf a dix deniers piece, qui revyennent a la somme de six livres quatre solz deux deniers, cy .... vi¹ iiii* ii^d.

Pour cinquante six journées d'hommes emploiées a porter les vendanges de la Tousche, icelle fouller, tirer le vin, anthonner et pressurer, desquelles en y a unze a deux solz piece et quarente cinq a deux solz six deniers, qui vallent en somme .... vi¹ xiiii* vi^d.

Pour vendanger le cloz de vigne d'Herbois ont esté emploiées vingt sept journées de couppeurs, a raison de dix deniers piece, a esté payé la somme de . xxii* vi.

Pour dix journées d'hommes pour porter la vendange, icelle fouller, tirer et anthonner et pressurer, a esté paié a raison de deux solz pour journée la somme de .... xx*.

Pour la vendange du cloz de vigne d'Anjou, contenant trois arpans, ont esté emploiées trente neuf journées de femmes, qui ont esté paiées aud. pris de dix deniers pour journée, la somme de trente deux solz six deniers tourn., cy xxxii^s vi^d.

Pour porter la vendange, fouller, tirer le vin, anthonner et pressurer, ont esté employées trente journées d'hommes, au pris de deux solz pour journée, paié la somme de soixante solz tourn., cy LX^s.

Pour la voicture de vingt neuf ancez de vendanges depuis les plantes jusques a la maison de la Tousche, a raison de dix deniers chacun ancé, paié la somme de vingt quatre solz deux deniers, cy xxiiii^s ii^d.

Pour la voicture de deux ancez du petit quartier a six deniers piece, paié xii^d.

Pour la voicture de dix huict ancez de vendange depuis la vigne du chappellier jusques aud. lieu de la Tousche, a raison de dix deniers piece, paié la somme de quinze solz ts., cy xv^s.

Pour la voicture de vingt quatre ancez depuis la vigne du carroy de l'espine jusques aud. lieu de la Tousche, a raison de dix deniers piece, paié xx^s.

Pour la voicture de vingt six anczez de vendange depuis les Benardieres jusques aud. lieu, a raison de douze deniers piece, paié la somme de vingt six solz ts., cy xxvi^s.

Pour quatre livres de chandelle employées durant les vendanges, a raison de deux solz six den., a esté paié dix solz ts., cy x^s.

Pour deux livres de poix et une livre d'oingt pour gresser le pressouer, paié trois solz six deniers tourn., cy iii^s vi^d.

Pour l'habillage du pressouer paié a Hubert Denyau la somme de cinq solz, cy v^s.

Pour l'achapt de beuf, lard et mouton pour lesd. vendanges, a esté paié la somme de sept livres dix solz tourn., cy vii^l x^s.

Pour le charroy de vingt sept pieces de coullombaige que l'on est allé querir a la mestairye des Frisches pour asseoir le vin de la Tousche, a esté paié ii^s vi^d.

Pour la faczon de trente cinq torches d'apreste a raison de trois den. chacune, paié viii^s ix^d.

Plus a esté mis et employé pour relier les tonneaulx de vins menez a Orleans vingt deux liasses de sercles de saulles, cy XXII ^{liasses}.

AULTRE MISE ET DESPENCE FAICTE EN L'AN DE CE COMPTE TANT POUR ACQUETZ FAICTZ POUR MADAME, AULTRES MENUES CHOSES CONCERNANS LE MESNAIGE.

A Me Emard Berthelot, pour l'achapt faict de la moictié du moullin Boizon et appartenances d'icelluy avecq l'estang estant joignant, de pris faict par monseigneur de la Menardiere a la somme de deux cens dix livres tourn., laquelle a esté paiée par ced. recepveur, comme appert par le contract cy veu, cy ii^{c}x^{l}ts.

Pour la notte et grosse dud. contract en parchemyn, contenant un quart de parchemin, a esté paié au notaire la somme de v^s.

A Abel Deschamps et Pierre Viollet, pour un septier froment, deux septiers seigle et ung septier orge de rente, mesure de Montrichard, par eulx acquise de Claude Bruneau, que led. recepveur a prins pour mad. dame par puissance de fief et retraict feodal pour la somme de cent livres tourn., comme appert par le contract et quictance cy veuz, cy

Pour le contract, vin de marché et aultres fraiz, la somme de cent quinze solz ts., comme appert par la taxe de la declaration desd. fraiz, cy cxv^{s}.

(*Il est apparu de la taxe faicte par mons^{r} de Cangé.*)

Pour l'acte en parchemyn contenant le remboursement faict ausd. Deschamps et Viollet, contenant ung quart de peau de parchemyn, a esté paié v^{s}.

Pour le faulchaige de deux arpans et demy et trois demy quartiers de prez retenuz pour madame, paié ceste année la somme de quarente deux solz six deniers, cy XLII^{s} VI^{d}.

Pour le fenaige dud. pré a esté paié vingt cinq solz, cy XXV^{s}.

Aux faulcheurs, oultre les deniers cy dessus, a esté baillé cinq pinttes vin, cy vin V^{pintes}.

Pour la despence faicte tant pour les ventes des bois venduz ceste année que pour les baulx a ferme faictz des vignes que madame a Amboise, a esté paié par ced. recepveur la somme de huict livres quatorze solz six deniers tourn., comme appert par parties signées Barbier cy rendues, cy VIII^{l} XIIII^{s} VI^{d}.

Pour les brevetz baillez aux curez ou vicaires des parroisses d'Amboise, Montrichard, Bleré, Civray, St Martin le Beau, St George, Chissay, Chisseau, Francueil et Chenonceau, a raison de dix deniers pour la publication d'ung chacun brevet, ausquelz sont en nombre........ a esté paié ausd. vicaires et curez la somme de XIII^{s} IIII^{d}.

Aussi a esté fourny et paié par ced. recepveur pour les fraiz de soixante trois poinczons de vins menez de

Chenonceau a Orleans la somme de trente trois livres trois solz, comme appert par parties arrestées par le controlleur et quictance de Estienne Laire, bastellier, cy xxxiii^l iii^s.

Aud. Leure, bastellier, pour la voicture d'une pippe vin, a esté paié xiiii^s.

Pour la coppie du marché par lequel led. bastellier estoit obligé, paié ii^s vi^d.

A esté paié pour le charroy d'une pippe vin depuis Chenonceau jusques Amboise, la somme de six solz ts., cy vi^s.

Pour le charroy de six vingts dix barres bois pour faire chevilles, douze torches d'aprestes, vingt trois liaces de sercle de saulle dud. Chenonceau aud. Amboize, pour rellier lesd. soixante cinq poinczons, a esté paié la somme de six solz ts., cy vi^s.

Pour la despence faicte par ung homme par l'espace de quatre jours, tant a veoir et faire rellier lesd. soixante cinq poinczons de vin, que aller et venir dud. Chenonceau aud. Amboise, a raison de six solz tournois pour journée, a esté paié la somme de vingt quatre solz ts., cy xxiiii^s.

Pour la despence faicte par led. recepveur par deux jours qu'il est allé aud. Amboize pour faire serrer et mectre au dedans lesd. vins qui estoient dehors au Porc espic [1] a Amboise, cy xxx^s.

---

1. On lit dans un ouvrage allemand intitulé : *Itinéraire de France et d'Angleterre*, par Pierre Eisenberg, 1614 : « Amboise, bonne auberge au Porc-Épic. »

Le porc-épic étoit l'emblème de la famille d'Orléans, et à Amboise il rappeloit particulièrement le souvenir de Louis XII. Le choix de cet emblème est dû à Louis, premier duc d'Orléans, qui fonda, l'an 1393, l'ordre du Porc-Epic, en réjouissance de la naissance de Charles, son fils

Pour la despence faicte par l'homme qui a conduict lesd. vins par trois jours qu'il a demouré les huict jours contenuz ès parties cy dessus, comprins le jour qu'il a chargé les vins ou basteau et deschargé aud. Orleans, a raison de six solz ts., paié   xviii^s.

A Jehan Robineau, demourant a Amboize, pour avoir rellié lesd. soixante cinq pieces de vins a la coustume d'Orleans, a raison de dix deniers pour chacune piece, de pris faict par mons^r le controlleur avec led. Robineau, a esté paié la somme de cinquante quatre solz deux deniers, comme appert par sa quictance, cy   liiii^s ii^d.

Pour le suif qu'il a convenu ausd. poinczons en les reliant, a esté paié douze deniers tourn., cy   xii^d.

Pour la disnée dud. recepveur du jour qu'il alla aud. Amboise veoir si lesd. vins estoient bien relliez, iceulx veuz chargez ou bapteau, cy   vi^s.

Suyvant le mandement de madame faict a ce recepveur qu'il allast aux seigneuries de l'Aulnaye et du Ryvau et de la Haie ² pour sçavoir du revenu desd. seigneuries et du tout en mander a mad. dame, ced. recepveur s'est transporté dud. Chenonceau jusques au Port de pille ² près l'Aunaye, auquel lieu il ne peult

---

aîné, qu'il avoit eu de Valentine de Milan. La légende étoit : COMINVS ET EMINVS, *de près et de loin*, d'après la croyance où l'on étoit alors que le porc-épic pouvoit se défendre, non-seulement de près, mais encore de loin, en lançant ses aiguillons.

1. La Haye, petite ville de Touraine, sur la Creuse, célèbre par la naissance de Descartes. — L'Aunaie, fief près de la Celle Saint-Avent. — Le Rivau, fief près de la Haye.

2. Bourg du Poitou, sur les confins de la Touraine, près du confluent de la Creuse et de la Vienne. Au seizième siècle, le séjour de la cour en Touraine avoit altéré les mœurs de cette province, et le Port-de-Piles étoit considéré par les méridionaux comme la limite géographique de la

sçavoir la vraye valleur desd. seigneuries, ou il fut adverty qu'il y avoit ung homme a Chastelleraulx qui avoit tenu a ferme l'Aunaye, auquel lieu de Chastelleraulx distant dud. Chenonceau d'une journée et demy led. recepveur alla et sceut de l'homme qu'il en sçavoyt la valleur d'iceulx, auquel lieu led. recepveur alla pour s'en enquerir, auquel voiage led. recepveur a aller, venir, a sejourné par quatre jours ou il a despendu soixante cinq solz. *Alloué quarente cinq*, cy XLV^s.

(*Il est apparu des lectres missives de madame.*)

A Jacques Dutertre, jardinier de Chenonceau, a esté paié une paire de grands ciraulx pour tondre les boudures des plantz du jardin dud. lieu, paié la somme de quinze solz ts., cy XV^s.

Pour deux journées de tonnellier emploiées a rellier les vins vielz et nouveaulx, a raison de cinq solz pour journée, a esté paié X^s.

A esté emploié quatre liaces de sercles de saulle, cy IIII$^{liaces\ de\ cercle}$.

Aussi a esté emploié deux torches d'apreste, cy II$^{torches\ d'osier}$.

Aux bastelliers qui ont planté le pau et l'escusson en la riviere au dessoubz du Moullin Fort pour courir la quintaine, a esté paié la somme de quatre solz six den., cy IIII^s VI^d.

A Estienne Trouvé, pour une journée qu'il a vacqué

---

vertu. « Si bien qu'en nostre Guyenne, dit Brantôme, du temps de mon jeune aage, j'ay ouy dire a plusieurs gallans hommes et veu jurer qu'ils n'espouseroient jamais fille ou femme qui auroit passé le port de Pille, pour tirer de longue vers la France. » *Vies des dames galantes*, discours premier.

a mectre du fumier a la bonde de l'estang de Cousturays, pour ce qu'elle faict eaue, paié ⸱ II^s.

A Jeh. Blanchet, pour une tomberée de fumier mise aud. lieu, paié ⸱ V^s.

A Lois Dagault et Mathurin Jamet, pour huict journées par eulx faictes a baptre les amangdes a raison de II^s VI^d, paié vingt solz. (*Rayé.*)

Pour la despence faicte a Chenonceau lors que mons^r de la Menardiere fut a Chenonceau, que autres officiers dud. lieu, la somme de treize livres quinze solz cinq deniers, comme appert par parties signées par mons^r de la Menardiere servans cy après, cy ⸱ XIII^l XV^s V^d.

Pour douze journées de femmes pour eschaller les agmendes et mectre hors l'escallin, a raison de douze den. pour journée, paié ⸱ XII^s.

A esté paié aux notaires qui ont receu les enchères mises sur les vignes d'Amboise lorsqu'elles furent baillées a ferme en l'auditoire dud. Amboise, en presence dud. Barbier et de mons^r de Cangé, chastellain dud. Chenonceau, lesquelz ont receuz les baulx a ferme qui sont en nombre soixante huict, la somme de quarente solz, comme appert par leur quictence cy rendue. (*Rayé.*)

Pour la despence et disnées faicte par sept jours par mons^r le bailly d'Amboise, son homme et son adjoint et leurs chevaulx, lesquelz besongnent au pappier terrier de Chenonceau par le commandement de mad^e, en ce non comprins le foing que l'on baille qui est celluy de mad. dame, a raison de quinze solz pour chacune disnée, paié la somme de cent cinq solz, cy ⸱ CV^s.

Pour le prisaige faict des moullins et tournans du Moullin Fort en mars l'an de ce compte, lors que Noel Daullin a present fermier dud. moullin a affermé, paié la somme de treize solz quatre deniers, cy XIII s IIII d.

MISE ET DESPENCE DE VIN EN L'AN DE CE COMPTE.

Faict cy mise du nombre de deux poinczons vin emploiez pour les vendanges, comprins ce qu'il a convenu bailler aux faulcheurs, cy vin II poinczons.

A esté mené a Orleans soixante cinq poinczons de vin, comme appert par certifficat de mons^{r} le controlleur Barbier, cy LXV p.

Pour le remplissaige d'iceulx Amboise, ung poinczon vin, cy vin I p.

Plus a esté employé pour le remplissaige des vins vieilz que mons^{r}. de la Menardiere a faict remplir ou moys de juillet v^{c} cinquante sept, deux poinczons de vin, cy II p.

Plus a esté employé pour le remplissaige des vins nouveaulx menez a Orleans, non comprins ceulx qui sont demourez au lieu de la Tousche, par le controlleur, II p.

Pour la despence faicte a la vente des boys et par le controlleur, ung poinczon de vin, cy I p.

Plus au prieur de Montaussan, comme appert par quictance, a esté baillé ung quart de vin, cy I qrt.

Aussi a esté employé depuys le moys de juillet que mond. s^{r} de la Menardiere estoit aud. Chenonceau, qu'il feist remplir lesd. vins vieilz, ung poinczon, cy I p.

VIN, LXXIIII pieces et demie.

DENIERS INUTILZ COMPTEZ ET NON RECEUZ, DESQUELZ CED. RECEPVEUR S'EST CHARGÉ CY DAVANT EN RECEPTE DE DENIERS ORDINAIRES ET NON MUABLES, TANT EN CENS QUE RENTES.

A esté faict cy davant recepte par ced. recepveur en recepte de deniers ordinaires, de la somme de quinze livres et dix deniers tourn., et n'en a esté ced. recepveur paié, parce qu'il n'a sceu sçavoir les heritaiges ne les detempteurs d'iceulx, et aussy qu'il n'a aulcuns pappiers, tiltres et enseignemens des debvoirs deubz a lad. seigneurie pour procedder par saisie sur lesd. heritaiges, lesquelz quinze livres et dix deniers led. recepveur mect cy en mise   xv^l x^d.

(*Alloué, a la charge que le recepveur en son premier compte fera apparoir d'attestation des officiers comment l'on ne peut estre payé pour ne sçavoir ou sont les heritaiges.*)

Plus se descharge ced. recepveur de la somme de huict livres six solz huict deniers tournois, de laquelle il s'est chargé en recepte de deniers pour lotz et ventes, parce que Madame les a données au sommellier Honnorat Grand, comme appert par don cy rendu, cy   viii^l vi^s viii^d.

(*Il est apparu du don.*)

Plus se descharge de la somme de vingt sept solz huict den. desduicte au fermier des prez Madame, pour ung quartier et cinq chesnées de prez que l'on a prins desd. prez pour faire l'allée tirant du pont de Chenonceau au parc avec les foussez, cy   xxvii^s viii^d.

(*Il est apparu de la mesure.*)

MISE ET DESPENCE DE GRAINS EN L'AN DE CE COMPTE.

ET PREMIEREMENT, FROMENT.

A faict ced. recepveur mise et despence de deux muydz cinq septiers deux boiss. froment, desquelz n'a esté riens receu en l'an de ce compte, parce qu'il ne sçait les heritaiges ne scituation d'iceulx, subjectz aud. debvoir de bled froment, ne les detempteurs d'iceulx, pour ce cy, froment $\text{II}^m \text{ v}^s \text{ II}^{bo}$.

(Alloué, a la charge que le receveur en son premier compte fera apparoir d'atestation des officiers comme l'on ne peult estre payé pour ne sçavoir ou sont les heritaiges.)

MISE ET DESPENCE DE SEIGLE OU MOULTURE VALLANT SEIGLE, EN L'AN DE CE PRESENT COMPTE.

CHARGES DE FIEF.

Au secretain d'Esguevyve a esté paié par ced. recepveur ung septier de seigle a luy deuz chacun an de fondation annuelle, comme appert par sa quictance cy rendue, pour ce cy seigle I^s.

Au curé de Chenonceau a esté paié par ced. recepveur six septiers de seigle a luy deubz chacun an de fondation annuelle pour anniversaires par luy dictz chacun an en l'esglise dud. Chenonceau, pour le salut des ames des deffuncts seigneurs de Chenonceau, comme appert par sa quictance veue cy davant en mise de deniers, cy mise seigle VI^s.

Au secretain de l'abbaye de Villeloing comme fondation annuelle, comme il a faict apparoir par ses tiltres, luy est deu chacun an au jour sainct Michel deux septiers de seigle, a esté paié par ced. recepveur lesd.ᵗˢ deux septiers de seigle, comme appert par sa quictance, cy seigle . . . . ɪɪˢ.

(*Alloué, et fera apparoir de la quictance en son premier compte. — Depuys a faict remyse de quictance.*)

Au pittancier dud. Villeloing, a esté paié trois septiers de seigle a luy deubz de fondation annuelle chacun an au jour sainct Michel, comme appert par sa quictance cy rendue, cy seigle . . . . ɪɪɪˢ.

Au prieur de Montaussan, pour aulmosne et rente, a esté paié par ced. recepveur unze septiers de seigle a luy deubz chacun an de fondation annuelle au jour sainct Michel et ung quart de vin, comme appert par sa quictence cy rendue, duquel quart de vin est faict recepte cy davant, cy seigle . . . . xɪˢ.

———

Faict ced. recepveur mise et se descharge de six septiers dix bouesseaulx seigle, pour les causes contenues en la mise de froment, cy . . . . vɪˢ xᵇᵒ.

Aussi faict ced. recepveur mise et se descharge ced. recepveur de huict septiers seigle pour trois années escheues au jour de Toussaincts ᴍ ᴠᶜ ʟɪɪɪɪ, ʟᴠ et ʟᴠɪ, de deux septiers huict boisseaux par an, faisant les deux tiers de quatre septiers de seigle, orge et avoyne que led. recepveur a rabaptuz a Lois Jousset, fermier de la mestairie de la Grange près le chastel, chacune desd. années, pour la terre en laquelle est comprins le jardin et pour quelque gazon prins des prez deppendans de sa ferme, suyvant l'arpentaige et arbitraige des gens appellez a ce congnoissans, lesquelz quatre septiers sont les deux tiers seigle et l'aultre tiers orge et avoyne par moictié, pour ce cy pour lesd. trois années huict septiers, cy viii^s.

Plus a la vefve Charles Guerin, en son vivant jardinier de Chenonceau, a esté baillé par le commandement de mons^r de la Menardiere, deux boisseaulx moulture, cy ii^{bo}.

Plus faict mise ced. recepveur de cinq septiers dix boisseaulx seigle despenduz pour les vendanges, cy mise v^s x^{bo}.

MISE D'ORGE EN L'AN DE CE COMPTE.

Ce comptable s'est deschargé de vingt deux boisseaulx orge, desquelz il s'est chargé en recepte ordinaire, parce qu'il n'a riens receu pour les causes contenues on chappitre de froment, cy mise et descharge orge, xxii^{bo}.

MISE D'AVOYNE EN L'AN DE CE COMPTE.

Se descharge et faict mise ce comptable d'avoyne non receue, de cinq septiers huict boisseaulx avoyne, desquelz il n'a riens receu, cy avoyne v^s viii^{bo}.

Aussi se descharge de deux septiers d'avoyne sur Lois Jousset, fermier de la mestairie de la Grange, pour le lieu ou est le jardin, qui est seize boisseaulx avoyne par an, qui est pour les trois années escheues au jour de Toussaincts mil v^e cinq^{te} six, deux septiers avoyne, cy avoyne   II^s.

Plus pour les chevaulx de monseign^r de la Menardiere et aultres officiers de Madame, lors qu'il fut a Chenonceau, a esté fourny deux septiers deux boisseaulx avoyne, comme appert par le certifficat, II^s II^{bo}.

Plus a esté fourny par ced. recepveur dix neuf boisseaulx avoyne, baillez pour la despence du controlleur Barbier, comme appert par son certifficat du vi^e de may v^e cinquante sept, cy   XIX^{bo}.

Plus a luy fourny treize boisseaulx, comme appert par aultre certifficat cy rendu,   XIII^{bo}.

Pour la despence faicte pour les chevaulx des officiers quant les boys furent venduz, a esté baillé deux boisseaux avoyne, comme appert par le certifficat dud. Barbier, cy   II^{bo}.

MISE DE PAILLE EN L'AN DE CE COMPTE.

Faict cy mise cedict recepveur du nombre de (deux) fagotz de paille par luy fournie,   II^{fagotz}.

MISE DE CORVÉES EN L'AN DE CE COMPTE.

A esté employé ou temps de ce compte huict corvées a curer les biedz des moullins de Vestin deppendans des Ousdes, et autres corvées n'en a faict faire ced. recepveur, craignant la despence, cy corvées   VIII.

MISE ET DESPENCE DE CHAPPONS.

A esté fourny par led. recepveur pour la despence des officiers lors qu'ilz ont faict la vente des boys, cinq chappons, comme appert par le certifficat dud. Barbier, cy v^{chapp}.

FOING.

A esté employé quatre quintaux de foing, tant pour les chevaulx de mons^r de la Menardiere, a ung voyaige que le controlleur a esté aud. Chenonceau, en ce non comprins cellui qui a esté mangé par les chevaulx de mons^r le bailly, son homme et son adjoinct, lors qu'ilz ont esté aud. Chenonceau pour besoigner au pappier terrier, cy foing IIII^{quintaulx}.

MISE DE POYS EN L'AN DE CE COMPTE.

A esté baillé au jardinier deux boisseaux poix qu'il a sepmez au jardin, pour ce cy II^{bo}.

A esté employé pour la despence des vendangeurs demy boisseau de poys, cy demy bo.

SOMME TOTAL DE LA MISE ET DEPPENSE DE CE PRESENT COMPTE EST

En deniers, VIII^c XXII^l III^s VIII^d ob.
Blé, II^m V$^{cpt.}$ II^{bo}.

Seigle et moulture,	xv^m vi$^{sept.}$ iiii^{bo}.
Orge,	ii^m i$^{sept.}$ x^{bo}.
Avoyne,	ii^m iii$^{sept.}$ i^{bo}.
Vin,	lxxiiii$^{pieces\ et\ demye}$.
Poix,	ii^b et ^{d}.
Charniers,	v^m v^c.
Oziers entiers,	vi^{fagots}.
Oziers,	xvi^{torches}.
Sercles,	xxviii^{liaces}.
Paille,	ii^{fagots}.
Foing,	une chartée.
Pigeons,	iii xii^{nes}.

Par ainsy led. Bereau receveur susd. doibt pour avoir plus receu que mis,

En deniers,	iii^m cxlvi^l xiiii^s ix^d ob.
	ii$^{trs\ de\ denier}$.
Blé froment,	xviii$^{sept.}$ ii^{bo} ii^{trs} i^{qrt}.
Seigle,	xiii^m i$^{sept.}$ xi^{bo}.
Orge,	iii^m viii^{bo} i^{trs}.
Avoyne,	iiii^m iii$^{sept.}$ xx^{bo} i^{trs}.
Vin,	xxxvi^{pieces}.
Paille,	ciii^{fagots}.
Foing,	v^{chartées}.
Poix,	iiii^{bo} i^d.
Pigeons,	iii xii^{nes}.
Ozier,	xix^{torches}.
Sercles,	xxxiii^{liaces}.
Amendes,	xviii^{bo}.

Et par le compte qu'il a receu du bastiment il luy est deu, pour avoir plus mis que receu, la somme de iii^c ii^l vii^s ii^d.

Et pareillement par le compte que led. Bereau a rendu cy devant de lad. terre de Chenonceau, doibt,

Blé froment, II^m V$^{sept.}$ II^{trs} I^{qrt}.
Seigle et moulture, XVIII^m III$^{sept.}$ II^{bo} I^d.
Orge, II^m VIII$^{sept.}$ III^{bo}.
Avoyne, II^m III$^{sept.}$ III^{bo}.
Vin, XXXV^{pieces}.
Poulletz, XVII.
Amendes, XVIII^{bo}.
Paille, XIX^{fagots}.

Et il est deu aud. comptable par led. compte,

En deniers, IIII^c XLV^l VI^s X^d.
Chappons, XXVI III^{qrts}.
Poulles, XV III^{qrts}.

Par ainsy, tout compte deduyt et rabattu, tant des comptes desd. terres de Chenonceau, Chisseau, que du bastiment, doibt led. Bereau comptable, pour avoir plus receu que mis,

En deniers, II^m III^c IIII^{xx} XIX^l IV^d ob.
Blé froment, II^m XI$^{sept.}$ III^{bo} I^d I$^{trs\ de\ bo}$.
Seigle et mouture, XXI^m V$^{sept.}$ I^{bo} I^d.
Orge, VI^m VIII$^{sept.}$ XI^{bo} I^{tiers}.
Avoyne, VI^m VI$^{sept.}$ XXIII^{bo} I^{tiers}.
Vin, LXXI^{pieces}.
Poulletz, XVII.
Amendes, XXXVI^{bo}.
Paille, CXXII^{fagots}.
Foing, V^{chartées}.
Poix, IIII^{bo} et d.
Pigeons, III XII^{nes}.
Ozier, XIX^{torches}.
Sercles, XXXII^{liaces}.

Ce present compte a esté veu, oy, examiné, cloz et arresté par nous, soubz signez, a ce commis et depputez par Madame, en la presence et du consentement dud. Bereau, comptable, sauf tous erreur, obmission et vice de calcul. Faict au lieu d'Annet, le xi⁰ jour de fevrier m v⁰ cinquante sept.

    DIANNE DE POYTIERS.

DE LA MENARDIERE. JACQUES DE POYTIERS.
 GOILLE.   DELISLE.
         BEREAU.

(Registre in-4º en papier, comprenant CL feuillets.)

IX

COMPTE RENDU PAR ANDRÉ BEREAU POUR LE BASTIMENT DE CHENONCEAU, POUR LES ANNÉES MIL V^c LVII, LVIII ET LIX.

PRÉSENTÉ AUX AUDITEURS A CE COMMIS ET DEPUTEZ PAR MAD^e AU LIEU D'ANNET LE XXVe JANVIER M V^c SOIXANTE.

1558 ET 1559.

(*Intégral.*)

POUR MADAME

Compte que rend et baille André Bereau, recepveur de Chenonceau, a madame madame la duchesse de Vallentinois, dame de Chenonceau, Chisseau et aultres seigneuries deppendans dudict Chenonceau, par davant vous, Messieurs, commys et depputez par Madame a oyr, examiner, clorre et arrester ce presant compte des recettes et mises faictes par ledict Bereau, tant pour l'ediffice du pont que madicte dame faict faire audict Chenonceau, que reparations d'aultres bastimens dudict lieu pour l'année commenczans le   jour de febvrier mil cinq centz cinquante sept (1558, nouv. style), et finissant le jour de   l'an mil cinq centz cinquante neuf, lesdictz jours excluz et passez.

RECEPTE DE DENIERS.

Ledict recepveur ne faict aulcune recepte de deniers pour les dictz bastiments et ediffices parce que aulcuns deniers ne luy ont estez baillez pour cest effect, et la myse ci après a esté par lui faicte et paiée tant du revenu des dictes chastellenyes, que du debet et relliqua de son compte randu en l'an mil cinq cens cinquante sept en febvrier.

MISE ET DESPENCE DE DENIERS FAICTE PAR LEDICT BEREAU POUR LE TEMPS DE CE COMPTE.

Et premierement

A M° Jacques Chanterel, entrepreneur masson du bastiment dudict pont de Chenonceau, comme apert par le marché a luy faict par mons^r d'Ivry, et suyvant l'ordonnance dudict sieur, a esté paié par ce dict recepveur la somme de trois centz livres tournois, comme apert par quictance du cinquèsme jour de mars mil cinq centz cinquante sept cy rendue, oy   III^d ts.

A luy suyvant le mandement et ordonnance de mondict sieur d'Ivry, du douzeiesme jour d'apvril mil cinq centz cinquante huict après Pasques, a esté paié par ce dict recepveur la somme de trois centz livres tournois, comme apert par quictence dud. Chanterel du dernier jour d'apvril ou dict an, cy randue, cy III^{cl} ts.

Audict Chanterel, suyvant aultre ordonnance et mandement de mon dict sieur d'Ivry, du vingt troisiesme jour de may oudict an mil cinq centz cinquante huict, a esté paié par ce dict recepveur la somme de trois centz livres tournois, comme apert par quictence du vingt neufviesme jour de may oudict an, cy randue, cy III^{cl} ts.

Audict Chanterel, suyvant aultre mandement de mondict sieur d'Ivry, du vingtiesme jour de juillet mil cinq cens cinquante huict, a esté paié par ce dict recepveur la somme de trois centz livres tournois comme apert par quictence du quatréiesme jour d'aoust oudict an, cy randue, cy III^{cl} ts.

A la veufve dud. Chanterel et aux massons et manoeuvres besongnants audict pont, a esté paié par le commandement de mon dict s^r d'Ivry en sa presance la somme de deux centz quarante cinq livres dix huict solz deux deniers tournois, comme apert par parties signées et arrestées et quictence dud. sieur d'Ivry du vingt neufiesme jour de septembre mil cinq centz cinquante huict, cy randue, cy II^c XLV^l XVIII^s II^d.

A Cardin de Vallence, M^e fontanier demourant a Tours, a esté paié par cedict recepveur sur ce qu'il luy peult estre deu des thuaulx de la fontaine qu'il a faict fluer et couller au grand jardin, a raison de quarante solz tournois pour chacune toise de pris faict par mon dict sieur d'Ivry, la somme de vingt livres tournois, comme apert par quictence cy rendue, cy xx^l ts.

Audict de Valence pour aultre marché a luy faict par mon dict sieur d'Ivry pour mectre des thuaulx et conduire la fontaine du parc jusques au droict de l'alée du dict pont, suivant le mandement de mon dict sieur d'Ivry, a esté paié par ce dict recepveur la somme de quatre livres tournois comme appert par quictance dud. fontanier cy rendue, pour ce cy x^l ts.

A André Roussel et Michel Gallebrun, maistres maczons demourant a Tours, que le dict recepveur a envoyé querir a Tours après la mort du dict Chanterel pour faire visiter la besongne et maczonnerie suyvant le mandement de Madame, a esté paié par ce dict recepveur la somme de dix livres tournoys, comme apert par la descharge de mon dict sieur d'Ivry qui a retenu le rapport des ditz M^{es} et quictence d'eulx, cy x^l ts.

A Raphael Chaillou, marchant demourant a Rugny, pour la vendiction de douze cens toises d'ays en carré qu'il a livrées et rendues au pied du chastel, desquelz en y a six centz toises de deux poulces d'espaisseur et de quatorze a quinze poulces de large, et six centz toises d'ung poulce et demy d'espaisseur et de douze poulces de large a raison de vingt solz tournois chacune toise, a esté paié la somme de mil livres tournois, parfaict paiement de la somme de douze centz livres tournois, comme apert par quictence cy randue, cy m^l ts.

Pour la journée d'ung homme que led. recepveur a envoyé a Tours pour querir les massons pour visiter la dicte maczonnerie, a esté paié la somme de dix solz tournois, cy x^s.

A Jehan Freslon, Denys Jouslain, serreuziers demourans a Bleré, pour huict boucles de fer par eulx fournyes qui ont esté mises aux pilliers du pont, poisans soixante dix livres, en ce comprins vingt deux livres que le controlleur de la maison de Madame a baillez, a dix den. pour livre a esté paié par cedict recepveur la somme de soixante quinze solz tourn., comme apert par quictence cy randue, cy   LXXV^s.

A Loys Bailly pour cinq journées de ses deux chevaulx emploiées a charroier les ays du chantier de la riviere près le pavillon, a raison de dix solz tournois pour chacunes journées, et pour avoir charroyé les bois d'une maison fondue qui estoit sur le chantier de la riviere, jusques aux Ousdes, qui est en somme toutte soixante dix solz tournoys qui a esté paié par ledict recepveur, comme apert par quictence cy randue, cy   LXX^s.

A Loys Jousset pour une journée de luy et de ses boeufz, emploiée a charroier les ays de la riviere jusques davant le pavillon, a esté payé sept solz six deniers tournoys, cy   VII^s VI^d.

Audict Jousset pour le charroy de quinze tomberées de fumier achaptées chez

Audict Jousset pour trois cens dix tours par lui faictz et ses beufz et sa charrecte a mener et charroyer les dictz ays de davant le pavillon jusques aux tectz de la mestairye près le chastel, a raison de six deniers chacun voiage, de pris faict par le controlleur de la maison de Madame, a esté paié par ce dict recepveur la somme de sept livres quinze solz tourn., comme apert par quictence cy randue, cy   VII^l XV^s.

A luy pour le charroy de unze centz de thuille depuys la riviere jusques aux halles, paié quatre solz tournois, cy IIII^s.

Pour quatre vingtz sept journées d'hommes emploiées a charger les dictz ays en la charrette du dict Jousset et iceulx descharger et mys dans lesdictz tectz et grange de la mestairie, a raison de deux solz tournoys pour journée, a esté paié la somme de huict livres quatorze solz, comme appert par quictence cy randue, cy VIII^l XIIII^s.

Pour treize journées d'hommes emploiées ou mois de may que la riviere creut fort grande, a porter les ais hors du chantier, pour chacune desquelles a esté paié deux solz six deniers tournois, comme appert par quictence cy randue, cy XXXII^s VI^d.

Plus pour vingt une journée d'hommes emploiées a faire pareille besongne, a esté paié par ce dict recepveur a raison de deux solz six deniers tournoys, comme appert par quictence du septiesme jour de may cinq cens cinq^{te} huict cy randue, cy LII^s VI^d.

Pour unze aultres journées emploiées a faire pareille besongne, a la raison de deux solz six deniers tournois a esté payé la somme de vingt deux solz tournois, comme appert par quictence cy randue, cy XXII^s.

A Laurand Menygault, marchant demourant a Saint Martin le Beau, pour l'achapt de quatre pieces de bois d'escarissage de vingt ung pied de long chacune, de dix poulces en tous cens, qui ont esté mys sur courbeletz pour asseoir et poser les seintrées de la grand arche de devers les terres, a esté paié par cedict recepveur la somme de douze livres tournois, comme apert par sa quictence cy randue, cy XII^l ts.

Audict Menigault, pour huict chevrons de troys

toises de long chacun, de quatre poulces en tous cens, et pour deux cens de latte employée a la couverture des moullins de Vestin, a esté paié la somme de quarente six solz tourn., comme appert par lad. quictence, cy .... XLVI'.

A luy pour la vandition de quatre aultres pieces de bois de quatorze pieds de long et dix poulces en tous cens, qui ont esté mises debout sur les autres pieces pour soubstenir lesd. seintres, a esté paié la somme de cinquante six solz tournois, comme appert par lad. quictence cy randue, cy .... LVI'.

A Mathurin Boucannille, maczon, pour la maczonnerie du moullin de Vauldran, pour laquelle il debvoit avoir quarante cinq livres tournois de marché faict par led. controlleur, a esté paié par ce dict recepveur en l'an de ce compte la somme de trente livres tournois; le dict recepveur l'a paié en l'an du compte preceddant par luy randu, et luy a esté alloué; par ce cy reste la somme de trente livres tourn., comme appert par quictence cy randue, cy .... xxx^l ^{l}' ts.

A Jehan Maupouet, cherpentier, pour la cherpenterie faicte au moullin de Vauldran, pour laquelle il debvoit avoir la somme de trente deux livres dix sept solz six deniers tourn. de marché faict par led. controlleur; de laquelle somme a esté paié en l'an de ce compte la somme de vingt deux livres dix sept solz six deniers tourn., comme appert par sa quictence, et le reste de lad. somme a esté alloué au compte randu preceddant, cy .... xxii^l xvii^s vi^d.

A Macé Guenault, cherpentier et couvreur, pour avoir remonsté huict chevrons et mys huict aultres chevrons neufz, deux fillieres, mys des jembettes, deux cens de lattes et de la chanlatte, deux milliers de clou et du gros clou aux escoiaux, et tout mis sur la grand maison des moullins de Vestin et couverture d'icelle, garny de mortier, a quoy faire il a vacqué par quatre journées et son homme aultant, pour raison des quelles luy a esté baillé a huict solz ts. pour chacune journée et despens, la somme de trente solz tourn., comme appert par sa quictence, cy xxxii'.

Pour deux milliers de clou et pour le gros clou emploié comme dict est en l'article preceddant, paié par ced. recepveur la somme de dix huict solz tourn., comme appert par lad. quictence, cy xviii'.

A Hubert Deniau, menuzier, pour huys par luy faict à l'uisserie de la maison du moullin de Vauldran ou Boizon, de six piedz de long et de quatre piedz et demy de large, et pour deux journées par luy vacquées a reparer les escuyries a la venue de madame aud. Chenonceau, a esté paié la somme de vingt huict solz tourn., comme appert par quictence, cy xxviii'.

A Jehan Freslon, serreuzier demourant a Bleré, pour trois clefz faictes aux chambres et greniers des Ousdes pour y mectre des bledz, changé les gardes, faict trois crampons et alongé l'ung des gons des greniers qui estoict trop court, faict et fourny de clou pour iceulx ferrer et pour ung crampon mis a une fenestre du grenier, et faict une aultre clef a l'huys des greniers des halles de Chenonceau, changé les gardes de la serreuze et faict des gouppilles et ung morrillon, a esté paié la somme de vingt cinq solz tournois, comme appert par quictence, cy xxv'.

Audict Freslon pour ung rasteau de fer pour le jardin, et pour une scye a antes baillées au jardinier, et pour deux serreuzes et deux chevilles de fer, l'une mise a la bonde de l'estang de Cousturays et l'aultre a la bonde de l'estang de la Cherviere, par ce que l'on levoit les pillons, et pour quarante troys livres de fer, quatre gonds, une serreuze, une clef et ung couroy, le tout mis a l'entrée et huisseries du moullin Boizon, a esté paié la somme de cent ung solz six den. tournois, comme appert par quictence du vingt^{me} jour de novembre oud. an M V^c LVII cy randue, cy   CI^s VI^d.

A René Delalande, maczon demourant a Chenonceau, pour cinq journées et demye emploiées a recarreller les chambres et greniers du logis des Ousdes, et enduire et remplir les trouz et perthuys des meurs d'iceulx pour mectre les bledz de ladicte seigneurie, a raison de quatre solz six deniers pour journée, a esté paié la somme de vingt quatre solz neuf deniers tournois, comme appert par quictence du vingt neufiesme jour de janvyer mil cinq centz cinquante huict cy randue, cy   XXIIII^s IX^d.

Pour cinq journées d'hommes emploiées a servir ledict maczon a faire la besongne susdicte, a raison de deux solz tournois pour journée, a esté paié la somme de dix solz tourn., comme appert par ladicte quictence, cy   X^s.

Audict Delalande, pour ung four par luy faict aux moullins de Vestin, ung aultre fourt a la mestairie des Frisches, et resseller et faict a chau et sable tous les tectz a bestes de la Berangerie, qui contyennent cinq toises de long ou envyron, de pris faict par led. controlleur Barbier a la somme de huict livres tournois, comme appert par quictence cy randue, cy   VIII^l ^{ts}.

A Macé Guenault, cherpentier et couvreur, pour

unze journées de luy et de son homme emploiées, sçavoir est neuf journées a recouvrir les halles de Chenonceau, auditoire et prisons dudict lieu que ledict recepveur a faict repaver pour mectre partie des bledz, et deux journées a latter les estables de la mestairie de la Berangerie, a raison de huict solz tournois pour journée et despens, a esté paié la somme de quatre livres huict solz tournoys, comme apert par quictence cy randue, cy iiii^l viii^s.

Audict Guenault, pour avoir faict la cherpenterie et couverture du four de la mestairie de la Grange près le chastel, et la cherpenterie et couverture des estables du moullin Boizon de nouvel ediffiées, contenant quatre toises de long, avoir recherché et regallé la couverture de la maison dudict moullin Boizon, a icelles mys des escoyaulx aux boutz des chevrons, pour jecter l'eaue plus loing, parce que l'eaue descendans de la couverture gastoict la muraille de ladicte maison, de pris faict par ledict controlleur en presence des officiers de Chenonceau pour la somme de dix livres cinq solz tournois, et luy fournyr de boys de cherpenterie, thuille, latte, chanlatte, de grand clou et mener chau et sable sur les lieux, a esté paié par ce dict recepveur ladicte somme de dix livres cinq solz tournois, comme appert par marché et quictence cy randue, cy x^l v^s.

Pour sept journées d'hommes emploiées a faire le mortier, icelle porter audict couvreur, ensemble la thuille et latte, a raison de deux solz tournois pour journée, a esté paié la somme de quatorze solz tournois, cy xiiii^s.

Pour six milliers de clou a latte et pour deux centz

et ung quarteron de grant clou employez aux couverture et cherpente desd. maison et estables dudict moullin Boizon, et couverture des halles et auditoire dudict Chenonceau, paié a raison de huict solz tourn. chacun millier, la somme de cinquante deux solz tournoys, et pour deux centz et ung quarteron de grand clou payé neuf solz tourn., comme appert par quictence cy randue, cy LXI^s.

A Jehan Piart, thuillier, pour cinq milliers et demy de thuille employez a la couverture des halles, des estables dudict moullin Boizon, couverture du four de la mestairie (près) le chastel, de laquelle en a esté achapté cinq milliers a raison de trante deux solz six deniers tournois chacun millier randu sur le chantier de la riviere de Cher, pour lesquelz a esté paié la somme de huict livres deux solz six deniers tournois, comme apert par quictence du vingt deuxiesme jour de janvyer oudict an mil cinq cens cinquante huict, et le surplus de lad. thuille a esté prinze a la mestairie des Frisches, de celle qui a esté menée de la maison seigneurial de la Cherviere, laquelle avoict esté abattue par le commandement de monseigneur de la Menardiere, et douze centz ou envyron qui estoient en la maison de la mestairie de la Grange près le chastel, de celle que ledict controlleur avoict achaptée longtemps auparavant, avec aultre qui avoict esté menée aux Ousdes, cy VIII^l II^s VI^d.

A Jehan Dau, marchant demourant Amboise, pour ung millier de latte achaptée en presence dudict controlleur, le pris de quarente solz tournois, cy XL^s.

Oultre ce que dessus a convenu avoir encorres deux cents de latte pour lesquelz ledict recepveur a payé a

Gabriel Pontlevoy la somme de dix solz tournoys, comme apert par quictence, cy x'.

A Jehan Dupont pour le charroy de quatre milliers de thuille depuys la riviere de Cher jusques audict moullin Boizon, distant d'ung quart de lieue, a raison de quatre solz six deniers tournois chacun millier, a esté paié la somme de dix huict solz tournois, comme apert par quictence du vingt neufiesme jour de janvyer mil cinq cents cinquante huict cy randue, cy xviii'.

Audict Dupont pour le charroy de demy millier de thuille provenue de la maison de la Cherviere, depuys la mestairie des Frisches jusques audict moullin Boizon, en laquelle mestairie des Frisches les estoffes de la dicte maison ont esté menées, a esté payé la somme de deux solz tournoys, comme apert par ladicte quictence, cy ii'.

Audict Dupond pour le charroy de trois ancez de sable depuys ladicte riviere jusques audict moullin Boizon, paié deux solz tournois, cy ii'.

Pour le charroy d'ung quart de chau depuys la riviere jusques audict moullin, paié vingt deniers tournois, cy xx^d.

Pour le charroy de [...]uze cents de latte, sçavoir moictié prinse au bois de Chenonceau jusques a la mestairie dudict Chenonceau, et l'aultre moictié jusques au moullin Boizon, paié a Laurand Brachet la somme de cinq solz tournois, cy v'.

A Jacques Guiette pour cinq tours a charroier le bois de la maison de la Cherviere du lieu des Frisches jusques audict moullin Boizon, de celluy qui estoict necessaire pour la cherpente desdictes estables, et pour ung charroy de thuille dudict lieu des Frisches jusques audict moullin, a esté paié par cedict recepveur la somme de dix solz tournois, comme appert par quictence, cy x^s.

Pour une journée d'homme emploiée avec le cherpentier a lever la cherpenterie dudict moullin Boizon, a esté paié deux solz tournois, cy ii^s.

A Anthoine Bessé, pour l'achapt de luy faict de deux pippes et deux boisseaulx de chaux par luy fournie aud. recepveur, et qui ont esté emploiées, tant aux enduicts des chambres de la maison et grenier des Ousdes, couverture du four de la mestairie du chastel, couverture des halles et couverture des estables et maison du moullin Boizon, comme apert par le certifficat du masson et couvreur, a raison de trante deux solz six deniers tourn. chacune pippe, a esté payé la somme de soixante huict solz quatre deniers tournois, comme appert par quictence du seizeiesme jour apvril cinq cens cinquante neuf, et deux solz six deniers tournois pour deux festaulx par luy fourniz et mys par le couvreur sur le pressouer des Ousdes et sur les halles dud. Chenonceau, cy LXX^s. x^d.

Pour trois journées d'homme emploiées a serrer le boys et cherpente d'une meschante petite maison sise près la riviere de Cher laquelle est fondue, partie duquel boys a esté emploié a la couverture du four de la mestairye près le chastel, et l'aultre partye mené aux Ousdes, a esté paié a raison de deux solz tournois pour journée, la somme de six sols tournois, cy vi^s.

A Hubert Deniau, menuzier, pour son sallaire, journées et vaccations d'avoir vacqué a toiser les ays et bois de seiage achapté par led. recepveur, par le commandement de mons' d'Ivry; lequel boys ledict recepveur a faict toiser en febvrier mil cinq cens cinquante huict, pour icelluy faire mestre a couvert, a esté paié la somme de trante solz tournois, comme appert par quictence cy randue, cy xxx^s.

A Toussainct Naudot, pour vendiction et livraison de troys centz et ung quarteron de fagotz de chaulme par luy livrez a la mestairie de la Berangerie pour couvrir les tectz et estables dudict lieu, contenant de cinq a six toises de long, lesquelles estoient descouvertes, et a faulte de ce le fermier de ladicte mestairye voulloict laisser lad. mestairie, a esté paié par ce dict recepveur, a raison de dix sept solz tourn. chacun cent la somme de cinquante troys solz tournoys, comme appert par quictence du vingt neufiesme jour de janvyer mil cinq centz cinquante huict cy randue, cy LIII^s.

A Clement Morcellet, pour vendiction de trois centz de fagotz de chaulme qui ont esté emploiez a la couverture des tectz de ladicte mestairie de la Berangerie, a raison de quinze solz tourn. chacun cent, a esté paié la somme de quarante cinq solz tourn., comme appert par quictence du quatorzeiesme jour de febvrier M V^c cinq^{te} huict cy randue, cy XLV^s.

Pour le charroy desdicts troys cents de fagotz de chaulme, depuys la mestairie de la Grange jusques a ladicte mestairie de la Berangerie, a raison de deux solz six deniers tournois pour chacun cent, a esté paié la somme de sept solz six deniers tourn., cy VII^s. VI^d.

A Hubert Denyau, menuzier, pour vingt deux barreaulx de boys par luy mys au brazil du grand estang de la Cherviere, de pris faict avec luy en presence du bailly dudict Chenonceau et procureur audict lieu, a esté paié la somme de vingt solz tourn., comme appert par quictence cy randue, cy xx^s.

A René Delalande, masson, pour avoir refaict de moizon et terre trois toises de muraille de long, et de trois toises de haulteur, qui sont fondues a la maison et estables du Moullin Fort sises a Chisseau, a la charge de y refaire l'huisserie et une fenestre qui estoict on pan de muraille tombée, de pris faict avec led. Delalande par led. recepveur en presence des officiers dud. Chenonceau, a la somme de quatre livres tourn., a esté paié par cedict recepveur la somme de quatre livres tourn., comme appert par quictence cy randue, cy iiii^l ts.

A Me Jehan Noirays, masson et entrepreneur du pont de Chenonceau, comme apert par marché faict avec luy par Monsr d'Ivry, suyvant l'ordonnance et mandement de mond. s^r d'Ivry, a esté paié par ce dict recepveur a troys diverses foys et divers jours la somme de cinq centz livres tournois, comme appert par trois quictences des unziesme avril, seize et penultieme jour de may mil cinq cens cinquante neuf, cy randues, cy vc^{l}ts.

Au dict Noirays a esté fourny par cedict recepveur ung cent de claies pour lesquelles led. recepveur a paié la somme de dix livres tourn., comme apert et suivant le marché faict par Monsr de Sainct Germain en presence de Monsr de la Menardiere, cy x^l ts.

Ledict Noirais feist cheoir le seintre qui estoict soubz l'arche du pont qu'avoict faicte feu Jacques

Chanterel pour en avoir les ays, a la quelle cheute led. seintre se brisa la plus grande partie, le meilleur duquel boys led. recepveur l'envoia pescher en la riviere avec une santine par ung bastellier et ung aultre homme, lequel bois led. recepveur feist mener sur le chantier du costé du chastel a ce qu'il ne feust desrobbé, lesquelz bois et ays led. Noirays et menuzier ont depuys reprins pour leurs chaffauds, auquel bastellier et ung aultre homme a esté paié par cedict recepveur, tant pour avoir led. boys chargé et deschargé et mys sur led. chantier, a quoy faire ilz ont vacqué par deux journées, la somme de quatorze solz six deniers tourn., pour ce cy $xiiii^s vi^d$.

Audict Noirais a esté baillé par cedict recepveur a deulx foys la somme de deux centz livres tourn., suyvant le mandement de Monsr de Sainct Germain, comme appert par quictance cy randue, cy iic^l.

Auquel Noirais, après avoir entendu de maistre Jehan Jehannyn, masson demourant a Tours, commis a visiter la besogne et massonnerie dud. Noirais de par mond. s^r de Sainct Germain, icelluy Noirais n'avoir faict de la besogne a la conceurrance des deniers qu'il avoict receuz, comme apert par rescription dudict Jehannyn, n'auroict led. recepveur voullu dellivrer aulcuns deniers audict Norais sans qu'il luy fournist d'aultre ordonnance, parquoy led. Norays auroict aporté audict recepveur une ordonnance de Madame pour luy delivrer la somme de troys centz livres tourn., suyvant laquelle led. recepveur a baillé audict Norais lad. somme de trois centz livres tournois comme apert par quictence du quatr^{me} jour d'aoust oudict an mil cinq centz cinquante neuf cy randuz, cy $iiic^l$ ts.

Audict Norais, suyvant aultre mandement de Madame et de mond. s^r d'Ivry, a esté paié par cedict recepveur la somme de troys centz livres tourn., comme apert par quictence du quinzeiesme jour de septembre m v^e cinquante neuf cy randue, cy iii^{cl} ts.

Audict Norais, masson, suyvant aultre mandement de madicte dame du viie jour de nouvembre oudict an v^e cinq^{te} neuf, a deux foys a esté paié la somme de cent livres tourn., comme apert par deux quictences cy randues, cy c^l ts.

A Mathurin Cartais, maistre menuzier, pour avoir par luy faict trois seintres et habillé le petit seintre suyvant le mandement par marché faict avec luy par mond. s^r d'Ivry, iceulx seintres avoir dressez, et iceulx depuys enlevez, a esté paié par ced. recepveur la somme de cent livres tourn., comme apert par quictence du viie juillet m c^e lx cy randue, cy c^l ts.

Audict Cartais, suyvant aultre mandement et ordonnance de mond. s^r d'Ivry, a esté paié la somme de cent dix livres tourn., comme apert par quictence du   jour de   oudict an cinq centz cinq^{te} neuf, cy randue, cy cx^l ts.

A Jehan Rainbault, couvreur de chaulme, pour avoir par luy couvert tout a neuf les tectz et estables de la mestairie de la Berangerie, et sur iceulx y avoir mys et emploié six centz et ung quarteron de fagotz de chaulme, a raison de deux solz six deniers tournois chacun cent, et pour cinq journées par lui emploiées a coupper des liens pour lier le chaulme aux perches et lattes estans au dessus desdictes estables, a raison de trois solz quatre deniers tournois chacune journée a coupper des cherniers et eschallatz pour asseoir led. chaulme; lesquelles sommes montent soixante six solz neuf deniers tourn., comme appert par quictence du seizeiesme jour de may v^e cinquante neuf cy randue, cy   LXVI^s IX^d.

A René Delalande, masson, demourans a Chenonceau, pour avoir par luy faict de massonnerye de chau et sable, l'ung des coings du pinacle du logis de la clozerie de la Tousche, et ung four audict lieu, pour la somme de six livres tourn.; et ung aultre coing a l'ung des pinacles de la maison de la mestairie de la Bruandiere, la somme de quatre livres tourn.; et faict une bassye a la mestairie des Frisches, et enduict le meur dudict lieu de chau, la somme de cinquante solz tourn.; et pour trois journées de lui emploiés a recarreller et enduire les greniers des halles pour y mectre des bledz; le tout de pris faict avec led. masson par mons^r de Cangé[1], chastellain dudict Chenonceau, et neuf solz tournois pour troys journées d'homme qui est a servy led. masson durant lesdictes troys journées, a esté paié par cedict recepveur la somme de treize livres quatorze solz tournois, comme appert par quictance cy randue, cy   XIII^l XIIII^s.

A Hubert Deniau, menuzier, demourans a Chisseau, pour avoir faict ung huys a l'huisserie de la petite chambre de la maison du pescheur, ung aultre huys a l'huisserie des estables du moullin Boizon de neuf, par le commandement de mons^r de la Menardiere, et une fenestre a l'estable dudict moullin, a esté paié la somme de trante solz tournoys, pour deux aultres fenestres a la maison dud. moullin, a esté paié la somme

---

1. René de la Bretonnière.

de trante soiz tourn., comme appert par quictence cy randue, cy　　　　　　　　　　　　　　　　xxx'.

A Jehan Freslon, serreuzier, demourans a Bleré, pour avoir par luy feré l'huys et fenestres susd.; et feré l'huys des estables du Moullin Fort, la ferreuze desquelles choses poise quatre vingtz quatre livres de fer, a dix sept deniers la livre mise en oeuvre, a esté paié ensemble pour deux serreuzes a bosse mises, une aux estables du moullin Boizon, et l'aultre a l'huys de l'ung des tectz de la mestairie de la Grange, ou sont enfermez partie des ays et bois de seiage, la somme de six livres quinze solz tournois, comme appert par quictence cy randue, cy　　　　　　　　　　　　vi' xv'.

A Macé Guenault, cherpentier et couvreur, pour avoir abatu en la tousche de la Cherviere, ung chesne pour faire ung eschenau, une bonde, ung pillon, des jumelles et des liens a l'estang du moullin Boizon, auquel l'on a reparé la chaussée, et pour avoir mys ung faiz et soubz faiz a la maison de la clozerie de la Tousche, et regallé toutte la couverture de la grange et pressouer dud. lieu, et avoir fourny de l'huille, latte et chanlatte et mortier, bousché de hucheoir le portal du pressouer a la mestairie de la Bruandiere, remonté trois chevronnyeres de la maison dud. lieu, et fourny de choses a ce necessaires, et pour avoir recouvert ou il estoict besoing le portal de la grange de la mestairie des Frisches, avoir mys deux pieces de boys debout soubz le faix dud. portal, a esté paié par ced. recepveur la somme de vingt deux livres cinq solz tourn., de pris et marché faict par led. sieur de Cangé, comme apert par led. marché et quictence cy randue, cy　　　　　　　　　　　　　　　xxii' v'.

A Françoys Dugué, besson, demourant a la Croix de Bleré, pour avoir par lui haulsé la chaussée du moullin Boizon de deux piedz plus qu'elle n'estoict et de pareille largeur, a icelle faict du conroy, icelle perrée, de pris faict par mond. seigneur de la Menardiere de la somme de trante deux livres dix solz tournois et ung poinson de vin poulcé, a esté paié par cedict recepveur lad. somme de trante deux livres dix solz tourn., et ung poinson de vin poulcé, comme apert par quictence cy randue, cy   xxxii^l x^s i $^{poinson\,de\,vin}$.

A Gervais et Gatien et Pierre Tesnier, pour six journées par eulx faictes en la saison de vandanges a mectre hors de la grange et pressouer les ays estans qui empeschoient led. pressouer, et pour iceulx avoir remys au dedans après les dictes vandanges, et aussi pour deux journées par eulx emploiées a remectre dedans un des tectz de la mestairie près le chastel les ays mys hors d'icelle par les gens de la court, le roy estant aud. Chenonceau, a este paié la somme de dix huict solz tourn., comme apert par quictence cy randue, cy   xviii^s.

A Me Jehan Norais, masson et entrepreneur du pont dud. chasteau de Chenonceau, par aultre ordonnance de mons^r de la Menardiere, a esté paié la somme de deux centz livres tourn., comme apert par quictence et ordonnance cy randues, cy   ii^{cl} ts.

Pour le sallaire, journées et vaccations dud. comptable qui a vacqué par deux années a faire faire et veoir besongner aux bastimens cy davant declairez, requiert luy estre alloué la somme de cent livres ts., cy   c^l ts.

RECEPTE DE BOIS DE REPARTAIGE, MEMBREURES ET AYS DURANT LE TEMPS DE CE COMPTE.

Et premierement,

De Georget Guenault a esté receu par ced. recepveur le nombre de quatre centz vingt toises de repartage et membreures par luy achaptées, comme apert par la mise de deniers contenue en son compte randu en febvrier mil cinq cens cinquante sept, cy repartage IIIIC XX ᵗᵒⁱˢᵉˢ.

De Raphael Chaillou, marchant, demourant a Ruigny, a esté (receu par ced.) recepveur le nombre de douze centz toises d'ays en carré, sçavoir six centz toises de deux poulces d'espaisseur, de quatorze a quinze poulces de large, desquelz il a distribué aux massons et cherpentiers et menuziers, comme apert en la mise cy après, ays XIIC ᵗᵒⁱˢᵉˢ.

MISE DESDICTZ BOYS D'AYS ET REPARTAGE.

Et premierement,

A Mᵉ Jacques Chanterel, premier entrepreneur du pont de Chenonceau, a esté livré par led. recepveur le nombre de quatre vingtz toises de repartage pour faire le seintre de l'arche estans près les terres, comme apert par quictence du dernier jour d'apvril mil cinq cens cinquante huict, cy repartage IIIIˣˣ ᵗᵒⁱˢᵉˢ.

Audict Chanterel a esté livré par led. recepveur le

nombre de quarente quatre toises d'ays en carré de deux poulces d'espaisseur et de quatorze a quinze poulces de large chacun ays, comme apert par lad. quictence, cy ays XLIIII toises.

Par led. Chanterel a esté prins vingt toises d'ays de deux poulces d'espaisseur en soixante neuf ays, comme apert par le certifficat de Deniau, menuzier, du quatorz^{me} jour de juillet mil cinq cens cinquante neuf, qui faisoict lesd. seintres pour led. Chanterel et des manoeuvres estans a sa journée, cy ays et seiage XX toises.

Aussy a esté prins par led. Deniau, par le commandement dudict Chanterel, six toises en carré d'ung poulce et demy d'espaisseur, desquelz led. menuzier a faict le petit seintre de l'arche ou est la braye, comme apert par led. certifficat dud. menuzier du quatorz^{me} jour de juillet mil cinq cens cinquante neuf, cy ays et seiage VI toises.

Aussi a esté emploié par led. menuzier huict toises de repartage emploiées aud. petit seintre, et a mectre debout sur le grand seintre, comme apert par lad. quictence, cy repartage VIII toises.

A Math. Cartais, menuzier, a esté baillé par led. Bereau, recepveur, a divers jours cinq^{te} six toises de repartage pour faire les seintres l'an mil cinq cens cinquante neuf, cy repartage LVI toises.

A luy a esté fourny par led. recepveur une aultre foiz six vingtz huict toises de repartage emploiées ausdictz seintres, comme apert par lad. certiffication, cy repartage VI^{xx} VIII toises.

Audict Cartais a esté dellivré par led. recepveur le nombre de trente une toises d'ays et seiage, comme apert par lad. certiffication et quictence dud. septembre, cy seiage xxxi ^{toises}.

Audict Cartais a esté dellivré par led. recepveur le nombre de soixante toises et demye d'ays, de deux poulces d'espaisseur huict toises, et le reste d'ung poulce et demy, comme apert par la certiffication et quictence dudict menuzier cy randue, cy seiage lx ^{toises et demy}.

Et le surplus dudict repartage et seiage a esté vandu a la roine mere du Roy le pris de mil livres tournois qui ont esté receues par monsieur le secretaire Camille en aultre compte de mad. Dame, cy *Neant.*

Requiert led. contable lui estre alloué la somme de deux centz livres ts. ou aultre telle somme que de raison, pour avoir par luy durant deux années vacqué a faire faire les reparations cy davant contenues et faict les paiemens, ainsi qu'il appert cy davant, cy (*raye*) iic^l.

La despence mentionnée en ce present compte et estat a esté montrée a mad. Dame, laquelle a commandé estre passée et allouée aud. recepveur, et se monte a la somme de quatre mil six cens quatre vingtz quatre livres six solz deux den. tourn., cy iiii^m vi^c iiii^{xx} iiii^l vi^s ii^d.

Et par le compte que led. Bereau a rendu de la terre et seigneurye de Chenonceau pour l'année finyssant en decembre m v^c cinquante neuf, est demeuré redevable envers mad. Dame de la somme de vi^m viii^c lxi^l xv^s.

Par tant tout compte deduyt et rabatu, led. Bereau doibt a mad. Dame pour avoir plus receu que mis la somme de deux mil cent soixante dix sept livres huict sols dix den. tourn., cy ii^m clxxvii^l viii^s x^d.

Ce present compte et estat a esté veu, oy, cloz et arresté par nous soubz signez, a ce commis et depputez par Mad° en la presence et du consentement dud. Bereau, recepveur susd., sauf tout erreur, obmission et vice de calcul, a Annet, ce xxvii° jour de janvier m v° soixante.

DIANNE DE POYTIER.

Jacques de Poytier.   Goille.

Bereau.

(Registre in-4° en papier, comprenant XX feuillets.)

Contraste insuffisant
NF Z 43-120-14

www.ingramcontent.com/pod-product-compliance
Lightning Source LLC
Chambersburg PA
CBHW071618230426
43669CB00012B/1983